Kurt Landauer
Der Präsident des FC Bayern

Lebensbericht und Briefwechsel mit
Maria Baumann

Herausgegeben von Jutta Fleckenstein und Rachel Salamander
unter Mitarbeit von Lara Theobalt und Lilian Harlander
im Auftrag des Jüdischen Museums München

Mit zahlreichen Abbildungen

Insel Verlag

Dieses Buch wurde gefördert vom Jüdischen Museum München

Erste Auflage 2021

Satz: Satz-Offizin Hümmer GmbH, Waldbüttelbrunn
Druck: CPI books GmbH, Leck
Printed in Germany
ISBN 978-3-458-17889-7

Inhalt

Anhang

Vorwort

»Aber der Bayern wegen komme ich ja nicht,
da ist schon ein ganz ganz anderer Anziehungspunkt!!«
Kurt Landauer

Der hier erstmals veröffentlichte Lebensbericht Kurt Landauers und der Briefwechsel mit seiner späteren Frau Maria Baumann rücken beide in ein vollkommen neues Licht. Nicht nur zeigen die Schriftstücke den ganz privaten Kurt Landauer und eine bisher zu Unrecht unbekannte Maria Baumann. Der Nachlass ist vor allem auch ein bedeutendes zeitgeschichtliches Dokument, in dem sich der biographische Kosmos zweier außergewöhnlicher Lebensgeschichten im gesamtgesellschaftlichen Kontext widerspiegelt. Sie begegnen sich Ende der 1920er Jahre in München, trennen sich während Landauers Emigration in der Schweiz und finden sich wieder im München der Nachkriegszeit.

Kurt Landauer (1884-1961) schrieb Fußballgeschichte. Er führte den FC Bayern München als Präsident 1932 zum ersten Mal zur Deutschen Meisterschaft. Ab 1901 Spieler im Verein, wurde er bereits 1913 zum ersten Mal Präsident und nahm eine Vorreiterrolle bei der Professionalisierung des Fußballs ein. Noch im Juli 1932 erneut zum Präsidenten gewählt, sah sich Landauer nach der Machtübergabe an die Nationalsozialisten am 22. März 1933 als Jude gezwungen, seinen Rücktritt zu erklären. Er überlebte die Schoa im Genfer Exil, seine Geschwister Leo, Paul, Franz und Gabriele wurden ermordet. Kurt Landauer zählt zu den wenigen Emigranten, die trotz der leidvollen Erfahrungen in ihre Heimat zurückkamen und blieben. Sein Fußballverein stellte die Verbindung zu seinem

Leben vor 1933 her und 1947 wurde Kurt Landauer erneut Vereinspräsident.

Die Lebensgeschichte Maria Baumanns (1899-1971), seit 1927 mit Kurt Landauer liiert, ist bisher kaum bekannt. Sie entstammte einem anderen Milieu, einer anderen Schicht. In Memmingen im Allgäu als drittes von acht Kindern geboren, der Vater Fabrikarbeiter, die Mutter Köchin, übernahm sie schon früh Verantwortung für ihre jüngeren Geschwister. Mit knapp 14 Jahren trat sie ihre erste Stellung als Hausmädchen in Frankfurt an, erhielt dort eine solide Ausbildung als Hauswirtschafterin. Über Berlin wechselte sie 1927 nach München, mit 27 Jahren begann sie im Hause der Landauers als Hilfsköchin und verliebte sich in den 43-jährigen Kurt Landauer. Trotz der drohenden Denunziation nach den sogenannten Nürnberger Rassegesetzen hielt sie als Nicht-Jüdin an der Liebesbeziehung fest und stand in allen schwierigen Situationen der Familie Landauer bei. Auch während Kurt Landauers Emigration riss der Kontakt nie ab.

Zum Leidwesen Maria Baumanns nahm eine weitere Frau eine wichtige Rolle in Landauers Leben ein. Im Briefwechsel nennt er sie »Frau Maria«, Maria Klopfer, geborene Klauber. Ihr hatte er vor dem Ersten Weltkrieg Hoffnung auf eine Heirat gemacht. Sie entstammte der wohlhabenden jüdischen Familie Klauber, die Besitzer des Spitzenhauses Rosa Klauber war. Doch Landauers Vater hielt die Beziehung nicht für standesgemäß und Maria Klauber heiratete 1913 den Bankier und Hotelbesitzer Theodor Klopfer. Maria Klopfer wurde Landauers Rettung. 1939 verhalf sie ihm gerade noch rechtzeitig zur Ausreise in die Schweiz. Die langen Jahre der Emigration von 1939 bis 1947 verbrachte er mit ihr und ihren Eltern in Genf. Marias Brüder und ihr Ehemann sicherten Landauers Schweizer Lebensunterhalt. Auch als Landauer und Maria Klopfer 1947 Genf verließen – Landauer in Richtung München und Maria Klopfer zu ihrer Familie nach New York –, blieben sie in Verbindung.

70 Jahre nach Kurt Landauers Rückkehr nach München entschloss sich die Nichte von Maria Baumann, den umfassenden Briefwechsel dem Jüdischen Museum München zu übergeben und ihn damit der Forschung, aber auch einer breiteren Öffentlichkeit zugänglich zu machen. Ihn ergänzt ein 77-seitiger handschriftlicher Lebensbericht, eine Art Lebensbilanz, die der ehemalige Bayern-Präsident Landauer Ende 1944, Anfang 1945 in seinem Exil in Genf für seine langjährige Geliebte Maria Baumann verfasste. Zu viel war unausgesprochen und ungeklärt zwischen den beiden, der Lebensbericht sollte dem Abhilfe leisten. Mit einem Heiratsantrag an Maria Baumann endet der Lebensbericht. Neben den 25 erhaltenen Briefen der beiden enthält das Konvolut acht Briefe von Maria Baumann an Maria Klopfer. Die Schriftstücke zeugen von Einzelschicksalen, in denen sich Alltägliches mit »Weltgeschichte« verflicht.

Die vorliegende Kommentierung verortet den Lebensbericht und die Briefe in der jüdischen Geschichte und Kultur Münchens. Worterklärungen, historische Einordnungen und die Biographien der genannten Personen entfalten eine weit über sie hinausgehende thematische Bandbreite. Der Briefwechsel führt in die Forschungsfelder jüdische Familiengeschichte, Geschichte der Verfolgung, der Emigration und Remigration, zeigt Fußballgeschichte und ist nicht zuletzt eine ungewöhnliche, einzigartige Liebesgeschichte.

»Ich bin nie fromm gewesen, nicht einmal gläubig, heute vielleicht sogar weniger denn je [...]«[1], schreibt Landauer, und später »[...] in die Synagoge werde ich nicht mehr gehen, das hatte ich mir hier [in Genf] angewöhnt gehabt ... und auch wieder radikal abgewöhnt.«[2] Im ersten Teil des Lebensberichtes erzählt Kurt Landauer von einer gar nicht so kurzen, glücklichen Ära in der jüdisch-deutschen Geschichte. Seine Vorfahren lassen sich bis ins 17. Jahrhundert ins schwäbische Hürben zurückverfolgen. Sein Großvater zog in die Stadt München, sein Vater erhielt 1884 das Bürgerrecht und stieg als Kaufmann mit seinem Textilgeschäft Damenmode

Otto Landauer in das Münchner Bürgertum auf. Kunst- und kulturbeflissen pflegten die Landauers Kontakt zu Künstlern und Literaten. Kurt Landauer erlebte Kindheit und Jugend im Kaiserreich. Er kämpfte als deutscher Patriot wie viele Juden als Freiwilliger im Ersten Weltkrieg für sein Vaterland. Als nicht praktizierender und assimilierter Jude hielt er sich nicht an die religiösen Vorschriften, somit konnten auch keine Konflikte mit seinem Verein auftreten, zum Beispiel anlässlich von Fußballspielen am Samstag. Das jüdische Gebot schreibt hier eine strikte Schabbatruhe vor, sodass nach jüdischem Ritus an diesem Tag keine Spiele ausgetragen werden dürfen.

Ein kurzer Exkurs in die Fußballgeschichte beleuchtet eine weitere Seite der Persönlichkeit Kurt Landauers. Bereits 1901 spielte er in der zweiten Mannschaft des FC Bayern als Torwart. Während seiner Banklehre in Lausanne lernte Landauer nicht nur perfekt Französisch; in der internationalen Stadt mit vielen englischen Internatsschülern und Studenten stieß er schon früh auf den Fußball, wie er im Mutterland England gespielt wurde. In Mitteleuropa trat der Fußball zunehmend in Konkurrenz zu Turnen und Fechten, und englische Lehrer erwiesen sich als Vermittler der neuen Sport- und Lebenskultur, die nicht nur Schweizer Elite-Internate, sondern auch die technischen und kaufmännischen Fachschulen eroberte. Religion, Politik und Weltanschauungen sollten beim Fußball außen vor bleiben, der Sport vielmehr der Völkerverständigung dienen. Mit diesen Maximen wurde Kurt Landauer einer der Visionäre des deutschen Fußballs, doch damit gleichzeitig ein Kontrahent der traditionell konservativ und nationalistisch ausgerichteten Turnbewegungen und Sportvereine. Das Spiel gedieh in einer anglophilen und weltoffenen Atmosphäre. Das erklärt, warum die in die moderne bürgerliche Gesellschaft strebenden Juden sich darin besonders stark engagierten: als Gründer, als Förderer, als Fans, als Spieler und Trainer. Als »Pioniere der Moderne« war der Fußball für sie von großer Attraktivität. »Sie wollten mitspielen und nicht als Juden in Erscheinung treten«[3], konstatiert der Soziologe Detlev Claussen. Viele der Fußballpioniere beim FC Bayern gehörten als Angestellte und Kaufleute wie Landauer dem Bürgertum an. Nach Josef Pollack und Benno Elkan, Mitbegründer des FC Bayern, war Landauer 1901 eines der ersten jüdischen Mitglieder. 1932, im letzten Finalspiel vor der Machtübergabe an Hitler, sind zwei Juden die Meistermacher: der europaweit bekannte Trainer Richard Kohn, der sich, um nicht gleich als Jude identifiziert zu werden, Dombi nannte, und Kurt Landauer.

Herauszustellen ist Landauers ehrenamtliches Engagement als Fußballfunktionär. Er agierte bereits 1904 im Präsidium als Schriftführer und 1913 erstmals als Präsident des FC Bayern. In seiner Amtszeit vervierfachte er die Mitgliederzahl von 400 bis Ende der 1920er Jahre auf 1600, unter die katholische Mehrheit mischten sich Protestanten und Juden. Während die mehr als 120 inzwischen vom Verein recherchierten jüdischen Mitglieder, meist Kauf- und Geschäftsleute, einfache aktive oder passive Mitglieder waren, stiegen nur wenige Juden in die Vereinsleitung auf, etwa als Beisitzer oder Kassier. Im Unterschied zu anderen Vereinen leistete sich der FC Bayern mit Landauer nur einen einzigen jüdischen Funktionär, der auf eine langjährige ehrenamtliche Tätigkeit im Vereinsvorstand blicken konnte. Im Anhang der Briefedition finden sich zwei der zahlreichen überlieferten Texte des Fußball-Vielschreibers Landauer. Sie dokumentieren seine Fußball-Visionen und zeigen, wie stark er den FC Bayern und seine Entwicklung in den Anfangsjahrzehnten prägte. So organisierte er z. B. internationale Freundschaftsspiele mit Vereinen wie MTK Budapest und Tottenham Hotspur, Servette FC Genève und FC Basel, damit die Spieler des FC Bayern ihre Spielweise professionalisieren konnten. Er verpflichtete Trainer aus der angelsächsischen und österreichisch-ungarischen Spielkultur wie William J. Townley, Kálmán Konrád und Richard Dombi, um den anderen Vereinen der Liga einen Schritt voraus zu sein. Er stritt für Unfallversicherungen und Massageräume für die Spieler und trat für Spielergehälter ein, damit diese, vom beruflichen Alltag entlastet, sich besser dem Fußball widmen konnten. Über Jahre warb er bei den Fußballverbänden für seine Ideen zur Modernisierung und Professionalisierung des Fußballs.

Landauers Konzept führte schließlich zum Erfolg: Im Finale in Nürnberg gewann der FC Bayern 1932 gegen Eintracht Frankfurt mit 2:0 und sicherte sich zum ersten Mal die Deutsche Meisterschaft. Hierzu Landauer in den Clubnachrichten: »Bayern München, Deutscher Meister! Das ist das Fazit unseres Berichtsjahres über die sportlichen Geschehnisse. Wir wollen das sportlich Wertvollste, das ist der Deutsche Meisterschaftssieg, vorwegnehmen, denn er überschattet alles andere. [...] Stellte schon das vergangene Jahr Anforderungen an die Clubleitung, die [als] außergewöhnlich zu bezeichnen gewesen sind, so übertrifft das Heurige seinen Vorgänger noch um ein Bedeutendes. Die erschreckende Zunahme der Arbeitslosigkeit, die traurige Wirtschaftslage, die Nöte überall, die Zerrissenheit im Volke: all das war nicht dazu angetan, um die Geschehnisse besonders hoffnungsvoll zu betrachten. Es galt vor allen Dingen, eine rasche Anpassungsfähigkeit bei allen besonders gelagerten Dingen zu beweisen, um sofort einer neuen Situation gewappnet gegenüber zu stehen. Und wir können sagen, daß es uns gelungen ist, das Vereinsschiff über die gröbsten Fährnisse sicher hinweg zu steuern.«[4]

Die Vereinsleitung in der Saison 1931/32, mit den Meistermachern Kurt Landauer, Siegfried Herrmann und August Harlacher, stehen bereits unter den Auspizien der Zeit. Wie Landauers gesamtes Umfeld der »alten Bayern« hatten alle drei als Soldaten im Ersten Weltkrieg gedient, waren bereits vor dem Ersten Weltkrieg beim FC Bayern eingetreten und nun seit mehr als 20 Jahren Vereinsmitglieder. Jedoch August Harlacher, Angestellter der Hypotheken- und Wechselbank, trat schon am 1. Juli 1930 in die NSDAP ein, also wenige Tage vor der Wahl Landauers zum Präsidenten und seiner eigenen in den Vorstand des FC Bayern. Somit gehörte er zu den ersten 300 000 Mitgliedern der völkisch-antisemitischen Partei.

In seinem Lebensbericht schreibt Landauer später: »Dann trat DAS Ereignis ein, das alles für uns von Grund auf umwandeln sollte.« Es war der 30. Januar 1933. Hitler wird zum Reichskanzler gewählt. Für die Juden beginnt sich die Schlinge zuzuziehen. Am 21. März ist in den *Münchner Neuesten Nachrichten* zu lesen: Konzentrationslager für politische Gefangene in Dachau eingerichtet. Am 22. März 1933 tritt Kurt Landauer als Präsident des FC Bayern zurück. Er schreibt lapidar: »Mit Aufregungen aller Art gingen die Monate Februar und März hin.«[5] Es ist davon auszugehen, dass Maria Baumann und er die politischen Zuspitzungen miteinander umfassend besprochen haben. Der Lebensbericht konzentriert sich mehr auf Diffamierungen und Ausgrenzungen im Beruf und im Privaten. Die Entbürgerlichung Kurt Landauers beginnt: seine Entlassung im Knorr & Hirth Verlag 1933, er fängt als Versicherungsvertreter an. Erfolglos von Haus zu Haus zu gehen, bezeichnet er als die beruflich unglücklichste Zeit. Schließlich kommt er in der Wäschefabrik Rosa Klauber unter. Nach der Pogromnacht wird er im November 1938 verhaftet und ins KZ Dachau deportiert.

Anhand von Kurt Landauers Biographie tut sich das ganze nationalsozialistische Schreckenspanorama auf: Denunziation, Diffamierung, Enteignung und Verfolgung bis hin zur Vernichtung. Die Schicksale seiner Geschwister und anderer jüdischer Familien Münchens werden sichtbar. Vier Geschwister Landauers, eine Schwägerin und einer seiner Neffen werden ermordet – auch viele Angehörige der Familie Klauber und jüdische Mitglieder des FC Bayern wie z. B. der Jugendleiter, Otto Albert Beer. Im Rückblick schreibt er: »Leider, leider ist man damals zu kurzsichtig gewesen, leider, leider war man immer der Meinung gewesen, dies und jenes könne nicht geschehen, und man wiegte sich in der Hoffnung, dass man selbst als alter Frontkämpfer nicht unter Sonderbestimmungen fallen würde.«[6]

Kurt Landauers Bericht zeigt, dass er im Genfer Exil sehr gut über die Lage im nationalsozialistischen Deutschland informiert war. Er hörte ausländische Sender, las über Konzentrationslager, Deportationen und von Gaskammern. Umso mehr wusste er Maria Baumanns Leistungen und ihre Haltung zu schätzen. In ihr sah er einen Menschen, der sich in »wundervoller Weise benommen« hat. Maria Baumann gehörte zu den wenigen Münchnerinnen und Münchnern, die den Bedrohten und Verfolgten bedingungslos halfen. Sie dachte früh über eine gemeinsame Auswanderung nach, stellte für Landauer einen Visumsantrag im amerikanischen Konsulat und reagierte bei den immer schlimmer werdenden Restriktionen der Nationalsozialisten mit Trost und mit in der deutschen Gesellschaft kaum noch anzutreffender Mitmenschlichkeit. Trotz der drohenden Denunziation nach den sogenannten Nürnberger Rassegesetzen 1935 hielt sie als Nicht-Jüdin an der verbotenen Liebesbeziehung zu Landauer fest, arbeitete weiter im Haushalt der Landauer-Geschwister und unterstützte seine Familie auch nach seiner Emigration mit besten Kräften. Sie bewahrte für Landauers Schwester Henny nach deren Emigration Gemälde auf und blieb bei seinen anderen Geschwistern in ihrer immer auswegloseren Lage in München bis zu ihrer Deportation. Sie hielt den Kontakt zu Kurt Landauer mit Briefen nach Genf aufrecht. Allein dadurch brachte sie ihr eigenes Leben immer wieder in Gefahr.

Die Schweiz wurde Landauers Rettung. Doch der Briefwechsel macht zugleich den Umgang der Schweiz mit Zuflucht Suchenden sichtbar. Nur mit Unterstützung von Maria Klopfer, deren Ehemann und ihren Brüdern in New York erhielt Landauer eine Einreisebewilligung. Wenige, nur etwa 1400 jüdische Flüchtlinge mit ehemals deutscher Staatsbürgerschaft, konnten eine vorübergehende Aufenthaltsgenehmigung vorweisen. Sie mussten gleichzeitig ein Visum für einen anderen, nächsten Zielort angeben. Nur die Finanzierung durch seine Freunde sicherte Landauer den Aufenthalt in Genf von 1939 bis 1947, ohne dass er Bittsteller bei jüdischen

Organisationen in der Schweiz werden oder Arbeitsdienst in einem von den Hilfsorganisationen eingerichteten Arbeitslager leisten musste. Die Beschreibung seines monotonen Genfer Alltags in großer Einsamkeit und totaler Abhängigkeit von den Klaubers, sein ängstliches Warten auf Nachrichten aus der Heimat und die nur mehr spärlichen Kontakte zu früheren Bekannten aus dem Fußball-Leben zeigen, dass er auch im Exilort Schweiz ein Entwurzelter war. Er fieberte dem Kriegsende entgegen.

Für die Remigrationsforschung stellen der Lebensbericht und der spätere Briefwechsel die wichtige Frage, inwieweit Rückkehrer bereit waren, ihre Leidenserfahrungen auszublenden, um im Postnazideutschland wieder ihren rechtmäßigen Platz einnehmen zu können. Die meisten Verfolgten entschieden sich anders als Kurt Landauer und blieben in der Emigration, wie auch Maria Klopfer und ihre Eltern, die nach dem Genfer Exil in Amerika ein neues Zuhause fanden. Nur 57 Münchnerinnen und Münchner[7] kamen wie Landauer in ihre Geburtsstadt zurück. Kurt Landauer wählte als Präsident des FC Bayern sogar wieder das gesellschaftliche Umfeld des Vereins, aus dem er nach 1933 nach und nach verdrängt worden war.

Bereits in der Schweiz konfrontierten ihn Briefe aus Deutschland mit dem Problem, wie er nach dem Krieg und der Schoa mit seinen ehemaligen nicht-jüdischen Geschäftspartnern und Vereinskollegen umgehen sollte. Viele dieser Briefe ließ er unbeantwortet, bei anderen »fällt es mir schwer, keine Antwort zu geben, noch schwerer aber, die richtige, ohne verletzend wirken zu müssen.«[8]

Kurt Landauer entschied sich schließlich 1947 für ein München, in dem die Asymmetrie der Erfahrungen krasser nicht sein konnte: auf der einen Seite standen die, die dem Nationalsozialismus gedient hatten, auf der anderen der von diesem Regime Verfolgte, der alles verloren hatte – seine Familie, sein Bürgerrecht und seine materielle Existenz.

Kurt Landauer suchte seinen Ort nicht in der jüdischen Gemeinschaft Münchens. Diese setzte sich in ihrer großen Mehrheit aus osteuropäischen Juden zusammen, die überhaupt erst nach der Schoa nach Deutschland gekommen waren. Das Münchner Vorkriegsjudentum hatte aufgehört zu existieren. In nur einem Punkt trat er als Jude auf, nämlich als Verfolgter des NS-Regimes: er strengte ein jahrelang dauerndes sogenanntes Wiedergutmachungsverfahren an.

Kurt Landauer ging sehr weit, um sich in der deutschen Gesellschaft konfliktfrei wieder zu positionieren. Er schrieb entlastende eidesstattliche Erklärungen für Entnazifizierungsverfahren, überzeugte nach 1947 als Vereinspräsident »alte Bayern«, darunter auch solche, die in der NSDAP gewesen waren, in den Verein zurückzukommen. Er unternahm Fahrten für den Verein, unter anderem mit Dr. Otto Schmitz, obwohl er wusste, dass dieser sich an der »Arisierung« des Bankhauses Gebr. Marx, dem Besitz eines anderen Mitglieds des FC Bayern, Siegfried Salomon Marx, beteiligt hatte. Als er trotz eindeutiger Rechtslage in seinem sogenannten Wiedergutmachungsverfahren erst nach vielen Jahren erste Zahlungen für das verlorene Vermögen seiner Familie erhielt, unterstützte er den FC Bayern 1955 großzügig. Maria Baumann schreibt im Juli 1948, nach der erneuten Wahl Landauers zum Präsidenten, an Maria Klopfer: »Er wäre ein sehr einsamer und menschenscheuer Mensch, wenn er die Beschäftigung nicht hätte, die jeden Tag seinen vollen Einsatz verlangt. Ein Jahr leitet er schon den Club und gestern erhielt er die volle Anerkennung dafür.«[9]

Sosehr Landauer für den Fußball und seinen Verein lebte, so dokumentiert der Briefwechsel doch vor allem eine sehr besondere Liebesgeschichte. Er legt Zeugnis ab von einer nicht standesgemäßen Beziehung zwischen einem Münchner aus großbürgerlicher Familie und einem Hausmädchen, von einer im Nationalsozialismus verbotenen Beziehung zwischen einem Juden und einer Nicht-Jüdin, die als »Rassenschande« galt, und wir lesen von einer acht

Jahre das Exil überdauernden, lebensrettenden Liebe in Briefen. Landauer schreibt: »Es ist immer ein eigen Ding mit unseren Briefen gewesen und es wird wohl nicht zu oft vorgekommen sein oder noch sich ereignen, dass zwei Liebende ihre Korrespondenz in einer solchen Form abwickeln müssen.«[10] Beide glaubten an eine gemeinsame Zukunft und in ihrer Korrespondenz versicherten sie sich ihrer Liebe und Treue. Es war Maria Baumann, für die Kurt Landauer nach München zurückkehrte. *»Aber der Bayern wegen komme ich ja nicht, da ist schon ein ganz ganz anderer Anziehungspunkt!!«*[11]

Kurt Landauer und Maria Baumann heirateten 1955 in München.

---

1 Siehe S. 110.
2 Siehe S. 144.
3 Claussen 2006, S. 63.
4 Club-Nachrichten, Juli 1932, S. 28-34.
5 Siehe S. 50.
6 Siehe S. 48.
7 Sinn 2008, S. 103.
8 Siehe S. 178.
9 Siehe S. 269.
10 Siehe S. 102.
11 Siehe S. 143.

Lebensbericht

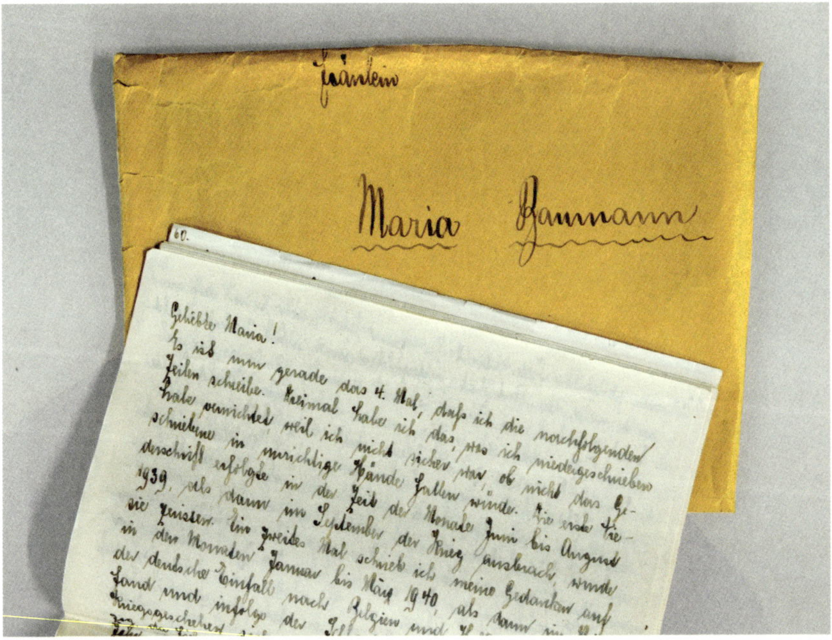
Fräulein
Maria Baumann
60.
Geliebte Maria!
Es ist nun gerade das 4. Mal, daß ich die nachfolgenden
Zeilen schreibe. Zweimal habe ich das, was ich niedergeschrieben
habe vernichtet, weil ich nicht sicher war, ob nicht das Ge-
schriebene in unrichtige Hände fallen würde. Die erste Nie-
derschrift erfolgte in der Zeit der Monate Juni bis August
1939, als dann im September der Krieg ausbrach, wurde
sie zerrissen. Ein zweites Mal schrieb ich meine Gedanken auf
in den Monaten Januar bis März 1940, als dann
der deutsche Einfall nach Belgien und

Geliebte Maria!
Es ist nun gerade das vierte Mal, dass ich die nachfolgenden Zeilen schreibe.[1] Dreimal habe ich das, was ich niedergeschrieben habe, vernichtet, weil ich nicht sicher war, ob nicht das Geschriebene in unrichtige Hände fallen würde. Die erste Niederschrift erfolgte in der Zeit der Monate Juni bis August 1939, als dann im September der Krieg ausbrach, wurde sie zerrissen. Ein zweites Mal schrieb ich meine Gedanken auf in den Monaten Januar bis März 1940, als dann im Mai der deutsche Einfall nach Belgien und Holland stattfand und infolge der Schlacht um Frankreich das Kriegsgeschehen sich an der Schweizer Grenze teilweise vollzog, da fielen sie wiederum der Vernichtung anheim. Ein Jahr später, in den Monaten März bis Mai 1941, füllte ich wieder Seite um Seite, Bogen um Bogen. Diesmal allerdings behielt ich sie lange bei mir, aber auch sie konnten Dich nicht erreichen, denn ich hatte keine Gelegenheit, Dir das Geschriebene zu übermitteln, weil sich niemand fand, es mit sich zu nehmen, um es Dir zu übergeben. Als ich dann im Juli 1943 zum Arbeitsdienst[2] hier aufgeboten wurde, hielt ich es für vernünftiger, ein drittes Mal die Seiten zu vernichten; es war

---

1 Kurt Landauer (1884 in Planegg bei München-1961 in München) gehörte zu den mehr als 13 000 von den Nationalsozialisten verfolgten jüdischen Münchnern. Noch vor Kriegsende, am 18. Oktober 1944, begann er in der Emigration in Genf (Schweiz) für seine spätere Ehefrau Maria Baumann (1899 in Memmingen-1971 in München) zum vierten Mal, seinen Lebensbericht zu verfassen.

2 Die Schweiz nahm in der Kriegszeit etwa 21 000 jüdische Emigranten auf, darunter 1404, die wie Landauer aus dem Deutschen Reich geflohen waren. Da sich die Schweiz weigerte, Flüchtlinge zu unterstützen, und ihnen gleichzeitig ein Arbeitsverbot auferlegte, waren sie auf eigenes Geld angewiesen oder ihre Community musste für sie aufkommen, Juden für Juden, Katholiken für Katholiken, Sozialisten für Sozialisten usw. Ab 1940 begann die Unterbringung der Flüchtlinge in Arbeitslagern und die Verpflichtung zum Arbeitsdienst.

unnötig allerdings, denn in letzter Minute sozusagen ging der Kelch des Arbeitsdienstes an mir vorüber.

Heute am 18. Oktober '44 beginne ich nun abermals. Warum und weshalb? Mag sein, dass ich eines Tages nicht mehr unter den Lebenden sein werde, mag sein, dass man eines plötzlichen Todes stirbt, es kann aber auch sein, dass man nicht mehr den Mut hat weiterzuleben und selbst Schluss macht. Es ist zwischen uns beiden so viel Unausgesprochenes, so viel Ungeklärtes, dass ich es für meine unbedingte Pflicht halte, Dir die Dinge so zu schildern und darzustellen, wie sie sich tatsächlich ereignet haben, wie sie in Wirklichkeit abgelaufen sind. Du, Maria, sollst von mir ein wahrheitsgetreues Bild haben, wie ich wirklich gewesen bin und vor allen Dingen wie ich Dir gegenüber gefühlt, wie meine Einstellung zu Dir gewesen ist. Die Zeitumstände vor und bei meiner Abreise aus München[3] waren leider so, dass ich aus verschiedenen Gründen es stets vorgezogen habe, Dir nicht zu sagen, Dir nicht zu zeigen, wie wertvoll Du mir, besonders die letzten Jahre, gewesen bist, wie ich an Dir gehängt bin. Es war mein größter Fehler im Leben, dies zu unterlassen. Einesteils habe ich Dir unnötigerweise viel Kummer und Sorge bereitet, andererseits aber bin ich für Dich anders erschienen, als ich in Wirklichkeit gewesen bin, sehr zu meinem Schaden selbst. Und dann habe ich mir selbst Sorgen gemacht, alles Dinge, die bei aufrichtiger und ehrlicher Aussprache überflüssig gewesen wären. Der Zweck dieser Zeilen soll vor allen Dingen der sein, dass Du, wenn ich nimmer unter den Lebenden bin, mir gerecht werden kannst, mich so zu beurteilen vermagst, wie ich war, und danach vielleicht auch etwas Erleichterung findest.

Ich will beginnen, es ist vieles darunter, das wir schon zusammen besprochen hatten, mehrmals sogar, manches aber auch, das

---

3 Kurt Landauer gelang am 17. Mai 1939 die Ausreise über den Grenzübergang St. Margarethen in die Schweiz, und er begab sich am selben Tag nach Genf.

Dir völlig neu sein wird. Und gerade das Neue hätte ich Dir seinerzeit nicht vorenthalten dürfen. Um mich klar verständlich zu machen, muss ich weit zurückgreifen. Wir hatten kein Elternhaus, von dem man behaupten konnte, dass es ein nettes, gemütliches Familienleben gegeben hätte. Vater und Mutter[4] lebten schlecht miteinander, der Vater ging seine eigenen Wege und behandelte die Mutter schlecht, das Schimpfen vor uns Kindern war mir unerträglich und beeindruckte mein Kindergemüt sehr, so sehr, dass ich dadurch eigentlich zu einem gewissen Einzelgänger geworden bin. In späteren Jahren habe ich dann oft und oft darüber nachgesonnen, wie es möglich ist, dass ein Mann, der seine Ehefrau durch Jahre und Jahre mit allen möglichen Weibern betrügt, sieben Kinder[5]

---

4 Otto (1842 in Hürben, Krumbach-1913 in München) und Hulda Landauer, geb. Bernheim (1855 in Elberfeld-1930 in München). Landauers Vater wurde 1842 als Nathan Landauer geboren. Beim Umzug nach München ersetzten seine Eltern den biblischen Vornamen Nathan durch den säkularen Namen Otto. Nach einer Ausbildung als Handelslehrling in St. Gallen gründete Otto Landauer 1878 einen Knopf-, Band- und Posamentierwarenhandel en gros & en détail, den er später zu einem erfolgreichen Kaufhaus für Damenmode ausbaute. Siehe Abb. 4. 1884 erhielt Otto Landauer das Bürgerrecht in München. 1875 heiratete er Hulda Bernheim aus der Textilmetropole Elberfeld. 1889 zog Otto Landauer Damenmoden in ein neu errichtetes Geschäftshaus in der Kaufingerstraße 28; die anliegenden Grundstücke am Frauenplatz 5 und in der Kaufingerstraße 26 konnte Otto Landauer 1904 bzw. 1906 erwerben und die bestehenden Verkaufsräume erweitern. 1909 wurde Otto Landauer zum bayerischen Kommerzienrat ernannt.

5 Kurt Landauer hatte sechs Geschwister: Leo Landauer (1880 in München-ermordet 1942 im Vernichtungslager Sobibor), Dr. Paul Landauer (1881 in München-erm. 1941 in Kaunas), Franz Landauer (1882 in München-erm. 1943 im Sammellager Westerbork), Alfons Landauer (1886 in München-1929 in Berlin), Gabriele Rosenthal, geb. Landauer (1887 in München-erm. 1942 im Ghetto Piaski) und Henny

in die Welt setzen kann. Die Lösung dieses Problems ist mir bis heute noch nicht gelungen.

Ich führe die Zeit des Lebens in jungen Kindesjahren im Elternhaus deswegen an, um darzutun, warum ich in späteren Jahren, auch als erwachsener Mensch, immer eine gewisse Scheu vor den Frauen gehabt habe. Ich hatte sozusagen Angst! Im Allgemeinen haben die Frauen nie eine sehr große Rolle in meinem Leben gespielt, was das Zusammensein mit ihnen anbelangte. Ich habe nicht viel mit ihnen zu schaffen gehabt. Und mit einer einzigen Ausnahme – und diese Ausnahme warst Du, geliebte Maria – habe ich immer das Pech gehabt, dass entweder das betreffende weibliche Wesen bereits einem anderen angehörte oder aber sich nach ganz kurzer Zeit neben mir noch einen anderen Mann zulegte. Um dann vor der Öffentlichkeit den Schein zu wahren, unterließ ich es, mich zu trennen, ohne allerdings zu ahnen, wie lächerlich ich mich selbst gemacht habe. Denn die Außenwelt wusste ja nicht, dass von dem Moment des Wissens an für mich diese Frau als solche nicht mehr existierte, ich sie nicht mehr berührt habe. Ich habe nicht darunter gelitten, weil ich mich innerlich von ihr schon getrennt hatte.

Einmal allerdings in jungen Jahren, ich war gerade 26 Jahre alt, da hat die Liebe mich in ihren Bann gezogen und die Folgen, die sich daraus ergaben, all das, was sich späterhin entwickelte, ist wie ein Roman, der dieses Mal leider aber die raue Wirklichkeit betrifft und eben kein Roman ist. Ich muss hierüber deswegen besonders ausführlich werden, weil es Dich selbst berührt, Maria, weil Du

---

Siegel, geb. Landauer (1891 in München-1973 in Haifa). Die Kinder wuchsen in bürgerlichen Verhältnissen auf. Der älteste Sohn Leo Landauer wurde nach einer Ausbildung in der Schweiz als Erster in das elterliche Geschäft eingeführt. Franz, Kurt und schließlich auch Alfons Landauer folgten ihm.

dadurch gelitten hast und weil ich Dir Schmerzen bereitet habe, ohne es zu wollen.

Du weißt, es handelt sich um Maria Kl.[6] Ich hatte wohl damals im Jahre 1910 Hoffnungen in dem jungen hübschen Mädchen erweckt, wahrscheinlich auch begründete, dass ich sie heiraten würde. Ich hatte es auch selbst so gewollt. Wenn ich es dann schließlich doch nicht getan hatte, so ist es die Scheu, die Angst vor der Ehe gewesen. Man kann nun im Leben alles auf zwiefache Art machen, gescheit und dumm, richtig und falsch, und anständig und unanständig. Ich habe hierin diesmal stets das Zweite gewählt. Ich habe also dumm, falsch und unanständig gehandelt. Anstatt dem jungen Mädchen zu sagen, dass meine Familie mit dieser Heirat nicht einverstanden sei, weil hauptsächlich der Vater die Kl'sche Familie nicht für ebenbürtig hielt,[7] anstatt zu dokumentieren, dass ich

---

6 Maria Klopfer, geb. Klauber (1889 in München-1967 in New York), Tochter von Anna (1866 in Regensburg-1958 in New York) und Moritz Klauber (1857 in Friedrichshof/Bedřichov, Rybník nad Radbuzou-1948 in New York). Ihr Vater übernahm das von seiner Mutter 1859 gegründete Spitzenhaus Rosa Klauber. Maria Klopfer hatte drei Brüder: Ernst (1891 in München-1961 in Ross Township, Pennsylvania), Siegfried (1897 in München-1968 in New York) und Ludwig Klauber (1900 in München-1999 in New York). Sie führten und vergrößerten das väterliche Geschäft.

7 Das Familienunternehmen Otto Landauer Damenmoden befand sich um 1910 auf dem Höhepunkt seines Erfolges. 1909 zum Kommerzienrat ernannt, erhielt Otto Landauer 1912 den Titel eines »Königlich Bayerischen Hoflieferanten«. Inzwischen beschäftigte die Firma 250 Angestellte in der Herstellung und dem Verkauf der Damenmode. Allerdings gehörte auch das Spitzenhaus Rosa Klauber zu den führenden Adressen in München. Seit 1890 mit Hoflieferantenstatus, bezog das Spitzenhaus 1905 repräsentative Geschäftsräume in der Theatinerstraße 35. Möglicherweise führten auch die Herkunft der Klaubers aus dem ländlichen Böhmen und die Tatsache, dass Rosa Klauber, geb. Löwi (1820 in Lettin/Letiny-1901 in Mün-

selbst mich nicht für eine Ehe tauglich erachte, habe ich es damals für gut empfunden, mich sang- und klanglos zurückzuziehen und so dem jungen Mädchen eine wohl nie ganz vernarbte Wunde zuzufügen. Als sie sich dann im Jahre 1913 mit ihrem jetzigen Manne[8] verlobte, geschah dies nach vorheriger Befragung meinerseits. Im selben Jahr am 6. Oktober ist dann mein Vater gestorben.[9] Den ganzen Abend ging ich damals in meinem Zimmer auf und ab, um zu einem Entschluss zu kommen, der Maria Kl. hätte entloben sollen und für mich gewinnen. Denn durch den Tod des Vaters war ich selbständig geworden und Teilhaber des Geschäftes.[10] Ich hatte auch diesmal wieder nicht den Mut – und so fand am 12. Oktober 1913 die Hochzeit statt. Wir haben uns dann fast nie mehr gesehen, wenn ja, dann einige belanglose Worte gewechselt.

Es kam der Erste Weltkrieg.[11] Ich bekam von Maria Kl. einige

---

chen) zunächst als Markthändlerin nach Bayern kam und auf der Münchner Auer Dult in der sogenannten Judenreihe ihre Spitzenware anbot, zu Otto Landauers Ablehnung der Familie Klauber gegenüber.

8 Theodor Tobias Klopfer (1884 in München-1953 in New York), Sohn von Sigmund Klopfer (1851 in Hürben, Krumbach-1904 in München) und Bertha Klopfer, geb. Bernheim (1861 in Hochberg, Remseck-1929 in München), war zusammen mit seinen Brüdern Leopold (1881 in München-1928 ebd.) und Max (1882 in München-1939 in Montreal, Kanada) Gesellschafter im Bankhaus Sigmund Klopfer, außerdem Teilhaber des Hotels Excelsior in der Schützenstraße 5, nahe dem Münchner Bahnhof.

9 Otto Landauer wurde auf dem Neuen Israelitischen Friedhof in München begraben.

10 Landauers ältere Brüder Leo und Franz waren bereits 1904 bzw. 1908 Teilhaber der Firma Otto Landauer Damenmoden.

11 Im August 1914 meldete sich Landauer wie seine Brüder freiwillig zum Kriegsdienst und wurde der für den Nachschub an Munition und Material zuständigen 1. Train-Ersatz-Abteilung München als Offiziersstellvertreter zugeteilt. Ab 1916 diente Landauer der Baye-

Päckchen mit einigen Zeilen dazu, antwortete vom Feld aus. Als ich dann im Oktober 1917 in einem Münchner Lazarett lag,[12] da besuchte sie mich, und die alte Liebe schlug aufs Neue ihre Flammen. Ich war dann fast ein Jahr in München in Garnison und während dieser Zeit hatten wir uns immer enger aneinander geschmiedet. Ich meldete mich dann freiwillig wieder an die Front[13] und es war zwischen uns beiden vereinbart, dass sie nach Kriegsende die Scheidung beantragen werde und wir heiraten wollen. Als ich aber dann am Weihnachtsabend[14] 1918 wieder nach Hause gekommen war, da lag schon ein Brief von Maria Kl. vor, sagend, dass es ihr unmöglich sei, sich von ihrem Gatten zu trennen und das Kind[15], das Töchterl war inzwischen 4 Jahre alt geworden, aufzugeben. Ausgehöhlt und zerrissen, wie wir Frontkämpfer damals in die Heimat zurückgekommen sind, fand ich für diesen mir so unbegreiflichen Schritt kein Verständnis und zog mich ein zweites Mal sang- und klanglos

---

rischen Minenwerfer-Kompanie als Bespannungsführer. Er nahm an Gefechten in Nordfrankreich und Belgien teil.

12 Mit einer Blinddarmentzündung im August 1917 in ein Kriegslazarett in Gent, Flandern, eingeliefert, kam er nach einem zweiwöchigen Aufenthalt in einem Reservelazarett in Erfurt im September 1917 in die Münchner Haas-Klinik. Landauer verbrachte dort mit kurzer Unterbrechung die Zeit bis Februar 1918. Von Februar bis Oktober 1918 war Landauer dem Ersatzpferdedepot in München zugeteilt, siehe Abb. 2.

13 Im Oktober ging Landauer als Kommandeur der Bayerischen Proviantkolonne 17 zurück an die Front. Am 27. Dezember 1918 erhielt er seine Dienstentlassung.

14 Ab dem 19. Jahrhundert feierten die assimilierten jüdischen Kreise durchaus die christlich-religiösen Feste mit. Zum Beispiel wurden Weihnachten und Chanukka zusammengeführt, wodurch sich das Fest jenseits einer religiösen Bedeutung zu einem reinen Familienfest entwickelte.

15 Lotte Grete Lowe, geb. Klopfer (1914 in München-1991 in New York), Maria und Theodor Klopfers älteste Tochter.

zurück. Dazu kam, dass Gaston Pollock[16], der damals viel bei Kl.[17] verkehrte, mir sagte, dass Frau Maria mit ihrem Manne nie etwas von einer Trennung gesprochen hat, was sich jedoch nachträglich als unwahr herausstellte. Wahr aber war und blieb, dass auch ich nun meinen Treff[er] weghatte und jahrelang darunter gelitten hattc.

Wir blieben über zehn Jahre lang außer jedem Kontakt, waren vollkommen böse miteinander, um dann doch einmal eine Aussprache herbeizuführen. So waren wir Freunde geworden. Wir sahen uns nur sehr wenig, ab und zu gingen wir zusammen in ein Konzert, in die Oper.[18] Als aber dann die Zeiten nach 1933 kamen, da wurde ich vom Manne aufgefordert, Besuch zu machen, damit ich ins Haus eingeladen werden könne. So kam ich ins Haus, so kam ich in Stellung in die Fabrik[19], so kam's, dass der Kontakt sich

---

16 Gaston Pollock (1881 in New York-1946 o.O.), Vertreter für Herrenwäsche, Krawatten und Trikotagen. Gaston Pollock lebte ab 1902 in München und zeitweise in Zürich. Auf einem Foto von 1902 ist Pollock gemeinsam mit Landauer und anderen Münchnern beim Skifahren zu sehen, siehe Abb. 29.

17 Gemeint ist das Ehepaar Klopfer. Landauer verwendet die Abkürzung *Kl* sowohl für *Klauber* als auch für *Klopfer.*

18 Großer Opern- und Musikliebhaber, der er war, befindet sich in Kurt Landauers Nachlass ein Schallplattenbestand, den er handschriftlich mit Nummern versehen hat, darunter Beethoven, Schubert, Strauss, Brahms, Liszt und Verdi.

19 Neben dem Spitzenhaus betrieben Maria Klopfers Brüder eine Fabrik in der Dachauer Straße 112, wo sie ab 1927 nach eigenen Mustern und unter Einsatz hochmoderner Maschinen Damenwäsche fertigten. 1938 arbeiteten 80 Näherinnen und 30 Büroangestellte in der Wäschefabrik Rosa Klauber; insgesamt beschäftigte die Rosa Klauber GmbH rund 200 Personen. Wäsche der Firma Rosa Klauber wurde nicht nur in den beiden Filialen in der Theatinerstraße 35 und am Marienplatz 2 verkauft, sondern deutschlandweit und auch ins Ausland exportiert.

wieder um vieles enger gestaltete. Darauf will ich in späteren Zeilen nochmals eingehend zurückkommen, weil es eng mit Dir zusammenhängt.

Du weißt, liebste Maria, dass es diese Frau ist, der ich verdanke, dass ich in die Schweiz kommen konnte, Du weißt, wie sich die Dinge, während ich in Dachau war, entwickelt haben, Du weißt es umso besser, als Du ja auch tätigen Anteil daran genommen hast. Es ist nicht so einfach für mich, das Verhältnis zu definieren, deswegen schon nicht, weil der Schein in sehr vielen Dingen, die das betreffen, gegen mich ist. Ich hatte Dir einmal in unserer lieben Kuchel[20] eingehender davon gesprochen, Dir gesagt, dass Frau Kl. nicht so sein kann, wie es andere Frauen sind, ihre körperliche Konstitution erlaubt es nicht. Heute weniger denn je. Es ist etwas peinlich für mich, davon sprechen zu müssen, ich musste es aber im Rahmen dieser Niederschrift doch tun, denn es sollte zwischen uns beiden doch endlich einmal Klarheit herrschen. Wie schon einmal gesagt, werde ich später wiederum auf dieses Problem zu sprechen kommen. Ich habe es einstweilen nur deswegen erwähnt, weil diese Frau in meinem Leben doch eine ausschlaggebende Rolle gespielt hat und weil Du selbst, Maria, zeitweise darunter gelitten hast. Mehr wohl, als ich dachte, als ich ahnen konnte!

Als Du zu uns ins Haus kamst,[21] Maria, da war ich nicht da. Es war wohl zu Ostern im Jahre 1927, ich glaube, es ist der 20. April gewesen. Du warst schon einige Tage da und Mutter konnte sich nicht genug tun im Erzählen, was für ein nettes und tüchtiges Mädchen sie nun habe. Nun, dieses Mädchen hat mir gefallen, nicht

---

20 Bairisch für *Küche*.

21 Ab 1927 beschäftigte Hulda Landauer Maria Baumann als Hilfsköchin im Haushalt in der Franz-Joseph-Straße 21, in dem auch die unverheirateten Söhne Paul, Kurt und zeitweise Leo lebten. Schon mit 14 Jahren hatte Maria Baumann als Hausmädchen, zuerst in Frankfurt und dann in Berlin, gearbeitet. Siehe Abb. 12.

mehr. Du weißt, unser Haushalt ist ein bisserl angestaubt gewesen, wir hatten immer Mädchen gehabt, die zum Lachen quasi in den Keller gegangen sind. Dazu die schwere Art der Mutter, von der schwerfälligen Pauls[22] ganz zu schweigen. So kam's, dass Du, Maria, mit Deiner lichten Weise das Vermoderte bei uns aufgehellt hast. Die Atmosphäre ist doch eine andere geworden.

Mählich interessierte ich mich doch mehr für dieses Mädchen und ich fand, dass ihre Art des Plauderns, des Erzählens, eine recht angenehme war. Ich entsinne mich noch gut, als ich dann Ende Juli mit dem Auto zum Verbandstag nach Mannheim[23] fuhr, von da aus in Urlaub nach dem Rhein. Tusch[24] saß bereits unten im Wagen, Du brachtest mir einen Koffer, wir gaben uns fest die Hand und blickten uns wohl zum ersten Male tiefer in die Augen. Es war komisch: Während eines Großteils der Fahrt musste ich an Dich denken, ich sah Dich immer vor mir stehen, sah die lieben blauen Äuglein und – Dich erröten. Auch während des Urlaubs kam mir dieses Bild immer wieder in den Sinn und es war nun doch so, dass ich mich wieder auf heim freute, im Unterbewusstsein wohl auf Dich.

---

22 Landauers Bruder Dr. Paul Landauer lebte ab 1924 im Haushalt von Landauers Mutter in der Franz-Joseph-Straße 21. Er hatte als Einziger der Brüder keine Ausbildung im elterlichen Geschäft gemacht, sondern sich für ein Chemiestudium entschieden. Von 1908 bis 1911 Assistent am chemischen Laboratorium der Universität Würzburg, promovierte er dort 1909.

23 Kurt Landauer meint hier wahrscheinlich die Sitzung des Gesamtvorstandes des Süddeutschen Fußball-Verbandes im Juli 1927, in der die Beschlüsse der Verbandstagung vom Mai in Mainz umgesetzt wurden. Siebe Abb. 31.

24 Hans Tusch (1885 in München-1939 ebd.), Beamter der Münchner Rückversicherung, seit 1910 Mitglied des FC Bayern. 1911 bereits 2. Vorsitzender, 1915 Präsident, vertrat er den FC Bayern später in verschiedenen Verbänden wie dem Süddeutschen Fußball-Verband und dem Deutschen Fußball-Verband (DFB). Seit 1933 NSDAP-Mitglied, starb er 1939. Siehe Abb. 31 und 32.

Du wirst Dich entsinnen, ich bin spätabends angekommen – es hatte ein starkes Gewitter –, Du warst allein zu Hause, ich hatte es nicht gewusst und Du wiederum hattest wiederum nicht gewusst, dass ich zurückgekehrt ward. Als wir uns dann am nächsten Morgen sahen, uns begrüßten, da schloss ich Dich in meine Arme und Du sagtest nicht Nein zu meinen Küssen. Mittags kamen dann Mutter und Paul zurück. Es war für mich nun interessant zu erfahren, wie Du Dich bei unserer nächsten Begegnung stellen würdest. Du wirst Dich erinnern, dass ich unten stets läutete und Du mir dann oben öffnetest. Als ich kam, da standest Du an der Türe – im Dunkeln –, gabst mir die Hand und botest mir die Lippen zum Kusse. Und da wusste ich es, dass Du die Angelegenheit nicht leicht nimmst, dass es Dir damit ernst ist. Darob war ich nun wieder froh gewesen, denn eine Liebelei ist mir nicht gelegen gewesen und hätte auch so gar nicht zu Dir gepasst. Ich hatte mir zu damaliger Zeit viele Gedanken Deinetwegen gemacht, ich wollte Dich nicht in etwas hineinziehen, was Dir nachher hätte Kummer und Sorgen bereiten können, denn eines habe ich sofort gewusst: Du spielst nicht. Ich hatte mir oft zurechtgelegt gehabt, Dir zu sagen, dass es keinen Zweck hätte, dass wir zurückstehen sollten, ehe es zu spät sei. Ich hatte in diesem Sinne nicht mit Dir gesprochen, die Folge war, dass sich alles so entwickelt hat, wie es naturnotwendig war. Es wäre eine Unwahrheit, wenn ich heute behaupten würde, ich sei zu der damaligen Zeit verliebt in Dich gewesen. Nein, aber Du hast mir gut gefallen, ich hatte Dich gern.

Du kennst den Gang der Dinge mit uns, Maria, weißt, wie schwer es gewesen ist, uns zu sehen wegen Mutter und Paul. Du wirst auch heute noch wissen, dass es eine lange, lange Zeit gedauert hat, bis Du mir das Höchste gabst, das ein Mädchen zu verschenken hat. Als Du mir dann am nächsten Tage so verschämt entgegengetreten warst und als ich es inne wurde, dass Du mir Deine Unschuld hingegeben hattest, da war doch für mich die Situation eine von Grund auf geänderte. Maria, Liebes, ich bin kein leichtsinniger

Mensch, bin es nie gewesen, habe Frauen- und Mädchenehre stets sehr hoch eingeschätzt. Habe ein einziges Mal in meinem Leben einem Mädchen die Unschuld genommen, und dieses Mädchen bist Du gewesen. Damals hatte ich mir wochenlang die stärksten Vorwürfe gemacht, was half's, ein Zurück gab's nicht mehr. Ich hatte Dir von meinen Seelenkonflikten nie etwas gesagt, versuchte Dir gegenüber meine Depressionen zu verbergen, befasste mich intensiver mit Deiner Persönlichkeit und hatte Dich alsbald ... lieb! Es war merkwürdig mit Dir, Du blühtest direkt auf, warst froh und guter Dinge und stecktest mich mit Deinem heiteren Wesen an. Erinnerst Du Dich noch der Sonntagabende im Klavierzimmer, wenn der liebe Bimbes[25] in seinem schwarzen Jet[t]kleid[26] nach Hause gekommen war?

So zog die Zeit hin, und wieder kam der Sommer. Mutter und Paul waren fort und Du musstest am Marientage, am 15. August, zurückkommen. Dreimal war ich schon zur Bahn gekommen, um Dich abzuholen. Es war ein glühend heißer Tag und endlich um ½ 8 Uhr abends kamst Du an. Wie erstaunt bist Du doch gewesen, mich zu sehen, und Du wolltest mir gar nicht glauben, dass ich für Dich da sei. Frech fuhren wir im Auto nach Hause – und waren so froh, uns wiederzuhaben. Drei Wochen blieben wir so alleine – es ist eine herrliche Zeit gewesen. Die Mahlzeiten wurden zusammen eingenommen – später ist dann der Bimbes immer wieder ausgezogen, weil halt der Stinkes[27] gar so fürchterlich geschnarcht hat.

Sieh, Maria, in dieser Zeit habe ich Dich aufrichtig lieben gelernt, in dieser Zeit aber auch ist der Grundstock dafür gelegt wor-

---

25 *Bimbes* (auch *Bimbs* oder *Bims*), ursprünglich rotwelsche Bezeichnung für Getreide und im weiteren Sinne für Geld; hier also im übertragenen Sinne *Goldstück*.

26 Vermutlich ist hier ein mit schwarzem Gagat-Stein (Jett) verziertes Kleid gemeint.

27 Vermutlich ein Kosename.

den, dass mein ganzes Fühlen und Denken zu engst mit Dir verbunden gewesen ist resp. wurde. Wenn dann die Dinge sich so ganz anders entwickeln mussten, wenn alles so einen ganz anderen Ablauf genommen hat, an mir, weiß Gott, hat es nicht gelegen, ich kann offen und ehrlich bezeugen, dass ich mir alles so ganz, ganz anders ausgemalt und vorgestellt hatte. Die Monate gingen und verstrichen, wir hatten uns immer enger aneinander gefunden. Ich will nun so im Vorübergehen Begebenheiten erwähnen, an die ich mich noch so lebhaft erinnere und entsinne, als ob sie gestern gewesen wären.

Du warst wieder im Sommer zu Hause in Deinem geliebten Ried[28], ich hatte Dich wiederum sehnsüchtig zurückerwartet, denn Mutter und Paul waren wieder in Grainau[29]. Stattdessen bist Du ernstlich krank geworden und musstest mit einer Nierenbeckenentzündung ins Schwabinger Krankenhaus. Dort habe ich Dich besucht und ich werde nie, nie Dein erstauntes, beglücktes Gesicht vergessen, als ich in den Saal kam. Als Du dann später als gesund entlassen wurdest, da fuhrst Du wieder heim, um Dich von Deiner geliebten Mutter[30] ganz gesund pflegen zu lassen. Am Abend vor-

---

28 Das Benninger Ried ist eine Moorlandschaft zwischen Benningen und Memmingen, die in den 1920er Jahren als Bauland erschlossen wurde. Die Eltern von Maria Baumann hatten dort ein Haus im Hoppenriedweg gebaut, wo Maria Baumann häufig zu Besuch war und die Familie unterstützte.

29 Der Schwager von Kurt Landauer, Kommerzienrat Martin Rosenthal (1877 in Lauchheim-1931 in Frankfurt a. M.), Mitglied des FC Bayern seit 1927, erwarb 1926 die »Villa Bergmann« (Hs. Nr. 46 1/2) in Grainau etwa 100 Kilometer südlich von München, später im Landkreis Garmisch-Partenkirchen. Die Familie Landauer verbrachte im »Martinshäusl« Feiertage und Ferien, siehe Abb. 6.

30 Franziska Baumann, geb. Schneider (1874 in Ferthofen-1940 in Memmingen), stammte aus einer katholischen Familie aus dem oberschwäbischen Ferthofen bei Memmingen. 1897 heiratete sie den pro-

her trafen wir uns, gingen ins Englische Holz[31] zu einem kurzen Spaziergang, um den Abend dann im Marmorhaus[32], Kino in der Leopoldstr., abzuschließen. Ich geleitete Dich dann bis vors Haus Deiner Tante Liesl[33] in der Wilhelmstr., wo Du die Nacht zubrachtest. Du sahst schlecht aus, warst recht mager geworden, aber als Du wieder zu uns zurückkamst, da hatte Dich die gute Frau Überlästig [Franziska Baumann] recht gut wieder herausgefüttert gehabt. Ich aber war zufrieden, dass Du endlich wieder da warst.

Unsere geschäftliche Lage ward schlecht geworden, es kam die verfluchte Fusion mit Sundheimer, es kamen alle jene Unannehmlichkeiten mit ihm und der Sorgen gab es mannigfache.[34] In dieser Zeit, Maria, da habe ich Dich erst richtig schätzen gelernt. Denn Deine Anteilnahme an all dem, was mich betraf, war eine so ehrliche, so aufrichtige und gleichzeitig so tiefe, dass kein Mensch

---

testantischen Schlosser Paul Baumann (1873 in Memmingen-1945 ebd.). Gemeinsam lebten sie in Memmingen und zogen acht Kinder groß.

31 Gemeint ist der Englische Garten, Münchens größter Stadtpark im Osten Schwabings.

32 Das Marmorhaus war ein Kino mit sechs Sälen in der Leopoldstraße 35 in Schwabing.

33 Es konnten keine Daten zur Person ermittelt werden.

34 Nach der Liquidation der offenen Handelsgesellschaft Otto Landauer Damenmoden wurde im März 1928 im Handelsregister die Vereinigte Modehäuser Landauer-Sundheimer Aktiengesellschaft als neu eingetragene Firma angezeigt. Gründer: Franz, Alfons und Kurt Landauer, Kommerzienrat Leo Sundheimer (1883 in Regensburg-1937 in Zürich) und Rechtsanwalt Max Freiherr Riederer von Paar (1897 in Wien-1964 in Schönau, Rottal). Leo Sundheimer war vorher Inhaber der traditionsreichen Fa. Mayer Sundheimer, Kaufhaus für Damenkonfektion, in München. Die Münchner *Abendzeitung* nennt das zusammengeschlossene Modehaus in den Räumlichkeiten von Otto Landauer Damenmoden 1928 das wohl »größte Modehaus am Platz«.

mehr tun konnte als Du. Und als dann das bittere Ende mit meinem Hinauswurf aus der Firma[35] kam und zwei Tage später ich bei der Neuesten[36] engagiert worden war, da ist es doch für mich die größte Freude gewesen, dass Du, geliebte Maria, die erste Persönlichkeit warst, der ich davon Mitteilung gemacht habe. Es war ein Montag – der Hinauswurf geschah Samstagabend –, um ¾1 Uhr mittags ging ich zitternder Knie die Treppen beim Verlag Knorr & Hirth hinunter, engagiert zum 15. September, also noch 14 Tage Urlaub. Wie gewöhnlich läutete ich unten zweimal, Du machtest mir wie gewohnt die Türe auf, mit recht besorgter Miene. Und als ich Dir die freudige Botschaft meines Engagements mitteilen konnte, da flogst Du mir um den Hals und aus Deinem innigen Kuss konnte ich feststellen, wie sehr Du Dich mit mir gefreut hast, wie sehr Du mit mir fühltest. Und wenn ich es nie zuvor gewusst hätte, nun war ich ganz sicher, dass Du mich liebtest, und darob war ich nun wieder nicht nur froh, sondern auch stolz. Denn Du, Maria, Du hast Dein Herz nicht so verschenkt, das musste man sich ehrlich und redlich verdienen. Später musste ich öfters darüber lä-

---

35 Die Vereinigte Modehäuser Landauer-Sundheimer Aktiengesellschaft wurde aufgelöst, und im Oktober 1929 erfolgte die Vereinigung mit J.V. Wagner, Würzburg, und Andreas Drescher zu der Firma Drescher & Landauer, allerdings nur noch mit Franz Landauer als Teilhaber. Kurt Landauer arbeitete ab 15. September 1929 in der Anzeigenabteilung des Knorr & Hirth Verlages. Alfons Landauer starb am 25. Oktober 1929.

36 Die *Münchner Neuesten Nachrichten*, 1848 von Carl Robert Schurich gegründet, ursprünglich eine rein informative Zeitung ohne politische Ausrichtung, wurde 1862 an den Verleger Julius Knorr verkauft und in dessen Verlag Knorr & Hirth als liberale Tageszeitung herausgegeben. Nach dem Ersten Weltkrieg orientierte sich das Blatt deutlich konservativ. 1920 an den großindustriellen Konzern Gutehoffnungshütte verkauft, wurden die *Münchner Neuesten Nachrichten* im April 1945 eingestellt. Nachfolgerin ist die *Süddeutsche Zeitung*. Siehe auch Fußnote 63.

cheln, wie Dir die Mutter dann unter dem Siegel der Verschwiegenheit die große Neuigkeit mitgeteilt hat, nicht ahnend, dass Du, Gute, mir ja am nächsten standest.

Es begann nun eine Zeit des Lernens, des Schaffens für mich, um mir einen richtigen Platz im Hause Knorr & Hirth zu erwerben. Ich weiß es noch wie heute, welch regen Anteil Du an meinem Streben hattest, wie Du Dich mit mir gefreut hattest, wenn es immer ein Ruckerl nach vorwärts gegangen war. So kam der Sommer 1930, Du wurdest wieder krank und musstest uns sogar für längere Zeit verlassen. Inzwischen war der Herbst gekommen, die Mutter wurde krank und nach nur achttägigem Krankenlager ist sie still und ruhig, so wie sie gelebt hatte, eingeschlafen. Einige Tage zuvor bist Du, wieder gesund und neu gekräftigt, zu uns zurückgekommen. Was hatte die gute Mutter doch für eine Freude daran gehabt. »Dass nur Sie wieder da sind, Marie«, das waren ihre Worte. Als sie am 14. Oktober morgens um 2 Uhr sanft entschlummerte, da waren alle ihre Kinder und Schwiegerkinder versammelt.[37] Du standest an der Zimmertüre und ich saß auf dem Diwan, der daneben stand. Es war geradezu symbolisch, dass auch Du zugegen warst, denn wir beide gehörten doch nun einmal auch zusammen. Am anderen Tage nach Tisch holte man die gute Frau ab und uns beiden ist doch so gewesen, als ob uns beiden etwas Unersetzliches genommen worden war. Ich weiß, Du hattest sie sehr geschätzt und verehrt. Als ich am Abend nach Geschäftsschluss aus der Neuesten heimkam, da nahmst Du mich an unserer Wohnungstüre in Emp-

37 Hier sind Kurt Landauers Geschwister Leo, Paul und Franz Landauer, Gabriele Rosenthal und Henny Siegel gemeint sowie seine Schwägerin Tilly Landauer, die Frau von Franz, und seine beiden Schwäger Martin Rosenthal und Dr. Julius Siegel. Alfons Landauer war bereits 1929 gestorben. Dessen Frau Ilse Landauer, geb. Jonas (1900 in Paderborn-1934 in München), und sein Sohn Otto Landauer/Richard Oliver Langham (1921 in München-2007 in Napa, Kalifornien) werden in der gesamten Korrespondenz nicht genannt.

fang und geleitetest mich in Mutters Zimmer, um mir all die schönen Kränze zu zeigen, die gekommen waren. So standen wir eine lange, lange Weile Hand in Hand, jeder wohl mit seinen eigenen Gedanken beschäftigt.

In diesem Augenblicke hatte ich einen Entschluss gefasst, gewissermaßen ein Gelöbnis getan, dergestalt zwar, dass ich Dich zu engst an mich ketten wollte, nimmer von Dir lassen. Dass es anders kommen musste, ist nicht mein ausschließlicher Fehler gewesen, wie Du in späteren Zeilen lesen kannst. Es war ein später, schöner Herbsttag, als wir die liebe Mutter zu Grabe trugen,[38] die Sonne schien noch einmal warm, als wir von ihr Abschied nahmen. Und wiederum war es wie das Symbol des Zusammengehörens, dass Du mit im selben Auto zum Friedhof fuhrst wie ich. Mittags waren Leo, Paul und ich bei Lelle und Martin[39] eingeladen, die anderen blieben noch, mich aber trieb's heim zu Dir. Und wohl in Gedanken an die liebe Mutter fanden wir uns zu einer unserer schönsten Liebesstunden. Das ist mir immer in Erinnerung geblieben, ich habe es nie vergessen können.

---

38 Hulda Landauer ist in einem gemeinsamen Grab mit Otto Landauer auf dem Neuen Israelitischen Friedhof in München bestattet.

39 Landauers Schwester Gabriele »Lelle« Rosenthal und ihr Mann Martin Rosenthal (1877 in Lauchheim-1931 in Frankfurt a. M.) lebten in der Leopoldstraße 24. Gabriele Rosenthal besuchte die Töchterschule. 1910 heiratete sie den Münchner Kaufmann und Kommerzienrat Martin Rosenthal. Rosenthal führte das Betten- und Wäschegeschäft Albert Rosenthal in der Kaufingerstraße 30/31, das er von seinem Vater übernommen und zu einem führenden Haus insbesondere für Hotelausstattungen ausgebaut hatte. Gabriele und Martin Rosenthal hatten einen Sohn, Albert Johann Wolfgang »Hans« Rosenthal (1910 in München-erm. 1942 im Vernichtungslager Sobibor). Das Ehepaar engagierte sich karitativ für die Jüdische Gemeinde. In der Wohnung in der Leopoldstraße befand sich Gabrieles bedeutende Kunstsammlung. 1931 starb Martin Rosenthal während einer Geschäftsreise in Frankfurt am Main.

Und dann ist mir wohl der größte Entschluss für unser beiderseitiges Leben gekommen. Ich frug Dich, ob Du unsere Wirtschaft uns führen möchtest, ob Du unseren Haushalt selbständig in Deine geliebten Hände nehmen willst. Ohne Besinnen sagtest Du freudig ja und ich glaube wohl sagen zu dürfen, es war beiderseits ein mehr als glücklicher Entschluss, denn es haben sich doch für uns eine Reihe von glücklichen Jahren ergeben, wir waren uns so nahe, wir haben uns immer so restlos verstanden, restlos geachtet. Es war noch eine komische Zeit in der großen Wohnung in der Leopoldstraße[40] und wir fühlten uns nicht mehr so ganz heimisch da, waren aber doch glücklich und zufrieden an und mit uns und dem Paule dankbar, wenn er uns allein gelassen hatte.

Dann zogen wir um,[41] das heißt, umgezogen bist Du allein, Du hattest die ganze Arbeit zu leisten, ich tat nichts. Heute ist mir das Letztere unbegreiflich. Die Nacht vom Samstag auf den Sonntag logierte ich im Hotel Königshof[42] und wir hatten verabredet, am Sonntagabend um 9 Uhr läute ich unten und komme heim. Du nahmst mich in Empfang, bei der Hand führtest Du mich in mein Zimmer, dem einzigen, das fertig gewesen war. »Hier ist Dein, hier ist unser Zimmer, gefällt es Dir?«, so sagtest Du. Es hat mir mehr als gefallen, in Deinen geliebten Blauaugen aber, obwohl sie müde vom vielen Schaffen waren, da leuchtete es hell, und ich deutete mir dieses Leuchten richtig, wusste, dass Du Dich auch

40 Vermutlich ist hier die Franz-Joseph-Straße gemeint. Vor Otto Landauers Tod wohnte die Familie in der Leopoldstraße 16. Als Landauers Mutter Hulda im Oktober 1930 starb, lebten Landauer, sein Bruder Paul und Maria Baumann in der Franz-Joseph-Straße 21.

41 Im März 1931 zogen Landauer, sein Bruder Paul und Maria Baumann in den vierten Stock der Clemensstraße 41.

42 Das Hotel Königshof liegt an der Westseite des Karlsplatzes (Stachus). Es befand sich bis zum Konkurs im April 1931 im Besitz von Albert Hauser (1888 in Altenheim, heute Neuried in Baden-1963 in Baden-Baden), Mitglied und Förderer des FC Bayern seit 1926.

auf unsere nette kleine Wohnung freust und wohl mit mir hoffst, schöne Zeiten zusammen zu verleben. Maria, liebe, liebe Maria! Es waren mehr als schöne Zeiten. Ich war in unserem bescheidenen, kleinen Schmuckkästchen mehr als glücklich, zufrieden, von einem Menschen umsorgt zu sein, den ich lieb hatte und von dem ich auch wusste, dass er mir von Herzen zugetan war. Das Einzige, was mir nicht passte in unserer neuen Wohnung, ist gewesen, dass Dein Zimmer nicht so war, wie ich es für Dich hätte haben wollen.

Inzwischen war ich auch beruflich vorwärtsgekommen, dank des Wohlwollens von Dürrmeier[43] bin ich Bürovorstand in der Anzeigenabteilung geworden, hatte einen selbständigen Posten bekommen mit viel Verantwortung – ich war stolz auf meinen Erfolg und Du mit mir. So kam der Sommer 1931 und bevor ich in Urlaub ging, hatte ich eine lange Aussprache mit meinem Bruder Franz wegen meines Anteils am Hause in der Kaufingerstraße.[44] Ich woll-

---

43 Hans Dürrmeier (1899 in Haltingen, Weil am Rhein-1977 in München), Anzeigenleiter und Prokurist bei Knorr & Hirth, 1932 bis 1933 Mitglied des FC Bayern. Nach einer kaufmännischen Ausbildung zog Dürrmeier 1922 nach München. 1927 begann seine Tätigkeit im Verlag Knorr & Hirth. Von Oktober 1931 bis Januar 1932 erschienen dort die Club-Nachrichten des FC Bayern. Auch nachdem drei SS-Kommissare bei Knorr & Hirth eingesetzt wurden, trat Dürrmeier zunächst in keine NS-Organisation ein. Er verließ 1934 den Verlag.

44 Gemeint ist das Geschäftshaus in der Kaufingerstraße 26. Nach dem Tod Otto Landauers gingen die Anwesen Kaufingerstraße 26 und 28 an Landauer und seine Brüder über. 1919 verkauften die Erben bereits Hausnummer 28 an den Münchner Kinobetreiber Wilhelm Kraus, der in dem Haus die Münchner Kammerlichtspiele eröffnete. Die Geschäftsräume in der Kaufingerstraße 26 vermieteten Kurt und Franz Landauer nach Konkurs des Geschäfts Drescher & Landauer im August 1931 an die Woolworth GmbH. Das Anwesen Kaufingerstraße 26 gehörte 1931 zu zwei Dritteln Franz Landauer und zu einem Drittel Kurt Landauer. Zwischen 1926 und 1928 waren bei einem geschätz-

te ihm diesen Anteil abtreten, verkaufen, sodass er alleiniger Inhaber gewesen resp. geworden wäre. Als Preis war eine Summe von ca. 30 000 Mark in Aussicht genommen worden. Das Projekt ist eigentlich spruchreif gewesen und wir waren darin übereingekommen, dass nach Franzens Rückkehr aus seinen Sommerferien die Angelegenheit protokolliert werden sollte und die Summe hätte zur Auszahlung gelangen sollen. Es waren lange Wochen, bis Franz endlich zurück war, und wir hatten eine Zusammenkunft für nachmittags 4 Uhr Ende August vereinbart. Ich hatte mir eigens im Büro freigeben lassen, um ja noch alles am selben Nachmittag erledigen zu können. Denn es war ein hohes Ziel, das ich mir gesetzt hatte, der Einsatz war ganz groß!! Leider aber verlief die Unterredung aber so ganz, ganz anders als erwartet und statt dem erhofften Gelde blieb nichts, aber auch rein gar nichts als bitterste Enttäuschung. In den Sommermonaten hatte sich die finanzielle Situation der Firma Drescher & Landauer grundlegend verschlechtert, Franz war nicht mehr in der Lage, irgendwelche größeren Auszahlungen zu machen.[45] Wenigstens vorderhand, wie er sagte, und er hoffe für später und dergleichen Vertröstungen mehr. Ich aber wusste, dass es nur mehr ein schöner Traum geblieben ist, der sich nie wieder verwirklichen kann.

Paule war verreist, wir hatten uns auf einen unserer netten und gemütlichen Abende gefreut, ich ja noch mehr als Du, denn Du hattest ja keine Ahnung, was ich vorhatte. Aber aus unserem lieben

---

ten Wert von 2 200 000 RM bei verschiedenen Gläubigern Hypotheken von insgesamt 2 120 000 RM auf das Grundstück aufgenommen worden. Seit Juni 1930 Generalbevollmächtigter, konnte Franz Landauer die Anteile von Kurt Landauer – ungefähr im Wert von 30 000 RM – nicht übernehmen.

45 Die Geschäftsführer von Drescher & Landauer, Andreas Drescher und Franz Landauer, meldeten laut Rundschreiben am 20. August 1931 Insolvenz an. Franz Landauer arbeitete ab 1930 als Vertreter für die Phönix Versicherungsgesellschaft mit Sitz in Wien.

Zusammensein wurde nichts, denn ich hatte Dir unter irgendeinem Vorwand abgesagt, war ausgegangen und so saß ich mutterseelenallein im Rolands-Eck[46], brütete vor mich, trank ein Glas nach dem anderen und als ich dann spät nach Hause kam, da schliefst Du Ahnungslose den Schlaf des Gerechten, nicht wissend, dass ich um eine große Enttäuschung reicher und um eine schöne Hoffnung ärmer geworden war. Die Nacht hatte ich kaum geschlafen und als am nächsten Morgen die Pflicht wieder rief und Du mir mein Frühstück brachtest, da hatte ich mich doch wieder so weit in der Gewalt, dass Du mir nichts anmerktest. Überwunden habe ich aber diesen Schlag wohl nie ganz, wenngleich Deine liebe, ruhige und heitere Art mir viel Erleichterung schaffte.

Was war nur geschehen, welche Hoffnungen zerstört worden? Das sollst Du im Nachfolgenden erfahren, ich will es Dir eingehend schildern, sehr ausführlich sogar, weil es wohl mein größter Fehler gewesen ist, dass ich Dir nie davon gesprochen habe. So höre, Maria! Ich hatte damals ein Monatsgehalt von RM 650,–, also ein ganz schöner Verdienst. Die RM 30 000,– wollte ich von Franz haben, um vor Dich hintreten zu können und zu Dir zu sagen: »Maria, ich bitte Dich, meine Frau zu werden!« Ich hatte mir alles für den Abend so nett ausgedacht. Du warst zu den Besorgungen in der Stadt und wärst erst gegen 7 Uhr nach Hause gekommen. Ich hätte inzwischen den Tisch schön gedeckt, versteht sich mit dem schönen Geschirr, dem schönen Besteck, mit Blümlein dekoriert. Dazu hätte ich von Dallmayr[47] gute Sachen heimgebracht, natürlich hätte das hupfende Wasser auch nicht fehlen dürfen, ich selbst hätte mich in meinen Staatsanzug geworfen und hätte Dich dann ge-

---

46 Gaststätte am Bonner Platz in München Schwabing.

47 Delikatessengeschäft Alois Dallmayr, kurz »Dallmayr«, in der Münchner Altstadt. Inhaber Paul Randlkofer (1883 in München-1963 ebd.) war seit 1927 Mitglied des FC Bayern und persönlich mit Landauer bekannt, siehe Abb. 29.

beten, dasselbe zu tun. Ich hatte mir alles Tage vorher fein säuberlich zurechtgelegt, hatte mir alles so nett ausgedacht, es sollte eine kleine Feier werden, entweder sollte es die des Versprechens zwischen uns sein oder, wenn Du Dich nicht hättest entschließen können, dann wäre eben der Geldzuwachs gefeiert worden. Nun es ist halt im Leben wieder einmal alles anders gegangen.

Und nun will ich Dir hier das aufschreiben, was ich an jenem Abend so ungefähr zu Dir gesagt hätte, denn auch das hatte ich mir Tage vorher zurechtgelegt gehabt. So höre denn, Geliebte:

»Maria, ich bitte Dich, meine Frau zu werden. Du sollst und musst mir auf meine Werbung heute keine Antwort geben, ich lasse Dir Zeit, alles ruhig zu überlegen. Wenn Du mir dann in drei Wochen sie gibst, so nehme ich sie entgegen, wie immer sie ausfällt. Sagst Du ›Ja‹, so machst Du mich unendlich glücklich, kannst Du Dich jedoch nicht entschließen, so bitte ich Dich, alles so zu belassen, wie es jetzt ist, also bei und mit mir zu bleiben, denn ich will Dich nicht verlieren.

Als wir beide, Maria, im Sterbezimmer der Mutter standen, Hand in Hand, da fasste ich einen Entschluss, da tat ich ein Gelübde. Dies war: Dich zu bitten, meine Gattin zu werden. Ich wollte und konnte es aber erst dann tun, wenn die finanzielle Grundlage dafür geschaffen war. Durch die Auszahlung der Anteile am Hause und durch meine nun gesicherte Position im Verlage Knorr & Hirth war ich dazu in die Lage versetzt. Denn ich wollte uns doch ein gemütliches, nettes Heim schaffen, wollte vor allen Dingen, dass Du selbst im neuen Heim die Herrin seist, nicht die Hausangestellte. Ich hatte auch schon eine sehr hübsche Wohnung in Aussicht gehabt, drei Zimmer, Mädchenzimmer, Küche, Bad und Nebenräume, versteht sich im geliebten Schwabing, und zwar in der Ainmillerstraße im II. Stock, (Hausnummer weiß ich heute allerdings nicht mehr). Hier also solltest Du schalten und walten, wir sollten ein Alleinmädchen haben, Du aber solltest nicht mehr so viel arbeiten wie bislang. Versteht sich von selbst, dass ein Mensch wie Du sich nicht auf die faule Haut legt, sondern gut leitet und dirigiert und ich bin fest überzeugt, es hätte einen Musterhaushalt gegeben, Dir zur Ehre, uns beiden aber zur Freude. Ich überlasse es völlig Dir, ob das Mädchen kocht oder ob Du selbst dann und wann Deine gerühmte Kochkunst ausübst. Wenn ja, dann aber nur so, dass Du nicht allzu sehr abhängig davon bist, nicht zu sehr beansprucht wirst und immer frei bist für Dich selbst, für mich, für uns beide.

Sieh, Maria, ich bin nun 47 Jahre alt, Du selbst bist 32, es wäre also gerade noch rechtzeitig, um von einer Ehe noch das zu profitieren, was sie erstrebenswert macht. Ich habe Dich, Liebste, nun in den vier Jahren unseres Zusammenseins von Grund auf kennen, schätzen und lieben gelernt. Ich achte Dich als einen feinen, aufrechten und klugen Menschen und das, was mir Dich ganz besonders liebenswert macht, ist Dein aufrechtes, aufrichtiges Wesen, bar jeder Falschheit oder Unaufrichtigkeit. Ich habe nie einen Menschen kennengelernt, mit dem ich enger verbunden war, der so grundehrlich gewesen ist wie Du, niemals, sei es Mann oder Frau.

Ich wollte auch, dass dieses immerwährende Versteckspielen ein Ende nehmen soll, dass ich mich frei und offen mit Dir zeigen kann, dass wir zusammen ins Theater gehen können, zusammen die Opern hören, gemeinsam ins Kino gehen, dass Du mich begleiten sollst zu den Fußballspielen, dass Du bei mir sein sollst bei den Rennen in Daglfing.[48] Schau, Maria, wenn ich so oft nach Hause gekommen bin in unsere Wohnung, namentlich wenn Paule verreist war, da hatte ich mich zuvor ehrlich und rechtschaffen auf Dich gefreut. Es war doch, als ob zu Hause die liebe Frau einen erwartete, es war doch alles zwischen uns so, als ob wir eben verheiratet seien. Ich habe dieses Manko oft mehr als schmerzlich empfunden, weiß nicht, ob Du ebenso darüber gedacht hast.

48 Landauer besuchte regelmäßig die Pferderennen auf der Trabrennbahn in Daglfing, einem Stadtteil im Münchner Osten.

Ich hatte auch schon nach Möbeln Umschau gehalten, ein hübsches Schlafzimmer, ein sehr gefälliges Wohnzimmer, dann noch ein nettes Fremdenzimmer mit zwei Betten, wenn von den Memmingern[49] jemand zu Besuch kommt. Badezimmer-Einrichtung, Diele groß und so, dass man sie auch bewohnen kann, kurz, es ist alles schon ausgedacht und wird wunderhübsch. Ich stellte Dir auch einen Betrag von RM 5000,– zur Verfügung – das ist meine Sparkassen-Einlage –, damit Du Dich in Kleidern, Wäsche etc. richtig ausstaffieren kannst und gleich auch für den Anfang über etwas Taschengeld verfügst.

Sobald Du mir Dein Jawort gibst, werde ich mit meinem Bruder Franz sprechen als dem Oberhaupt unserer Familie.[50] Sind sie mit meiner Wahl einverstanden und nehmen sie Dich in den Kreis unserer Familie auf, so soll es mir recht sein. Tun sie es nicht, so ist die Verbindung zwischen ihnen und mir abgebrochen, an meinem Entschluss aber, die Ehe mit Dir einzugehen, ändert das nicht das Geringste. Mit Ausnahme einiger Teppiche, Bilder und Silberzeug behält Paul die Wohnung, er kann ja dann Leo mit hereinnehmen.

Ich weiß wohl, dass es verschiedene Bedenken Deinerseits geben kann, kann mir vorstellen, dass die Religionsverschiedenheit Dir zu denken geben wird, wohl aber nicht ausschlaggebend ist.[51] (Es

---

49 Gemeint sind Maria Baumanns Schwestern und Schwager. Klara Priem, geb. Baumann (1906 in Memmingen-1985 ebd.), und ihr Mann Karl Priem (1895 in Memmingen-1956 ebd.) lebten in Maria Baumanns Elternhaus in Memmingen, ihre Schwester Friederike Ahmeyer, geb. Baumann (1914 in Memmingen-2000 ebd.), zusammen mit ihrem Mann Hermann Ahmeyer (1912 in Sebbenhausen, Nienburg a. d. Weser-1985 in Memmingen) in dessen Nachbarschaft.

50 Landauer betrachtete seinen Bruder Franz nach dem Tod seines Vaters 1913 als Oberhaupt der Familie, die älteren Brüder Leo und Paul waren nicht bzw. nicht mehr in dem Familienunternehmen tätig.

51 In Kurt Landauers Selbstwahrnehmung bedeutet »jüdisch« die Religionszugehörigkeit. Die »Religionsverschiedenheit« von Maria Bau-

war ja im Herbst 1931. Der Verfasser.) Es ist möglich, dass auch sonsten Gründe vorhanden sind, die für Dich so sind, dass Du eine Heirat nicht möchtest. Darum will ich auch nicht, dass Du mir heute eine Antwort gibst. Ich lasse Dir Zeit zum Überlegen, Du sollst in Ruhe und Vernunft Deine Entschlüsse fassen, denn es ist ein ernster Schritt, der gewagt würde. Fahre ruhig heim zu Deiner Mutter, besprich Dich mit ihr. Eventuell komme ich dann hinaus ins Ried, um mich Deiner Familie als Dein künftiger Mann vorzustellen.

Willst Du, dass wir heiraten, so soll der Schritt so schnell als möglich vollzogen werden, denn irgend ein Zuwarten hat keinen Sinn. Willst Du aber meine Werbung nicht annehmen, so bitte ich Dich inständigst, gehe nicht fort von mir, lasse alles so, wie es jetzt ist, ich brauche Dich, kann Dich nicht missen. Sei versichert, dass ich nie Dir daraus irgendwelchen Vorhalt machen werde, wie immer Deine Gründe sein werden, ich werde sie achten. Eines aber möchte ich Dich noch versichern: Du wirst an mir einen liebenden, einen aufmerksamen, einen treuen Gatten haben. Du sollst für mich sein die Frau, der Lebenskamerad, die Geliebte. So stelle ich mir unserer Ehe vor und darum sage ich nochmals: Maria, ich bitte Dich, meine Frau zu werden.«

So wollte ich damals zu Dir sprechen, das wäre so ungefähr der Sinn meiner Worte gewesen. Ich bin nicht dazu gekommen, es brauchte eine sehr lange Zeit, bis ich mich von diesem Hieb erholt habe. Du bliebst, Gott sei Dank, ahnungslos und zu mir immer gleich lieb, gleich gut, gleich fürsorgend. Die Zeiten waren schön

---

mann und ihm stellte für ihn kein Hindernis für eine Heirat der beiden dar. Seine Geschwister Franz, Gabriele und Henny heirateten jedoch allesamt jüdisch und legten Wert auf einen passenden sozialen Status. Franz heiratete Tilly Hochstädter, die Tochter eines Kommerzienrats, Gabriele den Kommerzienrat Martin Rosenthal und Henny den Rechtsanwalt Dr. Julius Siegel.

für uns, glücklich und zufrieden war ich, Dich zu haben. Jahre später, ich glaube es ist schon 1939 gewesen, als Du abends wie gewohnt an meinem Bette saßest, Du weißt, wie sehr ich das geliebt hatte, da sagtest Du einmal ganz und gar unvermittelt: »Ich glaube, wenn Du mich einmal zur Frau verlangt hättest, ich hätte Dich nicht genommen.« Ich war momentan so perplex, so vor den Kopf geschlagen, dass ich zunächst einmal überhaupt nichts darauf antworten konnte. Darauf Du: »Das kannst Du wohl gar nicht begreifen.« Und als ich Dich hierauf nun fragte: »Und warum nicht?«, da meintest Du: »Ich weiß es selbst nicht, ich glaube aber doch nicht.« Das hat mir arg zu denken gegeben, ist mir lange nicht aus dem Kopf gegangen und wie ich es mir auch hin und her überlegte, ich konnte nicht darauf kommen. Wir sind nie mehr dann darauf zurückgekommen, haben nie wieder ein ähnliches Thema berührt.

So ging 1931, so ging 1932 zu Ende, zwischen uns blieb alles wie immer, wir hatten uns und verstanden uns ausgezeichnet. Ich war so froh, dass ich an Dir einen Menschen hatte, mit dem ich alles besprechen konnte, der nicht nur Interesse für meine Sachen hatte, sondern was noch viel wichtiger war, so ganzes Verständnis.[52] Und umgekehrt ist es auch gewesen und ich bin immer richtig stolz gewesen, wenn mein geliebter Bimbes mit seinen mehr oder [weniger] kleinen Sorgen zu mir gekommen ist, wenn ich Dich beraten durfte. Man besprach sich gegenseitig, man hatte Vertrauen zueinander, schätzte und achtete sich, kurz, unser gemeinsames Leben war ein kleines Idyll, ich war glücklich und zufrieden und auch das »Dich nicht heiraten können« verlor etwas seinen Stachel. So wäre wohl alles in schönster Ordnung gewesen, ich hätte mir, so wie die Dinge nun einmal gelegen sind, nicht mehr verlangt.

---

52 Vermutlich stand die Fußball-Meisterschaft 1932 im Vordergrund. Im Finale in Nürnberg gewann der FC Bayern gegen Eintracht Frankfurt mit 2:0 und wurde zum ersten Mal Deutscher Meister. Die Meisterfeier fand auf dem Münchner Marienplatz statt.

Da trat DAS Ereignis ein, das alles für uns von Grund auf umwandeln sollte.[53] Es war ein Montag, ausnahmsweise ging ich nach Tisch mittags nicht in die Bayern-Geschäftsstelle[54], sondern legte mich schlafen. Als ich dann auf dem Weg in mein Büro in der Clemensstraße (bei der fotografischen Lehranstalt)[55] das ominöse Telegramm[56] gelesen habe, wonach Hitler zum Reichskanzler ernannt worden war, da war mein erster Gedanke, wieder heim zu Dir, Dir die Neuigkeit mitteilen, mit Dir besprechen. Da ich aber an und für sich schon etwas verspätet war, fuhr ich ins Büro, hatte viel Arbeit und kam erst spät wieder fort. In der Stadt ging es sehr lebhaft zu, so nahm ich mir ein Auto und fuhr zu uns heim. Es war inzwischen 9 Uhr abends geworden. Besorgt standest Du an der Türe, Deine Worte: »Gott sei Dank, dass Du da bist, ich hatte Angst um Dich«, zeigten mir wieder einmal mehr, wie sehr Du mir zugetan bist, wie Du mit und in mir lebst. Und zu einer solchen Stunde tat das ganz besonders wohl. Als Du dann in Deiner so netten Art sagtest: »Erzähl Bimbes, was gibt es Neues?«, da warst Du wieder meine alte Maria, der Mensch, bei dem man Erleichterung finden konnte, wenn es einem schwer war. Und schwer ist es mir gewesen.

---

53 Am 30. Januar 1933 ernannte Reichspräsident Paul von Hindenburg den Vorsitzenden der NSDAP, Adolf Hitler, zum Reichskanzler.

54 Die Geschäftsstelle des FC Bayern befand sich zu dieser Zeit in der Weinstraße 14, in der Nähe des Marienplatzes, von 1921 bis 1928 im Geschäftshaus Damenmode Otto Landauer in der Kaufingerstraße 26, ab März 1928 in der Dienerstraße 10 und schließlich ab Januar 1932 in der Weinstraße 14.

55 Die Bayerische Staatslehranstalt für Lichtbildwesen in der Clemensstraße 33 galt seit 1900 als renommierte Ausbildungseinrichtung für Fotografie.

56 Möglicherweise ist mit dem »ominösen Telegramm« die Tageszeitung *Abendblatt: Münchner Telegramm-Zeitung mit Sport-Telegraf* gemeint. Diese erschien zwischen 1928 und 1936 sechs Mal wöchentlich und wurde vom Verlagshaus Knorr & Hirth herausgegeben.

Man ahnte ja noch nicht, wie alles sich wenden würde, aber man hatte doch den Alpdruck und fürchtete … Leider, leider ist man damals zu kurzsichtig gewesen, leider, leider war man immer der Meinung gewesen, dies und jenes könne nicht geschehen, und man wiegte sich in der Hoffnung, dass man selbst als alter Frontkämpfer nicht unter Sonderbestimmungen fallen würde.[57] Es würde zu weit führen, all die Dinge anzuführen, die wir zusammen eingehend besprochen haben. Wir hatten uns über vieles unterhalten, hatten so manches Problem eingehend miteinander erörtert, haben aber das einzig Richtige, das einzig Mögliche nicht in Betracht gezogen, gar nicht erwogen. Und dies wäre gewesen: sofort, aber auch sofort die nötigen Schritte einzuleiten, um das Land zu verlassen, um nach Amerika zu gehen.[58] Ich sage ausdrücklich »WIR«

---

57 Landauer ging wie alle jüdischen Teilnehmer des Ersten Weltkrieges davon aus, dass sie als »alte Frontkämpfer« vor Diffamierung und Ausgrenzung durch nationalsozialistische Sonderbestimmungen geschützt wären. So legte auch das »Gesetz zur Wiederherstellung des Berufsbeamtentums« am 7. April 1933 fest, dass »nicht-arische« Beamte grundsätzlich zu entlassen seien; Ausnahme aber waren »Frontkämpfer« des Ersten Weltkrieges. Mit der »Ersten Verordnung zum Reichsbürgergesetz« vom 14. November 1935 wurden endgültig alle Juden aus dem öffentlichen Dienst entfernt. Es folgten Berufsverbote u. a. für jüdische Ärzte und Rechtsanwälte; auch Vereine und andere Organisationen führten »Arierparagrafen« ein, von denen ehemalige Frontkämpfer nicht länger ausgenommen waren. Wie wichtig Kurt Landauer den Status als ehemaliger Frontkämpfer nahm, zeigt die Tatsache, dass sich das »Ehrenkreuz für Frontkämpfer« in seinem Nachlass befindet. »Im Namen des Führers und Reichskanzlers« wurde ihm wie allen Teilnehmern des Ersten Weltkrieges noch am 1. März 1935 das von Reichspräsident von Hindenburg gestiftete »Ehrenkreuz« verliehen. Landauer nahm das Dokument mit in die Emigration nach Genf und brachte es mit zurück nach München, siehe S. 313.

58 Bereits unmittelbar nach der Machtübergabe 1933 setzte die Flucht

hätten gehen sollen, Du und ich, Maria, um drüben gemeinsam, miteinander ein neues Leben zu beginnen. Du hattest Schwester und Schwager drüben und hättest so fürs Erste ein Unterkommen gehabt.[59] Aber gell, an solche Entwicklungen hatte man nicht im Entferntesten gedacht, man konnte nicht glauben, dass man nicht ruhig weiter in dem Lande leben könne, in dem man selbst, der Vater, der Großvater und dessen Vater wieder schon geboren wurden.[60]

---

vieler Juden aus dem Deutschen Reich in die Nachbarländer ein. Zwei weitere Wellen mit zunehmend entfernteren Zielen (die bisherigen Zufluchtsländer schlossen ihre Grenzen) folgten 1935 nach den »Nürnberger Rassegesetzen« und 1938 nach den Novemberpogromen. Im Januar 1939 richtete Hermann Göring nach österreichischem Vorbild eine »Reichszentrale für jüdische Auswanderung« ein, um die Emigration zu koordinieren und zu beschleunigen. Voraussetzung für eine legale Ausreise war eine sogenannte Unbedenklichkeitsbescheinigung, die erst nach Begleichung sämtlicher Steuern erstellt wurde. Das endgültige Auswanderungsverbot aus dem Deutschen Reich wurde im Oktober 1941 erlassen. Zwischen 1933 und 1938 flüchteten etwa 3500 Juden aus München vorwiegend nach Palästina und in die USA. Zu den Einreisebestimmungen für die USA gehörte neben einer festgelegten Quote und einem Visum die Garantie eines US-Bürgers, für den Lebensunterhalt des Betreffenden aufzukommen. Außerdem mussten Migrantinnen und Migranten eine Bürgschaft über 5000 US-Dollar und ein Einkommen sowie Gesundheitszeugnisse nachweisen.

59 Gemeint sind Elfriede Schuler, geb. Baumann (1902 in Memmingen-1992 in Toms River, New Jersey), und Walter Schuler (1906 in Merchingen, Ravenstein-1981 in Toms River, New Jersey). Maria Baumanns Schwester wanderte bereits 1927 in die USA aus. Zuvor hatte sie wie Maria Baumann in mehreren deutschen Städten als Hausangestellte gearbeitet. 1932 heiratete sie den Bankangestellten Walter Schuler, mit dem sie in New Jersey lebte.

60 Die Familie Landauer aus dem schwäbischen Hürben lässt sich bis ins 18. Jahrhundert zurückverfolgen. 1850 erwarb Landauers Großvater Löb Landauer (1810 in Hürben, Krumbach-1870 in München)

Mit Aufregungen aller Art gingen so die Monate Februar und März hin,[61] es kam der berühmte 1. April mit der Juden-Anprangerung.[62] Dürrmeier hatte mir zuvor zwei Tage Urlaub gegeben, damit ich bei einer Kontrolle nicht im Verlag anwesend sei. Am 1. April morgens um 7 Uhr kam der Postbote und brachte einen einge-

---

eine Konzession als Eisenhändler in München. Im selben Jahr wurde ihm und seiner Familie die Ansässigmachung in München über die Matrikelzahl hinaus bewilligt. Bis 1861 begrenzte eine Matrikelzahl die Zahl der in München lebenden jüdischen Familien. Nur wer nachweisen konnte, eine Fabrik, ein größeres Handelsunternehmen oder einen Landwirtschaftsbetrieb zu gründen, oder wer Handwerksmeister war, konnte vom Innenministerium die Bewilligung zur »Ansässigmachung über die Zahl« erhalten. Zwischen 1815 und 1861 geschah dies in 83 Fällen. 1861 wurde das Matrikelgesetz aufgehoben, und 1871 erhielten die bayerischen Jüdinnen und Juden gleiche Bürgerrechte.

61 Kurt Landauer schreibt nichts über seinen Rücktritt als Präsident des FC Bayern am 22. März 1933, wahrscheinlich, da er und Maria Baumann diesen Schritt ausführlich diskutiert haben. Der FC Bayern gehörte am 9. April 1933 zu den Unterzeichnern der »Stuttgarter Erklärung«, in der süddeutsche Vereine die »Entfernung der Juden« aus den Sportvereinen unterstützten. In den Folgemonaten von Mai/Juni 1933 bis Juli 1934 wurden mindestens 45 jüdische Mitglieder in den Club-Nachrichten als »Austritte« oder »gestrichen« gemeldet, das sind 40 Prozent der bisher in der Vereinsgeschichte recherchierten Verfolgten. Darunter Ernst und Ludwig Klauber sowie Max Klopfer, Maria Klopfers Schwager. Aus dem Umfeld Landauers verließen auch Wilhelm Steigenberger, Dr. Richard Amesmaier und Hans Dürrmeier den Verein. Insgesamt traten ab Mai/Juni 1933 bei 183 Neueintritten 257 Vereinsmitglieder aus.

62 Am 1. April 1933 rief die nationalsozialistische Regierung zum »Judenboykott« auf, die erste systematische deutschlandweite Maßnahme zum Boykott von Geschäften, Arztpraxen und Rechtsanwaltskanzleien mit jüdischen Inhabern.

schriebenen Brief vom Verlag: Kündigung.[63] Du brachtest mir den Brief ans Bett und hattest so liebe Worte des Trostes. Naiv, wie ich damals noch war, meinte ich, es sei nur eine vorübergehende Maßnahme und alles würde sich wieder einrenken. Diesen Samstag, 1. April, ging ich überhaupt nicht vors Haus, ich erinnere mich noch gut, wie schnell Du Deine Besorgungen gemacht hattest, wie Du bestrebt warst, mich nicht zu viel allein zu lassen, wie fürsorglich und lieb Du gewesen bist, wie Du erzähltest, was Du in den Straßen gesehen usw. Paule war neugierig wie immer und sah sich alles an, auch am Abend ging er fort, zur Lelle, und so waren wir allein für uns.

Diesen Abend werde ich nie im Leben vergessen können, weil Du die ganze Größe Deiner Seele offenbartest. Du warst zu mir, wie ich Dich nie zuvor gesehen hatte. Von einer weichen Zärtlichkeit, von einer Besorgtheit ohnegleichen, Du fandest immer wieder neue Worte der Aufmunterung, der Hoffnung. Und als ich am

---

63 Mit der »Verordnung des Reichspräsidenten zum Schutz von Volk und Staat« vom 28. Februar 1933 wurden bereits die Bürgerrechte der Weimarer Verfassung außer Kraft gesetzt und u. a. die Pressefreiheit stark beschnitten. Die *Münchner Neuesten Nachrichten* des Knorr & Hirth Verlags galten zwar als konservativ, verfolgten aber eine demokratische Linie und befanden sich deswegen im Dauerkonflikt mit dem *Völkischen Beobachter*. Diese milde Oppositionshaltung reichte aus, dass sich die Gleichschaltung auf die Mitarbeiter der Zeitung vehement auswirkte. Bereits am 18. Februar wurde ein mehrtägiges Erscheinungsverbot über die *MNN* verhängt. Nachdem die *MNN* die Entmachtung der Bayerischen Regierung von Heinrich Held am 9. März kritisierten, reagierte die NSDAP mit der Drohung, das Verlagsgebäude zu stürmen. In der Folge wurden rasch und sukzessive Verlag und Redaktion »gesäubert« und gut 25 Redakteure und Mitarbeiter gekündigt, darunter wohl auch Kurt Landauer. Am 1. April 1933 war die *MNN* komplett unter nationalsozialistischer Kontrolle, was sich besonders in den auf den Titelseiten abgedruckten antisemitischen Pamphleten von Julius Streicher zeigte.

nächsten Tage mit meinem Freund Franz[64] nach Daglfing hinunterspazierte, dorten wie gewohnt zu Mittag aß, da schien mir doch alles wieder in einem rosigeren Lichte, es sah nicht mehr so düster aus, denn Du hattest ja mir so viel Erleichterndes gesagt und auch der Franz bestärkte mich darin. Am Abend kamst Du früher als gewöhnlich von Deinen Sonntagsausgängen heim mit der Begründung: »Ich muss doch nach meinem geliebten Bimbes sehen!« Aber aus einem Wiedereinstellen meinerseits bei Knorr & Hirth ist nichts geworden und im Oktober fing ich dann als Versicherungsvertreter an.[65] Es war wohl beruflich meine unglücklichste Zeit, denn dieses Hausierengehen lag mir so gar nicht. Ich arbeitete daher auch absolut unlustig, demzufolge auch ohne sichtbaren Erfolg.

Bei uns zu Hause musste nun auch der Leibriemen enger geschnallt werden, Du wirst Dich an die verschiedenen Stadien entsinnen, wirst die einzelnen Sparmaßnahmen nicht vergessen haben, umso weniger als sie ja in allererster Linie Dich selbst sowohl als Leiterin des Haushalts als auch Deine eigene Person betroffen haben. Und hier wiederum hast Du Deinen ganzen Wert gezeigt, hast dargetan, wie fest Du auf dem Boden der Tatsachen, der Wirklichkeit stehst. Du hast gut begriffen, um was es geht, und Deine Haushaltsführung war so gut, dass wir wirklich mit dem von uns ausgeworfenem Gelde auskommen konnten. Ich weiß, dass es nicht immer leicht gewesen ist, umso mehr Dank und Anerkennung muss-

---

64 Franz Herzing (1882 in Weiden in der Oberpfalz-1965 in München), Beamter der Münchner Rückversicherungsgesellschaft, seit 1913 Mitglied des FC Bayern. Er war Spieler und Funktionär, u. a. zweiter Vorsitzender, Schriftführer und Spielausschussführer und arbeitete seit 1918 mit Landauer im Vereinsvorstand.

65 Kurt Landauer arbeitete bis Oktober 1935 als Mitarbeiter der Phönix Versicherungsgesellschaft mit Hauptsitz in Wien, bei der sein Bruder Franz seit 1930 den Standort München leitete.

te ich Dir zollen. Nur einer hatte in unserem Heim kein Verständnis für unser Tun und Treiben, das war Paule.

Zu jener Zeit ist es auch gewesen, dass mein Aufenthalt in der lieben Kuchel immer häufiger wurde, ich half Dir ab und zu beim Kochen (Kartoffel schälen usw.), trocknete beim Abspülen ab und des Abends nach dem Essen, wenn der Paul das Klavier behämmerte, dann fand ich mich bei Dir ein, man rechnete das Wirtschaftsbuch ab und plauschte zusammen. Freitagabend machtest Du mir Manucure [sic] und immer wird mir der liebe Patsch, den Du mir jeweils nach Beendigung der Prozedur auf die Hand gabst, in lieber Erinnerung bleiben.

So wäre eigentlich doch alles noch immerhin tragbar gewesen, man stellte keine hohen Anforderungen mehr an das Leben, man hatte sich gegenseitig und verlangte wohl auch nicht mehr. Aber es tauchten doch Schatten auf, es drohten sich Abgründe aufzutun, gegen die es kein Entrinnen gab. Es wurden die ersten Fälle der sogenannten Rassenschande bekannt, man vernahm die ersten Einweisungen nach Dachau.[66] Aber vorerst kümmerte ich mich noch nicht darum, nahm ich doch an, dass unsere Zusammengehörigkeit nur uns beiden bekannt war. (Ich weiß auch heute noch nicht, ob jemand noch davon gewusst hatte, etwa Betty[67], Paul oder Nachbarn.)

Inzwischen war das Jahr 1934 schon im Gange und ich fand Eingang in das Haus Klopfer. Ich wurde verschiedentlich eingeladen, ich

---

66 Bereits kurz nach der Machtübergabe 1933 wurden Juden in der Öffentlichkeit angeprangert und der sogenannten Rassenschande beschuldigt, einige wurden schon zu diesem frühen Zeitpunkt des Nationalsozialismus von der SA in »Schutzhaft« genommen. »Rassenschande« im nationalsozialistischen Kontext umfasste nicht nur sexuelle Beziehungen zwischen jüdischen und nicht-jüdischen Personen, sondern jegliche Art von privatem Umgang.

67 Betty Guter war über viele Jahre eine Freundin von Maria Baumann in München. Lebensdaten konnten nicht ermittelt werden.

ging mit Maria Kl. manchmal ins Theater, ins Konzert, all das gelegentlich, noch nicht sehr häufig. Und doch hat man sich in jener Zeit wieder enger aneinandergeschmiegt, ohne allerdings die letzten Konsequenzen daraus zu ziehen. Ich bin aufrichtig genug zu sagen, dass dic Frau mich wieder in ihren Bann gezogen hat und dass ich in ein großes Dilemma Deinetwegen gekommen war. Ich hatte oft vor, mit Dir offen zu sprechen, fand aber nicht den Mut dazu. Ich kann aber ganz ehrlich das behaupten und sagen, dass nichts, aber auch gar nichts dazu angetan gewesen war, um meine Gefühle Dir gegenüber zu verändern, ich liebte Dich noch genau wie ehedem und doch wurde ich manches Mal nicht klug aus mir selbst. Ich begann unter diesem Zustand zu leiden, hatte niemanden, mit dem ich mich aussprechen konnte.

Es kam der Reichsparteitag zu Nürnberg mit seinen Rassengesetzen und denen für die Hausangestellten.[68] Nun aber habe ich unehrlich gegen Dich gehandelt, Maria, und das ist mir Jahre noch nah gegangen. Ohne die Ausführungsbestimmungen[69] abzuwarten, habe ich Dir vorgeschlagen, Deinen Posten zu verlassen, Dir etwas

---

68 Während des Reichsparteitages in Nürnberg wurden am 15. September 1935 das »Reichsbürgergesetz« und das »Gesetz zum Schutz des deutschen Blutes und der deutschen Ehre« erlassen, gemeinsam als die sogenannten Nürnberger Rassegesetze bekannt. Ersteres legte eine »rassische« Unterscheidung zwischen »Reichsbürgern« und »Staatsangehörigen« fest, die die Rechte Deutscher jüdischer Herkunft eklatant minderte und zugleich festlegte, wer nach rassistischen Kategorien als jüdisch zu verstehen war. Das zweite Gesetz definierte die sogenannte Rassenschande und verbot engen Kontakt zwischen »Juden« und »Ariern«. Für »Juden« galt das Verbot, »weibliche Staatsangehörige deutschen oder artverwandten Blutes unter 45 Jahren in ihrem Haushalt zu beschäftigen«.

69 »Erste Verordnung zur Ausführung des Gesetzes zum Schutze der deutschen Ehre« vom 14. November 1935: »Weibliche Staatsangehörige deutschen oder artverwandten Blutes, die beim Erlass des Gesetzes in einem jüdischen Haushalt beschäftigt waren, können in die-

anderes zu besorgen und für uns ebenfalls eine andere Kraft zu nehmen. Ich begründete es damit, dass auf diese Weise Du selbst einen geeigneten Posten finden könntest und auch wir eine gute Person engagieren können, bevor der Arbeitsmarkt mit Angeboten teils überschwemmt, für Deinen Fall, oder aber von älteren Menschen, für den unsrigen, entblößt sei.[70] Der wirkliche Grund bestand aber für mich darin, um mich vor Dir zu schützen, einmal aus dem Hause, so glaubte ich, würde ich der Versuchung auch widerstehen können. Ich habe Dir gegenüber mehr als gemein gehandelt, wenn auch heute eine lange Zeit darüber verstrichen ist, so stehe ich nicht an, Dich hiermit in aller Form um Verzeihung zu bitten. Ich habe diesen Schritt mehr als bereut, ich hatte mir so viel von ihm versprochen gehabt; – wie aber sah dann die Wirklichkeit aus?

Du wirst Dich wahrscheinlich noch erinnern können, dass zu der damaligen Zeit Verhandlungen im Gange gewesen sind wegen meines Eintrittes in die Kl. Fabrik.[71] Zuvor aber wollte ich noch einmal mein Glück versuchen, ob ich vielleicht in der Schweiz im Fußballsport unterkommen könne.[72] Es ging nicht und meine kurze

---

sem Haushalt in ihrem bisherigen Arbeitsverhältnis bleiben, wenn sie bis zum 31. Dezember 1935 das 35. Lebensjahr vollendet haben.«

70 Bereits im Oktober 1935 teilte die *Jüdische Rundschau* mit, dass unmittelbar nach dem Erlass des Gesetzes »eine beträchtliche Zahl der bisher bei Juden tätigen nichtjüdischen Hausangestellten ihre Stellung verlassen [hatte], […] um rechtzeitig eine andere Stellung zu erhalten«. Die plötzlich gesteigerte Nachfrage konnte nicht durch »jüdisches Hauspersonal« gedeckt werden, sodass vermehrt auch Männer und ältere Ehepaare hauswirtschaftliche Tätigkeiten in »jüdischen Haushalten« übernahmen. Es entbrannte eine Debatte um das entstandene »Hausangestelltenproblem« und die Rolle der »jüdischen Hausfrau«.

71 Zur Wäschefabrik Rosa Klauber siehe Fußnote 19.

72 Kurt Landauer hatte als Präsident des FC Bayern viele Länderspiele

Reise nach Zürich schlug fehl. Ebenso fehl schlugen aber auch meine Bemühungen für …Dich dorten etwas zu finden. Ich hatte Dir nie davon gesprochen, wollte ein letztes Mal versuchen, ob wir beide auf diese Weise nicht doch noch beisammenbleiben könnten. So kam ich deprimiert wieder nach Hause zurück, allerdings versehen mit einem ganzen Pack von guten Vorsätzen. Du warst schon zur Ruhe gegangen, als ich heimkam und in Deinem Zimmer und all die guten und sozusagen vernünftigen Vorsätze waren sofort dahin – ich kam zu Dir.

Einige Tage später klappte es dann mit meiner neuen Stelle[73] und auch die neue Wirtschafterin trat bei uns ein. Du hattest inzwischen auch etwas Passendes gefunden[74] und so wähnten wir, oder vielmehr ich, dass alles in Ordnung gehen würde. Du lerntest die neue Kraft ein, sahst aber doch sofort, dass es nicht das Richtige für uns sei. In der Fabrik fand ich mich ganz ordentlich zurecht, froh, wieder eine geregelte Tätigkeit zu haben. Dann nahmen wir eines Tages – es war der 15. Oktober [1935] – Abschied voneinander, es

---

organisiert, so spielte z. B. im Juni 1919 der FC St. Gallen als erster ausländischer Gegner nach dem Ersten Weltkrieg in Deutschland beim FC Bayern. In Zürich pflegte Kurt Landauer unter anderem Kontakt zu FIFA-Generalsekretär Dr. Ivo Schricker, siehe Fußnote 230.

73 Landauer arbeitete vom 1. Oktober 1935 bis zum 10. November 1938 als kaufmännischer Angestellter in der Wäschefabrik Rosa Klauber, wo er hauptsächlich die vielen Exportaufträge bearbeitete, außerdem für das Warenlager und seine Disposition mitverantwortlich zeichnete.

74 Maria Baumann war vom 16. Oktober bis zum 30. Dezember 1935 im Haushalt von Eleonore »Elli« Mainzer, geb. Plapperer (1901 in Thannhausen-1952 in München), in der Georgenstraße 36 gemeldet. Seit Anfang 1935 besaß Mainzer als Alleininhaberin die 1860 gegründete Maskenfabrik S. Schmitt, spezialisiert auf die Fertigung von Faschingsmasken aus Gips. In ihrer Hoch-Zeit zählte die Fabrik bis zu 160 Mitarbeiterinnen und Mitarbeiter, 1938 noch rund 60 Mitarbeiter.

war ein hartes Auseinandergehen. Nun aber, da Du erst einmal aus dem Haus warst, da sah ich erst, welche Leere Du darin zurückgelassen hast. Ging die Türe auf, so meinte ich, Du müsstest hereintreten, Dein liebes Lächeln, Deine gütigen sonnigen Augen, Deinen Blondkopf vermisste ich allüberall, zu jeglicher Zeit. Und da kam's mir erst richtig zu Bewusstsein, welch Riesendummheit ich angerichtet hatte. Auf der anderen Seite aber wollte ich unter allen Umständen hart bleiben, um ja nicht wieder rückfällig zu werden.

Du schautest manchmal nach uns, kamst Sonntagabend mit Deinem Essen zu uns, Du warst nicht zufrieden, so wie Du es hattest, warst nicht zufrieden, für uns mit Deiner Nachfolgerin, denn Du hattest es bald heraus, dass es nicht richtig klappte. Aber ich sagte Dir nichts von meinen Sorgen, meinen Sehnsüchten, wozu Dir noch das Herz schwerer machen als notwendig. Kannst Du Dich erinnern, als wir uns zweimal an einem Sonntagvormittag – Du führtest Deinen kleinen schwarzen Hund spazieren – in der Georgenstraße[75] zufällig trafen? Wie habe ich mich über dieses Zusammentreffen gefreut, wie hat der ganze Tag unter dieser Begegnung günstig nachgewirkt!

Zu dieser Zeit war ich nahe daran, mit Frau Maria [Klopfer] aufrichtig und offen über Dich zu sprechen. Sie war klug genug zu sehen, dass etwas da war, das mich seelisch belastete. Ich hatte auch hier nicht den Mut, die Wahrheit zu sagen, vergrub meine Sorgen bei mir und machte alles mit mir selber aus. Frau Maria und ich hatten zu dieser Zeit den Grundstock unserer Freundschaft gelegt. Einer Freundschaft zwischen Frau und Mann, von der man sagt, dass sie unmöglich sei. Sie IST möglich, wie dieser Fall beweist, wenn ich auch zugebe, dass sie untermauert ist von einer großen ersten Liebe. Aber all die Aspekte, die Ausflüsse einer Liebe, einer

---

75 Die Georgenstraße verbindet die Stadtteile Maxvorstadt und Schwabing.

Liebschaft in ihrer letzten Konsequenz, die fehlten, die waren nicht da. Ich hatte mehrmals im Sinne gehabt, Frau Maria ins Vertrauen zu ziehen, weil ich manchmal das Gefühl hatte, ich muss mich jemandem anvertrauen, wollte ich nicht innerlich vergehen. In späteren Jahren, nun schon hier in Genf, hatte ich oft und oft das gleiche Bedürfnis, aber ich hielt mich immer zurück, wenngleich ich völlig überzeugt davon bin, dass Frau Maria mich vollständig verstehen und begreifen könnte ..., vielleicht auch davon etwas ahnt, was uns verbindet.

Diese Wochen also sind nicht erfreulich gewesen, Du unternahmst auch Schritte, um wieder zurückkommen zu können, nachdem durch die Ausführungsbestimmungen des Gesetzes klar geworden war, dass Du nicht hättest gehen müssen.[76] Man riet mir, Du solltest Dich an die Arbeitsfront[77] wenden. Du tatest es, gingst einen Nachmittag dorthin und nach Fabrikschluss trafen wir uns am Elisabethplatz[78]. Maria, liebe, gute Maria, was bist Du unglücklich gewesen, als Du mir sagtest, es ginge unter keinen Umständen, wir mussten von der Straße weg in einen Hausgang gehen, weil Du so bitterlich geweint hast. Ich kann Dir nicht beschreiben, wie tief mir Deine Gemütsverfassung zusetzte, wie unglücklich auch ich ge-

---

76 Maria Baumann, bereits im September 1935 36 Jahre alt, konnte demnach weiter im Haushalt der Brüder Landauer arbeiten, siehe Fußnote 69.

77 Im März 1933 wurden zuerst die Münchner und dann sämtliche Gewerkschaften im Deutschen Reich zerschlagen, ihre Mitglieder in die im Mai 1933 gegründete Deutsche Arbeiterfront (DAF) zwangseingegliedert, die rechtlich an die NSDAP gebunden, ähnlich hierarchisch strukturiert und die mit Abstand größte Organisation des Deutschen Reiches war. Sie präsentierte sich zwar selbst als Vertreterin Erwerbstätiger, hatte aber keinerlei gewerkschaftliche Funktionen. Mitgliedsbeiträge wurden automatisch vom Lohn abgezogen und sie diente eher als ein Instrument zur Überwachung und Kontrolle.

78 Der Elisabethplatz liegt im Münchner Stadtteil Schwabing.

wesen bin und wie schwer es für mich war, standhaft zu bleiben, um Dir nicht zu zeigen, dass auch ich darunter schwer leide. Dein Anblick, so restlos gebrochen, ist mir nie aus dem Gedächtnis entschwunden, ich sehe Dich heute noch vor mir in Deinem grauen Wintermantel, Deinem schwarzen Pelz, ein kleines schwarzes Hüterl auf dem Kopf. Und die lieben blauen Augen, die doch sonst nur heiter und froh blicken konnten, die waren so traurig und füllten sich unaufhörlich mit Tränen. Arme, arme liebe Maria! Und kannst Du Dir vorstellen, was es dann für mich gewesen ist, aus dieser Stimmung heraus heim zu müssen, in das Heim, wo Du, Geliebte, lange Jahre in liebster, in umsichtiger Weise geschaltet und gewaltet hast, wo Du mich umsorgtest mit aller Deiner Liebe, mit Deiner Güte, mit Deinem Frohsinn, wo jedes Zimmer, jeder Winkel, Deinen Geist, Deine Persönlichkeit atmete? Es war sehr schlimm und meine Depressionen wuchsen immer mehr. Lichtblicke waren, wenn Du mich anriefst in der Fabrik, wenn Du Sonntagabend kamst! Weißt Du noch, am 2. November war die Fabrik geschlossen, Deine Herrin[79] aber im Geschäft, da rief ich Dich bei Dir zu Hause an, was hattest Du doch für eine Freude, die sich dann selbstverständlich auf mich übertrug.

Da las ich zufällig eines Tages eine ganz kleine unauffällige Notiz in der Neuesten wegen arischen[80] Hausangestellten in jüdischen Haushalten; danach ist einzig und allein das zuständige Polizeirevier zuständig. Ich ging am nächsten Tag noch hin, trug dem Beamten den Fall vor, der überlegte einige Augenblicke und sagte

79 Gemeint ist Eleonore Mainzer, siehe Fußnote 74.

80 Der Begriff »arisch« stammt ursprünglich aus der Sprachwissenschaft und wurde erst im 19. Jahrhundert zu einem Instrument der Rassenideologie. Er sollte die Überlegenheit einer vermeintlich nordischen weißen Rasse ausdrücken. Die Nationalsozialisten übernahmen diese Haltung, wobei in ihrem Sprachgebrauch »arisch« insbesondere als Antonym zu »jüdisch« diente.

dann, wenn Du vor dem 1. Januar [1936] Deinen Posten bei uns wieder antreten würdest, dann wären die Bedingungen des Gesetzes erfüllt.[81] Als ich ging, zitterten mir meine Knie genauso heftig wie seinerzeit, als ich bei der Neuesten engagiert worden war. Mein Entschluss aber stand unumwunden fest: Du kommst zurück!! Ich verständigte sofort die Tilly[82], die sich telefonisch mit Dir in Verbindung setzte. Paul war auf Reisen und als ich ihm bei seiner Rückkunft die Neuigkeit mitteilte, da war er gar nicht einverstanden und wollte seine Zustimmung nicht geben. Aber ich blieb fest und so kamst Du am 31. Dezember [1935] wieder zu uns. Ich hatte seit Tagen eine ernstliche Magenverstimmung und legte mich gleich nach Fabrikschluss zu Bett. So kam's, dass Du mich zu Bette fandest – Du kamst gleichzeitig mit Paul. Ich kann Dir nicht beschreiben, was ich fühlte, als Du wieder über die Schwelle meines Zimmers tratest – ich war glücklich, wie lange nicht mehr. Merkwürdig ist mir heute, dass ich mich nicht mehr entsinnen kann darauf, wie Deine Haltung war, was Du empfunden hast, was Du sagtest. Es ist mir ebenso dem Gedächtnis entschwunden – aber nicht erst seit kurzer Zeit, sondern schon seit Langem – wie überhaupt

---

81 Es war entscheidend, dass Maria Baumann vor Jahresende wiedereingestellt wurde. Laut der Ausführungsbestimmung vom 14. November 1935 konnten »jüdische Haushalte« zwar »nichtjüdische Hausangestellte« über 35 Jahre beschäftigen, neu eingestellt werden durften hingegen nur Frauen, die älter als 45 Jahre waren.

82 Tilly Landauer, geb. Höchstädter (1887 in München-erm. 1944 im Vernichtungslager Auschwitz), Landauers Schwägerin, Bezirksdirektorin des Vereins »Familienschutz, Gemeinnütziger Verein für Hinterbliebenenfürsorge der Mitglieder der jüdischen Gemeinden e.V.«. Ihr Vater Sigmund Höchstädter (1847 in Mönchsdeggingen-1928 in München) war Vorsitzender im Aufsichtsrat der Münchner Straßenreinigung und Kommerzienrat. 1908 heiratete Tilly Höchstädter Landauers Bruder Franz, mit dem sie bis 1939 im Stadtteil Schwabing lebte.

die ersten Tage nach Deiner Rückkunft. Das verstehe ich nun nicht ganz.

Bald hatten wir uns wieder so ganz zusammengefunden, es herrschte in unserem Haushalt wieder der alte gute Geist, denn gerade infolge Deiner 2½-monatigen Abwesenheit hatte ich gesehen, wie unentbehrlich Du für mich geworden warst. Ich bin mir inne geworden, dass ich mit der ganzen großen Kraft meiner Seele mich Dir verschrieben habe, dass ich Dir angehöre für und für. Als zu dieser Zeit Frau Maria mir den Vorschlag machte, für Amerika einzugeben, da wies ich ihn zurück – ich wollte mich nicht mehr von Dir trennen, wollte bei und mit Dir sein und bleiben. Gute Vorsätze hatte ich keine mehr, wusste ich doch, sie zu halten, war mir nicht möglich! Und doch hatte ich öfters Hemmungen, später noch viel mehr. Du merktest darum – leider hast Du sie mir nicht immer richtig ausgelegt. Zuweilen, wenn ich zu Dir kam, da meintest Du, ich würde Hemmungen haben wegen Frau Maria, das tat mir weh, dass Du so dachtest. Sah ich doch, wie falsch Du unsere Freundschaft, unsere Zusammengehörigkeit auslegtest. Nein, Maria, so war es nicht.

Ich hatte zuweilen Angst um Dich. Wenn die Gestapo[83] gekommen wäre, mich unseretwegen zu holen, so war ich mir klar, meinetwegen. Nie irgendetwas zugestehen, denn Dich wollte ich auf alle Fälle schonen, Du solltest nicht in Mitleidenschaft gezogen werden. Mein Weg aber war mir klar, weder in ein Konzentrationslager noch vor ein Gericht, sondern selbst Schluss gemacht. Das stand für mich unumstößlich fest. Aber sieh, Liebes, ich habe damals nicht zu Dir gesprochen, aus dem einzigen Grunde, ich wollte Dich nicht mit etwas belasten, was mir selbst schon Sorgen genug berei-

83 Die Geheime Staatspolizei (kurz: Gestapo), unmittelbar nach der Machtübergabe im Februar 1933 per Gesetz gegründet, wurde rasch zu einem wichtigen Teil des Vernichtungssystems der Nationalsozialisten und zum Terrorinstrument.

tete, Du solltest nicht mit Gedanken erschreckt werden, die unnötig waren. Ich hatte Dir immer versichert, dass Du Dich voll und ganz auf mich verlassen kannst und, Maria, ich hätte Dich niemals im Stich gelassen. Dir hätte niemals etwas geschehen sollen! Glaub mir, Du Gute, dass ich unter diesem Zustand viel gelitten habe.

So vergingen die Tage, es zogen die Wochen vorbei, ein Monat löste den anderen ab, die Jahre schwanden. Wir beide aber blieben uns innerlich die Gleichen, litten unter den Zeiten, aber waren in unseren Gefühlen doch fest geblieben. Du nahmst in rührender Weise Anteil an den Bedrückungen, die für uns Juden immer zahlreicher und härter wurden, freutest Dich über meine Fortschritte in der Fabrik, warst froh mit mir, wenn die Chefin[84] nett zu mir war, ärgertest Dich mit mir, wenn sie ein Mistviech gewesen ist, warst auch froh darüber, dass ich den Weg wieder zu meinen Geschwistern fand, freutest Dich einesteils über meinen Verkehr mit Frau Maria, andererseits begannst Du ihn damals schon mit scheelen Augen zu betrachten, kurz, Du brachtest alle die Eigenschaften auf, die Dich mir als Lebenskamerad, als Geliebte – leider aber nicht als meine Gattin – so sehr schätzenswert, so sehr geliebt erscheinen ließen.

Und dann kam doch ein Ereignis, das unser bislang so ungetrübtes, so harmonisch verlaufenes Übereinstimmen ernstlich zu trüben schien. Dank Deiner Einsicht, dank Deiner Gescheitheit aber blieben wir die Alten!! Vielleicht ist die Begebenheit Deinem Gedächtnis entschwunden, möglich auch, dass es Dir nie so wichtig erschienen war. Wir beide hatten in langen Jahren die löbliche Übung, den Silvesterabend zusammen zu verbringen, in unseren Zimmern mit einem nett und lieb zusammengestellten Mahl und

84 Alice Berta Klauber, geb. Moos (1902 in Ulm-1991 in New York), Maria Klopfers Schwägerin. Gemeinsam mit ihrem Ehemann Ernst Klauber und dessen Bruder Ludwig Klauber leitete sie die Wäschefabrik Rosa Klauber.

etwas Festlichem zum Trinken. Es war immer ein wirklich gemütlicher Abend, einfach und bescheiden, wie wir es selbst gewesen sind. Wir hatten uns, das genügte uns. Silvester 1937 brach ich mit dieser Gepflogenheit und nahm eine Einladung an im Hause Klopfer. Ich hatte zuerst angenommen, dann wieder abgesagt und schlussendlich war ich doch dorten gewesen. Es hing dies eng mit den schon besprochenen Hemmungen zusammen, denn wieder einmal mehr hatte ich Scheu, mit Dir allein zu sein. Es war dumm von mir, sogar mehr als das.

Um 11 Uhr abends kam ich heim und war sehr froh, Dich noch auf zu finden. Du hattest Korrespondenz erledigt, soviel ich noch weiß auch an Elfriede[85] geschrieben. Und als ich Dich liebkosen wollte, möglich, dass ich etwas nach Alkohol duftete, obwohl ich völlig nüchtern war, da sagtest Du etwas recht Hässliches. Worauf ich antwortet: »Pfui, Maria, das bin ich nicht von Dir gewöhnt«, sagte Gute Nacht und Du gingst aus meinem Zimmer. Ich war mehr als verstimmt, betrachtete das kleine Intermezzo als schlechten Jahresabschluss, als kein gutes Omen für das neue Jahr, fand aber nicht den Entschluss, um noch am gleichen Abend diese Angelegenheit ins Reine zu bringen. Am Neujahrstag, in der Frühe kamst Du sehr bald zu mir ins Zimmer, wünschtest mir ein gutes neues Jahr in Deiner alten lieben Weise, nun erwähnten beide den Vorfall nicht mehr, frühstückten wie gewohnt an Sonn- und Feiertagen gemeinsam in unserer geliebten Kuchel. Es war wieder alles in bestem Geleise und ich hatte vergessen. Am Abend war ich wie gewohnt bei Freund Franz, als ich dann nach 11 Uhr nach Hause kam, war der liebe Bimbes noch nicht da. Ich sah um 12 Uhr, sah um 1 Uhr und wiederum um 2 Uhr nach Dir, Dein Zimmer war leer. Ich hatte Sorgen um Dich, denn ein so spätes Nachhausekom-

---

85 Elfriede Schuler, Maria Baumanns Schwester in den USA, siehe Fußnote 59.

men war ich von Dir nicht gewöhnt. Ich muss dann später wohl eingeschlafen sein, denn ich habe Dich nicht heimkommen gehört.

Der nächste Tag war ein Sonntag, Du kamst wie gewöhnlich ins Zimmer, setztest Dich an mein Bett und hast Folgendes erzählt: Du, Betty und Hilde[86] wart nachmittags im Gärtnerplatztheater[87]. Daraufhin seid ihr ins Hofbräuhaus[88] gegangen, wo sich euch einige Herren angeschlossen haben. Ich glaube, es waren auch drei. Von dorten seid ihr ins Café Orlando di Lasso[89] gegangen und dann hat Dich der Herr, der sich schon den ganzen Abend für Dich interessiert hatte, nach Hause gebracht, um ½ 4 Uhr morgens bist Du in der Clemensstraße angelangt. Und ferner sagtest Du mir, und zwar einige Male, dass ihr zu drei verschiedenen Gelegenheiten Bruderschaften gemacht habt und euch jedes Mal dabei geküsst habt. Es schien, als ob Du mit diesem Abend, diesem Erlebnis recht zufrieden gewesen seist. Nun, welche Frau ist es nicht, wenn sie auf einen Mann Eindruck machen kann. Und dann sagtest Du mir noch, dass ihr euch gleich am nächsten Sonntagabend wieder treffen wollt. Ich weiß genau, dass ich nichts zu alldem gesagt habe, schon deshalb nicht, weil ich immer die Gewohnheit hatte und habe, Neues erst einmal gut zu überlegen und dann Stellung dazu zu nehmen. Wie gewohnt nahmen wir unser Frühstück zusammen in der Küche, über Dein neues Erlebnis wurde nicht mehr gesprochen bis zum Dienstagabend.

Drei Tage ist mir das nicht mehr aus dem Kopf gegangen und ich kann auch sagen, dass mein sprichwörtlicher guter Schlaf er-

---

86 Es konnten keine Daten zur Person ermittelt werden.

87 Staatstheater am Gärtnerplatz in der Isarvorstadt, gegründet 1865.

88 Staatliches Hofbräuhaus am Platzl in der Münchner Altstadt, Brauerei seit 1608.

89 1899 eröffnetes Kaffeehaus am Platzl gegenüber vom Hofbräuhaus, Treffpunkt der Münchner Theaterszene.

heblich darunter gelitten hat. Ich hab's mir hin, ich hab's mir her überlegt und bin doch zu keinem befriedigenden Schluss gekommen. Deshalb nicht, weil ich ein Abenteuer mit einem Manne und Dich, Maria, nicht ins Reine bringen konnte. Es war etwas da, das nicht stimmte. An diesem Dienstagabend, es war nach dem Essen in der Küche, ich ging hin und her, redete von diesem und jenem und sagte plötzlich zu Dir: »Maria, ich habe eine große Bitte an Dich, an deren Erfüllung mir sehr viel gelegen ist!« Darauf Du: »Wenn ich kann, dann gerne, Du weißt, für meinen lieben Bimbes tue ich, was ich kann.« Ich bat Dich dann mit stockender Stimme, nicht mehr zu der Verabredung im Hofbräuhaus zu gehen, den Mann überhaupt nicht mehr zu treffen. Ich sehe Dich heute noch vor mir stehen, etwas errötet, mit lachendem Munde und einem ganz bestimmten Glanz in Deinen lieben Augen, als Du mich frugst: »Bist Du eifersüchtig, Bimbes?« Und ich weiß es noch wie heute, als ich Dir mit gepresster Stimme antwortete: »Nein, das bin ich nicht.« »Was ist es dann?« Und sieh Maria, da habe ich wieder einmal mehr Dir gegenüber einen grundlegenden Fehler gemacht. Anstelle Dir das zu sagen, was ich mir innerhalb der drei Tage im Geiste zurechtgelegt habe, habe ich geschwiegen und nur gemeint, es sei besser für Dich, das habe doch keinen Wert und solchen Unsinn mehr. Ohne langes Besinnen sagtest Du, dass Du den Mann nicht mehr sehen willst, wenn es mir lieber sei, ich dankte Dir, weder Du noch ich kamen jemals wieder auf diese Angelegenheit zurück. Ich habe niemals den geringsten Zweifel gehabt, dass Du mir gegenüber das Versprechen gehalten hast, für Dich war der Fall erledigt, wohl schon bevor es sich zu einem Fall ausgewachsen hätte.

Du möchtest nun gerne wissen und hast auch ein Anrecht darauf, was ich Dir damals sagen wollte, sagen hätte müssen. Denn schau, mein Liebes, das war die Gelegenheit, um Dir einmal aus meinem Innersten heraus das zu sagen, was ich für Dich, wie ich für Dich empfinde, mich rückhaltlos zu Dir zu bekennen. Du meintest, ob ich eifersüchtig sei? Ja nun, das war ich wohl nicht. Es hat mir weh getan, es hat mich geschmerzt, dass Du, Maria, die ich so hoch über alle mir bekannte Frauen gestellt habe, etwas getan hast, das so ganz und gar nicht zu Dir gepasst hat. Versteh mich recht, es war ja an und für sich nichts Schlimmes – noch nicht, aber die Gelegenheit macht bekanntlich Diebe. Aber das ist es nicht gewesen, was mich verstimmte. Nein, es war dieses: Ich hatte die ganzen langen Jahre ein so unbegrenztes, unumstößliches Vertrauen in Dich gesetzt, hatte ein solch unbedingtes Gefühl in Deine Verlässlichkeit, dass ich nie, aber auch wirklich und wahrhaftig niemals den leisesten Zweifel in Deine Ehrlichkeit, in Deine Aufrichtigkeit setzte. Du kannst es nicht wissen, Maria, was dieses Gefühl des Geborgenseins in einen Menschen für jemanden bedeutet, der in dieser Beziehung keine guten Erfahrungen hinter sich hatte. Und da kam dann doch, für ganz kurze Zeit allerdings nur, eine Enttäuschung auf, es drängte sich mir das Problem auf, ob ich Dich nicht doch zu hoch eingeschätzt habe. Dazu kam, dass ich das Gefühl nicht losgeworden bin, dass der Hofbräuhaus-Abend gewissermaßen für Dich eine kleine Revanche bedeutete, dass ich Dich tags zuvor an Silvester alleine ließ und den Abend dann auch noch mich nicht ganz einig von Dir trennte nach meinem Nachhausekommen. Das waren so meine Gedankengänge, das hätte ich Dir sagen sollen und müssen, aber ich habe mich ausgeschwiegen, habe dadurch Dich doch einigermaßen im Ungewissen gelassen, habe andererseits aber auch versäumt, Dir bei dieser Gelegenheit das Bekenntnis der absoluten Zuverlässigkeit und Ehrenhaftigkeit zu geben, auf das Du so unbedingt Anspruch hattest. Wieder einmal mehr bin ich sehr unzufrieden mit mir selbst gewesen und wieder einmal mehr habe ich dumm und auch völlig unlogisch Dir gegenüber gehandelt. Ich bin lange nicht darüber hinweggekommen, mochte aber doch die ganze Sache, die Du ja so vornehm erledigt hattest, nicht wieder anschneiden. Also war's erledigt.

Wie gesagt, die Vorauszeichen für ein gutes Jahr 1938 hatte ich schon an Silvester/Neujahr nicht. Leider, wie sollte ich Recht behalten. Paule musste seine Tätigkeit einstellen[90] und dadurch wurde auch die Grundlage unseres Haushaltes in finanzieller Beziehung etwas aus den Fugen gebracht, ich selbst wurde geldlich wieder mehr herangezogen. In der Fabrik klappte es bei mir auch nicht mehr so wie zuvor, war doch in W. Benheim[91] ein Mann zu Macht und zu Einfluss gekommen, mit dem ich mich nicht verstand, dem ich auch im Wege stand. Und zwar aus verschiedenen Gründen. Mein sonst gutes Einvernehmen mit der Chefin[92] wurde zusehends schlechter, es gab Meinungsverschiedenheiten verschiedenster Art, einmal wollte ich selbst kündigen, tat's dann doch nicht, weil ich ja das Geld zum Leben verdienen musste, einmal wollte sie mich fristlos entlassen, und so fort und so weiter. Auch mein bislang gutes Verhältnis zu den Brüdern Klauber[93] litt darunter, weil die beiden ja nur auf die Stimme des Mistviechs hörten. Auch bei Frau Maria wurde ich schwarz angekreidet und des Öfteren hat sie mich gebeten, doch verträglicher zu sein. Es war alles [andere] denn angenehm. Der ruhende Pol in dieser Flucht der unerfreulichen Ereignisse bist immer und immer wieder Du gewesen. Du hattest Sinn

90 Dr. Paul Landauer, Provisionsvertreter für Arzneimittel der Firma L. Lichtenheldt in Meuselbach, Thüringen, wurde im Herbst 1938 seine Gewerbelegitimation entzogen. Das »Gesetz zur Änderung der Gewerbeordnung« vom 6. Juli 1938 verbot allen Juden die Tätigkeit im Wander- und Provisionsgewerbe. Die Arbeit als Provisionsvertreter war zuvor für viele ehemalige Beamte und Angestellte sowie Gewerbetreibende, die ihr Geschäft hatten schließen oder verkaufen müssen, die letzte Erwerbsmöglichkeit. Zum 30. September 1938 verloren ihre Gewerbescheine und -legitimationskarten ihre Gültigkeit.

91 Es konnten keine Daten zur Person ermittelt werden.

92 Alice Berta Klauber, siehe Fußnote 84.

93 Gemeint sind Maria Klopfers Brüder Ernst und Ludwig Klauber. Beide, seit 1931 Mitglieder des FC Bayern, traten zwischen dem 15. und 30. Oktober 1933 aus. Ein weiterer Bruder, Siegfried Klauber, der nicht in der Wäschefabrik tätig, sondern in der Leitung des Spitzenhauses war, hatte München bereits im April 1938 verlassen.

und Verständnis für meine mehr oder weniger großen und kleinen Kümmernisse, Du hörtest mich unentwegt an, scheutest Dich aber nicht, mir zu sagen, wenn ich nach Deiner Ansicht Unrecht hatte. Du warst eben mein getreues, mein liebes Bimbesle. Wir sind wieder restlos die Alten gewesen, wenn je etwas Trennendes vorübergehend bestanden hatte, so war es längst vergessen. Und doch lasteten die politischen Ereignisse in Deutschland schwer auf uns. Ohne es auszusprechen, hatte man ein Gefühl der Unsicherheit in sich, man war unruhig, hatte Angst, es könnte uns etwas zustoßen. War es daher zu verwundern, dass meine Hemmungen zusehends wuchsen? Immer mehr aber hatte ich mich zu der Überzeugung durchgerungen, dass Du ein Mensch bist, auf den man sich unbedingt und unter allen Umständen verlassen kann, die Ereignisse wurden von Dir mit einer so großen Klugheit beurteilt, dass ich oft die allergrößte Hochachtung vor Dir hatte.

Im Sommer [1938] gingst Du in Urlaub in Dein geliebtes Ried, ich nach Grainau, nicht ahnend, dass es der letzte Urlaub dorten sein sollte. Zum Herbst allerdings ging ich nochmals auf drei Tage hinaus, es waren die jüdischen Feiertage,[94] Du fuhrst wieder nach Memmingen. Ich füge das hier an, deshalb, weil es wohl die letzten freien Tage gewesen sind. Inzwischen war die Fabrik verkauft worden, mit dem neuen Chef[95] verstand ich mich gut und es waren

94 Rosch Haschana, das jüdische Neujahrsfest, fiel 1938 auf den 25. bis 27. September. Wie bei assimilierten Juden üblich, feierte Landauer sowohl Silvester als auch das jüdische Neujahrsfest.

95 Kurt Landauers neuer Chef war Richard Lüdecke (1902 in Schweinrich, Wittstock/Dosse-1978 in München). Im Herbst 1938 bemühten sich verschiedene Interessenten um die Zwangsübernahme sowohl des Spitzenhauses wie auch der Wäschefabrik Rosa Klauber. Für die Fabrik in der Dachauer Straße 112 bewarben sich Richard Lüdecke und Hermann Straub (1905 in Sontheim, Heilbronn-1984 in Bad Wörishofen), die hofften, im Rahmen der Enteignung »jüdischer Betriebe« zum Zug zu kommen. Der Kaufvertrag mit erheb-

auch bereits Schritte unternommen worden, dass ich weiterhin in der Fabrik arbeiten durfte. Doch es sollte alles so ganz anders kommen. Man schrieb den 10. November [1938]. Wie gewohnt war ich um 7 Uhr in die Fabrik gefahren, hatte nichts Außergewöhnliches gesehen oder bemerkt. Als dann das Personal kam, da wurde allenthalben erzählt, dass jüdische Geschäfte in der Nacht zerstört worden sind,[96] dass Wohnungen in Brand geraten waren, und dergleichen ungeheuerliche Dinge mehr. So gegen 11 Uhr kamst dann Du, Liebes, in die Fabrik, verweint erzähltest Du, dass der Paul geholt worden sei. Abends sollte ich bei Tilly und Lelle essen, versprach Dir aber, zwischen Arbeitsschluss und Abendessen nach Hause zu kommen, um mich nach Dir umzusehen. Auf die Idee, mich bei

---

licher Wertminderung wurde am 18. September 1938 abgeschlossen. Lüdecke trat 1940 in die NSDAP ein und meldete im Juni 1941 der Industrie-und Handelskammer, dass die Firma Lüdecke & Straub seit einigen Monaten ausschließlich für öffentliche Behörden arbeitete. Lüdecke und Straub produzierten beispielsweise 20 000 Tarn- und Windjacken für die deutsche Wehrmacht.

96 Vom 9. auf den 10. November 1938 organisierte die NSDAP reichsweite, gewalttätige Ausschreitungen gegen Juden. Das Signal ging von München, der »Hauptstadt der Bewegung«, aus. Joseph Goebbels hielt im Saal des Alten Rathauses am Abend eine antisemitische Hetzrede, die zur Zerstörung und Plünderung von Synagogen, jüdischen Einrichtungen und Geschäften aufrief. SA-Männer und Münchner Bürger plünderten auch das Spitzenhaus Rosa Klauber und Kurt Landauer hörte vermutlich in der Wäschefabrik davon. Die Passauer Schülerin Marianne Sporer erinnert sich an den Bericht ihrer Mutter: »Unvergessen ist mir die Schilderung geblieben, in der sie sehr erregt von SA-Männern erzählte, die aus dem berühmten Spitzen-Spezialgeschäft von Rosa Klauber ganze Rollen wertvollster Ware aus dem Laden warfen und draußen mit ihren Stiefeln darauf herumtrampelten. Beschämt war sie über manche Münchner Bürger, die sich an der Ware bereicherten und von den teuren Spitzen mitnahmen.«

Freund Franz in Sicherheit zu bringen, bin ich gar nicht gekommen, merkwürdigerweise Du aber auch nicht. So kam, was unausbleiblich war, um 2 Uhr wurde auch ich verhaftet.[97]

Ich will mit Absicht all das übergehen, was sich während meines 33-tägigen Aufenthaltes in Dachau ereignete. Nur so viel, was Dich persönlich betrifft. Du kannst Dir denken, dass die unsinnigsten Gerüchte unter uns Häftlingen im Umlauf waren, teilweise natürlich in Gang mit der Absicht gesetzt, uns nervlich noch mehr zu belasten, als es schon so der Fall gewesen ist. So kam Paul eines schönen Tages mit der Nachricht, dass alle jüdischen Wohnungen haben geräumt werden müssen, dass zuvor aber schon die arischen Hausangestellten ihren Platz verlassen mussten. Er jammerte und war noch verzagter, als er es schon war. Ich aber sagte, dass unsere Maria auf ihrem Posten geblieben ist und uns nicht verlassen hat. Das war meine felsenfeste Meinung gewesen. Strich[98] war ja inzwischen auch nach Dachau gekommen und als er mich wenige Tage später aufsuchte und mir bestätigte, dass seine und unsere Wohnung intakt seien, da hatte mein Glauben an den geliebten Bimbes wieder einmal Recht gehabt.

---

97 Nach angeordneten Massenverhaftungen von jüdischen Männern erfolgte ihre Verschleppung in die Konzentrationslager Dachau, Buchenwald und Sachsenhausen. 1000 jüdische Münchner wurden alleine aus München in das KZ Dachau deportiert, darunter auch Kurt und Paul Landauer. Am 12. November schließlich auch Franz Landauer.

98 Dr. phil. Michael Strich (1881 in Berlin-erm. 1941 in Kaunas), Besitzer des Hauses in der Clemensstraße 41, in dem auch Kurt Landauer lebte. Der Historiker und Privatgelehrte wurde am 11. November 1938 ins Konzentrationslager Dachau verschleppt, wo er bis zum 6. Dezember inhaftiert blieb. Nach weiteren Diffamierungen und der Enteignung seines Hauses im September 1939 deportierte ihn die Gestapo am 20. November 1941 nach Kaunas im heutigen Litauen, wo man ihn erschoss.

Am 13. Dezember wurden Paul und ich entlassen.[99] Dadurch, dass ich am Bahnhof Dachau ein Auto fand, mit dem ich und noch andere vier Herren nach München fuhren, kam's, dass ich bereits vor 5 Uhr in Schwabing war, also um fast eine Stunde früher, als die Freigelassenen aus Dachau sonst eintrafen. So geschah's, dass Du nicht zu Hause gewesen bist, sondern bei Deinem täglichen Besuch bei Frau Maria und als ich dorten vom Telefonkiosk am Kurfürstenplatz anrief, Du schleunigst nach Hause liefst und vor lauter Eile Deine schönen selbstgestrickten Handschuhe liegen hast lassen. Ich aber bin um etwas gekommen, was ich mir schon Tage und Tage vorher mit großer Freude und noch größerem Wohlbehagen habe ausgemalt. Meine Heimkunft. Unten zweimal läuten, versteht sich, dass der Bimbes mein Läuten kennt – kurz, lang –, und wie wäre er da überrascht gewesen! Aber als Du dann atemlos die Treppe heraufgestürmt kamst – ich war dann schon zu Hause –, da gab's doch eine so innige, so herzliche, vielleicht sogar wehe Begrüßung. Es kamen Lelle und Tilly noch zur Begrüßung, später gegen 7 Uhr ist auch dann der Paule heimgekehrt – ein alter, gebrochener Mensch, dem das Lager kolossal zugesetzt hatte. Weißt Du noch, dass er, der doch jeden Abend Klavier spielte, wochenlang hernach seinen Flügel nicht mehr anrührte? Ich ging dann zum Abendessen zu Frau Maria und merkwürdig, dieses zum ersten Mal wieder an einem gedeckten Tische Essen, dieses wieder unter menschenwürdigem Dasein, auf das man sich schon lange gefreut, das man sich immer wieder so freundlich ausgemalt hat, hat mir nicht zugesagt, das Essen mit Messer und Gabel, vor sich zum ersten Male wieder ein Stück Fleisch, mir nicht geschmeckt. Ich führe das nur

---

99 Kurt und Paul Landauer wurden zusammen am 13. Dezember 1933 entlassen, Franz am 19. Dezember – alle schwer misshandelt. Die Entlassung der letzten Deportierten erfolgte im April 1939. Zuvor mussten sie ihre Auswanderungsabsicht erklären und eine finanzielle Verpflichtungserklärung abgeben.

deshalb an, weil es das große Ereignis für uns Häftlinge sein sollte und dann die Enttäuschung ward. Denn wie mir ist es noch so vielen anderen, die ich sprach, ergangen. Ich kam dann früh heim, durch »Lichtsignale« gabst Du mir zu wissen, dass Du schon zur Ruhe warst. Später kamst Du zu mir – wir feierten unser Wiedersehen in der zärtlichsten Weise.

Klar, dass es in den nächsten Tagen vieles zu erzählen gab, beiderseits, und ich musste Dich immer wieder erneut bewundern, wie wunderbar Du alles gemacht hattest, wie gescheit Du gehandelt hast und wie vornehm in Deiner Gesinnung. Wir fanden unser Heim bei unserer Rückkunft auf das Beste bestellt, sauber und festlich gerichtet und es erschien mir nochmals so wertvoll als zuvor. Und eines sah man sofort: hier schaltet und waltet ein tüchtiger Mensch mit dem Herzen auf dem richtigen Fleck. Als ich dann von Lelle und Tilly und Frau Maria vernommen, wie Du alle Dinge angepackt hattest, wie Du Dich bewährt hast, da, Maria, war ich ordentlich stolz auf Dich und wusste es einmal mehr, dass meine Liebe zu einem Menschen gekommen ist, der alles Gute in dieser Welt verdienen würde.

Mit rührender Fürsorge hast Du Paule und mich in den nächsten Tagen und Wochen umgeben, auch um Paul hast Du Dich sehr angenommen. Meine Frostschäden hast Du gut gepflegt, mit viel Sorgfalt. Nie sind in unserem Haushalte solche Mengen Fleisch vertilgt worden als dazumal, nach Deiner eigenen Aussage. Ich bat Dich sowohl als auch Frau Maria, sofort bei meiner Rückkunft, über Zukunftspläne bis zum Freitag – ich war Dienstag heimgekehrt – nicht zu sprechen. Als ich dann hörte, dass auch Du um eine Nummer für Amerika eingegeben hattest,[100] da war ich doch zutiefst erschüt-

100 Maria Baumann stellte zwei Tage nach der Deportation von Kurt Landauer nach Dachau, am 12. November 1938, für ihn einen Visumsantrag im amerikanischen Konsulat in Stuttgart. Die hohe Nr. 35 879 hatte wenig Aussicht auf Erfolg.

tert, fasste ich doch dies als einen so herrlichen Beweis Deiner Treue, Liebe und Anhänglichkeit auf.

Man gewöhnte sich wieder an sein normales Leben, soweit für uns von normal noch gesprochen werden konnte. Zu Weihnachten hatten Franzens für den Heiligen Abend uns Geschwister[101] zum Abendessen gebeten. Ich sagte, dass ich Dich diesen Abend nicht allein zu Hause lassen wollte, und bewerkstelligte, dass Du zum Servieren herangezogen wurdest – und wir uns so nahe waren. Nach Schluss gingen wir alle zusammen heim. Paul begleitete Lelle und als wir Clothilde[102] mit ihrer Rosa abgeliefert hatten, da strebten

---

101 Gemeint sind Landauer, seine Schwester Gabriele Rosenthal und sein Bruder Paul. Henny Siegel und ihr Mann Julius emigrierten bereits 1934 mit ihren beiden Kindern nach Palästina, nachdem der Münchner Rechtsanwalt Michael Siegel (1882 in Arnstein-1979 in Lima), der Cousin Julius Siegels, 1933 von den Nationalsozialisten öffentlich gedemütigt worden war. Auch Gabriele Rosenthal, deren Wohnung am 23. November 1938 von der Gestapo durchsucht und Kulturgut beschlagnahmt worden war, bemühte sich um eine Ausreisemöglichkeit für sich und ihren Sohn. Nach dem Novemberpogrom führten die Nationalsozialisten die sogenannte Judenvermögensabgabe als »Sühneleistung der Juden deutscher Staatsangehörigkeit« ein, eine willkürlich festgesetzte Kontributionszahlung, die auch Gabriele Rosenthal zu leisten hatte. Auch Franz und Tilly Landauers wirtschaftliche Lage verschlechterte sich im Laufe des Jahres 1938 erheblich. Im September 1938 musste Franz Landauer sein Gewerbe als Vertreter der Phönix Versicherungsgesellschaft abmelden. Im Juli waren Franz und Tilly gezwungen, ihre Wohnung in der Königinstraße, die sie 30 Jahre lang bewohnt hatten, zu verlassen. Sie lebten nun in der Hohenstaufenstraße 7 in München Schwabing, wo Franz Landauer zuvor sein Büro hatte. Weihnachten 1938 verbrachte Landauer zum letzten Mal im Kreis seiner Geschwister.

102 Clothilde Höchstädter, geb. Sternfeld (1861 in München-erm. 1943 im Sammellager Westerbork), Mutter von Landauers Schwägerin Tilly Landauer, lebte, nachdem ihr ihre Wohnung in der Prinzregenten-

wir unserem Heime zu, wir beide allein. Es war eine schöne kalte Winternacht, vor der Ursulakirche[103] erstrahlte schön und feierlich der Lichterbaum, wir waren beide von der Situation so sehr beeindruckt, dass wir nicht viel sprachen. Aber gefühlt haben wir es beide, dass wir zusammen einen Teil unseres Lebens zurückgelegt haben, Seite an Seite, in treuer Kameradschaft, in aufrichtiger Liebe. Und dass mein sehnlicher Wunsch, Dich ehelichen zu können, nicht in Erfüllung gegangen ist, das hat mir gerade an diesem herrlichen Weihnachtsabend in dieser Stimmung besonders weh getan. Verstehst Du jetzt, Maria, warum ich von hier aus zu jedem Weihnachten immer wieder auf diesen Abend, auf den Christbaum vor der Ursel zu sprechen kam? Wir feierten dann Silvester in unserer herkömmlichen Weise, Du hattest Dich besonders nett hergerichtet. Es war ein lieber Abend, vielleicht ein ganz klein wenig wehmütig –, denn es war uns beiden klar, dass es der letzte, zumindest in München, sein würde. Eines war klar, dass nach Dachau wir uns, wenn möglich, noch enger zusammengefunden haben, sahen wir doch durch unsere Trennung, was wir für einander bedeuteten.

Und nun begann aber für uns eine Zeit, die zum Schmerzlichsten gehört, was wir zusammen erlebt haben. Ich will nicht ausführlich werden, will vor allen Dingen all das weglassen, was nicht zu unserem gegenseitigen Verhältnis gehört. Es begann also die Zeit der Vorbereitung der Auswanderung. Denn Du, Frau Maria und Freund Franz waren sich während meiner Abwesenheit im Klaren geworden, dass ich auswandern müsste. Und nachdem, was ich in den 33 Tagen in Dachau miterlebt, gesehen und gehört habe, stand für mich fest, dass sie mich ein zweites Mal nicht mehr lebend dorthin oder anderswo bringen sollten. Inzwischen hatte Frau Maria für sich und ihre Eltern die Einreise-Erlaubnis für Genf Mitte De-

---

straße 1937 weggenommen wurde, in der Schwabinger Franz-Joseph-Straße 26, nicht weit von den Landauers.

103 Stadtpfarrkirche Sankt Ursula im Münchner Stadtteil Schwabing.

zember [1938] erhalten.[104] Und sie versprach mir, dass ich ebenfalls dorthin nachkommen sollte. Ich will all die Details übergehen, die mit der Auswanderung der drei Kl.[105] zusammenhängen, Du weißt, dass ich sehr viel erledigt habe, sehr viele Gänge zu machen hatte. Ich war viel im Hause an der Wilhelmstraße.[106]

In diese Zeit aber fielen die ersten Misstrauungen Deinerseits. Du erzähltest mir einmal, als ich bei Frau Maria zum Essen gewesen war, wie es komme, dass in diesem Zimmer Licht sei, in jenem aber nicht, wo wir uns denn aufhalten würden. Du seiest zufällig vorbeigegangen. Da ich aber genau wusste, dass Du nach dem Essen nicht zufällig irgendeinen Weg machst, so wusste ich, dass Du Dir Gedanken machst, dass Du mir nicht mehr in der gewohnten

---

104 Theodor Klopfer hatte mit seinen Brüdern und Leopold Josephson im Mai 1913 das Hotel Excelsior gekauft. Es wurde eines der modernsten Hotels der damaligen Zeit in München. Nach der Machtübergabe 1933 konnten sie ihr Hotel in der Nähe des Hauptbahnhofes wegen antisemitischer Übergriffe nicht mehr betreten. Siehe Abb. 18 und 19. Nach der zum Schein erfolgten Übertragung der Anteile an Justizrat Sigmund Pospischil (1877 in München-1951 ebd.) 1934 erfolgte der erzwungene Verkauf unter Wert. Nach einigen Weitergaben schließlich ging es an Maria und Carl Geisel (1912 in München-1955 ebd.). Theodor Klopfer gelang es, einen Großteil seines Vermögens als Anleihe in die Schweiz zu bringen, was sich positiv auf die Einreisegesuche seiner Schwiegereltern auswirkte, die gesundheitlich zu schwach für eine Weiterreise in die USA waren. Sein Neffe Roger Klauber schrieb später: »Toby tat viele Wohltaten, aber sprach niemals darüber.«

105 Gemeint sind Maria Klopfer und ihre Eltern Anna und Moritz Klauber.

106 Maria und Theodor Klopfer wohnten mit ihren drei Kindern im zweiten Stock der Wilhelmstraße 21. Darunter die Eltern Anna und Moritz Klauber zusammen mit dem Bruder Ludwig und der Großtante Clara. Im dritten Stock der Bruder Ernst und dessen Frau Alice und Sohn Otto Adolf, später Roger.

Weise vertraust. Das tat mir weh, hauptsächlich aber Deinetwegen, da Du Dir unnötigerweise Sorgen gemacht hast.

Die Wochen gingen dahin, am 25. Februar [1939] sind die 3 Kl. dann nach Genf abgereist. Ich begleitete sie zum Bahnhof, kam später nach Hause zum Frühstück, ging vormittags zu Franzens und als ich mittags zum Essen heimkam, fand ich Blumen von Frau Maria vor mit einem Brieflein mit dem Schluss: ewig Deine Maria. Du hast ihn vor mir gelesen, Dich darüber sehr erregt. Den Abend – es war ja ein Sonntag – bist Du mit Betty gewesen und sehr bald heimgekommen, Du hast nicht einmal den Schluss des Filmes abgewartet. Voller Unruhe bist Du gewesen und Du hast auch gar nicht zu verbergen gesucht, was Dich so sehr bedrückt. Ich versuchte Dich so gut als möglich zu trösten, habe versucht Dir klarzumachen, dass Du keinen Grund hattest, Dir Sorgen zu machen, aber es half nicht allzu viel. Lediglich das Eine ließest Du gelten, dass die Frau nun einmal nicht mehr in München, mir nicht mehr gefährlich werden könne, das heißt eigentlich Dir. Ich weiß es genau, dass ich Dir damals sagte, dass ich eigentlich froh bin, dass die 3 Kl. nun fort sind, denn diese Art Familienleben, wo jeder sich um den anderen bekümmerte, wo eins dem anderen nachlief, war ich doch nicht gewohnt und sagte mir so gar nicht zu. Das beruhigte Dich nun wieder einigermaßen, so glaubte ich, dass sich Dein Misstrauen wieder legen könnte, dass Du wieder die alte, meine alte Maria werden solltest. Ich hatte guten Grund, zuversichtlich in dieser Hinsicht in die Zukunft zu blicken, denn es schien, als ob mit der Abreise von Frau Maria Dein altes Gleichgewicht wieder zurückgekommen wäre. Leider aber sollte es so ganz anders werden!

Inzwischen machte ich mich an meine Vorkehrungen zur Auswanderung, sie erheischten viel Lauferei und Überlegung.[107] Ande-

107 Folgende Unterlagen reichte Landauer im Bureau du Contrôle de l'Habitant in Genf ein: Standesamt Planegg, Geburtsurkunde, ausge-

rerseits entwickelte sich eine lebhafte Korrespondenz zwischen Genf und mir und gleich bei einem der ersten Briefe frugst Du mich etwas, was in diesem stand, Du aber keinesfalls wissen konntest, weil ich es Dir nicht gesagt habe. Ich weiß heute nicht mehr, um was es sich gehandelt hatte. Als ich Dir meine Bedenken vortrug, meintest Du, Du hättest die Papierschnitzel im Closet gesehen, daher also Dein Wissen. Ich aber wusste, dass ich »gezogen« hatte, also keine Papierschnitzel da sein konnten. Also argwöhnte ich und im Verlaufe der kommenden Wochen ahnte ich, ohne es allerdings bestimmt zu wissen, dass Du, Maria, meine Post vor mir geöffnet hast, gelesen und dann wieder schlossest. Fast ganz sicher aber bin ich mir gewesen an einem Sonntagvormittag. Ich lag noch zu Bett, es war gegen 11 Uhr, die Zeit, da der Briefträger kommen musste. Du sagtest mir, Du müsstest auf den Speicher. Dich dorten wähnend, stand ich dann auf, um im Briefkasten nach der Post zu sehen – und sah Dich vor der Türe auf den Briefträger warten. Du aber hattest anscheinend gehört, dass ich den Briefkasten geöffnet habe, und frugst mich, was ich am Briefkasten wollte. Ich leugnete ab, sagte auch nicht, dass ich wusste, dass Du nicht am Speicher warst. Und sieh, Maria, dieses Intermezzo hat mir enorm zu denken gegeben. Das ist unserer so unwürdig gewesen, die Unwahrheit zu sagen, das sich gegenseitige Verstecken. Zwei Menschen wie wir, Maria, die eine so bedeutende und auch so

---

stellt 7. Januar 1939; Polizeipräsidium München, Führungszeugnis, ausgestellt 19. Januar 1939; Dr. med. Richard Amesmaier, Ärztliches Zeugnis, ausgestellt 21. April 1939 (S. 294); Briefe der Bank Crédit Suisse, Genf, an Theodor Klopfer, ausgestellt 27. März 1939 und 17. April 1939; Quittung von Maria Klopfer für das Konto von Kurt Landauer über 300 Dollar; Depot-Bescheinigung der Bank Crédit Suisse über 20 Aktien zu je 500 CHF; Einreisebedingung in die Republik Kuba; Brief von Dr. Ivo Schricker an Maria Klopfer, vom 17. April 1939 (S. 293 f.). Zu Dr. Richard Amesmaier siehe Fußnote 315.

schwierige Strecke Weges zusammen zurückgelegt haben, die in guten und schlechten Zeiten fest und treu zusammengestanden hatten, die hätten auch den Mut aufbringen müssen, um über das zu sprechen, was sie bedrückte, davon zu reden, was dem einen am anderen nun nicht gefällt, nicht passt. Sowohl Du als ich taten nichts dergleichen, gingen jeder seinen eigenen Weg der Heimlichkeiten, meinend, der andere wüsste nicht davon.

Eines muss ich Dir aber bei dieser Gelegenheit sagen: Wie ich hier in Genf am ersten Tage war und auspackte, da suchte ich Deinen Brief, eingepackt ins Paket Watte. Du hattest mir in München davon gesprochen und mich gebeten, ihn erst nach 14 Tagen zu lesen. Ich habe ihn sofort gelesen, bin erschüttert gewesen, umgeworfen von der Tragik Deines Bekenntnisses. Als ich zu Hause vom Brieföffnen nur ahnte, ohne es bestimmt zu wissen, und als ich hier dann die Sicherheit hatte, beide Male ist es für mich das Nämliche gewesen. Ich war Dir darob nicht einen Augenblick böse, habe es nie als etwas Unrechtes von Dir mir gegenüber empfunden. Die Gefühle, die ich deswegen empfand, waren doch ganz anderer Art. Denn ich stellte mir vor: Wenn ein Mensch mit so viel wertvollen Charaktereigenschaften, wie Du sie Dein Eigen nennst, wenn ein so aufrechter, aufrichtiger und ehrlicher Mensch sich zu einem solchen Schritt hinreißen lässt, dann muss er viel gelitten haben und noch leiden. Dann muss man ihm sehr, sehr wehe getan haben, dann muss er sehr stark enttäuscht worden sein. Und aus dieser Einstellung heraus habe ich Dich zutiefst bedauert, habe viel Mitleid mir Dir gehabt und habe wieder einmal nur allzu deutlich gesehen, dass durch mein Nichtsprechen eine Situation heraufbeschworen worden ist, die zu verhindern mir nicht zu schwer gefallen wäre. In meinem ersten Brief von hier aus, am 18. Mai 1939 geschrieben, da habe ich ja schon das alles nicht mehr so ausdrücken können, wie ich es fühlte, denn ich musste ja Rücksicht auf Dich nehmen, wurden doch die Briefe damals schon geöffnet, teils offiziell, teils geheim.[108] Ich entsinne mich aber, dass ich Dir in umschreibenden Worten meine Gefühle zum Ausdruck brachte, nicht in der klugen Art und Weise wie jetzt, aber doch so, dass Du wissen konntest, ich bin nicht verstimmt deshalb, aber ich habe tiefes Mitleid mit Dir.

Die Korrespondenz aus Genf ist also ein Stein des Anstoßes für Dich gewesen. Es kam dann eine Zeit, da ich weniger schrieb und dafür auch weniger Post erhielt – und da frugst Du mich auch gleich, ob ich denn die Post irgendwo anders hinkommen lassen würde. Ich selbst habe meine Briefe nicht mehr zu Hause geschrieben, sondern mit der Maschine bei der Lelle. Einesteils warst Du zufrieden, wenn Du mich nicht schreiben sahst, andererseits wolltest Du doch wissen, wie oft ich schreibe, auf der einen Seite warst Du froh, wenn aus Genf keine Post kam, auf der anderen Seite wieder argwöhntest Du, dass meine Briefe an eine andere Adresse gingen. Zu Ostern, es war am Karfreitag, telegrafierte ich an Frau Maria und erhielt ebenfalls ein Telegramm, beginnend mit: schönster Karfreitagszauber. Unter irgendeinem Vorwand musste ich Dir dann im Textbuch vom Parsifal die Stelle des Karfreitagszauber zeigen.[109] Du schienst ordentlich erleichtert, als Du feststellen konntest, dass es sich hier um religiöse Dinge handelt. Ich führe das alles an, um darzutun, wie aus der Bahn geworfen Du eigentlich gewesen bist, wie sehr dies Dir zugesetzt hat, Dir, Maria, die Du doch sonst die Ausgeglichenheit selbst gewesen bist, die so leicht nichts aus ihrem Gleichgewicht bringen konnte. Arme, arme Maria!

---

108 Kurz nach der Machtübergabe hob die Reichstagsbrandverordnung vom 28. Februar 1933 das Brief-, Post-, Telegrafen- und Fernsprechgeheimnis auf. Zensurmaßnahmen erfolgten aber nicht durch die Post, sondern durch die Gestapo und die Kreispolizeibehörden.

109 Maria Klopfer spielt in ihrem Telegramm auf den dritten Aufzug der Wagner-Oper *Parsifal* an.

Eines Tages, es war in der Frühe, ich gerade fertig angezogen zum Ausgehen, um meine Wege zu machen, kam ein Expressbrief aus Genf, in dem mir angekündigt wurde, dass ich die Genehmigung zur Einreise in die Schweiz erhalten habe.[110] Du hattest keine Gelegenheit, den Brief vor mir zu öffnen, übergabst mir ihn und als ich Dir seinen Inhalt mitteilte – da, Maria, bist Du buchstäblich zusammengebrochen. Weinend sankst Du auf mein Bett, Du konntest Dich nicht fassen. Ich aber stand Dir ratlos gegenüber, fand keine richtigen Worte des Trostes und suchte mein Heil in der Flucht. Aber auch ich hatte meine Ruhe verloren, machte meine Besorgungen nicht, sondern irrte planlos in Schwabing umher. Früher aber als gewohnt, bin ich wieder nach Hause gekommen, nach Dir zu sehen. Und wie erstaunt bin ich gewesen, Dich gefasst zu finden. In der Kuchel fanden wir uns dann zu einer langen und innigen Umarmung. Wehmütig und resigniert waren Deine Worte: »Ich weiß ja, dass es keinen anderen Weg mehr für Dich gibt, was hat alles Jammern und Heulen für einen Sinn. Du musst fort, ein weiteres Hierbleiben wäre ein Wahnsinn. Woll's Gott, dass es zu Deinem Besten ist.« Das, was mich daran erschütterte, war, dass Du mit keinem Worte von Dir selbst sprachst. In Deiner Seelennot hattest Du nur mein Wohl im Auge, Du selbst wurdest von Dir aus ausgeschaltet. Welche Seelengröße Du damit offenbartest und welch tiefen Eindruck es auf mich gemacht hat.

---

110 Ab dem 20. Januar 1939 bestand Visumpflicht. Die Schweiz verstand sich zu diesem Zeitpunkt als Transitland. Auswanderer erhielten i. d. R. nur Visa mit dem Nachweis, dass sie in ein anderes Exilland weiterreisen würden. Für Juden erschwerte sich die Einreise in die Schweiz bereits Anfang Oktober 1938. Seit Oktober 1939 benötigten »nicht-arische« deutsche Staatsangehörige eine Einreisebewilligung. Zur besseren Kontrolle einigten sich deutsche und Schweizer Behörden darauf, deren Pässe mit einem »J«-Stempel zu kennzeichnen. Landauer erhielt seine Einreisebewilligung vom schweizerischen Konsulat in München am 13. Mai 1939.

Nun wurden die letzten Vorbereitungen getroffen, es kam der Merkl[111] ins Haus, man verkaufte dies und das, man veranstalte[te] einmal ein Probepacken, mit wehen Herzen, es gab wieder unerwartete Aufenthalte in der Visumsgenehmigung. Du besuchtest Glaser[112] wegen meines Passes mit gutem Erfolge – und dann ist es eines Tages so weit gewesen. Das Visum war mir vom Schweizer Konsulat für Samstag versprochen gewesen, es klappte aber nicht, sondern erst am Montag. Als ich am Mittag heimkam, da fragtest Du mich ängstlich, ob ich das Visum habe. Als ich es bejahte, da war sozusagen Deine letzte Hoffnung dahin und mit einem schweren Seufzer meintest Du, nun sei ja alles gut. Am Dienstag wurde dann gepackt, es war mehr als schmerzlich und [als] alles fertig war, da standen wir recht konsterniert vor den leeren Schubladen und Schränken. Paule hatten wir für diesen Tag ausquartiert zum Essen, so nahmen wir unsere letzte gemeinsame Mahlzeit – Pfannkuchen mit grünem Salat. Während des Essens noch kamen die Roten Radler[113], um das Gepäck zu holen, ich fuhr zum Bahnhof, gab die Stücke auf und kam dann wieder zu Dir zurück, empfangen mit den

---

111 Ludwig Merkl (1874 in München-1944 ebd.) betrieb ein Geschäft in der Dienerstraße 19, wo er Schmuck, Edelsteine und Perlen gegen Bargeld ankaufte. Er kam persönlich zu Landauer, da es Landauer zu diesem Zeitpunkt bereits verboten war, Wertgegenstände an private Händler zu verkaufen. Seit Dezember 1938 konnten Juden nicht mehr frei über ihr Vermögen verfügen und Wertgegenstände nur noch an städtische Ankaufsstellen veräußern. Der Name Ludwig Merkl taucht auch im sogenannten Wiedergutmachungsverfahren um den Besitz von Franz und Tilly Landauer auf.

112 Es könnte sich um Fritz Glaser (1889 in Edenkoben-1957 in München), Kriminalinspektor, handeln, der seit 1926 Mitglied des FC Bayern war und deshalb beiden bekannt. Er trat 1933 in die NSDAP und in die SA ein.

113 1910 gegründeter Fahrradkurierdienst.

Worten: »Das ist lieb von Dir, Bimbes, dass Du so bald wieder da bist.«

Ich war auch noch in der Stadt gewesen, um Dir ein Andenken an mich zu besorgen – einen Ring. Aber ich fand nicht den Mut, einen zu kaufen, denn Juden durften es doch nicht mehr, da sie ja keine Schmuckstücke besitzen durften.[114] Bei Krauß in der Sporergasse[115] wollte ich einen schönen Ring für Dich erstehen, stand lange vor dem Stück im Schaufenster, das mir so gut gefallen hat – und tat's dann doch schlussendlich nicht. Es tut mir heute noch leid, denn wenn ich Dir auch das Geld, das ich dafür ausgegeben hätte, im Baren gab, so ist das doch nicht das Gleiche, als wenn man ein Andenken hätte.

Nachmittags fuhr ich dann noch zum Friedhof, um Abschied vom Grabe der Mutter zu nehmen, von da aus zum Tee zu Herzings. Es war ein harter Abschied vom treuen Freunde, der mir in all den langen Jahren in schönster Weise die Freundschaft gehalten hatte. Oft hatte ich vor, mit Franz Deinetwegen zu sprechen, ihn einzuweihen, ihm meine Sorgen und Nöte anzuvertrauen. Aber immer hielt mich eine gewisse Scheu davor zurück, ich kann auch heute nicht beurteilen, ob ich recht oder nicht recht gehandelt habe. Dann bin ich um 7 Uhr nach Hause gekommen zu einem ganz kleinen, gedrückten Bimbes. Nach dem Essen haben wir noch alles Wissenswerte besprochen, ich gab Dir den Brief für meine Geschwister, die ja von meiner Abreise am Mittwoch nichts wussten, weil ich ihnen den Donnerstag angegeben hatte. Ich nahm ein Schlafpulver und dann kam eine Nacht, die nicht zu den angenehmsten gehörte. Trotz Mittel habe ich nur völlig unzulänglich geschlafen.

---

114 Die am 3. Dezember 1938 in Kraft getretene »Verordnung über den Einsatz jüdischen Vermögens« verbot Juden nicht nur den Verkauf, sondern auch den Erwerb von Edelmetallen und Schmuck.

115 Juwelier und Goldschmied Hans Kraus mit Laden und Werkstatt in der Weinstraße 5, Eingang Sporerstraße.

Zweimal bin ich schon an meiner Zimmertüre gewesen, um zu Dir zu gehen, Dir sozusagen in letzter Stunde noch eine Beichte abzulegen. Es wäre wohl das Vernünftigste gewesen, was ich hätte machen können und wohl auch hätte machen müssen – ich fand nicht den Mut dazu und so blieb die letzte Gelegenheit einer offenen Aussprache ungenützt. Leider, leider!

Früh um 6 Uhr ging's aus den Federn, ich nahm mein Frühstück, äußerlich ruhig, innerlich umgeworfen. Dann kam unser Abschied! Ich machte es kurz. Nahm Deinen geliebten Kopf in meine beiden Hände, dankte Dir aus wundem Herzen, für all Deine Liebe und Treue, küsste Deine lieben blauen Äuglein, Deinen geliebten Mund mit wehen Lippen und sah zu, aus dem Hause zu kommen, bevor mich die Wehmut übermannte. Du gingst mit mir die Treppe hinab, aufgeregt und aufgewühlt, wie nie ich Dich noch gesehen habe, bis aus dem III. Stock der Sohn von Bauers[116] herauskam und uns jäh trennte. Unten angekommen, musste ich dann in der Victoriastraße in eines der nächsten Häuser in den Hausgang, mich erst einmal richtig auszuweinen, denn der Schmerz hatte mich überwältigt. Es hat mich gestoßen vor lauter Schluchzen, ich habe geweint wie ein kleiner Bub. Dann setzte ich meinen Weg fort, den Schirm am Arm, ein kleines Köfferl in der Hand, als ob ich zum Wochenende nach Pasing[117] fahren würde und nicht für immer und ewig die Stadt verlassen würde, in der man sein ganzes Leben zugebracht hat. Nicht als ob ich eben von einem Menschen mich getrennt hätte, der mir durch lange Jahre das Höchste und Liebste

---

116 Vermutlich Bertold Bauer, Sohn von Hans Bauer, Bezirksschulrat und seit 1936 in der Clemensstraße 41 wohnhaft. Sein älterer Bruder Ludwig lebte im selben Haus, allerdings bei David Herz im ersten Stock.

117 Stadt im Westen von München, 1938 zwangseingemeindet. Pasing war ein beliebtes Ausflugsziel und Ausgangspunkt für Wallfahrten nach Maria Eich, nahe Planegg.

auf der Welt gewesen war, für und in dem ich gelebt habe. Und bezeichnend für mich ist auch gewesen, dass ich am Bahnhof allein gewesen bin, niemand da, der mir noch die Hand gedrückt hätte. Du, der Du die letzten Jahre mein treuer, lieber Weggefährte gewesen bist, Du konntest nicht da sein, es wäre zu gefährlich in letzter Stunde gewesen – jemanden anderen aber wollte ich nicht.

Als dann der Zug die Halle verließ, da suchten Dich meine Sinne, mit dankbarem Herzen dachte ich Dein[er], weh war mir, dass ich Dich verlassen musste, und doch ist es mir nicht so gewesen, als wenn nun zwischen uns alles aus und erledigt sein würde. Ich hatte das Gefühl, dass wir uns irgendwie und irgendwo wieder einmal sehen würden, wusste aber genau, dass wir fürderhin in Kontakt bleiben würden, allerdings nicht das Wie und das Wodurch. Aber man hat oft so seine bestimmten Gefühle. So fuhr ich denn zu, tief in Gedanken versunken, nicht ahnend, was die Zukunft bringen wird, einem ungewissen Schicksal entgegen, aber bestimmt wissend, dass Du und ich nicht umsonst uns das gewesen sind, was man so gemeinhin als »das« bezeichnet. Mit meiner Abreise ist eine Epoche in Deinem und in meinem Leben zum Abschluss gekommen, die für uns beide unvergesslich sein wird, eine Epoche, die das Schönste war, was uns das Leben zu bieten hatte. Ich weiß nicht, für wen das neue Leben, eines ohne den anderen, schwerer war. Für Dich im gewohnten Milieu, in den vertrauten Räumen, aber ohne den lieben Lebenskameraden. Oder für mich im neuen Milieu, umgeben von anderen Menschen, deren Art und Weise einem noch mehr oder weniger fremd ist, aber auch ohne den getreuen Weggefährten, ohne meinen geliebten Bimbes. Ich glaube wohl, dass wir beide es schwer genug gehabt haben, wobei ich wohl zugebe, dass mir infolge meiner Freiheit in einem freien Lande, infolge auch der neuen Umgebung, der neuen Eindrücke die wesentlich leichtere Aufgabe zugefallen ward.

So beginne ich das zweite Kapitel »unseres« Lebens. Ich sage mit Absicht »unseres« Lebens, denn auch in den 5½ Jahren meines

Hierseins habe ich mich nie und nimmer innerlich von Dir lösen können, es auch gar nicht gemocht oder versucht. Ich berichte über diese Jahre nun nicht so ausführlich, nur immer insoweit, als es mit uns beiden zusammenhängt und mit mir selbst, um Dir ein abgerundetes Bild meines Denkens und Fühlens zu geben, auch von Dingen, über die ich keine Gelegenheit mehr hatte, Dir zu schreiben. Auch halte ich mich nicht genau an die Zeitfolge, sondern erzähle, wie es gerade kommt.

Also so höre, herzliebe Maria! Der Augenblick, auf den ich die ganze Reise über äußerst gespannt gewesen bin, war der des Grenzübertrittes.[118] Nicht wegen der Zollformalitäten oder so, nein, der Gefühle wegen, die man dabei empfindet. Und es war merkwürdig, vielleicht sogar enttäuschend, ich hatte überhaupt keine Auf- oder Erregung, es war mir vollkommen gleichgültig. Keine Freude, keine Trauer, nichts, rein gar nichts. So also hatte die Heimat einen abgestumpft mit all ihren Demütigungen! Auf Schweizer Boden aß ich dann im Zug zu Mittag, das letzte Mittagessen von Lieb-Bimbes gerichtet, und wie gerichtet. Als ob Du noch einmal mir Deine ganze Liebe zeigen wolltest! So aß ich unter Tränen, denn ich war so weich gestimmt, so sehr schweiften meine Gedanken zu Dir zurück und suchten Dich in unserer lieben Kuchel. Zu Zürich gab ich dann das erste Schweizer Geld aus, 20cs.[119] für eine Postkarte für Dich.

Um 8 Uhr abends kam ich in Genf an, Frau Maria holte mich am Bahnsteig ab, sie war der einzige Mensch, der wartete, außer mir stiegen noch zwei weitere Herren aus. Es war also keine turbulente Ankunft. Du kannst Dir denken, dass unser Wiedersehen ein überaus bewegtes gewesen ist. Wie ich in München mit Schirm und Kof-

---

118 Am 17. Mai 1939 überquerte Kurt Landauer im Grenzort St. Margrethen die Schweizer Grenze.

119 Abkürzung für *Centimes*, französische Bezeichnung für den Schweizer Rappen.

ferl meinen Ausgang hielt, genau so, als ob zum Wochenende, hielt ich in der Völkerbundsstadt[120] meinen Einzug! Wir gingen zu Fuß vom Bahnhof in die Pension Elisabeth[121] und auf dem Wege stellte ich einmal mein Kofferl auf das Trottoir, fasste Frau Maria mit beiden Händen an ihren Armen und sagte: »Nun habe ich alle Brücken hinter mir abgebrochen, nur eine einzige ist stehen geblieben: Maria.« Worauf Frau Maria meinte, dieser treue Mensch verdient es nicht anders. Das war in der ersten Viertelstunde meines Hierseins. Wir aßen dann zusammen in der Pension Elisabeth zu Abend und kurze Zeit darauf brachte ich Frau Maria ins Hotel Regina[122] zurück, denn die Mutter war schlecht beisammen und ein längeres Fortbleiben der Tochter nicht angängig. Ich selbst kehrte sofort in mein neues Heim zurück. Das war mein erster Genfer Abend. Am nächsten Morgen ließ ich schon frühzeitig mein Gepäck in die Pension schaffen, packte aus, verstaute meine Sachen und richtete mich häuslich ein. Das, was ich suchte gleich zu Beginn des Auspackens, war das in der Watte Eingepackte; wie erstaunt bin ich gewesen, einen Brief von Dir zu finden, wie erschüttert über seinen Inhalt. Ich habe darüber schon ausführlicher berichtet, nur so viel noch davon, dass dieser Inhalt des Briefes gleichsam symbolisch für meinen Genfer Aufenthalt wurde, dass sozusagen alles, was mit Dir in Zusammenhang gebracht werden konnte, davon abhängig gewesen ist.

---

120 Zwischen 1920 und 1946 war Genf Sitz des Völkerbundes. Seine Gründung, 1919 im Rahmen des Versailler Vertrags beschlossen, sollte die Zusammenarbeit der Mitgliedsstaaten fördern und die Einhaltung des Friedensvertrags überwachen. Im November 1920 fand die erste Vollversammlung des Völkerbundes in Genf statt. Der Völkerbund wurde 1947 aufgelöst, seine Nachfolgeorganisation sind die Vereinten Nationen (UNO).

121 Pension am Place des Alpes im Genfer Zentrum in der Rue Sigismond-Thalberg 2.

122 Hotel Regina Genève am Quai du Mont Blanc am Genfer See.

Es ist sicherlich interessant für Dich, heute zu erfahren, wie meine Einreisebewilligung in die Schweiz zustande gekommen ist. Denn es war außerordentlich schwer, eine solche zu erlangen, Grundbedingung aber ist gewesen, dass man irgendein Hinterland haben musste, in welches man nach der abgelaufenen Zeit auswandern konnte. Für mich hatte man Kuba gewählt, um von dorten nach Amerika zu gelangen.[123] Der hiesige maßgebliche Leiter und Direktor des Fremdenamtes[124] kannte von seinem früheren Aufenthalt in München meinen Vater, unsere Familie, unser Geschäft. So kam's, dass ich auf seine Befürwortung von der Eidgenössischen Fremdenpolizei[125] in Bern ohne Kaution die Genehmigung für drei Monate erhielt. Allerdings hatte Frau Maria auf Empfehlung von Bekannten aus ihrem Hotel einen Anwalt genommen, der meine Einreisegenehmigung gut vorwärtsgebracht hatte und sich Jahre später als ein Schwindler herausgestellt hatte.[126] Denn er hatte so

---

123 Der »Immigration Act« von 1924 knüpfte die Einwanderung in die USA an länderspezifische Quoten. Strenge Quoten und eine steigende Zahl an Visumsanträgen ab den 1930er Jahren führten zu teils jahrelangen Wartezeiten. Viele Emigranten nutzten Kuba und andere angrenzende Länder als Transitländer, um dort auf ihre Einreise in die USA zu warten.

124 Vermutlich ist hier Albert Berthoud (1889-unbekannt) gemeint, von 1937 bis 1954 Direktor des Bureau des Permis de Séjour (Büro für Aufenthaltsgenehmigungen).

125 Die 1917 gegründete Eidgenössische Fremdenpolizei fungierte seit der Schaffung des »Bundesgesetzes über Aufenthalt und Niederlassung der Ausländer« 1931 als oberstes Kontrollorgan bei der Visumserteilung. Kurt Landauer erhielt die Befürwortung der Eidgenössischen Fremdenpolizei in Bern am 9. Mai 1939.

126 Gustave Duckert (1903 in Genf-1984 ebd.), Genfer Rechtsanwalt und ab Dezember 1936 erster Honorarkonsul der polnischen Regierung für die Kantone Genf, Waadt und Wallis. Aufgrund mindestens zweier aktenkundiger Fälle aus dem Jahr 1938 sowohl in seiner Funktion als Konsul als auch als Anwalt wurde er im November 1938 seines

nach und nach von Frau Maria Fr. 5000,– als Kaution für mich verlangt, der ich doch aber ohne Kaution ins Land kam. Durch einen von Emigranten zu beantwortenden Fragebogen offizieller Art kam die Schwindelei auf, wir wurden als Zeugen vor dem Untersuchungsrichter vernommen, sahen aber von einem Strafantrag ab, nachdem der Schwager des Anwaltes die Rückzahlung (unter Einbuße eines gewissen Betrages) erledigt hatte.

Am Tage nach meiner Ankunft hier hörte ich am Radio, dass die Einwanderung für deutsche Juden nach Kuba gesperrt ist[127] und dass am 17. Mai die Fremdenpolizei in Bern (das habe ich natürlich nicht im Radio gehört, sondern von dem Rechtsanwalt etwas später) das Schweizer Konsulat in München telegrafisch aufgefordert hat, mir das Einreisevisum nicht zu geben, da die Voraussetzungen hierfür nicht mehr gegeben seien. Also nur zwei Tage früher und

---

Amtes als Konsul enthoben und das Konsulat aufgelöst. Seine Zulassung als Anwalt behielt Duckert. Im August 1940 stellte er seinen Mandanten Maria Klopfer und Kurt Landauer 4800 Franken Kaution für die Aufenthaltsgenehmigungsstelle bzw. Eidgenössische Fremdenpolizei in Rechnung. Den Fall klärte ein Fragebogen für Einwanderer (S. 316) auf, den Kurt Landauer gewissenhaft ausfüllte und die Frage nach Hinterlegung einer Kaution bejahte. Auch dieser Fall gelangte wie die vorigen vor die Anwaltskammer, die Gustave Duckert dann im Januar 1941 von der Liste der im Genfer Gericht zugelassenen Anwälte strich.

127 Am 5. Mai 1939 verschärfte der kubanische Kongress das Einwanderungsgesetz. Visa, vor dem 5. Mai ausgestellt, verloren ihre Gültigkeit. Die kubanische Regierung reagierte mit der Gesetzesänderung auf die wachsende Kritik von Bevölkerung und US-Behörden an der bis dahin verhältnismäßig freizügigen Einreisepolitik. Die Eidgenössische Fremdenpolizei in Bern forderte am 24. Mai 1939 – nicht wie Landauer schreibt am 17. Mai – das schweizerische Generalkonsulat in München auf, seine Einreise in die Schweiz zu verweigern, da eine Weiterreise nach Kuba nicht mehr möglich sei.

alles wäre zunichte gewesen, ich hätte wohl nie mehr die Chance des Fortkommens gehabt und den Weg gehen müssen, den die Lelle, der Paul, der Leo usw. gegangen sind!!! Nur mit dem Unterschiede, dass man mich lebend nicht erwischt hätte, das hatte ich mir in Dachau fest geschworen. Du siehst also, liebste Maria, mit welchen Zufälligkeiten das Leben spielt, wie Dinge oft am berühmten dünnen Faden hängen.

Also, nachdem ich mich über alle Zusammenhänge gebührend gewundert und erstaunt hatte, begann mein neues Leben. Ich hatte eine sehr nette und gediegene Pension[128] gefunden, die Ehegatten, die sie führten, waren mitfühlende, vernünftige Menschen, bei denen ich mich bald recht heimisch zurechtfand. Auch preislich sind sie mir gleich gut entgegengekommen, denn der vereinbarte [Preis] von sieben Franken ist natürlich für mich nicht tragbar gewesen auf die Dauer. Die Umstellung des Lebens ist nicht so ganz einfach gewesen und manches kam mir mehr als sonderbar vor. Von den 3 Kl. [Maria Klopfer, Anna und Moritz Klauber] wurde ich sehr herzlich aufgenommen und so gleichsam in die Familie eingereiht. Ich war ständig um sie und versuchte, mich von allem Anfang an nützlich zu machen. Denn Grundbedingung meines Aufenthaltes ist von offizieller Seite aus gewesen, dass ich keinerlei Beschäftigung ausüben darf, die irgendwie mit Geldverdienen in Zusammenhang ist.[129] Da ich ein Mensch bin, der sich stets und immer an Vorschriften hält, so habe ich während meiner ganzen Genfer

128 1941 zog Landauer in die Pension Schneller in der Rue Ami-Lévrier 3. Die Pension liegt nur wenige Gehminuten vom Place des Alpes und von Landauers erster Unterkunft entfernt.

129 1933 erließ die Schweiz ein Erwerbsverbot für Flüchtlinge. Begründet wurde der asylpolitische Erlass zunächst mit dem Schutz des einheimischen Arbeitsmarktes. Obwohl es Ende der 1930er Jahre in vielen Branchen an Arbeitskräften mangelte, hielt die Schweizer Regierung an der Regelung fest.

Zeit niemals eine geregelte Tätigkeit ausgeübt, sehr zu meinem eigenen Schaden, sowohl in finanzieller wie moralischer Hinsicht! Zwei Punkte seien von vorneherein herausgestellt, weil sie eminent wichtig und auch von uns beiden nie besprochen sind. Meine Stellung zu Frau Maria und meine finanzielle Lage.

Sieh, Maria, ich entsinne mich immer Deiner Schilderung über Deine Eindrücke, als Du Gelegenheit hattest, während meiner Dachauer Abwesenheit mit den beiden Damen [Maria Klopfer und Anna Klauber] Fühlung zu bekommen. Ich selbst hatte zur damaligen Zeit keinen Einblick in das Familienleben genommen und konnte mir daher auch keine eigene Meinung bilden. Aber mählich fand ich hier, wie Recht du eigentlich gehabt hattest. Ich selbst, hart in meinem allgemeinen Urteil und Gefühlsduseleien abhold, hatte auch so gar keine Ahnung von einem Familienleben, weil mir es unbekannt gewesen ist. Wenn man nun in eine Familie kommt, in der diese Dinge weit, weit übertrieben werden, so tut sich natürlich ein Mann, wie ich es bin, sehr hart. Es muss unbedingt gesagt sein, dass die 3 Kl. herzensgute Menschen sind, die enorm wohltätig sind und die speziell zu mir sich zeigen, wie es nicht überboten werden kann. Alle drei, insonderheit natürlich Frau Maria! Nun weißt Du ja, wie die Tochter die Mutter stets gehegt und gepflegt hat und welche Erscheinungen durch die Krankheit hervorgekommen sind. Zugegeben, die Frau ist schwerkrank und es kann einmal ganz plötzlich aus sein. Aber m. E. nach ist doch sehr viel Einbildung bei allen Symptomen mit im Spiel und die alte Dame [Anna Klauber] ist in Grund und Boden hinein verwöhnt und verzogen. Ich erinnere mich noch sehr gut eines Ausspruches von Dir, liebe Maria, in unserer lieben Kuchel. Du meintest: »Wäre die alte Dame eine arme Frau und könnte sie sich ihre Krankheit nicht leisten, so würde es ihr bald besser gehen.« Auch hierin hast Du nur zu Recht. Nicht viel anders ist es mit dem alten Herrn [Moritz Klauber]. Verwöhnt und verdorben in Grund und Boden, dabei mit »Suchten« behaftet, die oft direkt lächerlich sind. Sogar das »Nöckerli«[130] geht mit der Uhr in der Hand! Weil ich für diese Dinge nur wenig Verständnis aufbringen konnte und nie mit meiner Meinung zurückhalte, so gab's eine Zeit lang zwischen Frau Maria und mir viel Streit, eine Angelegenheit, die mir nicht liegt und die besonders Frau Maria zuwider ist. Ich habe daher schon seit geraumer Zeit mir abgewöhnt, irgendetwas in dieser Hinsicht zu beanstanden, sondern bleibe hierin völlig indifferent, weil wir so dann gut zusammen auskommen. Und wir kommen auch sehr gut zusammen aus, Frau Maria hat sich tatsächlich als der echte, der wirkliche Freund erwiesen, den ich immer in ihr gesucht und geschätzt habe. Doch davon noch später.

Bei dem ausgeprägten Familiensinn lebten natürlich Mutter und Tochter ganz in Gedanken mit den Ihrigen. Post ist und bleibt für Frau Maria der wesentlichste Teil ihres Lebens.[131] Du wirst be-

---

130 Ostschweizerisch für *kurzes Schläfchen, Nickerchen.*

131 In Genf hatten Maria Klopfer und ihre Eltern engen Briefkontakt mit der restlichen Familie. 1942 schrieb Klopfer: »Ich habe hier in Genf nicht gesucht neue Menschen oder Gesellschaft zu treffen, ich lebe in Gedanken mit den Meinen überm Meer [...].« Ihre beiden jüngsten Kinder, Jona Dromi (Jost) und Miriam Levin (Elli), lebten seit 1938/39 in Palästina. Tochter Lotte und deren Ehemann Erwin Lövenstein (Lowe) (1911 in München-2002 in New York) wanderten gemeinsam mit Siegfried Klauber und dessen Familie im Mai 1938 nach New York aus. Seit 1933 lebte Maria Klopfers jüngster Bruder, Ludwig Klauber, zeitweise in New York; im August 1938 meldete er sich endgültig aus München ab. Theodor Klopfer, Marias Ehemann, emigrierte im August 1938 zusammen mit seinem Bruder Max Klopfer zunächst nach Palästina. Im April 1939 reiste er von Genf aus erst nach Montreal und von dort nach New York, wo Lotte und Erwin ihn in ihren Haushalt aufnahmen. Max Klopfer, vor ihm nach Kanada abgereist, starb kurz nach seiner Ankunft am 22. März 1939 in Montreal. Ernst Klauber folgte als Letzter der drei Brüder nach New York. Er floh im Februar 1939 mit seiner Familie zunächst nach Frankreich und kam im November nach New York. Als die Verfolgungen von

greifen, wie schmerzlich es für eine Mutter ist, nicht teilhaben zu können an dem Werdegang ihrer Kinder – Jost[132] und Elli[133] –, die beide schwer schaffen, aber doch glücklich und zufrieden sind mit ihrem selbstgewählten Los in Palästina. Dabei ist Elli ganz der nüchterne Vater, während Jost der weichen Mutter gänzlich nachgeraten ist. Er war zwei Jahre lang freiwilliger Soldat in Palästina[134] – und ist sich im Charakter gleich geblieben. Dass Frau Maria

---

Juden in Deutschland und den besetzten Gebieten zunahmen, kontaktierten auch entfernte Familienmitglieder Maria Klopfer in Genf.

132 Jost Werner Klopfer (1922 in München-1994 in Dorot, Israel) kam 1933 zusammen mit seinem Cousin Otto Adolf (später Roger) Klauber in ein Internat in St. Gallen, Schweiz. Als 17-Jähriger emigrierte er im April 1939 alleine nach Palästina und schloss sich einer Gruppe Habonim (hebr. *Bauleute der Freiheit*) in der Nähe von Hadera an. 1941 Mitbegründer des Kibbuz Dorot, erhielt er 1943 einen palästinensischen Pass. 1944 änderten Jona und seine Schwester Elli Maria den Nachnamen Klopfer zu Dromi; hebräisch für südlich.

133 Elli Maria Klopfer (1923 in München-1992 in Lehavot Habashan, Israel) ging in München zur Schule und interessierte sich früh für den Zionismus. Sie kam 1937 mit der Hachschara, einer zionistischen Jugendbewegung, nach Werkdorp Wieringermeer in Holland, um nach ihrer Auswanderung nach Palästina in der Landwirtschaft arbeiten zu können. Elli und Jost entschieden sich für unterschiedliche Kibbuzim. Elli wanderte bereits im November 1938 aus und lebte in der landwirtschaftlichen Siedlung Merchavia im Norden von Palästina. Über die neu gegründeten Kibbuzim Negba im Norden und Ein Hamifraz im Süden Palästinas kam sie 1942 in den Kibbuz Lehavot Habashan im Norden. Sie änderte ihren Namen von Elli Maria Klopfer zu Miriam Dromi, genannt Yamik oder Yam.

134 Nach der Kriegserklärung von Großbritannien am 3. September 1939 kündigte der Präsident der Zionistischen Weltorganisation, Chaim Weizmann, die Unterstützung der alliierten Kriegskräfte durch die jüdische Bevölkerung Palästinas an. Jona Dromi meldete sich im November 1942 freiwillig und schrieb an seine Eltern: »Ich bin sehr stolz,

es besonders schmerzlich empfindet, das Heranwachsen ihres Enkels[135] nicht verfolgen zu können, wirst Du als so große Kinderfreundin besonders empfinden. Nun war die Post mit [den] USA zwei Jahre lang abgeschnitten,[136] nur unzureichend funktionierte sie über Jost, das war arg für die Frau Maria.

Die Familie Klauber, sowohl von väterlicher als von mütterlicher Seite, ist groß.[137] Deportationen waren an der Tagesordnung und groß ist die Zahl derer, die gestorben sind. Weder Vater noch Mutter Klauber haben die geringste Ahnung davon. Was wir beide an frommen Lügen in dieser Beziehung in die Welt gesetzt haben, das grenzt schon oft ans Fantastische! Ich will nur ein Beispiel anführen: Um das Ausbleiben von Post der Geschwister der alten

---

als Angehöriger der Familie Klopfer die Uniform zu tragen, gegen die Nationalsozialisten zu kämpfen und an der Gründung eines jüdischen Landes mitzuwirken.«

135 Steven Ralph Lowe-Klopfer (1942 in New York-getötet 1974 in einem Bombenanschlag auf dem Flug von Tel Aviv nach New York), Sohn von Tochter Lotte. Kurz nach dessen Geburt schrieb die »neugebackene Großmama« über den Familienzuwachs im fernen New York: »[E]in kleines Amerikanerle ist jetzt der Mittelpunkt in Kew-Gardens. […] Bis jetzt weiß ich noch nicht einmal, wie es heißt, aber die Hauptsache, daß Lotte und das Kind gesund sind. Wie wird mein lieber Mann damit anstellen, wie glücklich bin ich für ihn, daß er dieses Familienglück aus nächste[r] Nähe mitgenießen kann.«

136 Der Postverkehr zwischen der Schweiz und den USA wurde größtenteils über den Landweg bis Lissabon und von dort aus per Schiff abgewickelt. Nach der vollständigen Besetzung Frankreichs im November 1942 stellte die USA die Verbindung, die nun über feindliches Gebiet führte, ein. Von der Schweiz aus ging mit einigen temporären Einschränkungen weiter Post in die USA. Erst einige Monate nach Kriegsende funktionierte der Briefverkehr wieder in beide Richtungen.

137 Moritz Klauber hatte nicht weniger als vierzehn Geschwister und Halbgeschwister, Anna Klauber acht Geschwister.

Dame[138] zu rechtfertigen, sagten wir ihr, dass von Deutschland und von den Deutschen besetzten Gebieten aus es verboten ist, an Juden ins Ausland zu schreiben und umgekehrt wieder untersagt ist, für die dort Lebenden Korrespondenz von Juden im Ausland zu empfangen. Auf diese Weise musste Frau Maria alle schlimmen Nachrichten – und in dieser großen Familie waren sie besonders zahlreich und schlimm – alleine tragen, konnte sich nur mit mir besprechen.[139] Und Du kannst Dir denken, dass bei der großen

---

138 Therese Lipmann, geb. Schwarzhaupt (1863 in Regensburg-erm. 1942 im Ghetto Theresienstadt), Simon Schwarzhaupt (1867 in Regensburg-erm. 1942 im Ghetto Theresienstadt), Klara Westheimer, geb. Schwarzhaupt (1868 in Regensburg-erm. 1942 im Ghetto Theresienstadt), Moritz Schwarzhaupt (1869 in Regensburg-erm. 1942 im Vernichtungslager Treblinka) und Albert Schwarzhaupt (1886 in Regensburg-erm. 1941 im Internierungslager Récébédou). Nur zwei von Anna Klaubers Schwestern überlebten die Schoa: Fanny Hofmann, geb. Schwarzhaupt (1867 in Regensburg-1948 in New York), lebte in den USA, Lina Eichler, geb. Schwarzhaupt (1871 in Regensburg-1965 in Konstanz), kam im Januar 1944 nach Theresienstadt und überlebte. Die Geschwister von Moritz Klauber erwähnt Landauer nicht. Fünf seiner Geschwister starben bereits vor dem Krieg, zwei Schwestern gingen vor 1900 in die USA. Von den weiteren Geschwistern ist nichts bekannt.

139 Von Genf aus konnte Maria Klopfer nach Deutschland und in die besetzten Gebiete, aber auch an Verwandte im Exil schreiben. So erhielt sie verhältnismäßig guten Einblick in deren Lage. Als ihre Cousine Frieda Getreuer, geb. Klauber (1886 in Schwanenbrückl/Mostek, Rybník nad Radbuzou-erm. 1942 in Izbica), und deren Mann Heinrich (1883 in Kesy/Bátorkeszi-erm. 1942 in Izbica) aus dem besetzten Prag nicht mehr an ihre Kinder im Exil in Großbritannien, den USA und in Shanghai schreiben konnten, übermittelte Maria deren Briefverkehr. Um bei der Zensurstelle nicht aufzufallen, musste sie die Briefe abschreiben. Der umfangreiche Briefverkehr, z. T. erhalten, belegt, dass Maria einen großen Teil ihrer Zeit mit der Korrespondenz verbrachte. Als nach Friedas und Heinrichs Deportation Nachrich-

Weichheit dieser guten Frau das Mitleid mit jedwedem besonders ausgeprägt gewesen ist, dass man helfen wollte, wo es noch möglich gewesen ist, und dass daher verhältnismäßig große Mittel für diesen Zweck aufgewendet werden mussten.[140] Auch dann für Leute, die sie nicht einmal dem Namen nach kannte, sondern die ihr von irgendeiner Seite empfohlen worden sind oder so. Auch dafür habe ich nicht immer das von mir verlangte Verständnis aufgebracht, weil ich der Ansicht bin, dass man sich nicht um alle möglichen und unmöglichen Menschen kümmern kann, dass man nicht mit Gott und der Welt Mitleid haben kann. So gab's also auch dieserhalb manche unerquickliche Auseinandersetzung! Ich habe mir aber auch hierin abgewöhnt dreinzureden, weil es mich ja schlussendlich nichts angeht.

Es ist nun bei mir so, dass ich ansonsten keinerlei Verkehr habe, dass ich mich – vielleicht mehr, als gut und nötig ist – von alten oder gar neuen Bekannten fernhalte[141] und so gänzlich mit den 3 Kl. liiert bin. Es ist bestimmt nicht gut, denn somit bin ich eigent-

---

ten von ihnen ausblieben, versuchte Maria, deren Kindern Trost zu spenden. Siehe auch S. 331.

140 Familienangehörige, die von den Nationalsozialisten in Ghettos oder Konzentrationslager deportiert wurden, unterstützte Maria Klopfer mit Lebensmittelpaketen. Ein Neffe väterlicherseits schrieb später: »Wir können Euch gar nicht zum Ausdruck bringen, wie sehr uns Mariele Klopfer durch ihre Pakete geholfen hat, denn sie kamen in der ärgsten Zeit, wo ganz Theresienstadt hungerte, und wir waren oft nur auf ihre Hilfe angewiesen. Dass wir ihr das selbstverständlich nie vergessen können, werdet Ihr begreifen.« Marias Nichte, Ruth Schwarzhaupt (1931 in München, lebt in New York), erinnert sich an Marias Unterstützung für sie und ihren Bruder nach der Deportation ihrer Eltern. Sie und ihr Bruder verbrachten die Jahre 1939 bis 1946 in verschiedenen Schweizer Kinderheimen. Maria schrieb den Kindern Briefe und bewegte ihre Brüder dazu, die beiden 1946 zu sich in die USA zu holen, siehe auch S. 323-328.

141 Dies könnte ein Hinweis darauf sein, dass Kurt Landauer auch nicht

lich meinen Jahren sehr voraus und bin in den letzten Jahren mehr gealtert, als mir zuträglich ist. Denn der Verkehr mit alten Leuten – den Eltern – wirkt bestimmt nicht günstig, andererseits aber stecken die Sorgen, das Jammern und dergleichen Dinge sicherlich an und belasten Geist und Gemüt mehr, als es nötig ist.

Aber, und nun kommt das große Aber, Maria. Jedweder Verkehr mit anderen Menschen kostet Geld und so komme ich zu dem betrüblichsten und zugleich erhebendsten Kapitel meines Genfer Aufenthalts. Du weißt, liebe Maria, dass ich einstmals einen gewissen Stolz mein Eigen nannte, dass ich ziemlich selbstbewusst gewesen bin. Und wenn ich Dir jetzt gestehe, dass ich bereits seit vier Jahren ausschließlich und nur von dem lebe, was mir Frau Maria monatlich gibt, so wirst Du ermessen können, was das für mich bedeutet, wie wehe das oft tut! Ich sagte oben, dass die finanzielle Seite eines der betrüblichsten Kapitel darstellt, denn meine Geschwister haben nie, niemals für mich irgendetwas getan. Bevor ich hierherkam, hatte Frau Maria an Henny[142] geschrieben, sie sollte mir doch monatlich einen gewissen Zuschuss geben – sie hat es rundweg abgeschlagen. Sie hat sich nie, niemals danach erkundigt, wovon und wie ich lebe, ich habe niemals auch nur einen einzigen Franken von ihr erhalten!! Und sie weiß, wie sehr ich sparen muss. Begreifst Du nun, warum ich so gar nicht gut auf meine Schwester zu sprechen bin? Auch Lelle und Franzens[143] haben sich niemals

---

bei dem Fußballspiel des FC Bayern gegen eine Auswahl der Schweizer Nationalliga am 7. November 1943 in Zürich war.

142 Landauers Schwester Henny Siegel lebte seit 1934 mit ihrer Familie in Palästina, siehe Fußnote 101.

143 Franz und Tilly Landauer verließen München wenige Monate nach Landauer. Im August 1939 emigrierten sie nach Amsterdam, wo bereits Tillys Mutter Clothilde Höchstädter und ihre Schwester Paula Weil lebten. Gabriele Rosenthal blieb in München und versuchte eine Ausreisemöglichkeit für sich und ihren Sohn zu finden.

dafür interessiert, wovon ich lebe, nicht nur hier, es war schon so gewesen, als wir noch in München waren. Du kennst sicherlich noch die Angelegenheit mit dem Hausverkauf von Kaufingerstraße 26,[144] ich habe nie reklamiert und auch nie ein Wort darüber verloren, dass man zu mir mehr als kleinlich gewesen ist. Und die Lelle hat sich lieber ihr ganzes großes Vermögen nehmen lassen, bevor sie ihre Brüder hätte unterstützt.[145] Das ist die betrübliche Seite; die

---

144 Kurt Landauer und sein Bruder Franz verkauften im Dezember 1937 das nahezu bis zum damaligen Schätzwert mit Hypotheken belastete Anwesen Kaufingerstraße 26 an die Einzelhandelskette Woolworth, siehe Fußnote 44.

145 Gemäß der 1938 erlassenen »11. Verordnung zum Reichsbürgergesetz« musste sie ein Vermögensverzeichnis erstellen, auf dessen Grundlage das zuständige Finanzamt die vor der Emigration fällige »Judenvermögensabgabe« und die »Reichsfluchtsteuer« festlegte. Sie gehörte zu den Münchnerinnen und Münchnern, deren Kunst-und Kulturgüter die Geheime Staatspolizei in einer konzertierten Aktion »sicherstellte«. In den überlieferten Protokollen der »Sicherstellungen« ist Gabriele Rosenthal am 24. November 1938 vermerkt, ihre Brüder waren seit dem Novemberpogrom im Konzentrationslager Dachau inhaftiert. Ihre geraubte Kunstsammlung, darunter Bilder, Zinnkrüge, Fayencekrüge, Perserläufer und eine wertvolle Bibliothek mit Erstausgaben wie Schillers *Wilhelm Tell*, gelangte zum großen Teil ins Bayerische Nationalmuseum und in die Bayerische Staatsbibliothek. Darüber hinaus musste sie ihre Immobilien, das Geschäftshaus in der Kaufingerstraße 30/31 und die Mietshäuser Leopoldstraße 24 und Frauenplatz 8 verkaufen. Ihr Sommerhaus in Untergrainau erwarb im Juni 1939 für 80 000 Reichsmark die Gemeinde Untergrainau. Über den Kaufpreis, jeweils auf ein Sperrkonto überwiesen, konnte sie nur mit der Genehmigung des Oberfinanzpräsidenten eingeschränkt verfügen. Nach dem fast vollständigen Vermögensverlust plante Gabriele Rosenthal die Emigration, jedoch erfolglos. Es liegen Bankbelege vor, dass Gabriele Rosenthal 1939 ihre Brüder Paul, Leo und Franz jeden Monat unterstützte. An Kurt Landauer in Genf finden sich hier keine Überweisungen. Siehe auch Fußnote 101.

erhebende ist die, dass Frau Maria mir die Mittel zur Verfügung stellt, die ich brauche. Verstehst und begreifst Du nun, warum ich so sehr spare, warum jedwede überflüssige Ausgabe vermieden wird? Weil ich nicht das Recht habe, mehr Geld, als absolut notwendig ist, auszugeben!

Sieh, Maria, das Leben in der Schweiz, insbesondere in Genf, ist teuer, unvergleichlich teurer als z. B. in München. Meine Pension mit Fr. 170,– monatlich ist ungefähr das Billigste, was man finden kann, und ist objektiv betrachtet erstaunlich preiswert. Ich brauche im Monat nie mehr als Fr. 190,–, also Fr. 20,– für andere Ausgaben, als das sind Wäsche (ein Hemd zu waschen kostet z. B. 85 cs.!), Frisör etc. Du siehst also, dass ich bestimmt sparsam bin. Ich gehe nie aus, seit Jahr und Tag war ich nicht mehr im Kino, nicht im Theater, in keinem Konzert. Ich habe einfach nicht das Recht, mit fremden Geldern Ausgaben zu tätigen, die nicht unbedingt notwendig sind.

Frau Maria selbst ist in ihren Ausgaben ebenfalls beschränkt, da sie auf das angewiesen ist, was ihr ihr Mann und ihre Brüder aus [den] USA schicken, und das ist von Staats wegen limitiert – und reicht gerade aus zum Leben für sie und ihre Eltern.[146] Auch Frau

146 Theodor Klopfer lebte als Pensionär in New York und schickte Maria Klopfer und deren Eltern 100 $ monatlich. Ihre Brüder hatten sich mittlerweile eine neue Existenz in den USA aufgebaut. 1943 begannen Ernst und Ludwig Klauber unter dem Namen »Klauber Brothers« Spitze herzustellen und zu importieren. Den Namen übernahmen sie von einem früheren, um 1890 in New York gegründeten Unternehmen ihres Onkels David Klauber (1852 in Friedrichshof/Bedřichov, Rybník nad Radbuzou-1907 in New York). Bis 1926 verkaufte Klauber Brothers in der Schweiz und in den USA gefertigte Spitze. Das Nachfolgeunternehmen, von Ernst und Ludwig Klauber 1943 aufgebaut, wird bis heute als Familienunternehmen weitergeführt. Kurt Landauer erwähnte im Fragebogen für Emigranten der Eidgenössischen Fremdenpolizei, dass ihn Ludwig Klauber aus

Maria lebt für sich außerordentlich sparsam, geht ebenfalls nie aus und ist in ihren Lebensgewohnheiten äußerst einfach. Umso höher ist anzuerkennen, was sie für mich tut, wie selbstverständlich sie mir das erforderliche Geld zur Verfügung stellt und wie sie darauf bedacht ist, dass es mir gut gehen soll. Ein echter, ein wahrer Freund! Sie hat es stets abgelehnt, dass ich von der hiesigen jüdischen Gemeinde unterstützt werden soll oder dass ich mangels an Mitteln zum Leben in ein Arbeitslager komme.[147]

Die finanzielle Frage gehört mit zu meinen schmerzlichsten Empfindungen und manch einmal war ich hart daran, Schluss zu machen mit einem Leben, das einem so viele Demütigungen auferlegt, oft so überaus beschämend wirkt. Und wenn ich nicht genau wissen würde, aus welch edlen Motiven es getan wird, es wäre nicht tragbar sonst. Oft und oft aber habe ich mir die Frage vorgelegt, warum und wozu das alles noch, was habe ich schon noch zu erwarten, für was habe ich noch zu leben. Und sieh, Maria, Liebes, das wiederum steht in engstem Zusammenhang mit Dir. Ich bilde mir ein und ich glaube fest daran, dass – [ist] erst einmal der Krieg zu Ende – wir uns wiedersehen werden, wieder zusammen sein können. Ich habe mich zu dem Entschlusse durchgerungen, wieder nach München zurückzugehen.[148] Ich weiß es wohl, dass das nicht

---

New York mit 3000 Schweizer Franken jährlich unterstütze. Siehe S. 318.

147 Für die Flüchtlinge in der Schweiz galt die Regel, dass sie den öffentlichen Haushalt nicht belasten durften. Wenn Landauer die private Unterstützung der Familie Klauber-Klopfer nicht erhalten hätte, wäre sein Lebensunterhalt entweder von einer jüdischen Organisation in der Schweiz abhängig gewesen oder er wäre in einem Arbeitslager untergebracht worden. Siehe auch Fußnote 2.

148 Die Anzahl der Juden aus deutschsprachigen Ländern in der Emigration wird auf 280 000 Personen geschätzt. Bis in die 1960er Jahre kehrten ca. 2-4 Prozent, somit die kleine Zahl von 11 000 Personen, in ihre frühere Heimat zurück, 57 in ihre Geburtsstadt München.

so einfach sein wird, dass es sogar mit sehr viel Schwierigkeiten verbunden sein wird, dass die Lebensbedingungen selbst die härtesten und unerfreulichsten sein werden. Dennoch will ich's unternehmen, ich will zu Dir, mit Dir sein.

Und somit, Maria, komme ich zu dem Kapitel meines Hierseins, das mit Dir zusammenhängt, das sich ausschließlich mit Dir beschäftigt. Es ist das, was uns äußerlich zusammenhält, es ist unsere Korrespondenz. Maria, geliebte Maria! Ich kann Dir nicht schildern, nicht beschreiben, was die Korrespondenz mit Dir für mich ist, was mir Deine Briefe, Deine Karten bedeuten, wie unendlich wertvoll das alles für mich ist. Du wirst es wohl nie so ganz begreifen, gänzlich erfassen können und wohl oft gedacht haben, wenn ich Dir schrieb: »ein Tag, da ich Nachricht von Dir habe, ein Tag, da ein lieber Brief von Dir kommt, ist ein Festtag, ein Feiertag für mich«, ja schau doch einer mal den überspannten Menschen an. Nein, Maria, so ist es wirklich nicht; es ist schon wirklich so, dass Deine Briefe für mich stets und immer der Quell einer unversiegbaren Freude ist, dass ich mit diesen Deinen Briefen lebe und in ihnen lebe. Und darum sei ihnen auch ein breiter Raum in meinen Aufzeichnungen eingeräumt!

Es ist oft ein eigen Geschick mit ihnen gewesen, ähnlich dem, was meine drei vorhergegangenen Niederschriften erlebt haben. Ich hatte alles von Dir aufgehoben, vernichtete jedoch die Korrespondenz ein erstes Mal im September 1939, wenig später, als der Krieg ausbrach. Vom Dezember 39 an behielt ich jedoch Deine Schreiberls bis Anfang Juni 1940, als der Krieg so ganz nahe der Grenze des Schweizer Ländlis kam. Ich behielt sie wieder ab Mitte November 1940 und seit diesem Tage habe ich sie getreulich gesammelt und aufbewahrt. Sie wurden auch nicht mehr zerrissen, als das Gespenst des Arbeitslagers für mich in greifbare Nähe gerückt kam. Denn: Ich habe zutiefst bereut, dass ich die vorangegangenen Briefe und Karten nicht mehr habe, weil mir dadurch Dokumente von unschätzbarem persönlichen Werte verloren gegangen sind, weil gerade die Briefe der ersten Jahre meines Hierseins – da es für Dich noch nicht mit so viel Schwierigkeiten, ja sogar Mut verbunden war – ein getreuliches Spiegelbild von Deiner edlen Gesinnung, von Deinem guten Herzen, von Deiner Liebe zu mir gaben. Immer und immer aber, gleichgiltig zu welcher Zeit auch geschrieben, spiegeln Deine Briefe und Karten den Geist eines Menschen wider, der in seiner Denkungsweise edel und vornehm ist, der das Herz am rechten Fleck hat.

Und glaube mir, Maria, oft und oft lese ich Deine Briefe wieder durch, sie ergreifen mich immer aufs Neue, ich möchte sogar sagen, je mehr, als man von den Zeitgeschehen Abstand nimmt. Als ich jeweils die gesammelten Briefe und Karten vernichtet habe, nicht ohne sie mehrmals noch durchgelesen [zu] habe[n], da hat es mich doch immer wieder gepackt, ich habe geweint, wie ein Mensch eben Schmerz empfindet, der etwa durch Tod etwas sehr Liebes hergeben muss. Ich muss es Dir immer wieder erneut sagen, wie gescheit Deine Briefe geschrieben sind, wie klug Du die einzelnen Probleme anfasst und was für einen guten Briefstiel Du Dein Eigen nennst. Da kann man nur restlos Respekt haben!

Es ist so schwer gewesen für Dich zu schreiben, ich weiß es wohl, es ist wohl mit jedem Monat, ja sogar mit jeder Woche schwieriger geworden, umso mehr und umso höher aber erkenne ich es an, dass Du diese, unsere Korrespondenz, das einzige äußerliche Zeichen, das uns noch zusammenhält, weiterhin aufrecht hältst. Dafür danke ich Dir, meine geliebte Maria, aus bewegtem Herzen. Ich habe immer versucht, in meinen Briefen und Karten auf Dich Rücksicht zu nehmen, nie etwas geschrieben, das Anstoß bei der Zensur nehmen könnte und Dir somit Unannehmlichkeiten hätte bereiten können. Es ist nicht immer so ganz einfach gewesen deshalb, weil ich hier in einem Lande lebe, das keine Briefzensur kennt, und auch sonst der freien Denkungsweise breitesten Spielraum lässt.[149]

---

149 Tatsächlich ergriff die Schweiz nach Beginn des Zweiten Weltkriegs

Wenn, was ich zuversichtlich hoffe, wir wieder zusammen sein werden, da wird es für Dich mehr als interessant sein, Deine eigenen Briefe wieder zu lesen und über manches wirst Du mir Aufschluss geben können, was ich nicht verstanden habe. Ich glaube wohl nicht, dass meine Briefe noch vorhanden sind, denn das wäre immerhin ein gewagtes Unterfangen für Dich. Ich habe immer Verständnis dafür gehabt, dass Du ein großes Wagnis mit unserer Korrespondenz auf Dich genommen hast, dass Du mit ihr Dich immer in einer Gefahr befandest. Daran konnten auch Deine wirklich klugen Rede- und Satzwendungen nichts ändern. Und Du darfst es mir glauben, Maria, dass ich es Dir immer und immer hoch angerechnet habe, dass Du mir schriebst, je höher, je länger das Kriegsgeschehen ging. Und wenn ich dann und wann mich darüber beklagte, dass ich lange keine Nachricht von Dir erhalten hatte, so war darin nie, bestimmt niemals, ein Vorwurf für Dich enthalten, sondern nur die Tatsache, die betrübliche, registriert, dass ich eben lange von Dir nichts gehört hatte.

Es ist immer ein eigen Ding mit unseren Briefen gewesen und es wird wohl nicht zu oft vorgekommen sein oder noch sich ereignen, dass zwei Liebende ihre Korrespondenz in einer solchen Form abwickeln müssen. Hatte man sich etwas ganz rein Persönliches zu sagen, so musste dies unter allerhand Umschreibungen geschehen, auf Anfragen gab's meist keine direkte Antwort und manch einmal wird es Dir, liebste Maria, genau so ergangen sein wie mir, dass

---

umfassende Maßnahmen, um die Zensur zu strukturieren. Das betraf neben den Medien auch in- und ausländische Privatkorrespondenz. Insbesondere der Briefverkehr der in die Schweiz Geflüchteten unterlag einer strengen Zensur, da die Schweizer Regierung sie als hohes Sicherheitsrisiko betrachtete. Eine Vereinbarung zwischen Schweizer Post und Reichspost veranlasste die Umleitung der gesamten Post aus der Schweiz an die Wehrmachtzensurstelle in Frankfurt am Main.

man erst geraume Zeit später richtig erfassen konnte, was mit diesem oder jenem Problem gemeint war. Aber wieder mehrmals ist man trotz eifrigen Suchens, Nachdenkens nie darauf gekommen und Anfragen diesbezüglich blieben unbeantwortet… begreiflicherweise. Wenn ich so alle Schwierigkeiten überblicke, die es für Dich gegeben hat – und ich bin überzeugt, dass ich sie nicht einmal allesamt kennen kann –, so muss ich immerzu mehr zu der Erkenntnis kommen, dass Du meinen aufrichtigsten und innigsten Dank dafür verdienst. Den aber spreche ich Dir hiermit aus, liebste, beste Maria! Du glaubst nicht, wie jedes liebe, jedes gute Wort von Dir auf fruchtbaren Boden gefallen ist, wie jedes herzliche Empfinden Deinerseits mir wohlgetan hat. Andererseits aber weißt Du nicht, wie ich in all den schrecklichen Tagen und Nächten der Fliegerangriffe mit Dir gefühlt habe, wie sehr ich [mich] um Dich gesorgt habe, wie unendlich oft ich mich um Dich bangte!

Und somit leite ich zu einem weiteren Kapitel über, das meine Einstellung zu meinem ehemaligen Heimatland betrifft. Denn auch hierin sollst Du klar sehen, damit Du mir gerecht werden kannst, Maria. Und vielleicht wird Dir aus nachfolgenden Zeilen manches begreiflich, was Du in meinen Briefen nicht verstehen konntest. Zuvörderst gehöre ich nicht zu den Emigranten, die nur Schlechtes über Deutschland zu sagen haben, die nur ihre ehemalige Heimat besudeln können. Nein, ich habe mir immer noch ein Erinnern bewahrt an mein Land, das zum schönsten meines Lebens gehört. Ich habe mein München geliebt und habe es – und werde es – nie vergessen. Ich habe zwei Menschen dorten, denen ich verbunden bin, wie immer ich es war, das bist Du, Maria, Du in inniger Liebe, und es ist Franz Herzing, diesem in treuer Freundschaft. Weil ich mir diese Gefühle bewahren konnte und weil ich niemals vergessen kann, welch schöne und welch glückliche Zeiten ich in München verleben konnte, darum ist meine Gesinnung nicht verändert worden. Sie hat auch grundsätzlich keine Änderung dadurch erfahren, dass drei meiner Geschwister direkt, ein Bruder indirekt hingemordet worden sind[150] von den nämlichen Menschen, mit denen man einmal in einem Lande zusammen lebte, dessen Bürger man gewesen ist.

Weißt Du, was es heißt, wenn man in reiferen Jahren plötzlich heimatlos geworden ist, wenn man seine Nationalität verlieren muss und nun auf einmal staatenlos geworden ist?[151] Weißt Du, was es heißt, in einem fremden Lande auf Ruf – und Widerruf – leben zu müssen, keine Möglichkeit zu haben, sich auch nur einen Groschen zu verdienen? Weißt Du, was es heißt, unter fremden Leuten leben zu müssen, jahraus, jahrein in dem nämlichen bescheidenen Zimmer? Nein, Maria, das alles weißt Du nicht, dank's Deinem Herrgott,[152] dass Du eine Heimat hast, dass Du weißt, wohin Du gehörst und dass Du Herr Deiner selbst bist, wenngleich auch die Lebensbedingungen für Dich nur allzu oft unerträglich harte sind.

Du musst wissen, dass wir hier in der Schweiz in einem neutralen Lande leben, dem es möglich ist, sich über und durch alle kriegsführenden Staaten weitgehendst und bestens zu informieren.[153] Und wenn man es fertigbringt, wie ich das immer getan ha-

---

150 Landauer geht an späterer Stelle (S. 113) auf die Ermordung seiner Geschwister Gabriele, Leo und Paul ein. Franz Landauer starb im Juli 1943 im Sammellager Westerbork vor der Deportation in ein Vernichtungslager. Vermutlich schreibt Landauer deshalb von einem »indirekten« Mord.

151 Mit den »Nürnberger Gesetzen« von 1935 behielten jüdische Deutsche zwar ihre deutsche Staatsangehörigkeit, waren aber keine gleichberechtigten Bürger mehr. Die 11. Verordnung des Reichsbürgergesetzes vom 11. November 1941 entzog Juden, die zuvor die deutsche Reichsgrenze überschritten hatten, die Staatsbürgerschaft.

152 Landauer hebt mit dieser Formulierung den Religionsunterschied zwischen ihm und Maria Baumann hervor. Siehe auch Fußnote 51.

153 Über diplomatische Kanäle erfuhren Schweizer Behörden bereits Ende 1941 von Deportationen und Massentötungen von Juden. Einwanderer, Geschäftsreisende und Vertreter internationaler Organisationen verbreiteten zusätzlich Informationen aus Deutschland und

be, sich einen klaren Blick zu bewahren, wenn man fernerhin es versteht, aus all den zur Verfügung stehenden Nachrichten und Meldungen sich das herauszukristallisieren, was wahr und wirklich ist, dann, Maria, ist man immer ziemlich genauest im Bilde gewesen, wie es um Deutschland stand und steht. Ich war bis zum Frühjahr 1941 fest davon überzeugt, dass Deutschland obsiegen wird, dass Ende 1941 der Krieg zu Ende sein wird, auch nachdem Deutschland sich mit Russland in einen Krieg eingelassen hatte. Zum Frühjahr 1942 wusste man hier aber, dass Deutschland den Krieg nicht mehr gewinnen konnte, dass es auf der Hut sein musste, ihn nicht zu verlieren. Nach der Katastrophe von Stalingrad[154] aber war man überzeugt, dass das Deutsche Reich rettungslos verloren ist, dass es den Krieg nunmehr endgiltig verloren hatte und dass nichts an dieser Tatsache etwas noch zu ändern vermochte. All das Gerede von den Geheimwaffen, von der verkürzten Front, von den neu aufgestellten Volksgrenadier-Divisionen oder gar den Volkssturm-Bataillonen,[155] war barer Unsinn, der nur in Deutschland selbst noch An-

---

den besetzten Gebieten. Ab 1942 berichteten auch Zeitungen und Rundfunk über die nationalsozialistischen Verbrechen an Juden in Deutschland und den besetzten Gebieten.

154 Nach dem deutschen Angriff auf die sowjetische Stadt Stalingrad im Sommer 1942 kam es zu einer für die Wehrmacht vernichtenden Gegenoffensive ab November 1942. Die Schlacht von Stalingrad gilt heute als Wendepunkt im Zweiten Weltkrieg.

155 Landauer benutzt hier bewusst Begrifflichkeiten der nationalsozialistischen Propaganda: »Geheim-« oder »Wunderwaffe« bezeichnet Waffenkonstruktionen (z. B. »Vergeltungswaffe« 1 = V1 Flugbombe), die im Zweiten Weltkrieg die Wende für Deutschland herbeiführen sollten. Die »verkürzte Front« ist ein nationalsozialistischer Euphemismus und meint Rückzug oder Niederlage der Wehrmacht im Kriegsgebiet. Ab dem Sommer 1944 wurden von der Wehrmacht »Volksgrenadier-Divisionen« anstelle der bisherigen Infanterie-Divisionen zum Ausgleich schwerer Verluste besonders in der Normandie eingesetzt. Ein »Führer-Erlass« zur Errichtung eines »Volks-

klang fand, und wohl auch dorten nicht ganz. Im Auslande aber glaubte niemand daran, dass die Geheimwaffen, Volksgrenadier-Divisionen, die alten Männer und die jungen Burschen in den Volkssturm-Bataillonen an der unabänderlichen Tatsache der Niederlage etwas ändern könnten. Es ließe sich nur der Zeitpunkt etwas hinausschieben. Man wollte es im Reiche nie wahrhaben, dass schlussendlich die Bombardierungen der deutschen Städte ausschlaggebend sein werden. Es ist hart, ja es ist unmenschlich, einstmals friedliche Orte und Städte derart heimzusuchen, aber, und nun kommt das große Aber. Deutschland hat kein Recht, sich darüber aufzuregen und von Terrorangriffen auf friedliche Städte und deren Zivilbevölkerung zu reden. Denn erstens ist erwiesen und bewiesen, dass das Reich es war, das mit diesen Angriffen auf englische Städte begonnen hat, zweitens ist jeder Ort und jede Stadt von kriegswichtiger Bedeutung, denn allüberall wird für die Kriegsindustrie oder für die Kriegswirtschaft gearbeitet. Ein Rathaus, ein Arbeitsamt, eine Bank, ein Bahnhof usw., alle sind kriegswichtige Objekte. Ein Land aber, das überall solche Grausamkeiten sich hat zuschulden kommen lassen wie das Reich durch seine SS-Männer und Gestapobeamten hat für immer und jede Zeit das Recht endgiltig verwirkt, sich über irgendetwas aufzuhalten, was von Feindseite gegen ihn unternommen wird!!

Ich gehöre nicht zu den Emigranten, die blindlings all das glauben, was ihnen durch Wort und Schrift, also durch Radio und Zeitungen, vorgesetzt wird. Ich höre mir im Allgemeinen dreimal täglich die Schweizer Nachrichten[156] an, teilweise einmal Nachrichten

---

sturms« im Oktober 1944 berief in Deutschland sämtliche Männer zwischen 16 und 60 Jahren als letztes Aufgebot gegen die Alliierten ein.

156 Nach den Anfängen des Schweizer Radios vor dem Ersten Weltkrieg und der Entstehung verschiedener lokaler Rundfunkstationen fühlten sich die Printmedien bedrängt und erreichten 1926 eine starke

aus London[157] und ebenso teilweise einmal solche des sogenannten Soldatensenders West[158], eine geheime gegen Deutschland gerichtete Nachrichtenquelle. Ich lese eine Genfer Zeitung am Morgen, La Suisse[159], und sodann drei Ausgaben am Tage der Neuen Zürcher Zeitung[160], beides seriöse und objektive Blätter. Dagegen habe ich es immer abgelehnt, sogenannte Revolverblättchen zu lesen, weil sie nur den Blick trüben. Ich studiere aufmerksam täglich die offiziellen Tagesberichte der Deutschen, Russen und Engländer – Amerikaner. Ich habe manch eine Broschüre gelesen über

---

Einschränkung aktueller Radioinformationssendungen, was auch bedeutete, dass nur von der SDA (Schweizerische Depeschenagentur) redigierte Nachrichten zweimal am Tag gesendet werden durften. Nach dem Ausbruch des Zweiten Weltkriegs übernahmen die Schweizer Bundesbehörden die Aufsicht über die 1930 zusammengeschlossene SRG (Schweizerische Rundfunkgesellschaft) und sorgten gemeinsam mit dem Militär unter Einhaltung der Zensurbestimmungen für eine gezielte Information der Schweizer Bevölkerung. Die Sendefrequenz der Nachrichten wurde ab 1939 auf dreimal und bald auf viermal täglich gesteigert, was nicht nur im Landesinneren, sondern darüber hinaus für großes Ansehen sorgte.

157 Vermutlich bezieht sich Landauer hier auf die 1922 in London gegründete British Broadcasting Company Lt. (BBC), eine während des Zweiten Weltkriegs wichtige internationale Informationsquelle.

158 Soldatensender Calais, später Soldatensender West, der, zwischen Herbst 1943 und Frühjahr 1945 ausgestrahlt, sich als deutscher Wehrmachtssender ausgab, um die deutsche Zuhörerschaft gegen den Nationalsozialismus einzunehmen.

159 Schweizer Tageszeitung, die zwischen 1898 und 1994 täglich in Genf erschien. Ab 1939 vereinbarten *La Suisse* und *Tribune de Genève*, dass Erstere als Morgen- und Letztere als Abendzeitung erscheinen sollte.

160 Die *Neue Zürcher Zeitung*, 1780 gegründet, erschien anfangs zweimal wöchentlich, ab 1843 täglich und zwischen 1894 und 1969 in drei Ausgaben pro Tag. Mit dem Schweizer Journalisten Willy Bretscher als Chefredakteur ab Herbst 1933 verfolgte die Zeitung eine klar antinazistische Linie. Ab 1934 war ihr Vertrieb in Deutschland verboten.

Konzentrationslager, über Deportationen, über die Gaskammern und so fort. Ich muss also schon sagen, dass ich ziemlich gut informiert und im Bilde bin.

Ich bin im Ersten Weltkriege selbst Offizier an der Front gewesen, ich weiß also, was der Krieg ist, wie hart seine Bedingungen sind. Ich weiß aber auch, dass seinerzeit dieser Krieg menschlicher geführt worden ist, dass solche Auswüchse von Grausamkeiten und Unmenschlichkeiten, von Sadismus nicht vorgekommen sind. Es hat keinen Zweck, sich über die Ursachen dieser Gesinnungsverrohung zu unterhalten – es ist der Ausfluss der Erziehung der deutschen Jugend seit dem Jahre 1933, das ist die unausbleibliche Folge!! Ich habe bei allen meinen Informationen genau zu unterscheiden gewusst, was der Propaganda dient, also unwahr oder übertrieben ist, und was wahr und glaubhaft ist. Ihr drinnen im Reich, Ihr habt ja keine Ahnung, was in der Welt wirklich vorgeht, Ihr wisst ja nicht, wie die Kriegsgeschehen sich in Wirklichkeit abspielen, wie die wahre Lage an den Fronten ist. Nie ist ein Volk schamloser belogen worden als das deutsche, nie eine ganze Bevölkerung zielbewusster irregeführt worden als die Eurige.

Maria! Ich bin deshalb so ausführlich geworden, was das Kapitel Krieg und Politik betrifft, weil Du für mich immer und immer das Symbol des Deutschen gewesen bist, der sich in den langen Jahren seiner Willensunfreiheit seinen klaren Blick zu erhalten gewusst hat, dessen Seele aber vor allen Dingen rein geblieben ist. Und der im Großen und Ganzen betrachtet dem Geschehen machtlos gegenübergestanden hat und nicht in der Lage gewesen ist, etwas zu ändern für sich persönlich, z.B. durch Fortgehen aus dem Lande. (Nur nebenbei sei hier bemerkt, dass seinerzeit, als Du einmal brieflich die Absicht durchblicken ließest, mit Betty nach Bern zu gehen, ich fest entschlossen gewesen war, Dich nicht mehr heim zu lassen. Ich hatte gute Aussichten, dass Du hier bleiben durftest. Wie sehr mich damals diese Hoffnung in Erregung versetzte, kann ich Dir nicht beschreiben!) Und aus dieser meiner Einstellung heraus kommt mein tiefes Mitgefühl mit all denen in Deutschland, die selbst völlig unschuldig sind an dem Unglück, das bereits über sie hereingebrochen ist und noch viel, viel schlimmer hereinbrechen wird.

Du wirst Dich entsinnen können, meine liebe, gute Maria, wie oft und wie oft ich Dir schrieb, Du möchtest Dich schonen, möchtest auf Deine Gesundheit besser aufpassen, solltest ausspannen und zu Deinem Malchen[161] gehen. Es entzieht sich meiner Beurteilung, wie Du diese wohlgemeinten Ratschläge aufgefasst hast, ob Du gemeint hast, ich sei zu weich, zu ängstlich. Ich kann mir wohl auch denken, dass es für Dich schwierig, vielleicht sogar unmöglich gewesen ist, sie zu verfolgen. Aber ich hatte es so gut mit Dir gemeint. Denn: Hier im Lande wusste man es, dass mit den alliierten Fortschritten in Italien, mit der Landung in Frankreich bitterste Stunden für die großen deutschen Städte, besonders auch für München, durch Luftangriffe kommen werden.[162] Man ist ja so gut unterrichtet gewesen und ich hätte Dich so gerne, ach so gerne, vor Schaden und vor Kummer und Aufregung bewahrt. Glaube mir, meine Maria, dass jede Nachricht von einem Bombardement Münchens mich seelisch fürchterlich trifft, dass ich Angst und Sorge um Dich habe. Dass ich nicht erwarten kann, bis Deine Gesundmeldung eintrifft! Und wie oft ist es dann doch so gewesen, dass diese dann durch einen zweiten, ja dritten Angriff wieder illuso-

---

161 Amalie »Male« Unterweger, geb. Baumann (1909 in Memmingen-1997 ebd.), Schwester von Maria Baumann. Amalie und ihre Familie lebten in Burtenbach, wohin Maria Baumann häufig zu Besuch kam und die Familie unterstützte.

162 Ab Mai 1940 setzten die ersten Luftangriffe der britischen Luftwaffe auf deutsche Großstädte ein. Bayern und speziell München blieben bis September 1942 vor allem wegen der langen Flugstrecke weitestgehend verschont. Das änderte sich radikal, als die Amerikaner Ende 1941 in den Krieg eintraten, die Briten neue Flugzeuge benutzten und Italien zu einem alliierten Luftstützpunkt wurde. München erlebte zwischen 1942 und 1945 insgesamt 73 Bombardierungen.

risch gemacht wurde und die Angst von Neuem anging. Denn auch darüber, was getroffen wurde, ist man hier ziemlich gut unterrichtet trotz der deutschen Darstellung von sinnloser Zerstörung von Kulturdenkmälern, Krankenhäusern und Kirchen etc. Ich bin nie fromm gewesen, nicht einmal gläubig, heute vielleicht sogar weniger denn je, weil ich an verschiedenen Beispielen gesehen habe, dass diese Frömmigkeit oft nur ein Zeitvertreib, eine Angewohnheit ist! Aber trotzdem habe ich manches Mal zu Gott gefleht, er möchte Dich in seine Obhut nehmen, Dich beschützen und beschirmen, Maria! Und manchesmal habe ich meinen Schlaf unter Tränen gefunden, denn meine Sorgen um Dich waren große!!

Nun sind wir schon im letzten Drittel des ersten Monats des Jahres 1945, 21. Januar. Mit ungeheurer Wucht hämmert der Russe auf die deutschen Fronten ein – und der Hoffnungsschimmer eines baldigen Kriegsendes erscheint wiederum. Macht Schluss, so möchte man Euch drinnen zurufen! Auf was wartet Ihr noch? Ihr habt den Krieg seit Langem schon verloren, es gibt und gibt für Euch keinerlei Hoffnung mehr!! Jeder Tag mehr verlängert nur Eure Leiden und verschlimmert Eure Lage!

Es bleibt mir bei meinen Aufzeichnungen noch eines zu sagen: Es entspricht einem Bedürfnis, das aus innerstem Herzen kommt. Du, Maria, hast Dich zu allen meinen Geschwistern in wundervoller Weise benommen. Du hast den Franz in den Haushalt aufgenommen und bestens verpflegt, als er zur Verhandlung nach München kam.[163] Du bist beim Paule geblieben, solange immer nur

---

163 Franz Landauer wohnte für wenige Tage bei seinem Bruder Leo und Maria Baumann in der Clemensstraße 41, als er von seinem Fluchtort Amsterdam zurückgeholt und am 15. Oktober 1940 vor das Sondergericht München gestellt wurde. Der angeklagte Sachverhalt soll sich am 26. oder 27. September 1938 auf dem Anwesen Rosenthal in Untergrainau ereignet haben. Hierzu ging eine anonyme Denunziation am 28. September 1938 im »Braunen Haus«, der Parteizentrale der NSDAP in München, ein. Siehe S. 314. Nach der »Heimtücke-Ver-

Du konntest. Du hast dem Paul beigestanden, als er seine letzte, schwere Reise antrat. Du bist der Gabriele hilfreich zur Seite ge-

---

ordnung« vom 20. Dezember 1934 konnte jeder bestraft werden, der Äußerungen tätigte, die als »staatsabträglich« oder als »heimtückische Angriffe« auf die NSDAP ausgelegt werden konnten. Unmittelbar nach Eingang der Denunziation setzte die Verfolgung Franz Landauers, seiner Frau Tilly und seiner Schwester Gabriele mit polizeilichen Verhören und der Einschaltung der Gestapo ein. Michael Reuthlinger (1884 in Döckingen/heute Ortsteil von Polsingen-1951 in Grainau), bei Landauer Reutlinger, seit 1920 Hausmeister auf dem Anwesen, gab am 1. November 1938 auf der Polizeistation Grainau zu Protokoll, dass Franz Landauer bei seiner Abreise von Grainau folgende Worte geäußert habe: »Wenn ein Krieg kommt, gehört Hitler erschossen, weil kein anderer an dem Krieg schuld ist als Hitler!« Landauer bestritt die Äußerung bei seiner Vorladung am 2. November 1938 bei der Gestapo und erklärte: »Ich gehörte früher zu den angesehensten Leuten in München und es liegt mir deshalb ferne, derartige staatsfeindliche Äußerungen zu gebrauchen.« Er wurde am selben Tag in Haft genommen, in das KZ Dachau verschleppt, wo er bis zum 17. Dezember 1938 festgehalten wurde. Bei einer erneuten Vorladung am 14. Februar 1939 von Franz Landauer, seiner Frau Tilly und seiner Schwester Gabriele blieb er bei seiner Aussage und ergänzte, dass Reuthlinger seiner Schwester im November 1938 in München vorgeschlagen habe, ihm das Grainauer Anwesen zu überschreiben. Seine Schwester sei ihm entgegengekommen und habe ihm sehr viel von ihrer Wäsche und ihrem Hausrat geschenkt. Das Sondergericht München legte die Hauptverhandlung für den 1. September 1939 fest, obwohl Franz Landauer und seine Frau bereits im August 1939 mit gültigen Papieren nach Amsterdam fliehen konnten. Am 22. Februar 1940 wurde Haftbefehl gegen Franz Landauer erlassen – absurderweise wegen Fluchtgefahr. Die Verhaftung in Amsterdam erfolgte schließlich am 16. August 1940, und erst nachdem Gabriele Rosenthal am 19. September eine Kaution von 10 000 RM hinterlegt hatte, wurde Landauer am 30. September aus der Untersuchungshaft entlassen. In der öffentlichen Sitzung am 15. Oktober 1940 in München sprach ihn das Sondergericht I. München »man-

standen und hast sie betreut, als auch sie sich zu ihrem schwersten Wege aufmachte. Du hast Dich um den Leo gekümmert und gesehen, dass er genügend zum Leben hatte.[164] Sieh, Maria, das kann nur ein edler, ein wertvoller Mensch tun, das kann nur eine Frau vollbringen, die über so viele ausgezeichnete Eigenschaften verfügt wie Du, Geliebte. Und schau, Marialein, diese vier Menschen, denen Du hilfreich zur Seite stundest, haben ausgelitten, haben ausgekämpft. Sie durften eingehen in die Ewigkeit, ohne noch mehr leiden zu müssen, als sie es getan. Und im Namen dieser vier glücklichen Toten – meiner Geschwister – sage ich Dank, heißen und innigen Dank. Sie selbst haben ja seit Langem ausgelitten und können ihre Gefühle Dir gegenüber nicht mehr zum Ausdruck bringen. Aber ich weiß, wie voll sie des Lobes über Dich gewesen sind, wie sie Dich geschätzt, ja sogar verehrt haben. Und Du hast Dir diese Wertschätzung, diese Verehrung redlich und ehrlich verdient,

---

gels hinreichender Nachweise« frei. Franz Landauer kehrte nach dem Prozess nach Amsterdam zurück. Siehe auch Fußnote 259.

164 Laut Meldeunterlagen blieb Maria Baumann bis Juli 1941 in der Clemensstraße 41, zusammen mit Landauers Bruder Paul. Auch Leo Landauer lebte zeitweise mit in der Wohnung. Nach längeren Aufenthalten in Frankfurt a. M. und Berlin zog er im Mai 1939 zunächst zu seiner Schwester Gabriele Rosenthal in die Leopoldstraße 24. Ab Juli 1939 wohnte er in der Clemensstraße 41, musste München aber schon zwei Monate später wieder verlassen. Im August 1939 meldete er sich nach Berlin ab. In Haus Clemensstraße 41 kamen im Zuge der Ghettoisierung zeitweise achtzehn Männer und Frauen unter, von denen die Nationalsozialisten dreizehn ermordeten. Nach Paul Landauers Deportation beschlagnahmte die Gestapo die Wohnung mitsamt der Einrichtung und dem verbliebenen Privatbesitz. Auch Landauers Schwester Gabriele Rosenthal musste im Juli 1940 ihre Wohnung verlassen und in die Maximilianstr. 10 umziehen. Ab Dezember 1941 lebte sie in Einrichtungen der Israelitischen Kultusgemeinde, für die sie arbeitete, zunächst im Krankenheim der IKG und ab Februar 1942 in deren Altenheim in der Mathildenstraße 9.

denn Du hast für sie, unter Hintansetzung Deiner Person und ohne auf das Gefahrenmoment zu achten, unendlich Edles getan.

Ich glaube, dass Du so ungefähr zur selben Zeit von ihrem Tode hörtest wie ich, Du sowohl als ich aber haben hierüber keine offizielle Bestätigung. Man weiß es aber, dass die Lelle, der Hans und der Leo in den berüchtigten Gaskammern Polens umgekommen sind, der Paul aber vor seinem selbst geschaufelten Grab mit tausenden anderen Leidensgenossen erschossen worden ist.[165] Mögen sie in Frieden ruhen, sie haben gelitten genug, bis sie erlöst werden konnten. Die Tilly ist in Theresienstadt, wo es verhältnismäßig (?!) ordentlich sein soll.[166] Nun aber rollt der Krieg immer näher und näher diesem Orte, ich glaube nicht, dass man Juden wieder ins Reichsinnere zurückführen wird, also werden sie auch liquidiert, wie Millionen vor ihnen!

---

165 Landauers Schwester Gabriele Rosenthal wurde am 4. April 1942 in das Ghetto Piaski deportiert und ermordet. Bereits 1939 hatte sie sich vergeblich um eine Ausreisemöglichkeit für sich und ihren psychisch kranken Sohn Hans bemüht. Hans Rosenthal, seit 1937 in einer Pflegeanstalt in Bendorf am Rhein untergebracht, kam am 15. Juni 1942 in das Vernichtungslager Sobibor, wo er ebenso wie Landauers Bruder Leo Landauer, am 13. Juni 1942 von Berlin aus deportiert, ermordet wurde. Dr. Paul Landauer, am 20. November 1941 von München nach Kaunas deportiert, wurde am 25. November 1941 ermordet.

166 Tilly und Franz Landauers sowie Clothilde Höchstädters Deportation erfolgte wohl gemeinsam zu einem unbekannten Zeitpunkt von Amsterdam aus in das Konzentrationslager Westerbork. Clothilde Höchstädter starb am 27. Mai 1943 im Internierungslager Westerbork, Franz Landauer am 10. Juli 1943. Tilly Landauer, von Westerbork nach Theresienstadt und von dort weiter nach Auschwitz gebracht, kam am 15. Oktober 1944 zu Tode. Landauer erfuhr erst Ende Februar 1945 von ihrer Ermordung, siehe S. 331. Die Nationalsozialisten nutzten das Konzentrationslager Theresienstadt auf dem besetzten Gebiet der Tschechoslowakei propagandistisch als »Musterlager« für prominente Verfolgte.

Bleibt also nur noch die Frage zu erörtern, was mit mir geschehen soll, ist erst einmal dieser Krieg, der fürchterlichste, der menschenunwürdigste in der Geschichte der Völker, zu Ende. Es gibt für mich verschiedene Möglichkeiten … und doch letzten Endes nur eine. In der Schweiz kann ich nicht bleiben, denn Emigranten müssen fort, sobald es für sie eine reale Möglichkeit gibt.[167] Ich bin heute nicht im Bilde, ob es für mich eine Möglichkeit gibt, Geld zu besitzen, oder nicht. Durch Tilly weiß ich, dass ich von Franz erben soll. Das Geld scheint sichergestellt zu sein, wie viel es ist, weiß ich nicht. Ich kann mir auch vorstellen, dass ich als Bruder von Lelle Ansprüche erheben kann auf einen Teil ihres Vermögens, den »man«[168] ihr gestohlen hat. Es ist eine alte Weisheit, dass jemand, der Geld hat, überall und in jedem Lande willkommen ist, ein armer Schlucker aber nirgendwo erwünscht ist. Darum kann ich

---

167 Auch nach Kriegsende erhielten in der Schweiz nur die wenigsten eine Aufenthaltsbewilligung. Nur diejenigen, die aufgrund von Krankheit oder Alter nicht mehr reisen konnten, durften ab 1947 einen Antrag auf dauerhaftes Asyl stellen und erhielten nach einem Parlamentsbeschluss auch finanzielle Unterstützung.

168 Kurt Landauer verwendet hier »man« für Nationalsozialisen, die als Täter, Profiteure und Mitläufer an der Ausplünderung von Juden beteiligt waren. Neben den Finanzbehörden, die Konten und Barvermögen einzogen, bereicherten sich am Raub »jüdischen Besitzes« private Händler und Käufer sowie Kultureinrichtungen wie Museen und Bibliotheken. Bei der wirtschaftlichen Existenzvernichtung der Juden kam der »Arisierung« von Firmen und Immobilien eine zentrale Funktion zu. Eine letzte Ausplünderungswelle erfolgte im Zuge der Deportationen. Privatpersonen erwarben zu günstigen Preisen Alltagsgegenstände, Kleidung, Möbel und Hausrat von Deportierten; die unmittelbare Nachbarschaft bereicherte sich z. T. direkt aus verlassenen Wohnungen. Das Gesamtausmaß dieser »umfassendsten und systematischsten Raubaktion der modernen Geschichte« lässt sich bis heute nicht beziffern.

auch nicht sagen, ob vielleicht doch die Schweiz noch für mich – und auch für Dich – in Betracht kommt.

Folgt die Möglichkeit von Amerika. Besitze ich Vermögen, brauche ich nicht dorten hin. Habe ich aber keines und bin nur auf meiner Hände Verdienst angewiesen, so kommen [die] USA für mich überhaupt nicht in Frage. Es ist ein Land, das keine Rücksichten kennt, ein Mann wie ich, in meinem Alter hat dorten keinerlei Chance mehr, abgesehen davon, dass alle die Leute, die schon vor dem Kriege und wiederum während desselben nach dorten eingewandert sind, ihre früheren Ansprüche gebührend anmelden werden. Scheidet also Amerika für mich von vornherein aus. Kommt zur Erwägung die Aufforderung von Henny, zu ihr [nach Palästina] zu kommen. Abgesehen, dass ich keinerlei Lust verspüre, in dieses Land zu gehen, denn ich habe hierzulande von Emigranten aus Ländern, die dorten sehr häufig zu finden sind, so viele unerfreuliche Typen kennengelernt, dass ich genug davon habe. Was aber der Hauptgrund ist: Ich will nicht von Hennys Gnade oder Ungnade abhängen, ich will nicht einem Menschen Danke sagen müssen, der zu einer Zeit sich finanziell nie um mich gekümmert hat, wo ich es bitter nötig gehabt hätte. Scheidet also Palästina ebenfalls aus.

Bleibt noch zu erörtern meine Rückkunft nach München. Dass ich das Recht dazu haben werde, nach siegreicher Beendigung des Krieges durch die Alliierten, steht für mich außer jedem Zweifel. Dass ich auch ein Anrecht auf Wohnungsmöglichkeit bekommen werde, ebenso wie ich auch sicher bin, dass ich genügende und auch lohnende Arbeitsmöglichkeit finden werde.[169] Das Warum

---

169 Die Amerikaner bevorzugten in ihrer frühen Wiedergutmachungspolitik NS-Verfolgte bei ihrer Wohnungs- und Arbeitssuche sowie der Lebensmittelversorgung. Bereits 1946 formulierten Ländergesetze erste Entschädigungsrechte. Dessen ungeachtet erwies sich eine Rückkehr NS-Verfolgter nach Deutschland als schwierig und aufwändig.

und Weshalb und Wieso zu erklären, würde zu weit führen, aber es wird doch so sein. Ich weiß wohl, dass es nicht angenehm sein wird, das Leben in München, dass man auch manchen Anfeindungen ausgesetzt sein wird, nicht zuletzt deswegen, dass man während der ganzen Kriegsdauer sich in einem neutralen Lande aufhalten konnte. Ich weiß sehr wohl, dass auch so manches andere für »uns« nicht in Vergessenheit geraten wird, dass man immer wieder angefeindet werden wird. Ich kann mir auch sehr gut vorstellen, dass es alles andere denn ruhig zugehen wird im Reiche, dass die Wohnungsfrage, die Lebensbedingungen, kurz und gut alles, alles dem einzelnen Menschen, insonderheit einem Rückwanderer, schwere Probleme zum Lösen aufgegeben werden. Alle diese Schwierigkeiten werden sogar weit, weit schlimmer sein, als man es sich nun vorzustellen vermag. Und trotzdem will ich wieder zurück, will wieder heim, will wieder zu Dir. In welcher Form sich das Wieder-»bei Dir sein« abspielen kann, das kann ich Dir heute beim besten Willen nicht sagen. Ist eine finanziell ausreichende Grundlage für mich gegeben, so will ich vor Dich hintreten und Dir sagen:

»Maria, ich bitte Dich; meine Frau zu werden.«

Ich weiß wohl, dass es für Dich nicht einfach sein wird, mir Dein Jawort zu geben. Ich bin inzwischen ein alter Mann geworden und in meinem Alter zählen die noch folgenden Lebensjahre doppelt und dreifach. Aber ich bin mir diese ganzen Jahre selber treu geblieben, ich habe mich innerlich keineswegs verändert. Nun wird es ja auch bei Dir so sein, dass durch alle Aufregungen, Entbehrungen und Sorgen, die Dir der Krieg in so überreichem Maße beschert hat, auch Du über Deine Jahre weit hinausgekommen bist. Auch Du wirst froh und zufrieden sein, wieder in Ruhe, in Frieden leben zu können, in diesem Falle an der Seite eines Menschen, der Dich wahr und aufrichtig liebt. Wenn wir dann so gemeinsam und zusammen sozusagen ein neues Leben beginnen können, eines mit dem anderen, eines für den anderen, so kann ich mir vorstellen, dass wir auf diese Weise noch einige schöne Jahre für uns zur Verfügung haben können. Sind wir doch beide reife Menschen, die wissen, was sie wollen, es immer gewusst haben. Und ich kann mir gut denken, dass es auch für Dich schön sein kann, Dein neues Leben nun nicht allein beginnen zu müssen, sondern an der Seite eines Menschen, der Dich versteht, schätzt und verehrt. Es immer getan hat. So könnte ich mir denken, dass uns einige Jahre zur Verfügung sein werden, die schön und segensreich für uns sein können, uns für das entschädigen können, was uns versagt geblieben ist. Kann aber eine Heirat infolge finanzieller Schwierigkeiten – oder sonstiger Gründe – nicht stattfinden, dann, Maria, bleibe mit mir, denn ich brauche Dich, will mit Dir zusammen sein.

Nun bin ich mit meinen Aufzeichnungen zu Ende. Ich habe versucht, in großen Zügen Dir mein Lebensbild zu geben, immer insoweit, als Du damit betroffen bist, im Spiele stehst. Ich hoffe und wünsche, Maria, dass Du mich verstanden, begriffen hast. Ich will Dir diese Zeilen so bald als nur irgend möglich zustellen, das »Wie« weiß ich allerdings heute noch nicht. Ich beende meine Niederschrift am 30. Januar 1945[170], gerade zufällig an dem Tage, da das große Unglück für Deutschland im Jahre 1933 begonnen hat.

Nimm noch einmal die Versicherung entgegen, liebste Maria:

Ich habe Dich von ganzem Herzen lieb und wünsche mir nichts sehnlicher, als bald mit Dir für ganz vereint sein zu können. Dafür habe ich nun seit Jahren gelebt, geb's Gott, dass Du mir erhalten bleibst, heil und gesund, Du liebste, Du beste Maria, Du.

Genf, 18. Oktober 1944 bis 30. Januar 1945.
Dein altes Herrle.
Dein Bimbes.
Dein Kurt.

---

170 Siehe Fußnote 53.

Briefe zwischen Kurt Landauer und Maria Baumann, 1946-1947

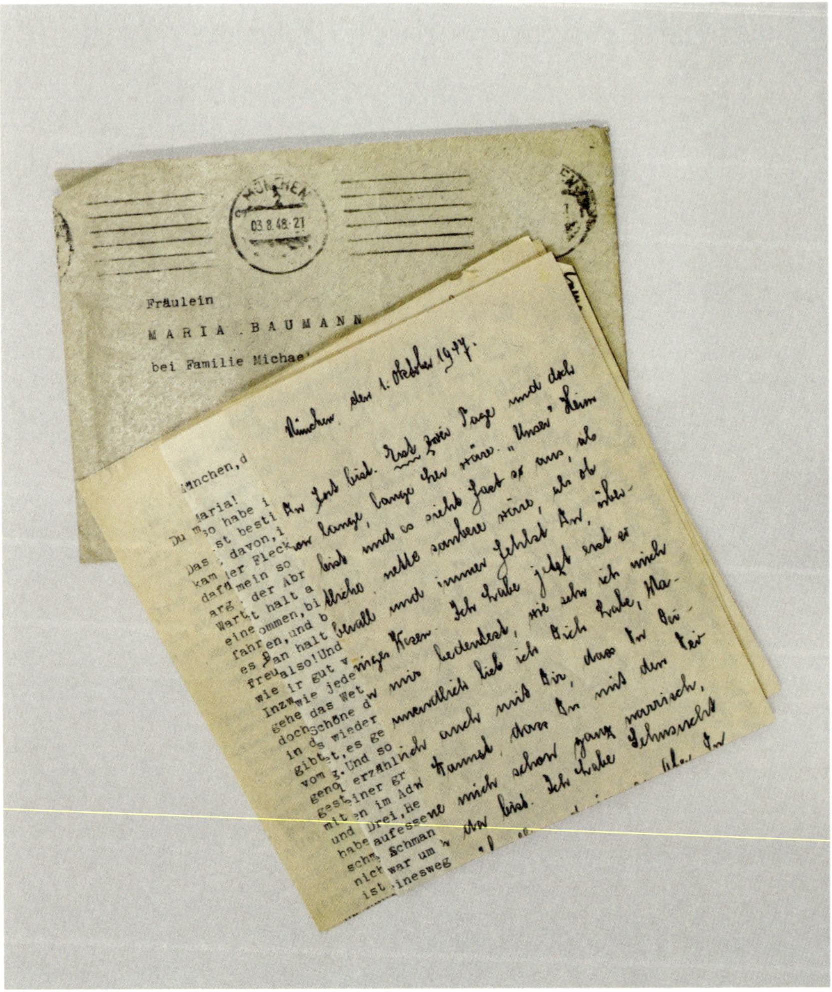
Fräulein
MARIA BAUMANN

Genf, den 2. April 1946.

Meine liebe und gute Maria!

Heute wurde mitgeteilt, dass der Postverkehr mit Deutschland wieder aufgenommen worden ist.[171] Es ist so selbstverständlich, dass ich Ihnen[172] zum ersten möglichen Termin schreibe. Ihnen sage, dass ich viel, viel an Sie gedacht habe, dass ich in Gedanken mit Ihnen gewesen bin noch und noch, und dass ich mir zuweilen arge Sorgen gemacht habe, dass ich so gar nichts von Ihnen habe hören können. Ich weiß nicht, wo Sie sind, was Sie treiben, wie es Ihnen geht, kurz, ich erwarte voll Ungeduld Ihre Zeilen. Wie geht es Ihren Schwestern, Ihren Brüdern, den Schwägern und Schwägerinnen, den kleinen Nichtlein und Neffen? Sie sehen, ich will so vieles von Ihnen wissen. Sind die Schwäger alle zurück? Von Elfriede[173] hörte ich einmal, dass der Seftl[174] es nicht sei. Und was macht Frau Males Mann[175]?

---

171 Nach dem Einmarsch der Alliierten kam der gesamte Postverkehr im besetzten Deutschen Reich zum Erliegen und wurde nur schrittweise wieder eingeführt. In der amerikanischen Zone nahm die Oberpostdirektion in München im März 1946 ihren Dienst wieder auf.

172 Im Vergleich zum Lebensbericht fällt auf, dass sich Kurt Landauer und Maria Baumann in ihrem Briefwechsel siezen. Auch in Briefen an Freunde und langjährige Vereinskollegen wählt Landauer »Sie« als Anrede. In ihrem Brief vom 09.01.1947, in dem Maria Baumann Landauer ihre gleichgebliebenen Gefühle zusichert, verwendet sie erstmals das »Du«. Der Ton zwischen den beiden wird vertrauter, als sie beginnen, das bevorstehende gemeinsame Leben in München zu besprechen. In den Briefen ab April 1947 wechseln beide zwischen »Sie« und »Du«, vgl. Landauer an Baumann (S. 209): »Sie können, nein Du kannst, immer getrost schreiben, was Du noch alles brauchst [...]«

173 Elfriede Schuler, geb. Baumann, Maria Baumanns Schwester, siehe Fußnote 59.

174 Gemeint ist Hermann Ahmeyer, Maria Baumanns Schwager, der Mann ihrer Schwester Friederike, siehe Fußnote 49.

175 Michael Unterweger (1908 in Buxach-1992 in Burtenbach), Maria

Von Elfriede hatte ich vor vier Wochen einen recht netten Brief, aber sie wusste ebenso wenig von Ihnen wie ich selbst. Von Frau Eichler[176] habe ich gestern gehört, dass Sie eventuell bereit sind, dem Knechtle[177] seinen Haushalt wieder vorzustehen. Sie können sich nicht vorstellen, liebe Maria, wie sehr mich diese Nachricht erfreut hat und auch bewegt hat. Man darf vorderhand wenigstens noch nicht daran denken. Ich weiß nun so gar nicht, inwieweit Sie unterrichtet sind, was mich selbst betrifft, ich habe auch keine Ahnung, ob Sie jemals von mir Post erhalten haben. Versuche, Ihnen Mitteilungen zu machen, habe ich verschiedene unternommen. Zuletzt sollte Sie in Memmingen ein Bekannter besuchen, der ab Zürich nach München gefahren ist über Memmingen im Auto. Ich habe nun von ihm gehört, dass von einer ganzen Menge Leute, die er um die Adresse frug, ihm niemand sagen konnte, wo

---

Baumanns Schwager, der Mann ihrer Schwester Amalie »Male«. Er befand sich bis März 1946 in amerikanischer Kriegsgefangenschaft.

176 Lina Eichler, geb. Schwarzhaupt (1871 in Regensburg-1965 in Konstanz), Maria Klopfers Tante mütterlicherseits. Die gebürtige Regensburgerin zog mit achtzehn Jahren nach Konstanz, wo bereits ihre Schwester Klara Rosenthal lebte. Von 1905 bis 1928 mit dem katholischen Bankbeamten Emil Eichler verheiratet, bekam sie drei Kinder. Nach der Scheidung betrieb Lina Eichler einen Versandhandel für Weiß- und Wollwaren. Im November 1938 musste sie ihr Gewerbe abmelden. Den Deportationen im Oktober 1940 und April 1942 entging Lina Eichler. Ab 1942 konnten nur noch diejenigen jüdischen Frauen in Konstanz bleiben, die in einer »privilegierten Mischehe« mit einem nicht-jüdischen Partner lebten. Scheinbar hatten die Behörden Lina Eichler trotz der Scheidung von ihrem Mann zunächst darunter gezählt. Im Januar 1944 wurde die nunmehr 73-Jährige schließlich in das Konzentrationslager Theresienstadt deportiert. Im Mai 1945 kehrte sie gesundheitlich schwer angeschlagen nach Konstanz zurück.

177 Koseform zu *Knecht*, Selbstbezeichnung.

das Haus in Hoppenried[178] sei, und da er nicht zu viel Zeit verlieren konnte, musste er unverrichteter Dinge nach München fahren. Vielleicht hat er Ihnen aber zwischenzeitlich geschrieben, da er auch Freund Herzing aufsuchen wird, so könnten Sie vielleicht von diesem von mir hören. Also im Sommer will ich nach München und, wenn es klappt, dann zum Herbst wieder für ganz. Was sagen denn Sie dazu, Maria? Ist es Ihnen recht und halten Sie es für gut und vernünftig? Aber ich m u s s ja wieder einmal zu arbeiten beginnen.

Elfriede ist in der Lage, Ihnen Lebensmittelpakete zu senden, wenn Sie sie bei ihr anfordern und ihr vor allen Dingen mitteilen, w a s Sie haben wollen. Ich habe Elfriede heute davon unterrichtet und ihr ausführlich geschrieben.

Von [den] Franz'schen Sachen ist ein Koffer an mich unterwegs mit Kleidern und Wäsche,[179] ich weiß nicht, ob ich sie tragen kann, denn er ist doch viel stärker gewesen als ich und auch größer. Wollen einmal sehen. Übrigens bin ich mit meiner Gewichtszunahme recht zufrieden, von den bislang verlorenen 60 (!) Pfündern habe ich doch schon wieder ca. 18 zurückgewonnen, immerhin etwas. Gesundheitlich geht es mir recht ordentlich, aber die Nerven sind nicht mehr so stark, wie sie ehedem gewesen sind. Man hat doch zu viel mitmachen müssen und das einfachste und bescheidenste Leben, das man nunmehr seit sieben Jahren führt, trägt das Seinige

---

178 Gemeint ist Maria Baumanns Elternhaus im Hoppenriedweg in Memmingen, siehe Fußnote 28.

179 Detaillierte Listen über die Wertgegenstände, die die Nationalsozialisten Franz Landauer entzogen, sowie der geleisteten »Judenvermögensabgabe«, »Reichsfluchtsteuer« und »Auswandererabgabe« lassen vermuten, dass Franz Landauer nur einen kleinen Teil seines Besitzes mit in die Niederlande nehmen konnte. Landauer gab später an, dass davon das meiste in den Niederlanden geraubt wurde. Lediglich ein Koffer mit Kleidungsstücken befand sich in Besitz von Tilly Landauers Schwester, Paula Weil.

dazu bei. Aber ich darf beileibe nicht klagen, was müsstet dann erst Ihr alle sagen?

Von Familie Klopfer-Klauber ist nichts Neues zu berichten. Vielleicht war die alte Dame seit Jahren nicht mehr so schlecht beisammen als gerade zurzeit, sie regt sich sehr auf, dass ihre Söhne der Reihe nach sie besuchen werden und ihr Schwiegersohn.[180] Auch der alte Herr ist krank gewesen, hatte Grippe, in seinem Alter nicht mehr ganz so einfach. Frau Maria pflegt und hegt ihre beiden »Säuglinge« mit der bekannten Sorgfalt und reibt sich dabei auf. Elli ist auch verheiratet,[181] Lotte hat ihren zweiten Buben bekommen.[182]

Wissen Sie, dass ich Universalerbe meines Bruders Franz geworden bin? Leider ist das Wertvollste seiner Sachen in Holland gestohlen worden. Es ist nicht so einfach, seine Ansprüche in dieser Erbschaft geltend zu machen. Die Henny ist genau das nämliche S...weib geblieben, das sie immer war. Wir sind sehr weitgehend auseinandergekommen gewesen, vorigen Monat hat sie mir zum ersten Male Geld geschickt, 100 Dollars!!!

Nun will ich für heute Schluss machen, damit der Zensor nicht gleich zu viel Arbeit an meinem Briefe hat, darum auch der größere Zeilenabstand.[183] Und nun, liebste Maria, lassen Sie bitte bald,

---

180 Gemeint sind Maria Klopfers Ehemann Theodor Klopfer sowie ihre Brüder Ernst, Siegfried und Ludwig Klauber, die in New York lebten.

181 Yamik Dromi (Elli) heiratete Gideon Levin (1921 in Breslau-2004 im Kibbuz Lehavot Habashan), siehe auch Fußnote 133.

182 Lotte Klopfer, Maria und Theodor Klopfers älteste Tochter, heiratete Erwin Joseph Abraham Lovenstein/Lowe (1911 in München-2002 in New York) 1936 in München. Sie bekamen zwei Söhne, Steven Ralph Lowe (1942 in New York-1974 getötet bei einem Bombenanschlag auf dem Flug von Tel Aviv nach New York) und Roger Jay Lowe (1945 in New York).

183 Da die Sektion Post der Abteilung Presse- und Funkspruch (kurz: APF, allgemeine Schweizer Zensurbehörde), v.a. mit der Kontrolle der Auslandspresse und ausländischer Postsendungen befasst, im

bald von sich hören, ich warte sehnsüchtig auf Ihre Zeilen. Grüßen Sie mir die Baumann'schen alle. Seien Sie selbst aber innig und herzlichst gegrüßt in unveränderter treuer Gesinnung

von Ihrem alten, immer gleichen Herrle.

Genf, den 24. April 1946.

Geliebte Maria!

Es scheint wirklich gleich geblieben zu sein bei unserer Korrespondenz, nämlich: Ich warte, um Ihnen zu schreiben, dann entschließe ich mich doch und prompt am nächsten Tage kommt Nachricht von Ihnen. So geschehen mit meiner Karte vom 17. April. Am 18. April kam dann endlich, endlich Ihre erste Nachricht, Ihr lieber Brief vom 2. April, und heute derjenige von Frau Eichler.

Also zunächst einmal, meine liebe, gute Maria, vielen, vielen und herzlichen Dank. Ich kann Ihnen nicht beschreiben, wie mir zumute gewesen ist, als ich Ihre Zeilen gelesen habe. Ich konnte mich nicht ganz zurechtfinden mit Ihrem Brief vom 2. April, denn Sie hatten sicherlich angenommen, dass ich über alles schon informiert gewesen sei. Aber dem war leider nicht so. Es sind traurige Dinge, die ich da erfahren musste. Vor allen Dingen der Tod des Bruders Max hat mich sehr beeindruckt, armer Mann hat so früh von hinnen gehen müssen und Frau und Kinderlein allein lassen.[184] Nehmen Sie noch nachträglich mein herzlichstes Beileid

---

Juni 1945 gemeinsam mit der gesamten APF aufgehoben wurde, bezog sich Landauer wohl auf Zensurmaßnahmen in Deutschland. Der Besatzungsstatus gestattete den Alliierten die Überwachung des gesamten Post- und Telefonverkehrs in Deutschland.

184 Max Baumann (1903 in Memmingen-1945 ebd.) starb nach einem Schlaganfall am 17. November 1945 im Alter von 42 Jahren. Er hinterließ seine Ehefrau und zwei kleine Kinder.

entgegen. So hat Ihre Familie diesem fürchterlichsten aller Kriege ihren Tribut zahlen müssen: die gute Mutter, den Vater und zu guter Letzt noch den Bruder. Dann hat mich geradezu erschreckt, dass Sie krank, und zwar ernstlich krank gewesen waren. Nun hoffe ich doch, dass es wieder besser geht, schonen Sie sich nur ordentlich, muten Sie sich vor allen Dingen nicht zu viel zu und sehen Sie zu, dass Sie bald wieder zu richtigen Kräften kommen. Bis ich dann da sein werde, müssen Sie wieder ganz bei guter Gesundheit sein, gut aussehen und wieder die alte Maria sein. Gell!

Also meine Einreisegenehmigung von der amerikanischen Militärbehörde in München habe ich bereits in Händen, das ist die Hauptsache. Die anderen noch nötigen Dinge sind im Laufe, wie lange sie dauern, kann ich natürlich nicht sagen, aber ich hoffe doch, dass ich zu Pfingsten da sein kann.[185] Ja, Maria, wer hätte

185 Die amerikanische Militärbehörde ging sehr ambivalent mit der Einreise von Remigranten um. Bereits 1945 bejahte Robert Murphy, politischer Berater der Office of Military Government of Germany (kurz: OMGUS), die Rückkehr von Emigranten als wichtig für den Wiederaufbau. Einen Einsatz in Verwaltungspositionen lehnte er jedoch vorerst mit Rücksicht auf die ablehnende Haltung der deutschen Bevölkerung ab. Zurückkommen könne jeder, der das auch bezahlen könne. Zu dieser Zeit dauerte die Erteilung einer Einreisegenehmigung vier bis acht Wochen. General Clay verlangte ausdrücklich, dass nur solche Personen nach Deutschland kommen, die für die amerikanische Besatzungsmacht nützlich seien. Für Emigranten verkomplizierte sich eine Rückkehr, denn wer nicht von den amerikanischen Militärbehörden gebraucht oder angefordert wurde, musste nachweisen, dass Deutschland ihn brauchte. Wahrscheinlich hatte Kurt Landauer bei der Militärbehörde in München – über Franz Herzing – um eine Einreisegenehmigung angefragt. Bei der Eidgenössischen Fremdenpolizei in Bern ersuchte er – mit Unterstützung von Albert Berthoud, dem Direktor des Bureau des Permis de Séjour (Büro für Aufenthaltsgenehmigungen) in Genf, und Ernst Thommen, dem Präsidenten der Association Suisse de Football – um eine

das gedacht, dass wir uns unter solchen Umständen wiedersehen werden. Aber die Hauptsache ist und bleibt, dass wir beide innerlich unverändert geblieben sind. Es wird sich dann alles andere schon finden. Ich habe mir die Reise so gedacht, dass ich zuerst nach Memmingen kommen werde, dorten einige Tage verbringe, wenn es möglich ist, im schönen Ried in Mutter Baumanns Haus. Aber das überlasse ich Ihnen. Wir können meine Pläne durchbesprechen und dann werde ich in München weitersehen. Auf alle Fälle kehre ich zuerst noch einmal nach Genf zurück, bevor ich mich zu irgendetwas endgiltig entschließe. Sie werden verstehen, dass ich hier nicht meine Zelte abbrechen kann, ohne dass ich weiß, wie es in München für mich ausschauen wird. Den Willen zum Zurückgehen habe ich unbedingt und einen Weg zum Leben dorten wird es für uns beide auch geben. Franz hat gut vorgearbeitet und ich bin gerührt von so viel Freundschaft und Treue, wie Sie und er mir entgegenbringen. Aber Ihr seid eben aufrechte und ehrliche Menschen, auf die man sich halt verlassen kann. Und dieser Gedanke ist mehr als schön.

Von Elfriede und Walter[186] hatte ich einen sehr herzlichen Brief vom 16. April, angekommen schon am 20. April. Ich hatte ihnen den Vorschlag gemacht, dass ich es übernehmen würde, den beiden Familien von hier aus durch Hilfskomitees Lebensmittelpakete zu senden,[187] worauf ich heute Geld von ihnen zu diesem Zwecke

---

Ausreisegenehmigung nach, mit der Möglichkeit, zwei Monate später wieder in die Schweiz zurückzukommen. Anscheinend konnte er sich erst nach einer Einreise nach Deutschland am schweizerischen Konsulat in München um eine erneute Rückkehr in die Schweiz bemühen. Die Alliierten stimmten einem begrenzten Aufenthalt ebenfalls nicht zu.

186 Maria Baumanns Schwester Elfriede und ihr Mann Walter Schuler in den USA, siehe Fußnote 59.

187 Im Dezember 1944 gründete der Bundesrat die sogenannte Schweizer Spende, die bis 1949 umfassende Hilfe in ganz Europa leistete.

bekommen habe. Demzufolge habe ich heute folgende Pakete zur Versendung aufgegeben: Karl Schuler und Lisa Förch in Merchingen[188] 1 großes und ein kleines Paket; an Sie, liebe Maria, 2 große und ein kleines Paket. Bitte schreiben Sie an Herrn Schuler, dass die beiden Pakete an seine Adresse gesandt worden sind und dass er sie zwischen sich und Frau Förch aufteilen soll. Die Pakete für Sie gehören allen Baumännern, also nach Burtenbach und nach Memmingen. Sie werden es schon zweckmäßig verteilen. Da aber die kleinen und die großen Pakete nicht von derselben Stelle aus geschickt werden, so werden sie wohl auch zu verschiedenen Zeiten ankommen. Jedenfalls wünsche ich guten Empfang und ebensolchen Appetit für Jung und Alt, Groß und Klein.

Elfriede hatte von Memmingen überhaupt noch nichts gehört gehabt und war froh, durch mich Nachricht zu haben. Nun werde ich heute wieder ausführlich schreiben, Walter hat von den Seinigen schon einige Male Bericht bekommen, der Schwager von ihm ist ja erfreulicherweise wieder zurück. Dass es Ihr Schwager Mich [Michael Unterweger] auch ist, hat mich sehr gefreut, denn für ihn hatte ich mich immer gesorgt. Und nun hat er wieder ein

---

Der Bund stellte hierfür 150 Mio. Franken bereit, durch Sammelaktionen in der Bevölkerung kamen weitere 50 Mio. zusammen. Im Ausland führten das Schweizerische Rote Kreuz, der Caritas-Verband und das Hilfswerk der Evangelischen Kirchen der Schweiz die Hilfsaktion durch, ein überkonfessioneller und politisch diverser Zusammenschluss verschiedener Hilfswerke, der humanitäre Hilfe und Wiederaufbauhilfe leistete.

188 Gemeint ist die Gemeinde Merchingen bei Ravenstein. Hier lebte die Familie von Maria Baumanns Schwager Walter Schuler: sein Vater Karl Albrecht Schuler (1877 in Merchingen-1963 ebd.) und seine Schwester Lisa Karolina Förch, geb. Schuler (1908 in Merchingen-2001 in Ravenstein).

Mädelchen, in der heutigen Zeit für eine Mutter hart, drei kleine Kinder zu haben.[189] Hoffentlich sind sie alle gesund.

Es ist gut, dass Sie sich von Illigs[190] in Freundschaft getrennt haben, ich habe nie so ganz begriffen, dass Sie dorten gearbeitet haben. Denn Frau Maria hat mir erzählt, dass ihre ganze Familie Patienten bei ihm gewesen sind und bereits im Jahre 1933 (!) fortgeblieben sind, weil er schon damals Ortsgruppenleiter gewesen war.[191] Herr Kl.[192] hatte sich mit ihm auseinandergesetzt, d.h. ihm gesagt, warum die Familie nicht mehr kommen würde!! Aber die Hauptsache ist doch gewesen, dass Sie es dorten gut gehabt haben, und anscheinend haben Sie doch auch ein ganzes Zeug voll Sach[en] lernen können in seiner Praxis.

Hier geht alles wie gewohnt seinen gewohnten Gang. Natürlich

---

189 Maria Baumanns Nichte Henriette. Amalie und Michael Unterweger hatten bereits eine Tochter namens Inge und einen Sohn namens Diethard. 1947 kam ihr jüngster Sohn Wilhelm zur Welt.

190 Dr. Heinrich Karl Illig (1884 in Stuttgart-1952 in München), Augenarzt in der Luisenstraße 25. Er war seit 1917 mit Julia Luise Illig, geb. Kertesz (1894 in Frankfurt/Fechenheim-1945 in München), verheiratet, die schwer an Asthma erkrankte. Ihre Eltern, der Chemiker Dr. Adolf Kertesz, auch Kertész/Kertess (1857 in Székésfehervár, Ungarn-1933 in Frankfurt), und Therese, geborene Singer (1864 in Lovasbereny, Székésfehervár-1934 in Frankfurt), lebten aus beruflichen Gründen in Frankfurt a.M. Als bekannter Chemiker war Adolf Kertesz bis 1927 Vorstandsmitglied der IG Farben in Frankfurt. Maria Baumann arbeitete von März 1942 bis Februar 1945 in der Praxis von Dr. Illig und wohnte zunächst in der Luisenstraße 25, ab Oktober 1944 dann in der Heßstraße 22.

191 Dr. Illig trat 1933 in die NSDAP ein und wurde förderndes Mitglied der SS, um von der öffentlich nicht bekannten ungarisch-jüdischen Herkunft der Familie seiner Frau abzulenken. Familie Klauber/Klopfer kannte diesen Sachverhalt wohl nicht.

192 Hier ist Maria Klopfers Ehemann Theodor Klopfer oder ihr Vater Moritz Klauber gemeint.

warte ich fieberhaft auf meine diversen Genehmigungen zur Reise und gedanklich bin ich schon ganz in meinen Vorbereitungen drin. Herrgott, Maria, was wird das werden, wenn wir nach so, so langer Zeit wieder Aug in Aug gegenüberstehen, da wird das Herz bis zum Halse hinauf klopfen, Ihnen sowohl als mir. Und was wird es alles zu erzählen geben! Und dann werden wir wohl beide feststellen müssen, dass der Krieg nicht spurlos an uns vorübergegangen ist und dass wir älter denn sieben Jahre geworden sind. Aber Hauptsache ist und bleibt, dass wir innerlich die Gleichen geblieben sind!

Sie schrieben von Lelle etwas. Haben Sie von ihrem Tode etwas Authentisches gehört?[193] Denn ich habe nie irgendwelche Bestätigung erhalten, wie ja all die, die durch Deportation umgekommen sind, wohl niemals als Tote registriert worden sind. Sie sind eben einfach verschwunden und damit ist ihr Los besiegelt.

Von den 3 Kl. soll ich Sie recht, recht herzlich grüßen, speziell von Frau Maria. Also Elli ist nicht nur verheiratet, sondern sie erwartet auch im Sommer schon ein Baby.[194] Sie muss in ihrem Leben enorm tüchtig sein, genau wissen, was sie will, und sehr gut vorwärtsgekommen sein. Die alte Dame hatte zu Ostern ihren 80. Geburtstag, sie ist recht schlecht zurzeit beisammen, die Aufregung über den bevorstehenden Besuch ihrer Söhne und Schwiegerkinder geht nicht spurlos an ihr vorüber. Frau Maria ist sehr abgearbeitet und übernervös.

Ja, da fällt mir gerade ein, dass Elfriede die Krawattennadel von Leo erwähnt, ich habe nie gewusst gehabt, dass Sie die ihr gegeben hatten. Was sind Sie doch für ein prächtiger Mensch, Maria! Ernst Klauber wird sie mir mitbringen.[195]

---

193 Siehe Fußnote 165.

194 Amiram Levin, der Sohn von Yamik Levin (Elli), kam 1946 im Kibbuz Lehavot Habashan in Palästina zur Welt.

195 Bereits in seinem Brief vom 2. April 1946 erwähnte Landauer den an-

Auf Ostern bin ich wieder mit Jugend beschäftigt gewesen, wie all die Jahre hindurch. Dieses Mal hatte ich Basler und es ist recht nett gewesen. Das Turnier war ganz groß aufgezogen, international: eine englische, eine italienische, fünf französische und fünf schweizerische Mannschaften. Sieger die Engländer vor den Italienern und der Schweiz.[196] Übrigens, weil wir gerade von Fußball reden, so meinten Sie, es stünden mir alle Türen offen, ich bräuchte nur zu kommen. Ja, liebe Maria, zuvörderst kommt nun die Arbeit, denn gefaulenzt habe ich lange genug und ich muss doch trachten, dass wir Geld zum Leben verdienen, wir beide.

Von Amsterdam habe ich einen großen Koffer voll Kleider und Wäsche von Franz bekommen, was ich alles sehr gut gebrauchen kann, und merkwürdigerweise passen mir die Kleider von Franz ausgezeichnet. Sie wissen ja, Franz war immer sehr gut gekleidet. Am Freitag kommt Tillys Schwester[197], die auch in Amsterdam lebt

---

stehenden Besuch von Maria Klopfers Bruder Ernst aus New York. Das genaue Datum seiner Reise ist unbekannt.

196 Landauer betreute die Nachwuchsmannschaft des FC Basel beim internationalen Jugendturnier »Tournoi Juniors du Servette FC« in Genf. Das Turnier richtete der Genfer Verein Servette im Stade des Charmilles aus. 1946 gewann das britische RAF Youth Team vor dem AC Torino und dem Schweizer FC Grenchen. Die Baseler Jugendmannschaft wurde Letzte.

197 Pauline (Paula) Weil, geb. Höchstädter (1885 in München-1970 in Los Angeles), die Schwester von Landauers Schwägerin Tilly. Paula Weil und ihre Familie gehörten zum nahen Umfeld von Landauers Bruder Franz in Amsterdam. Bereits seit 1933 lebte Paula Weils Sohn Edgar (1908 in Frankfurt a. M.-erm. 1941 im Konzentrationslager Mauthausen) in Amsterdam. Edgar Weil arbeitete bis 1933 als Dramaturg an den Münchner Kammerspielen; im gleichen Jahr emigrierte er gemeinsam mit seiner Frau, der Schriftstellerin Grete Weil, geb. Dispeker (1906 in Rottach-1999 in Grünwald, München), in die Niederlande. Paula Weil folgte ihnen 1938 gemeinsam mit ihrem Mann Dr. Richard Weil (1875 in Ingenheim-1941 in Amsterdam). Edgar

und zurzeit bei Freunden in Bern ist, auf Besuch auf drei Tage zu mir. Sie wohnt in meiner Pension*, damit sie auch sehen kann, wie einfach und bescheiden ich die ganzen Jahre hindurch gelebt habe.

Nun ist Schluss für heute. Lassen Sie bitte recht, recht bald wieder von sich hören. Hoffentlich berichtet mir Ihr nächster Brief, dass Sie gesundheitlich wieder auf der Höhe sind. Jeder Tag bringt unser Wiedersehen näher und darauf freu ich mich unbändig. Alles, alles Gute, recht viele freundliche Grüße an Ihre Geschwister. Ihnen selbst aber die herzlichsten und liebsten Grüße, liebe Maria, von Ihrem

alten und getreuen Herrle.

** auf ihre Kosten!*

Genf, den 24. Oktober 1946.

Meine liebe und gute Maria!

Haben Sie recht vielen herzlichen Dank für Ihren großen und ausführlichen Brief vom 24. September, nein, Depp, der ich bin, vom 9. Oktober, abgestempelt am 10. Oktober und heute bei mir eingetrudelt, also ziemlich rasch gereist. Ich habe mich mit Ihren aufgeschlossenen Zeilen sehr gefreut, das heißt eigentlich nicht die Zeilen waren aufgeschlossen, sondern der Sinn, in dem sie geschrieben worden sind. Sie verstehen schon, wie ich es meine.

Also wieder ein Paket ist angekommen, und zwar von Ernst

Weil wurde am 11. Juni 1941 von Rotterdam aus in das nordholländische Durchgangslager Schoorl deportiert und im September 1941 in Mauthausen ermordet. Seine Frau Grete Weil überlebte die Schoa in einem Amsterdamer Versteck und kehrte 1947 nach Deutschland zurück. Paula Weil gelang es ebenfalls, den Deportationen zu entgehen. Sie emigrierte 1947 nach Kalifornien, wo seit 1938 ihr älterer Sohn Hans Joseph Weil (1906 in Frankfurt a. M.-1969 in Los Angeles) lebte.

Klauber, das freut mich. Frau Maria und ich haben ihn gebeten bei seinem Hiersein, er möchte Ihnen doch Lebensmittel senden und haben eigens betont, dass Sie so viel[e] kleine Neffen und Nichten haben, was man bei der Zusammenstellung der Sendung berücksichtigen möchte. Sie sehen, das hat man getan. Dass Sie gleich gedankt haben, ist sehr lieb von Ihnen und macht auf Ernst einen guten Eindruck, denn er ist ein gar weicher Mensch. Die Haslacher[198] Adresse habe ich mir vorgemerkt und sofort versucht, dass man Ihnen die Sachen schicken kann. Ich werde sehen, ob es vielleicht auf diese Weise geht. Schade darum, dass die guten Dinger so lange unbenützt liegen bleiben müssen, wo viele große und kleine hungrige Mäuler, darunter ein ganz, ganz liebes, vergebens darauf warten. Inzwischen ist mir von Frau Alice[199] schon ein neues Paket für mich avisiert worden, werde mal sehen, ob es etwas Passendes für das liebe Bimbesle ist. So wird aus dem angedachten Geburtstagsgeschenk ein solches für Weihnachten werden. Dass das eine ausstehende Paket aus Dänemark über Zürich immer noch nicht bei Ihnen eingetroffen ist, tut mir leid, ich habe heute sofort bei der Züricher Firma reklamiert.[200] Da Sie nichts wegen der »Palästina Pakete« (hahahahaha!!!!) schreiben, so denke ich, dass es erst in meinem

---

198 Franz Schneider (1878 in Rot a. d. Rot-1959 in Haslach), der Stiefbruder von Franziska Baumann, lebte in Haslach, Rot a. d. Rot.

199 Alice Berta Klauber, geb. Moos (1902 in Ulm-1991 in New York). Sie leitete gemeinsam mit ihrem Ehemann Ernst Klauber bis Frühjahr 1939 die Wäschefabrik Rosa Klauber. Als der Zwangsverkauf der Fabrik unabwendbar war, floh das Ehepaar mit seinem 15-jährigen Sohn Otto Adolf (Roger) Klauber (1924 in München-2011 in New York) über Frankreich nach New York.

200 Verschiedene kirchliche Vereine, darunter besonders die Quäker, schickten aus der Schweiz, den USA, Schweden, Dänemark, Finnland und Südafrika Hilfspakete nach Deutschland. Vermutlich bezieht sich Landauer hier mit »über Zürich« auf Kontakte, die über Zürich nach Dänemark funktionierten, denn diese Pakete wurden

Brief vom 1. Oktober steht, dass diese palästinensischen Pakete von Ihrer Elfriede sind.[201]

Übrigens weil ich gerade meinen Brief vom 1. Oktober erwähne, es ist noch einer vom 14. Oktober an Sie unterwegs. Somit ist wieder gute Ordnung in unsere Korrespondenz gekommen und dem ist gut so. Bis auf die beiden Oktober-Briefe sind somit alle meine Geschreibsel bei Ihnen eingetroffen und ich denke, dass auch von Ihnen nichts fehlt. Ich muss Ihnen abermals ein großes Kompliment machen, wie gut und fast fehlerlos Sie mit der Maschine schreiben, da sind Sie mir schon über, denn leider habe ich früher viel besser geschrieben, jetzt mache ich viele Fehler, die alle auf eine gewisse Nervosität schließen lassen.

Von Franz Herzing hatte ich letzte Woche einen sehr ausführlichen Brief, das heißt, eigentlich war der Brief von »ihra«[202] (frei nach Margot Strassberger[203]), er hatte ihn nur diktiert. Es hat sich in meiner Sache nichts Neues ergeben, auch Kolm[204] konnte nichts

---

ebenso wie die ursprünglich amerikanischen Care-Pakete personalisiert verschickt.

201 Offenbar hatte sich Kurt Landauer ein Hilfspaket von seiner Schwester Henny in Palästina erhofft, stattdessen leitete er eines von Elfriede Schuler aus New Jersey weiter.

202 Veraltet-dialektale Form von *ihr.*

203 Es konnten keine Daten zur Person ermittelt werden.

204 Kurt Landauer kannte Kurt Kolm (1913 in Frankfurt a. M.-1998 in München) aus der gemeinsamen Zeit in der Wäschefabrik Rosa Klauber in den Jahren 1935 bis 1938 und erhoffte sich von ihm eine Arbeitsmöglichkeit im Textilbereich. Als Sohn des Bezirksdirektors Josef Kolm (früher Kohn, 1874 in Theusing-1948 in München) und dessen Frau Anna, geb. Zankl (1883 in München-1953 ebd.), kam er 1918 nach München. Er legte sein Abitur am Wittelsbacher Gymnasium ab und begann 1932 eine kaufmännische Lehre bei Rosa Klauber mit Ernst Klauber als Ausbilder. Von 1933 bis 1936 war er kaufmännischer Angestellter für Büro und Einkauf in der Wäschefabrik Rosa Klauber in der Dachauer Straße 112, dann Handelsreisender. 1938 entzogen

erreichen, so muss es eben ruhen bis zum Frühjahr und da komme ich dann ganz bestimmt, so oder so. Das heißt also entweder auf Besuch und wenn das nicht geht, dann für ganz. Denn hier kann es ja so nicht mehr weitergehen. Alle meine Bemühungen, Arbeit zu finden, sind fehlgeschlagen. Dadurch dass ich mir nicht allzu große Hoffnungen gemacht habe, ist meine Enttäuschung nicht groß. Sie verstehen es doch, liebe Maria, dass ich im Winter nicht kommen will, es hat keinerlei Sinn, denn da wäre das Eingewöhnen wohl auch zu schwierig und dann denke ich mir, dass der Winter im nächsten Jahre vielleicht doch erträglicher sein wird. So hofft man wenigstens allenthalben. Aber ich bin abgekommen vom Briefe von Franz. Er hat jetzt durch Kolm den Oberrabbiner *(!)* von München[205] für meine Angelegenheit zu gewinnen verstanden, der

---

ihm die Nationalsozialisten aufgrund der jüdischen Herkunft seines Vaters seine Reiselegitimationskarte und versetzten ihn bis zum erzwungenen Verkauf der Firma Rosa Klauber im Oktober 1938 in den Innendienst. Die neuen Besitzer der Wäschefabrik, Richard Lüdecke und Hermann Straub, beschäftigten Kolm bis November 1942 als kaufmännischen Angestellten und als kaufmännischen Betriebsleiter. Von Januar bis Mai 1945 kam er als Arbeitshäftling ins Lager Wolmirsleben, einer Gemeinde südwestlich von Magdeburg, wo die Nationalsozialisten 1944 ein Arbeitslager für 300 »Halbjuden« einrichteten. Ab Juli 1945 arbeitete Kolm wieder für die Firma Lüdecke & Co., jetzt im Wareneinkauf, und bei den Verhandlungen mit den Alliierten und mit deutschen Behörden. Von Juli bis September 1948 wurde er zusätzlich Treuhänder bis zum Vergleich mit den früheren Inhabern Ernst und Ludwig Klauber. In Absprache mit ihnen übernahm er auch treuhänderisch die Hella Dasbach GmbH, das frühere Spitzenhaus Rosa Klauber. Nach dem Vergleich im Oktober 1948 leitete er zusammen mit Viktoria Brunner das Geschäft.

205 Dr. Aron Ohrenstein (1909 in Berlin-1986 in München), 1945 bis 1955 Oberrabbiner der neugegründeten jüdischen Gemeinde in München. Ohrenstein, ab 23. November 1945 erster Gemeinderabbiner der Nachkriegszeit, legte das Rabbinerexamen am Jüdisch-Theologi-

ihm Unterstützung zugesagt hat. Auch will er es wieder durch die sportlichen Organisationen versuchen. Einmal wird es schon werden. Ich weiß ja, dass man sehr, sehr strenge ist mit der Genehmigung, es gibt Leute, die seit Monaten darauf warten, die es viel eiliger haben, und können nichts erreichen.

Die Pakete, die die Herzings bekommen haben, haben anscheinend Wunder gewirkt und der Franz ist, da er etwas Zusätzliches zum Essen hat, handsamer[206] geworden. Sie können sich nicht denken, wie begeistert er über diese Lebensmittel schreibt. Glauben Sie mir, liebste Maria, wenn ich könnte, wie ich wollte, das heißt, wenn das lausige Geld nicht wäre, sowohl Sie wie die Lingers [Franz und Elisabeth Herzing] bekämen alle Monate ihr Päckchen. Denn ihr seid immer so anständig, so treu in Eurer Freundschaft gewesen, Ihr seid Euch immer gleich geblieben in Eurer hochanständigen Gesinnung, dass Ihr es wert seid, dass man Euch hilft, wo immer es nur geht. Seien Sie versichert, ich habe Ihnen Ihre wundervolle Treue niemals vergessen, in ganz schwarzen Tagen, [von] denen es hier auch viele gegeben hat, habe ich mich daran aufgerichtet und gehofft, dass einmal der Tag und die Zeit kommen wird, da ich Ihnen das alles wieder vergelten darf. Ihnen zeigen, dass es nicht um-

---

schen Seminar in Breslau ab, promovierte in Prag, lehrte und predigte anschließend in Berlin, ab 1937 als Rabbiner an einer Berliner Privatsynagoge. Als polnischer Staatsbürger wies man Ohrenstein im Oktober 1938 aus dem Deutschen Reich aus. Ohrenstein blieb bis 1939 als Direktor eines Waisenhauses in Polen, floh dann nach Tarnopol, Sowjetunion, und wurde schließlich 1941 in ein Internierungslager eingewiesen. Ihm gelang die Flucht und er überlebte die Schoa im Untergrund. 1945 kam Ohrenstein nach München. Neben dem Amt als Oberrabbiner erhielt er ab 1947 zusätzlich das des Landesrabbiners des Landesverbandes der Israelitischen Kultusgemeinde in Bayern.

206 *Handsam* meint im bairischen Sprachgebrauch *handlich* oder auch *umgänglich, verträglich.*

sonst gewesen ist, dass Sie Ihre Treue keinem Unwürdigen bewahrt haben!!

Dass Franz Sie nicht teilhaben lässt an den Bemühungen wegen meiner Ein- bezw. Rückreise, nimmt mich eigentlich wunder, weiß ich doch, dass er immer große Stücke auf Sie gehalten hat. Noch mehr wunder nimmt mich allerdings, dass er sich so gerne mit Betty unterhält, denn außer einem gewissen Humor hat doch die Betty wenig Intelligenz und auch keinerlei Bildung, die einen Vergleich mit der Ihrigen aushalten könnte. Oder sollte es der »Vorbau« sein, der unserem Franz so gefällt, denn für derlei »rundliche Dinger« hat er immer eine gewisse Schwäche gehabt. Na ja, mit 62 Jahren reißt man keine Bäume mehr aus!!

Von Julius[207] und Henny bekam ich dieser Tage einen Brief, dass er wieder gut bei seiner Süßen angekommen ist. Von Henny kein Wort, dass sie sich meine Lage doch anders vorgestellt habe oder dass sie mir in Zukunft helfen wolle, nichts, rein gar nichts darüber, auch er hat diese Sachen nicht mehr erwähnt. Ich habe sie die ganze Zeit über, da ich in Genf war, nicht gebraucht, und werde sie auch die paar Monate, da ich noch da bin, nicht mehr brauchen. Aber sie dürfen nicht glauben, dass in der Erbschaftssache Franz auch nur ein Stück oder ein Pfennig Geld zu ihnen kommen wird, ich werde darin als Universalerbe unerbittlich sein und ihnen selbst da nichts geben, wo ich nach Willen des Verstorbenen es tun sollte, weil es auch hier zweierlei Auslegungen gibt. Aber das werde ich

---

207 Dr. jur. Julius Siegel (1884 in München-1951 in Haifa), Landauers Schwager, lebte und arbeitete nach einem Studium in München und Berlin als Rechtsanwalt und Justizrat in München. 1934 verlor Siegel seine Zulassung als Anwalt und emigriere im selben Jahr zusammen mit seiner Frau, Landauers Schwester Henny, und seinen beiden Kindern nach Palästina. Nach erneutem Studium und Examen konnte er dort ab 1938 als Anwalt arbeiten. Siehe auch Fußnote 101.

Ihnen einmal alles mündlich auseinandersetzen. Oh mei, Maria, was wird es da alles zwischen uns zu erzählen geben und was werden wir alles vernehmen müssen, von dem der eine so wenig eine Ahnung hatte wie der andere. Ich wollte, es wäre schon so weit. Ich freue mich manches Mal unbändig auf Sie und bedenke dabei gar nicht die Unzulänglichkeiten, die ich in Kauf nehmen muss. Aber mit (beidseitigem) gutem Willen wird alles richtig und gut werden. Davon bin ich felsenfest überzeugt und dieser Optimismus hat auch sein Gutes. Aber wieder zurück zu den »lieben« Siegels. Ich habe noch einmal Ihre Adresse wegen der »Huranscheen«[208] geschrieben und ich nehme an, dass man sie demnächst absenden kann, wenn sie nicht wieder eine Ausrede haben werden. Wissen Sie auch, was mir der Siegel während seines zweimaligen Aufenthalts in Genf (beim Kommen und beim Fortfahren) aufgewartet hat? Einmal eine Tasse Kaffe[e] und einmal zwei Glas Bier. Aus Äpfi Amen.[209] Doch großartig!

Was Ihren Bericht in der Neuen Zeitung anbelangt, so ist es schon so und doch ist es ein bisserl übertrieben. Ja gewiss, man kann hier alles so ziemlich haben und doch hat es in manchen Artikeln Knappheit, weil die Fremden aus Frankreich, England und Amerika hauptsächlich sich richtiggehend eingedeckt haben. Ich glaube es gerne, dass wenn jemand aus dem zerstörten Deutschland hierherkommt, die schönen Auslagen sieht, sieht, was es alles gibt, wirkliche Waren, keine Attrappen, dass er dann meint, im Traumlande zu sein. Ja die Schweiz ist ein Paradies, hier gelebt zu haben während des Krieges, gehörte zu den ganz seltenen Glücksfällen. Aber Sie müssen sich nichts denken wegen meines Einlebens in München, ich kann mich gut umstellen, zudem habe ich ja hier mehr als einfach und bescheiden gelebt, und dann sind ja

208 Vermutlich Kindersprache für *Orangen*.

209 *Aus Äpfi (= Äpfel) Amen* meint im bairischen Sprachgebrauch *Das war's!, Und Schluss!*

Sie da, die mir helfen werden, dass ich mich wieder gut zurechtfinden kann. Ich habe darin nicht die mindeste Angst.

Dass es all den Ihrigen verhältnismäßig gut geht, hat mich riesig gefreut zu hören. Ihr Baumanns seid immer ordentlich und anständig gewesen, fleißig und genügsam. Ich hoffe auch, dass die Angelegenheit mit Mich [Michael Unterweger] sein gutes Ende finden wird. Wegen einer eventuellen Geldstrafe müssen Sie sich auch keine Gedanken machen, bin ich erst einmal da, dann können Sie in dieser Beziehung auf mich rechnen.[210] Sie haben so viel für meine Geschwister getan, dass es nur selbstverständlich ist, dass ich mit gleicher Münze zurückzahle. Ich *würde es auch tun, ohne vorhergehende Konsequenz, weil ich ja Ihnen damit helfe! Gestern hatten wir immer noch sehr schönes, sehr warmes Wetter, wie die ganzen*

---

210 Kurt Landauer meinte mit der »eventuellen Geldstrafe« eine Geldbuße im Rahmen des Entnazifizierungsverfahrens. In Ausführung der Beschlüsse der Potsdamer Konferenz im August 1945 teilten die Alliierten die acht Millionen NSDAP-Parteimitglieder und die weiteren vier Millionen Mitglieder von Unterorganisationen in der deutschen Bevölkerung in fünf Hauptgruppen ein und ordneten jeder Gruppe »Sühnemaßnahmen« zu. Das in den Ländern der amerikanischen Besatzungszone geltende »Gesetz zur Befreiung von Nationalsozialismus und Militarismus« vom 5. März 1946 weist folgende Kategorien auf: Hauptschuldige (Kriegsverbrecher), Belastete (Aktivisten, Militaristen und Nutznießer), Minderbelastete (Bewährungsgruppe), Mitläufer und Entlastete. Die drei westlichen Besatzungszonen gruppierten lediglich 0,7 Prozent der Betroffenen in die beiden ersten Kategorien ein. Mehr als die Hälfte der Spruchkammerverfahren endete mit einer Einstufung als Mitläufer oder Entlasteter, über ein Drittel mit der Einstellung der Verfahren. Anders als bei einem Strafverfahren mussten die Betroffenen die Schuldvermutung ausräumen. Dies führte dazu, dass die Mehrheit der Angeklagten sich zu rechtfertigen versuchte. Zur Entlastung wurden häufig eidesstattliche Erklärungen von ehemaligen Opfern des Nationalsozialismus eingereicht, sogenannte Persilscheine. Siehe auch Fußnote 213.

Tage seither, der Genfersee zeigte sich nochmal in seiner ganzen herbstlichen Pracht und keine Jahreszeit ist hier so schön als der Herbst. Heute dagegen mahnt der nahende Winter, Kalt und Bise[211]*!*

Lassen Sie es sich gut gehen, Liebes, bleiben Sie gesund, wie schön wär's jetzt, seinen Winterschlaf zu halten und dann aufzuwachen, wenn es Frühjahr ist und ich da bin.

Herzliebe Grüße Ihr altes Herrle.

Genf, den 26. November 1946.

Meine herzensgute, beste Maria!

Heute kam Ihr so sehr lieber Brief vom 9. November → *kein angenehmes Datum!*,[212] abgestempelt vom 11. November, in meinen Besitz. Ich sage Ihnen meinen allerherzlichsten Dank. Dass Sie gut und dass Sie immer hilfsbereit gewesen sind, das habe ich stets gewusst und das habe ich Ihnen immer verdankt. Dass Sie aber so viel für uns, nicht nur für mich, getan haben, ja das habe ich mir nicht denken können. Sie haben sich dadurch einen unauslöschlichen Dank erworben und ich hoffe und wünsche zuversichtlich, dass die Zeit nicht mehr ferne sein wird, dass ich Ihnen auch in Taten den Beweis meiner Dankbarkeit geben kann. Für heute sei Ihnen gesagt, dass mich Ihre Zeilen zu Tränen gerührt haben und dass es für Sie selbst, Ihr ganzes Wesen, die Vornehmheit Ihrer Denkungsweise spricht, dass Sie niemals eine Silbe von alldem erwähnt haben. Das sind Sie, wie Sie eben sind, der feine Mensch, den

211 Schweizerisch für *Nord(ost)wind.*

212 Kurt Landauer erinnert sich an das Pogrom in München am 9. November 1938 und seine Verschleppung in das Konzentrationslager Dachau, siehe Fußnote 97.

ich in Ihnen stets verehrt habe. Es ist also doch nicht umsonst gewesen, wie meine Gefühle zu Ihnen immer gewesen sind, Gefühle, die sich in nichts verändert haben. Für heute nur noch innigen und aufrichtigen Dank!

Es ist so selbstverständlich, dass es keiner Worte bedarf: Wenn Sie etwas von mir haben wollen, ich bin ganz zu Ihrer Verfügung. Ich hoffe, dass Ihnen mit meiner Erklärung gedient ist.[213] Wenn Sie notariell bestätigt sein muss, so wenden Sie sich an Justizrat Sigmund Pospischil[214], München, Lachnerstraße 18 oder 19, er kennt meine Unterschrift und wird gerne das machen, was Sie brauchen. Er ist ein Freund von Klauber-Klopfers. Ansonsten könnten Sie sich

---

213 Kurt Landauer legte diesem Brief an Maria Baumann eine eidesstattliche Erklärung für ihren Schwager Michael Unterweger bei. Siehe S. 336. Diese wurde erst im Januar 1948, als Kurt Landauer bereits wieder in München lebte, von Rechtsanwalt Siegfried Neuland (siehe Fußnote 215) beglaubigt und von Michael Unterweger im Spruchkammergericht Günzburg eingereicht. Die NSDAP-Meldekartei wies ihn von 1927 bis 1928 und 1931 bis 1945 als Mitglied der Partei aus, außerdem 1927 bis 1928 und 1931 bis 1933 als Mitglied der Sturmabteilung (SA), zuletzt als Scharführer. Der Spruch vom 28. April 1948 stufte Unterweger in die Gruppe der »Minderbelasteten« mit einer Bewährungsfrist von sechs Monaten ein.

214 Sigmund Pospischil (1877 in München-1951 ebd.), Justizrat und Rechtsanwalt, unterstützte die Familie Klopfer gegen nationalsozialistische Diffamierungen nach 1933. Theodor und Max Klopfer, Teilhaber des Hotels Excelsior, übertrugen aufgrund andauernder antisemitischer Anfeindungen Hotelanteile und die Geschäftsführung an Sigmund Pospischil, ohne dass dieser Anteile kaufte. So sollte eine Umwandlung in einen »arischen Betrieb« erfolgen. Der Versuch misslang und es erfolgte der Verkauf des Hotels zu einem geringen Preis. Das Hotel ging durch mehrere Hände. Zwei der späteren Besitzer des Hotel Excelsior, Albert Hauser, vertreten durch seine Frau Johanna, und Carl Geisel, waren wie Max Klopfer Mitglieder des FC Bayern. Siehe Fußnote 104.

an Neuland[215] wenden oder aber einen Anwalt von Bayern, den Ihnen Herzing nennen wird und der auch meine Schrift kennt. Neuland kennt sie nicht!

Übrigens, Franz Herzing und Bayern! Mit Ihrem Brief zusammen kam auch eine Karte von Frau Liesel[216], dass ihr Mann durch die Bayern einen richtigen Auftrieb erhalten hat, weil er das Gefühl hat, noch zu etwas wert zu sein und noch nicht ganz zum alten Eisen zu gehören.[217] Das freut mich für ihn, nur würde ich ihm mehr

---

215 Siegfried Neuland (1889 in Bayreuth-1969 in München), Rechtsanwalt, arbeitete acht Jahre in der Kanzlei von Kurt Landauers Schwager Dr. Julius Siegel und dessen Cousin Dr. Michael Siegel. Eine seiner Klientinnen war auch Landauers Schwester Gabriele Rosenthal. Nach dem Entzug seiner Zulassung besaß er als sogenannter Rechtskonsulent nur noch das Vertretungsrecht für verfolgte Juden. Neuland wurde von 1942 bis Ende April 1944 in der als kriegswichtig eingestuften Telefon- und Batteriefabrik Kammerer in München zur Zwangsarbeit verpflichtet. Die extrem gesundheitsschädlichen Verzinnungsarbeiten raubten ihm nach und nach das Augenlicht. Er überlebte bis Kriegsende versteckt. Im März 1946 erfolgte seine Wiederzulassung als Anwalt. Nach Kurt Landauers Rückkehr nach München vertrat er ihn und dessen Schwester Henny Siegel sowie dessen Neffen Otto Landauer, der unter dem Namen Richard Oliver Langham in England und später in Kalifornien lebte, in Rückerstattungs- und sogenannten Wiedergutmachungsfragen der Familie. Neuland setzte sich nach Kriegsende für die Neugründung der Israelitischen Kultusgemeinde in München ein, der er ab 1945 als Vizepräsident und von 1951 bis 1969 als Präsident vorstand.

216 Elisabeth Herzing, geb. Rist (1896 in Kempten-1974 in München), Frau von Franz Herzing.

217 Die noch bestehenden Sportvereine löste am 17. Dezember 1945 der Alliierte Kontrollrat auf (Direktive 23 »Beschränkung und Entmilitarisierung der Sportvereine«). Mit politisch unverdächtigen Vorständen sollte so schnell wie möglich eine Wiedergründung erfolgen. Siegfried Herrmann arbeitete an einer erforderlichen Lizenzierung für den FC Bayern bei der Militärregierung, wofür jedes ehemalige

Erfolge wünschen, denn es gibt nichts als Niederlagen am laufenden Bande und jeden Sonntagabend registriere ich am Radio eine neuerliche.[218] Bis ich dann in München sein werde, sind die Bayern aus der obersten Spielklasse[219] ausgeschieden und werden sich mit dem Wacker[220] treffen können. Aber der Bayern wegen komme ich ja nicht, da ist schon ein ganz ganz anderer Anziehungspunkt!!

Wegen Schäfers handelt es sich schon um Arier,[221] nicht um Juden, aber ich dachte es mir schon, dass die damals in Frankfurt und nicht in Offenbach waren. Dass Sie in Burtenbach eine gute Zeit hatten, freut mich für Sie und für Malchen [Amalie Unterweger]

Vereinsmitglied einen Fragebogen zu Zugehörigkeiten im Nationalsozialismus ausfüllen musste, bevor es zu einer Wiederaufnahme kam. Franz Herzing konnte mit einem bereits vorhandenen Spruchkammerurteil – da er kein NSDAP-Mitglied war, »nicht betroffen« – als einer der ersten ehemaligen Vorstandsmitglieder im Vorstand tätig werden, für die Saison 1946/47 – wie bereits vor 1933 – als Spielausschussvorsitzender, d. h. 3. Vorsitzender oder Vereinsmanager.

218 Die Spielzeit 46/47 startete für den FC Bayern München nicht besonders vielversprechend: Von bislang neun Spielen konnten die Bayern nur zwei für sich entscheiden. Zuletzt verlor der Verein am 24. November 2:0 gegen den FSV Frankfurt. Zu Ende der Spielzeit stand der FC Bayern auf dem 11. Platz.

219 Gemeint ist die Fußball-Oberliga Süd. Bald nach der Wiedergründung der Vereine gab es Bestrebungen, sich in einer süddeutschen Oberliga zusammenzuschließen. Im September 1945 kamen dazu 16 süddeutsche Vereine im Gasthaus Krone in Fellbach bei Stuttgart zusammen, bereits im November 1945 nahm die Liga den Spielbetrieb auf. Bis zur Einführung der Bundesliga 1963 war die Süddeutsche Oberliga die höchste Spielklasse im süddeutschen Raum.

220 Der FC Wacker München spielte ab 1945 zunächst in der Landesliga Bayern, der damals zweithöchsten Spielklasse nach der Oberliga Süd.

221 Kurt Landauer übernahm hier die Zuschreibung der Nationalsozialisten »Arier« versus »Jude«, siehe Fußnote 80. Zu den Personen konnten keine Daten ermittelt werden.

und ihre Familie. Ich kann es mir denken, dass es für Ihre Schwester nicht einfach ist, mit drei kleinen Kindern zu leben bei dieser Not und Armut, die allüberall herrscht in Deutschland. Jetzt kann man mit Recht sagen: »Das alles danken wir unserem Führer.«

Nein, Maria, in die Synagoge werde ich nicht mehr gehen, das hatte ich mir hier angewöhnt gehabt … und auch wieder radikal abgewöhnt. Das Warum werde ich Ihnen einmal mündlich ausführlich erklären und ich bin sicher, dass Sie mich verstehen werden. Es hat seinen tieferen Grund, der einleuchtend ist und wohlbegründet.

Sobald ich von Ihnen gehört habe, dass der Inhalt der beiden Pakete von Elfriede das Doppelte von dem war, was Sie mir zuerst mitgeteilt haben, werde ich an Elfriede wieder schreiben. Ich glaub's gerne, dass sie viel für Sie und die Ihrigen tut, man könnte so viel tun und möchte es auch so gerne tun, aber es geht und geht halt nicht wegen dem stinkerdem (verzeihen Sie den harten, aber richtigen Ausdruck!) Gelde. Sie glauben gar nicht, was ich von Leuten Briefe aus München bekomme, die mir in gar keiner Weise früher verbunden gewesen sind, die sich nun meiner in herzlichster Weise erinnern, viel zu klagen haben über Not und Hunger, aber doch nicht sich getrauen um ein »kapet«[222] (frei nach Unterweger junior) zu betteln. Ich antworte einfach gar nicht, weil ich das nicht kann, mich mit jemanden zu unterhalten, von dem ich genau [weiß,] dass ich ihm gleichgiltig bin, und der nur etwas möchte von mir. Und wenn ich schreibe, ich bin leider finanziell nicht in der Lage irgendetwas zu tun, so glaubt man mir es doch nicht. Denn

222 Anagramm von *Paket*, Kindersprache von Maria Baumanns Neffen. Da Care-Pakete vor allem in der Anfangszeit nur auf Anlass einer Privatperson verschickt wurden, versuchte jeder im zerstörten Nachkriegsdeutschland sich an mögliche Kontakte im Ausland zu erinnern und ein Paket zu erbitten. Manche schrieben auch an Adressen aus irgendwelchen Inseraten.

Schweiz ist doch gleichbedeutend mit Geld und Gutgehen, kein Mensch kann sich vorstellen, wie bescheiden ich leben musste und wie sehr ich sparen muss, wie wenig ich mir selber gönnen kann. Dabei ist es hier enorm teuer, es wird immer teurer.

In der Pension ist es um vieles besser geworden in der letzten Zeit, wir haben ein junges Schweizer Mädchen, das die Küche besorgt, und zwar recht schmackhaft und abwechslungsreich, die Kost erinnert mehr an unsere süddeutsche Küche und auch das Mädchen, das die Zimmer macht, ist ordentlich, beide sind aus der deutschen Schweiz. Mir selbst geht es ordentlich, ich nehme immer noch zu, nicht an Geist natürlich, sondern nur an Bauchesfülle, aber nicht dass Sie meinen, ich hätte meinen ehemaligen Ranzen wieder. So weit will ich es nicht mehr kommen lassen. Aber ich wiege doch schon wieder meine 75 Kilos. Und wie schaut es in dieser Beziehung eigentlich bei Ihnen aus, liebe Maria? Haben Sie wieder zugenommen seit Ihrer Erkrankung im vergangenen Jahre, ich denke doch, im Ried geht es mit der Verpflegung besser als z. B. in München. Und wie geht es den übrigen Baumanns? Ich hoffe, dass alles wohl ist. Man kann nur immer an alle, die einem etwas wert sind, mit Wehmut denken, denn ich weiß es, dass der Winter heuer schwer sein wird. Man friert und hat nicht genug zum Essen, also ist die Kälte noch viel schlechter zu ertragen. Da wäre es halt schön, wenn man einen Winterschlaf halten könnte. Denken Sie sich mal da aus, Sie halten den Ihrigen jetzt bis zum Monat Mai, dann wachen Sie auf und »Ihr« Herrle erscheint. Das wäre doch schön und so einfach! Aber das geht halt leider nicht und so werden wir auch diese Monate noch herumbringen und dann wird das Wahrheit werden, auf was man sich schon so lange freut und das man schon so lange ersehnt.

Wir haben es bis jetzt recht gut mit dem Winter getroffen, ein einziges Mal hatten wir auf einen Tag eine Temperatur unter null und zwar nur ein einziges Grädlein. Wir hatten sogar noch ausgesprochene Herbsttage mit 8-10 Grad über null und Sonnenschein.

Da freuen sich nicht nur Holz und Kohlen, sondern auch mein Geldbeutel, denn ich brauche noch nicht zu heizen. Auch hier ist die Elektrizität knapp und es sind arge Einschränkungen zu verzeichnen. Ab *abends* 8 Uhr hat jede Lichtreklame und Schaufensterbeleuchtung zu unterbleiben, die elektrische Raumheizung ist während des ganzen Tages verboten und Warmwasserzubereitung nur einmal wöchentlich erlaubt. Sie sehen, auch die Sonne hat Flecken!! Aber gerade in Genf ist es ja gut auszuhalten, da es hier nie sehr kalt ist.

Familie Kl. lässt für Ihre freundlichen Grüße bestens danken. Es geht so so la la. Los ist immer etwas. Zur Zeit ist Frau Maria marode, denn sie bekam den Nagel am großen Zecha[223] entfernt und nächste Woche, den am anderen Fuß. Sie kann daher in keinen Schuh und hat Schmerzen. Der alten Dame geht es wieder besser, aber der alte Herr ist halt sehr, sehr alt geworden, er hat so gar kein Gedächtnis mehr und kann nichts mehr alleine machen, braucht für alles Hilfe. Ich möchte nie so alt werden, man ist sich nur selbst und seiner Umwelt zur Last. Den Amerikanern und Palästinensern[224] geht es allen gut, schreiben fleißig.

Mit meiner Stellung ist es anscheinend nichts geworden, denn man hat mir überhaupt keine Antwort gegeben, obwohl man es mir versprochen hat. Auch diese Monate werden noch vorüber gehen, gell Maria!

Fußballerisch ist hier auch große Flaute, denn es wird ein richtiger Bockmist zusammengespielt, aber am Sonntag bin ich da beim Wetsspiel [sic] wie es sich so gehört und auch wenn das Spiel schlecht ist, es ist halt Fußball und Zerstreuung.

Nun, liebste Maria, lassen Sie bald wieder von sich hören, Sie

---

223 Bairisch *Zeh*.

224 Gemeint sind Maria Klopfers Ehemann Theodor, Tochter Lotte und ihre Brüder in New York sowie ihre Kinder Jona (Jost) und Yamik (Elli) in Palästina.

wissen, der Tag, an dem ein Brieflein von Ihnen kommt, ist für mich ein Feiertag. Bleiben Sie gesund und guter Dinge! Seien Sie innigst und herzlich gegrüßt in allzeit treuem Gedenken von

Ihrem dankbaren, alten Herrle.

Genf, den 16. Dezember 1946.

Meine liebe und gute Maria!

Am 10. Dezember habe ich Ihnen geschrieben, weil ich für Weihnachten und Neujahr nicht mehr länger zuwarten wollte. Und am 14. Dezember kam dann Ihr lieber, ausführlicher Brief vom 27. und der zweite vom 23. November in meinen Besitz. Zuerst, wie immer, recht vielen und herzlichen Dank dafür. Überflüssig zu sagen, dass mich Ihre lieben Zeilen sehr, sehr erfreut haben. Am selben Tage, also am 10. Dezember, habe ich auch an die Herzings geschrieben und einen Tag vor dem Ihrigen ist auch ein Brief von Franz angekommen. Doch davon später.

Also das Paket zu Schneiders[225] ist angekommen, und zwar ist es eigentlich sehr rasch in Ihrem Besitz gewesen. Sie bestätigen mir die Dinge, die darin gewesen sind. Es fehlen mir aber zwei Sachen, nämlich: Reis und Butter in Dose. Ich nehme an, dass das Mägdle, das liebe, in ihrer Freude vergessen hat, gerade diese beiden wertvollen Sachen aufzuzählen (Reis z. B. ist etwas, das man hier in der Schweiz schon seit langer Zeit nicht mehr bekommt!). Dann hätte mich natürlich auch sehr interessiert, ob und wie viel Sie für Zoll bezahlen mussten. Weil wir gerade von den Paketen sprechen, so möchte ich Ihnen so ganz im Vertrauen mitteilen, dass ich am Samstag wieder eines an Schneiders abgeschickt habe für Sie, kleiner wie das letzte, aber mit guten Sächelchen drin. Ich hoffe, dass

225 Familie von Maria Baumanns Onkel, Franz Schneider, siehe Fußnote 198.

Sie es zumindest zu Neujahr noch erhalten werden. Lassen Sie es sich gut schmecken und seien Sie versichert, dass es Ihnen von »Herzen vergunnt ist«, ich habe die Dinge von Ernst Klauber erhalten, habe für mich selbst genügend und mache mir eine Freude daraus, sie Ihnen zu schicken. Also bitte so die Sendung aufzufassen. Was die beiden Kleiderpakete anbelangt, so ist mir ein kleines Missgeschick unterlaufen. Nämlich ich habe einen Wollhandschuh heraußen gelassen. Es ist also möglich, dass Sie diesen vor dem Paket erhalten, weil ich versucht habe, Ihnen ihn direkt zusenden zu lassen. Damit Sie dann wissen, was dieser Handschuh zu bedeuten hat. Dass die Pakete, die ich Ihnen im Auftrage von Elfriede von hier aus über Schweden schicken ließ,[226] die reichhaltigsten und die schönsten gewesen sind, hat mich sehr gefreut zu hören. Sie dürfen dabei auch nicht vergessen, dass es auch die teuersten gewesen sind. Also für diesen hohen Preis muss man schon auch etwas Außergewöhnliches verlangen.

Nun will ich auf Ihren lieben Brief im Einzelnen eingehen: Dass es schlecht aussieht drinnen, das weiß ich leider. Man liest es aus jedem Brief, den man erhält, Sie gehören zu denjenigen Menschen, die am wenigstens jammern und sich am wenigsten beklagen. Auch darin sind Sie eben der vornehme Charakter, der Sie immer gewesen sind, geblieben. Denn nicht wahr, man kann ja damit nichts besser machen und Sie wissen es auch so, dass ich helfen will, wo immer ich nur kann. Viel mehr wollen als können. Aber Sie dürfen ja auch nicht vergessen, dass diese Wintermonate die schlimmsten sind, sehen Sie zwei Monate sind schon fast vorbei, kommen noch die schlechten Monate Januar und Februar, wenn im März die Sonne scheint, dann hat sie doch schon etwas Wärme und dann ist ja die Aussicht, dass bald der Winter endgiltig vorbei ist. Aber Sie denken sich nun, ja mein Herrle hat leicht reden von seinem warmen Stübchen in Genf aus und von seinem im Gegensatz zu

---

226 Siehe Fußnote 200.

uns immerhin reich bestellten Mittags- und Abendtisch. Aber das müssen Sie mir schon glauben, dass ich sehr, sehr mitfühle mit all den Menschen, die unschuldig sind an dem, was über sie gekommen ist, die anständig geblieben sind in ihrer Gesinnung. Aber keinerlei Erbarmen habe [ich] mit denen, die so ganz und gar einverstanden waren mit dem tausendjährigen Reich, ihre Vorteile daraus gezogen hatten und keinerlei innere Regung hatten mit dem Schicksal derer, die von dem Hitlerregime so unsagbar schwer getroffen worden sind.

Also, Maria, da haben Sie wieder einmal zu rosig gesehen, wenn Sie mich schon an meinem Arbeitstisch wähnten und schaffele. Es ist endgiltig nichts geworden aus besagter Stellung, nach vierwöchentlichem [sic] Warten bekam ich eine sehr höflich gehaltene Absage, die ich mir natürlich auch nicht auf den Hut stecken kann. Das Betrübliche ist halt nur das, dass es sich wieder einmal mehr erwiesen hat, dass man nicht mehr einen Mann von über sechzig Jahren einstellen will, ich kann's ja begreifen, denn hierzulande ist ja das Angebot an jüngeren Kräften gerade in dem, was ich suche, sehr groß. Ich bin nicht deprimiert gewesen, habe mich zuvor schon keinen Illusionen hingegeben, denn ich hatte ja schon Absagen gehabt, sozusagen am laufenden Bande, aber immerhin hatte man mir bei meiner persönlichen Vorstellung einige Hoffnungen gelassen.

Sie fragen nach dem Zipperlein[227]. Erfreulicherweise kann ich Ihnen mitteilen, dass ich davon schon seit mindestens vier, kann auch sein schon fünf Jahren, vollständig verschont geblieben bin. Das macht natürlich einerseits aus, dass ich ja um so vieles schlankerer [sic] geworden bin, und dann doch auch wieder das mehr als bescheidene Leben in Bezug auf Essen. Sehen Sie, Maria, ich nehme in meiner Pension wöchentlich 14 Mahlzeiten und ich bekomme

227 Umgangssprachlich für Gebrechen im weiteren und Gicht im engeren Sinne.

nur viermal, seit neuester Zeit sogar *(!)* fünfmal Fleisch. Und dabei sind die Portionen nicht groß, aus einer Fleischportion, wie sie früher von dem Bimbesle auf den Tisch gebracht worden ist, könnte ich bestimmt zweimal, wenn nicht sogar dreimal hier essen. Und dann trinke ich gar keinen Alkohol. Nicht etwa, dass ich Abstinenzler geworden sei, beileibe nicht, aber Bier oder Wein kosten Geld und jeder Franken, ja sogar jede 10 Centimes unnütz ausgegeben, sind eben zu viel. Wenn ich mal eingeladen bin, so trinke ich sehr gerne Bier oder Wein oder ein Schnäpslein, also Kostverächter bin ich nun ganz und gar nicht geworden. Aber wissen Sie, was ich mir angewöhnt habe? Kaffeetrinken. Nicht dass Sie meinen, ich sitze jeden Nachmittag im Kaffeehaus, oh beileibe nicht, aber des Morgens als Frühstück nehme ich Kaffee und ich muss sagen, er bekommt mir recht gut und schmeckt mir auch dementsprechend. Mein Gewicht ist jetzt die letzten Monate stabil geblieben, ich wiege nun 75 Kilos und auf diesem Gewichte möchte ich bleiben. Nicht mehr zunehmen. Wissen Sie, sonst wirke ich direkt aufreizend, wenn ich erst einmal nach München komme.

Das mit Servette[228] stimmt nicht. Auch Franz schrieb mir, dass Servette in München spielen sollte, da könnte ich doch mitkommen. Die Sache war so: Eine Alte-Herren-Mannschaft war von einem Delegierten des Internationalen Roten Kreuzes aufgefordert worden, gegen eine Münchner repräsentative Alte-Herren-Mannschaft ein Wohltätigkeitsspiel in München im Laufe des Monats Dezember zu spielen. Mit dem Spielführer dieser Servette-Mannschaft[229] bin ich sehr gut bekannt, ich bin öfter bei ihm zu Hause

228 Der Servette Football Club Genève 1890, kurz Servette FC oder nur Servette, ist der Genfer Fußballclub aus dem Stadtteil Servette.

229 Wahrscheinlich August Geser (1902 in St. Gallen-1981 in Genf), Fußballspieler bei Brühl St. Gallen und 1926 bis 1930 bei Servette Genf, dort später Funktionär. Als Nationalspieler trat er neun Mal für die Schweiz an. In den Club-Nachrichten vom Mai 1957 findet sich

zum Abendessen eingeladen. Er sprach mir davon und hat sofort gesagt, dass ich der Reisebegleiter sein soll. Ich habe mich mit Ivo Schricker[230], mit dem ich bekanntlich sehr gut bin, in Verbindung gesetzt, denn die Fifa muss ja ein internationales Spiel genehmigen. Aber Deutschland ist bekanntlich aus der Fifa ausgeschlossen worden[231] und somit ist ein Spielverkehr nicht denkbar, zudem gibt auch der Schweizer Fußball-Verband seine Einwilligung nicht. Ich hatte mich natürlich so sehr gefreut darauf, wir wären in Camions[232] über Lindau–Buchlohe gefahren, das heißt nur bis Buchlohe, dann wäre mein Wege weiter nach Memmingen gegangen. Schön ausgedacht, aber leider, leider blieb's nur beim Wunsche.

Franzens Brief sprach eigentlich nur von Sorgen in zweifacher Hinsicht. Zuerst das mit seiner Wohnung und dann die Bayern. Das mit der Wohnung scheint doch wieder im Geleise zu sein. Und mit den Bayern, da schaut es wirklich schlimm genug aus. Letzten Sonntag gegen die Karlsruher 1:2 verloren, gestern in München gegen die Ulmer 0:1, da gibt es nicht mehr viel zu hoffen.[233] Ich

---

ein Bericht über das 21. von Servette Genf veranstaltete Internationale Oster-Jugendturnier in Genf, in dem August Geser als »einem Freund unseres Ehrenvorsitzenden Kurt Landauer« gedankt wurde. Siehe Abb. 35.

230 Dr. Ivo Schricker (1877 in Straßburg-1962 in Zürich), Jurist, Fußballspieler und Funktionär, Vorsitzender des Süddeutschen Fußballbundes von 1923 bis 1925, kannte Kurt Landauer sehr gut. Siehe Abb. 32. 1927 Beisitzer im Vorstand des DFB und von 1928 bis 1932 dritter Vorsitzender des DFB, wählte ihn der 1904 gegründete Fußball-Weltverband (FIFA) mit Sitz in Zürich 1932 zum ersten hauptamtlichen Generalsekretär. Wie ein überlieferter Brief Schrickers vom 17. April 1939 (S. 293f.) zeigt, versuchte er seine Verbindungen im Fußball zu nutzen, um für Landauer einen Fluchtort zu finden.

231 Der Deutsche Fußballbund wurde erst im September 1950 wieder zum Weltverband FIFA zugelassen.

232 Schweizerisch für *Lastwagen*.

233 Zum Ende der Spielzeit 1946/47 stand der FC Bayern auf dem 11. Ta-

kann natürlich nicht beurteilen, wo und an wemenem der Fehler liegt, und wie eine Besserung erzielt werden kann.

Von Dürrmeier habe ich nie etwas gehört,[234] ich vergaß auch Ertl[235] nach ihm zu fragen.

Seit gestern ist es empfindlich kalt geworden, so kalt deshalb, weil die Bise wieder bläst, aber wir haben nur minus 4 Gräder, also gegen die Eurigen 12-14 kein Vergleich, aber es genügt auch so. Natürlich war ich trotzdem beim Fußball und habe Franzens schönen Pelzmantel angehabt, da sehe ich fürnehm aus und [er] passt wie angemessen.

Nun, liebste Maria, noch einmal alles, alles erdenklich Gute und Liebe für Weihnachten und Neujahr. Für heute viele, viele herzliebe Grüße von Ihrem alten Herrle.

---

bellenplatz. Von 38 Spielen gewannen sie 12 Spiele, 12 endeten mit einem Unentschieden.

234 Hans Dürrmeier nahm 1934 eine Stellung bei der Wirtschaftlichen Vereinigung der Zigarettenindustrie in Berlin an, kehrte jedoch 1935 nach München zurück, wo er kaufmännischer Direktor des Knorr & Hirth Verlags wurde. 1937 trat Dürrmeier in die NSDAP ein, von 1941 bis 1945 führte er die Geschäfte der Gesellschaft für Auslandswerbung in Berlin. Das Arbeitsamt München wies ihm von Oktober 1945 bis September 1947 die Tätigkeit eines Büro-Angestellten in der Künstlerkneipe Neuer Simpl von Theo Prosel zu. Er wartete auf seinen Spruchkammerbescheid. 1948 wurde er wieder Mitglied des FC Bayern und 1949 Verlagsdirektor der *Süddeutschen Zeitung*. Siehe Fußnote 43.

235 Anton Gerhard Ertl (1904 in Regensburg-1959 in München), seit 1925 Mitglied des FC Bayern. Zunächst Pressewart der Rugby-Abteilung, war er 1931 bis 1932 Schriftleiter der Club-Nachrichten. Über einen NSDAP-Beitritt ist nichts bekannt. 1948 erneut Mitglied des FC Bayern, vorgeschlagen von Kurt Landauer. Später Prokurist des Verlages *Abendzeitung*.

Genf, den 21. Dezember 1946.

Geliebte Maria!
Diesen Brief wollte ich Ihnen schon seit langer Zeit schreiben, ich habe ihn immer wieder hinausgeschoben. Es hat aber keinen Sinn, weiterhin zuzuwarten. Sein Inhalt ist ernst und aufrichtig, er erheischt eine Antwort von Ihnen, ebenso ernst und ebenso aufrichtig. Da ich Sie genau kenne, da ich weiß, dass Sie ein durchaus ehrlicher Mensch sind, so weiß ich auch genau, dass die Antwort, die Sie mir geben, ehrlich ist.

Es handelt sich um meine Rückkunft. Ich sehe ein, dass es nicht gehen wird, wie ich mir es ausdachte, zunächst einmal auf einen oder zwei Monate. Also muss ich handeln, und zwar dergestalt, dass ich hier definitiv meine Zelte abbreche und sie definitiv in München oder Grainau[236] aufschlage. Damit wäre ich mit mir im Reinen.

Sie können sich denken, dass es für mich ein Entschluss ist, der schwerwiegend ist. Es gibt kein Zurück mehr. Es gibt hier nur mehr ein Entweder oder ein Oder. Das weiß ich genau. Wenn ich zurückgehe, so tue ich es nicht, um meine alte Heimat wiederzusehen oder weil mich eine gute Stellung lockt oder weil ich mit Herzings zusammen sein will oder weil ich die Bayern betreuen möchte. Nein, nein und immer wieder nein. Der Grund meines Zurückkommens sind Sie, Maria, einzig und alleine Sie. Die ganzen Jahre über, da ich von Ihnen fort bin, bin ich der Nämliche Ihnen gegenüber geblieben. Meine Gefühle für Sie haben sich in keiner Weise geändert. Im Gegenteil. Durch unsere Korrespondenz, durch das Kennenlernen Ihres inneren Menschen in vermehrtem Maße bin ich Ihnen noch viel mehr verbunden, als es bislang der Fall gewesen ist.

Ich lebe hier in Genf ein ruhiges, wenn auch sehr bescheidenes und einfaches Leben. Aber ich lebe in Frieden und Ordnung. Wenn

---

236 Siehe Fußnote 29.

ich heute zurückgehe, so habe ich das alles nicht mehr, das weiß ich genau, aber es macht mir nichts aus, ich nehme das gerne in Kauf, Ihretwegen, Maria! Wenn ich heute zurückkomme, dann habe ich keinerlei Möglichkeit mehr, je wieder zu ständigem Aufenthalte in die Schweiz zu kommen. Das macht mir nichts aus. Ich weiß, dass [es] das alles Ihretwegen wert ist, Maria!

So komme ich zu der Frage, die ich immer wieder hinausgeschoben habe und die doch gestellt werden muss. Sind Sie, liebste Maria, für mich frei und wollen Sie mich aufnehmen so zwar, wie ich Sie verlassen habe??

Sagen Sie mir vorbehaltlos »JA«, so werde ich Anfang Mai nach München kommen, um dorten zu bleiben, also nicht erst auf eine eventuelle Rückreisegenehmigung zu warten. Sie dürfen nun meinen, dass ich Ihnen eine Verantwortung zuschiebe und dass ich Sie demzufolge für alle sich daraus ergebenen Schritte auch verantwortlich machen würde. Nein. Ich bin alt genug zu wissen, was ich will und wie ich es mir denke. Und ich weiß genau, w a s ich will. Ich habe mir alles so genau und eingehend überlegt, dass Sie schon davon überzeugt sein dürfen, dass diese Zeilen lediglich der Ausfluss dieser Überlegungen sind, also nicht etwa etwas, was der Moment eingibt. Sie dürfen auch nicht etwa meinen, dass ich genug von Genf und allem, was drum und dran ist, hätte. Auch das stimmt nicht.

Ich will einfach zu Ihnen, mit Ihnen sein, bei Ihnen sein. Mit Ihnen zusammen das bisschen Leben genießen können und uns das noch nehmen, was uns beiden die letzten sieben Jahr vorenthalten worden ist. In welcher Form, der äußeren, das geschehen kann, das kann ich Ihnen heute noch nicht sagen. Es könnte sein, dass, wenn die Umstände es erlauben und Sie es haben wollen, wir auch vor der Außenwelt zusammengehören. Doch wie gesagt, das weiß ich noch nicht und Sie auch nicht.

Und nun will ich, dass Sie in kurzen Zügen wissen sollen, wer ich bin, das heißt, w i e ich bin. Maria, das müssen Sie mir glauben, ich habe mich nicht verändert. Ich bin mir selber treu geblieben, in meinem Wesen, in meinem Charakter. Vielleicht, dass ich meinem Alter um einige Jahre voraus geeilt bin, aber wer ist das heute nicht? Mag auch sein, dass der ausschließliche Umgang mit Menschen, die das Leben schwerer nehmen, als es unbedingt notwendig ist, so wie das Zusammensein mit zwei Menschen, die an Lebensjahren um so vieles älter sind wie ich, dazu beigetragen haben. Aber diesen drei Menschen, Frau Maria also und ihren Eltern, werde ich stets und immer in aufrichtiger Dankbarkeit gedenken, denn sie haben die ganzen Jahre hindurch für mich gesorgt. Zu einer Zeit, da meine Schwester so gänzlich versagt hat.

Ich habe mir versagt durch all die Jahre hier hindurch, etwas zu tun, etwas zu unternehmen, was mir nicht erlaubt gewesen ist. Ich habe mich lieber mit einem bescheidenen Dasein zufriedengegeben, als gegen die Gesetze zu verstoßen. Wo andere meiner Glaubensgenossen[237] aus aller Herren Länder sich große Summen durch unerlaubte Geschäfte[238] haben verdienen können, habe ich selbst als selbstverständlich davon abgesehen. Eben weil es nicht ehrenwert ist. Das ist immer mein Grundsatz gewesen und von dem bin ich um keines Haaresbreite abgewichen, selbst dann nicht, als es ein Leichtes gewesen war, Geld zu verdienen … und mir selbst es nicht gut gegangen ist. Aber ich habe die Achtung vor mir selbst bewahren können. Und das ist mehr wert als materielle Güter. So meine wenigstens ich.

Was meine Gesundheit anbetrifft, so bin ich vollständig in Ordnung. Ich war hier niemals krank gewesen, die Gewichtsabnahme

---

237 Kurt Landauer definiert »Jude sein« als Religionszugehörigkeit. Siehe auch Fußnote 51.

238 Wie überall, so florierte auch in der Schweiz während und nach dem Zweiten Weltkrieg der Schwarzmarkthandel und Schmuggel, der, zuweilen sogar von den Behörden toleriert, der Schweizer Regierung den Vorwurf einbrachte, vom Krieg profitiert zu haben.

muss wohl auf nervlicher Basis und mit der Ernährung in Zusammenhang gebracht werden. Auch sonst bin ich in all meinen Gewohnheiten, meinen Gepflogenheiten der Nämliche geblieben. Vielleicht, dass ich noch um eine Nuance ernster geworden bin und dass ich das Leben zu schwer nehme. Jedenfalls habe ich das Lachen so gänzlich verlernt.

Ich bin keineswegs verwöhnt, ich war es wohl nie. Aber ich bin um so vieles einfacher geworden. Habe gelernt, manches selber zu machen, und habe vor allen Dingen sehr gelernt zu sparen, wo immer es nur angeht. Aber auch darin hatte ich ja doch schon einige Erfahrung. Ich sehe wieder gut aus, nicht mehr so stark wie früher, allerdings bin ich sehr grau geworden. Ansonsten sind meine Kleider und Sonstiges noch gut erhalten, durch die Franz'schen Sachen haben sie auch eine gute Ergänzung erfahren.

So, Maria, das bin ich.

Und nun überlegen Sie sich in Ruhe, was Sie mir antworten werden. Denn Ihre Antwort ist entscheidend. Es ist der letzte Schritt, den ein gereifter Mann zu unternehmen gewillt ist. Es ist die letzte große Entscheidung eines Mannes, den es zu dem geliebten Menschen hinzieht.

Wir wollen nach Ihrer Antwort nicht weiter mehr auf den Inhalt dieses Briefes eingehen, wie sie auch ausfallen wird. Aber ich glaube doch annehmen zu dürfen, dass es das so heiß ersehnte »JA« sein wird.

Also, Marialieb, lassen Sie mich nicht zu lange warten. Unterdessen grüße ich Sie mit aller Herzlichkeit und Innigkeit

Ihr alter Kurt.

Memmingen[239], den 9. I. 47.

Mein guter, lieber Kurt!
Heute erhielt ich Deinen so ernsten und inhaltsschweren Brief vom 21. Dez. und ich will Dir gleich antworten. Ich habe erst richtig Herzklopfen bekommen am Anfang Deines lieben Briefes, aber beim Weiterlesen wurde ich doch sehr froh, dass Du Dein Kommen nicht in Frage stellst, sondern sogar um meinetwillen kommen willst. Mein lieber Kurt, ich sage Dir aufrichtigen Dank für das große Vertrauen, das Du mir schenkst. Das von Dir so heißersehnte große »Ja« gebe ich Dir aus dem gleichen liebevollen, aufrichtigen Herzen, mit dem ich alle die vergangenen Jahre an Dich gedacht, für Dich gehandelt und Dir die Treue gewahrt habe. Es hätte Deines guten Briefes nicht bedurft, denn das alles lag in mir beschlossen von dem Tage an, da Du zurückkehren wolltest. Ich bin für Dich dieselbe, wie ich's schon 1927 war, vielleicht dass sich meine aufrichtigen Gefühle in all den einsamen letzten Jahren verstärkt haben. Ich weiß, wer und wie Du bist, auch weiß ich, dass Du und ich es nicht leicht haben werden, neu anzufangen. Aber mein liebes Kurtle, haben wir es in unserer glücklichsten Zeit immer leicht gehabt? Und doch hätte ich jedes Opfer gebracht, um bei Dir zu bleiben.

Nun sind wir beide älter und gereifter geworden und werden nur füreinander leben. Liebes Herzele, Du brauchst mir deswegen kein Opfer bringen! Fühlst Du dich so frei und glücklich, dass Du nach außen hin eine Bindung wünschest, wird es mich freuen. Es

239 Seit der Zerstörung der Wohnung in der Heßstraße 22 (bei Dr. Illig) am 17. Dezember 1944 lebte Maria Baumann bei ihrer Schwester Amalie und Schwager Michael Unterweger in Burtenbach. Nach einer Rippenfellentzündung suchte sie Erholung im Ried bei Memmingen bei ihrer Schwester Klara und Schwager Karl Priem, die im früheren Elternhaus wohnten. Dort erreichten sie die Briefe Kurt Landauers nach Kriegsende.

soll dies aber ganz in Deine Hände gegeben sein. Meine Liebe zu Dir ist davon nicht abhängig. Auch wenn Du krank und hilfsbedürftig wärst, würde ich Dich mit offenen Armen empfangen, ich traue mir zu, Dich gesund zu pflegen, wie ich mir zutraue, Dir wieder ein kleines Lächeln zu entlocken. Sicher macht uns das sparsame Leben nichts aus, Du und ich haben gelernt, uns zu bescheiden. Und doch setze ich meinen ganzen Stolz darein, Dir alles so schön als irgend möglich zu machen. Deine grauen Haare werden mir lieb sein, wie es mir Deine schwarzen waren. Lieber, ich bin auch nicht jünger geworden, aber wenn Du wieder bei mir bist, dann bin ich's wieder!

Sorgen macht mir Dein Abschied von Deinem Schutzengel Maria. Ihr wird das sehr nahe gehen, wenn Du Genf verlässt. Wenn ich ihr auch ewig Dank weiß, für das, was sie Dir getan hat, so glaube ich doch, dass Dich einmal Deine Selbständigkeit und Unabhängigkeit (förderlich) freuen wird. Liebes Kurtle, ich werde Dir nächstens ausführlicher schreiben. Heute bekommst Du das »Ja« aus übervollem Herzen von Deiner Dich innig umarmenden Maria.

Memmingen, den 17.1.47.

Mein lieber Kurt!
Es war zwar Ihr Wunsch, nicht mehr auf den Brief vom 9.1. weiter einzugehen, wie auch die Antwort ausfallen würde, aber ich muss noch darüber mit Ihnen mich unterhalten, da Sie, mein Lieber, der Einzige sind, mit dem ich es tun kann. Ich habe in meinem letzten Brief spontan unser liebes »Du« benützt, überlasse es aber Ihnen, es weiter zu benützen. Da ich niemandem gegenüber über Ihren Brief sprechen will, bevor unsere Pläne festliegen, halte ich es für besser, es bleibt alles wie bisher. Das ändert natürlich nichts in meinen Gefühlen und meiner Zuneigung zu Ihnen. Ganz im Gegenteil! Mir ist schier mein Herz zersprungen, da ich Ihnen nicht per-

sönlich sagen konnte, wie ich denke und wie ich fühle! Aus diesem Grunde konnte ich auf Ihren lieben Brief auch ohne Überlegung schreiben, ist doch mein Leben schon längst in Ihrem beschlossen und ohne Sie nicht denkbar! Ich will nicht zurückdenken an alle die schweren Jahre, wie einsam ich mich immer gefühlt habe, oft mitten unter lieben Menschen, Sie haben mir eben überall gefehlt. Es war trostlos in der Zeit, da ich nicht wusste, ob es ein Wiedersehen geben wird. Damals hatte ich nur diesen Trost, dass ich Sie in Sicherheit wusste und in guten sorgenden Händen!

Ich weiß, dass es ein schwerwiegender Entschluss für Sie ist, ein ruhiges Leben aufzugeben, aber wäre es immer so ruhig geblieben? Ewig leben die alten Herrschaften auch nicht und dann wäre die Entscheidung doch gekommen. Und jetzt ist es noch Zeit, dass Sie sich hier aus eigener Kraft etwas aufbauen können. Freilich wird es manchen Kampf kosten, aber dafür sind Sie auch wieder unabhängig! Und ich will Ihnen so gern helfen, wo und wie es geht. Wenn wir sparen müssen, so macht mir das nichts aus, man muss das überall und immer, und in Deutschland im Besonderen.

Was mir sehr leidtut, ist die Feststellung, dass Sie nicht mehr in die Schweiz zurückkönnen. Sie dürfen eben, wenn Sie einmal hier sind, nichts unversucht lassen, vielleicht geht es dann doch einmal. Ich mache mir da rechte Gedanken um Frau Maria, sie steht plötzlich allein mit ihren alten kranken Eltern. Schon deswegen wäre es gut, wenn Sie von Zeit zu Zeit nach Genf könnten. Aber ich darf Ihnen nicht das Herz schwer machen, ich fürchte, der Abschied wird schwer genug werden, nach so vielen Jahren guten Zusammenlebens!

Liebes Kurtle, dass Sie mich in irgendeiner Form für Dinge verantwortlich machen könnten, die sich aus dem von mir ersehnten Entschluss ergeben könnten, nein, mein Lieber, da kenn ich Sie doch zu gut! Welche Wohltat, dass es noch Menschen gibt, die zu ihrem Wort stehen. Dass Sie ernst geworden sind, wundert mich nicht, wir sind es auch, Ihnen blieb noch weniger erspart als uns.

Dass Sie in all dem Jagen nach Geld und Besitz Ihrem Grundsatz treu geblieben sind, macht Sie mir besonders liebenswert, gerade weil es in der heutigen Zeit so besonders schwer ist, treu, ehrenhaft und unbestechlich zu bleiben!

Wie Sie sehen, gab es für mich nichts zu überlegen, und so bin und bleibe ich ganz die Ihrige, wie ich es schon immer war!

Ihre liebe Karte möchte ich Ihnen gleich mitbestätigen, sie kam schon am 8.1. an und jetzt kann ich sie erst voll begreifen! Auch ich habe den Gang an der Ursulakirche nie vergessen, es war mein liebstes Gedenken an jedem Weihnachten! Besten Dank für Ihre Karte.

Mein Schwager[240] hat sich mit Ihren Zeilen mehr als gefreut, er wollte Ihnen selbst schreiben, aber es ist besser, er lässt es, bis Sie hier sind. Ordnungshalber teile ich Ihnen gleich mit, dass von den Paketen noch keines angekommen ist. Auch Elfriede hat uns einige avisiert, die ziemlich lange brauchen, die Luftpostbriefe erreichen uns schon in acht Tagen.

Wir haben hier herrliches Wetter und es erfüllt sich wieder das schöne Hoffen auf den Frühling! Mitte Januar ist schon überschritten und immer näher kommt die langersehnte Stunde, da wir uns wiedersehen!

Hier geht alles gut, ich selbst fühle mich wohl, wie nie, warum??

Bitte grüßen Sie Frau Maria und ihre Eltern recht herzlich von mir. Ich musste mich sehr schämen, Frau Maria hat an mich so lieb auf die Feiertage geschrieben und ich habe es unterlassen, obwohl ich schon angefangen hatte, ihr zu schreiben. Aber ich wollte sie nicht auch noch mit einem Brief belasten, sie hat genug zu tun. Sind die Fußoperationen gut verlaufen? Hoffentlich hat sie immer gute Nachricht von ihren Kindern, dass sie da keine Sorgen hat. Was tut eigentlich der Jost und was ist er geworden?[241] Kann er nicht seine

---

240 Michael Unterweger, siehe Fußnote 213.

241 Jona Dromi blieb mit seiner Frau Channah im Kibbuz Dorot und ar-

Mutter einmal besuchen? Bestes Herrle, ich will wieder einmal zu viel wissen!

Herzliche Grüße von Malchen und ihrem Mann, ebenso von meinen Prims![242] Und nun mein liebes Herrle, leben Sie recht wohl! Bleiben Sie mir gesund und wie sehr wünsche ich, Sie könnten sich auf ein Wiedersehen so freuen wie ich! Herzinnige Grüße, Ihre

Getreue Maria.

Genf, den 24. Januar 1947.

Herzensgute, liebste Maria!

Gerade als ob das Pöstli, das gute, es gewusst hätte, dass Ihr Brief vom 9. Januar so wichtig ist und von mir so sehnsüchtig erwartet wird, er wurde schneller befördert als in letzter Zeit die Briefe aus Deutschland. Und dem war gut so! Aus übervollem Herzen danke ich Ihnen, Liebste, für Ihre so überaus herzlichen, aufrichtigen und zärtlichen Zeilen. Sie haben mich wahrhaftig erfreut, wie seit Jahren nichts mehr. Diese Zeilen sind Sie selbst, Maria, so wie Sie immer gewesen sind und sie haben mir gezeigt, dass Sie sich in nichts geändert haben, höchstens noch mehr zu Ihrem Vorteil. Ich habe diesen Brief bis jetzt wohl schon ein dutzendmal gelesen, immer wieder und immer wieder und jedes Mal begeistert er mich aufs Neue, jedes Mal bin ich wieder und wieder beeindruckt von der Herzlichkeit Ihrer Worte und der Aufrichtigkeit Ihrer Gedanken. So haben Sie in mir gelebt, so hatte ich Sie in Erinnerung und so sind Sie auch geblieben, sich selber treu. So freue ich mich auf Sie, Sie Beste und Liebste, und es wird wahrscheinlich der Mühe wert

beitete in der Landwirtschaft. Ihre Tochter Nurit kam 1947 zur Welt, siehe Fußnote 132.

242 Gemeint sind Klara und Karl Priem, bei Landauer Prim, siehe Fußnote 49.

sein, die Schwere des Lebens in München auf mich zu nehmen, denn es wird ja Ihretwegen sein. Und für Sie ist mir nichts an Opfer zu groß, das kann ich aus reinem Gewissen sagen. So wollen wir noch in Geduld die drei Monate verstreichen lassen, Anfang Mai gedenke ich zu kommen, bis dahin wird es sowohl Ihrerseits als auch meinerseits noch eine ganze Reihe wichtiger Arbeiten zu erledigen geben. Also auf ans Werk, Maria!

Also ich bin von Ihnen, was Briefe anbelangt, auf recht schmale Kost gesetzt worden, eine direkte »Hungerverköstigung«. Ich hatte seit Ihrem Brief vom 20. Dezember nichts mehr von Ihnen erhalten, das soll aber beileibe kein Vorwurf sein, ich weiß, dass die Postverbindung zurzeit recht langsam geht. Damit ich nicht vergesse, ab 1. Februar soll von der Schweiz nach Deutschland Flugpost gehen, ob umgekehrt weiß ich nicht.[243] Das wäre ja sehr fein, denn ich nehme an, dass die Briefe dann von hier nach Memmingen schnell gehen werden. Auch Paketpostverkehr ist ab 1. Februar nach Deutschland zulässig von der Schweiz aus, was aber geschickt werden darf, ist noch nicht bekannt. Das alles nur nebenbei. Noch nicht bestätigt von Ihnen sind meine Briefe vom 10. und 16. Dezember, 7. und 15. Januar und eine Karte vom 23. Dezember. Aber ich denke, dass mancher Brief von Ihnen in der allernächsten Zeit eintrudeln wird. Die Hauptsache ist ja, dass mein Brief vom 21. Dezember und Ihre Antwort vom 9. Januar anscheinend bevorzugt abgefertigt worden sind!!

Ich nehme an, dass Sie und die Ihrigen sich alle guter Gesundheit erfreuen, dass der harte Winter Ihnen nicht zu sehr zusetzt,

---

243 Im Sommer 1944 wurde der militärische Flug- und damit auch Luftpostverkehr (Swissair) nach Deutschland wegen einer zu großen Gefahr einer Verwicklung in Kriegshandlungen eingestellt. Bereits ab Oktober 1945 funktionierte aber wieder Luftpost in kleinen Mengen kontinental. Von Deutschland aus ging die Luftpost erstmals wieder ab Oktober 1948.

für den Unterbruch[244] der Kälte in den beiden vergangenen Wochen werden Sie sicherlich recht dankbar gewesen sein. Aber seit gestern hat es wieder stark angezogen, auch wir hier haben es zu spüren bekommen. Dazu eine scharfe Bise, also winterlich recht frisch. Ist nun etwas von meinen Paketen schon angekommen? Es ist wirklich stark, wie lange diese Pakete alle unterwegs sind. Sie müssen mich heute schon entschuldigen, dass alles ein bisserl kunterbunt durcheinandergeht, aber meine Gedanken lassen sich nicht so recht in Ordnung bringen, Ihr bedingungsloses und freudiges »JA« hat alles arg in Unordnung und Wallung gebracht. Mein Denken ist ein wenig sprunghaft. Aber das ist ja auch kein Wunder, es ist nur dumm von mir gewesen, dass ich diesen ominösen Brief so lange hinausgeschoben habe.

Von den Herzingers [Franz und Elisabeth Herzing] habe ich seit langer Zeit nichts mehr gehört. Ich werde wohl morgen ihm schreiben, dass er nicht mehr darauf warten muss, dass ich mein Rückreisevisum wieder erhalten kann, sondern dass ich nun bedingungslos komme und er die diesbezüglichen Schritte unternehmen muss. Ich selbst werde es von hier aus auch tun. Ich denke mir, dass der Franz nun etwas besser gelaunt ist, denn die Bayern haben ja auch im letzten Spiele am Sonntag gegen die Spielvereinigung Fürth ein Unentschieden errungen, was immerhin auf dem gefährlichen Pflaster in Fürth ein Erfolg ist.[245] Wenn Sie mir das nächste Mal wieder schreiben, so machen Sie mir doch bitte eine Tabelle der Clubs in der Süddeutschen Meisterschaft mit den Spielen und den Punkten und vor allen Dingen dem Datum der Tabelle, weil ich sie dann immer auf dem Laufenden halten will. In der schweizerischen Sportpresse sind nur immer die Positionen der Spitzenclubs genannt, wie es aber am Ende der Tabelle aussieht, das doch von so großer Wichtigkeit für Bayern geworden ist, das erfährt man nicht. Ich ha-

244 Schweizerisch für *Unterbrechung.*
245 Das Spiel am 19. Januar 1947 gegen die SpVgg Fürth endete 0:0.

be hier gelesen, dass Ritter von Halt[246], der bekannte deutsche Sportsmann, im Lager von Buchenwald gestorben ist. Soviel mir bekannt, ist er kein ausgesprochener Nazi gewesen, sondern einer von jenen, der sich an den Erfolgen zu Friedenszeiten des Regimes gesonnt hat und daraus Nutzen gezogen hat. Wissen Sie übrigens, wo Franz Miller[247], der Weltstarter und ehemalige Sportredakteur der M. N. N.[248] hingekommen ist? Ja, schon so lange wollte ich Sie

---

246 Karl Ritter von Halt (als Karl Ferdinand Halt 1891 in München-1964 ebd.), Zehnkämpfer und später Sportfunktionär im nationalsozialistischen Deutschland und in der Bundesrepublik. Er arbeitete ab 1923 im Bankhaus H. Aufhäuser, der Hausbank des FC Bayern, und erwarb – direkt nach der Erlangung der Deutschen Meisterschaft – am 31. Juli 1932 die Mitgliedschaft beim FC Bayern. Am 1. Mai 1933 trat er in die NSDAP ein, wechselte 1935 beruflich zur Deutschen Bank und wurde 1936 Organisationschef der Olympischen Winterspiele in Garmisch-Partenkirchen. Im Mai 1945 registrierten sowjetische Soldaten ihn als »leitende Persönlichkeit der Wirtschaft«, sodass ihn der sowjetische Staatssicherheitsdienst bis Januar 1950 im Speziallager Nr. 2 in Buchenwald, auf dem Gelände des ehemaligen Konzentrationslager Buchenwald, inhaftierte. Mitte Januar 1947 meldeten ihn die Zeitungen aufgrund einer Verwechslung irrtümlich als verstorben. Diese Falschmeldung hatte Kurt Landauer in Genf gelesen.

247 Franz Miller (1895 in München-1963 ebd.), Sportjournalist und seit 1910 Mitglied des FC Bayern, startete die Leichtathletikwettkämpfe bei den Olympischen Spielen 1928, 1932 und 1936. Miller arbeitete wie Landauer ab 1929 beim Knorr & Hirth Verlag, jedoch als Sportschriftleiter in der *Münchner Neuesten Zeitung* und beim *Abendblatt*, ab 1938 als Hauptschriftleiter beim *Abendblatt*. Er trat 1933 in die NSDAP ein. Bis zum Spruchkammerbescheid am 28. Juli 1948 arbeitete als er Hilfsarbeiter- und Hilfskorrespondent. Aufgrund der Beurteilung als »Minderbelasteter« und in einem Berufungsverfahren schließlich als »Mitläufer« konnte er nicht länger als Journalist arbeiten, sondern wechselte zu einem Verlag. Nach Landauers letzter Präsidentschaft wurde Miller 1952 wieder Mitglied des FC Bayern.

248 *Münchner Neueste Nachrichten*, siehe Fußnoten 36 und 63.

doch dieses fragen und habe es immer wieder vergessen. Sie schrieben mir einmal während des Krieges, sie hätten viel Kummer und Sorgen, da eine befreundete Familie die nämliche Krankheit habe wie Lelle.[249] Ich konnte damals nicht zurückfragen und hätte natürlich gerne gewusst, wer es war und wo sie hingekommen sind und ob sie wieder zurückgekommen sind.

Ja, das glaube ich auch, dass es für Frau Maria sehr einsam sein wird in Genf, bin ich erst einmal fort. Auch die Eltern werden mich sehr vermissen. Sagte doch erst gestern der alte Herr, als ihm seine Tochter aus Spaß mitteilte, dass ich nicht mit ihm heute Karten spielen wolle, das glaube er nicht, und auf die Frage, warum nicht, meinte er nun, »Wir sind doch sehr befreundet miteinander.« Es wird auch viel Arbeit mehr geben für Frau Maria, denn ich habe doch viel erledigt und ihr alle Gänge und Besorgungen abgenommen. Aber was meinen Sie, Maria, was man für Pläne hat? Frau Maria will allen Ernstes im Spätsommer mit ihren Eltern nach Amerika, und zwar per Schiff. Die Eltern sind einverstanden, wenn auch ungern, und die Söhne und auch der Mann von Frau Maria wollen es so haben. Meine Meinung jedoch ist diese, dass es niemals gelingen wird, diese Reise zu unternehmen, denn die alte Dame wird nicht einmal die zuerst notwendige Reise nach Zürich zum amerikanischen Konsulate und die damit verbundenen Untersuchung überstehen können. Ich will natürlich Frau Maria ihren Glauben und ihre Hoffnung nicht nehmen, aber ich kann und kann an eine Verwirklichung dieses Planes niemals glauben. Das habe ich auch kürzlich Herrn Klopfer geschrieben und auch den Brüdern. Es wird sich meines Erachtens nichts an der Sachlage ändern, wie sie jetzt ist, im Sommer oder Herbst werden Herr Klopfer und die Brüder wieder mit ihren Frauen herüberkommen und Frau Maria wird darauf warten müssen, bis eines der beiden alten

249 Gemeint ist die Deportation und Ermordung seiner Schwester Gabriele.

Leutchen das Zeitige segnet. Ist erst einmal eines heimgegangen, so wird, wie das bei alten Leuten zumeist ist, das andere baldigst nachfolgen. Bitte erwähnen Sie nichts von diesen meinen Gedankengängen in Ihren Briefen, denn ich lese zumeist Ihre Briefe vor, weil man wirklich Interesse für Sie hat und Ihnen von Herzen zugetan ist, sowohl Mutter wie Tochter. Ich glaube, dass ich Ihnen schon geschrieben habe, dass Jost und Elli zum Frühjahre hierherkommen werden, die väterliche Zustimmung ist inzwischen eingetroffen.

In meinem letzten Briefe habe ich Ihnen verschiedene Vorschläge wegen einer Wohnung gemacht. Nun ist die Frage ja brennend geworden. Bitte teilen Sie mir mit, ob und was ich unternehmen soll, damit wir etwas erreichen können. Der Herzing kann vielleicht durch irgendjemand Einflussreichen Dampf dahinter machen, aber ich weiß es nicht. Ich weiß zurzeit überhaupt nur das Eine, dass ich mich unbändig freue auf Sie, Sie Beste, Sie Liebste, und dass ich Ihnen nochmals innig, innig danke für Ihre wundervollen Worte, für Ihr herrliches Treusein, Marialein. In diesem Sinne werden die Wochen schnell vergehen, schneller als bisher und der Tag wird da sein, da wir uns die Hände drücken und sagen können: endlich, endlich.

Für heute herzliebe Grüße,

in alter Verbundenheit, Ihr getreues Herrle.

Bitte Ihre Familie bestens von mir zu grüßen!

Genf, den 27. Januar 1947.

Meine Maria, Geliebte!

Du hast ein Anrecht darauf, dass ich Dir auf dieselbe Art schreibe, wie Du mir Deine Antwort auf meinen Brief vom 21. Dezember gegeben hast. Dass ich darauf erst heute, also nach vier Tagen komme, mag Dir beweisen, wie erregt, freudig und verinnerlicht zugleich ich seit dem Erhalt Deiner herrlichen Zeilen bin ... und mag auch als Entschuldigung für mich dienen.

Meine liebe, liebe, meine gute Maria! Ich sage Dir vor allem aufrichtigen Dank für die Treue, die Du mir gewahrt hast, sie ist die schönste Gabe, die Du für mich hast, wenn ich wieder bei Dir bin. Ich sage Dir auch innigen Dank für all das, was Du für mich getan hast, ich weiß wohl nie so ganz richtig einzuschätzen, mit wie vielen Schwierigkeiten, mit welch großen Gefahren für Dich es verbunden gewesen ist. Dass Du, Liebste, nie an mir irre geworden bist, ist für mich so wunderbar, dass ich nur hoffen und wünschen kann, ich kann Dir beweisen, dass Du Dein Vertrauen, Deine Zuneigung keinem Unwürdigen geschenkt hast. Wie ich Dir immer mit ganzem Herzen, mit meiner innersten Seele zugetan war, auch wenn äußere Umstände gegen mich sprachen, so habe ich Dir, Maria, auch während meines Exils meine innigsten und aufrichtigsten Gefühle bewahrt. Wohl wissend, dass sie einem Menschen gehören von seltener fraulicher Vornehmheit, einem Menschen, der selten wertvoll und darum so überaus liebenswert ist. Ich bin Dir innerlich verbunden geblieben, wie ich es die ganzen Jahre unseres Zusammenseins war, ein Zusammensein, das in seiner Aufrichtigkeit, in seiner Schlichtheit das Schönste gewesen ist, was mir mein Leben geboten hat. Glaube mir, geliebte Maria, wäre dieser unheilvolle 30. Januar 1933 nicht gewesen, wir wären niemals auseinandergekommen und wären weiterhin glücklich miteinander geblieben. Denn das kann ich Dir mit aller Ehrlichkeit sagen, meine Maria, ich war es wirklich und wahrhaftig mit Dir und bin fest davon überzeugt, es wieder voll zu werden!

Siehst Du, Maria liebe, ich musste einfach diesen Brief vom 21. Dezember schreiben, wenngleich ich mir nie im Zweifel gewesen bin, wie Deine Antwort ausfallen würde. Dazu kannte ich Deine hohen Charaktereigenschaften zu genau, ich wusste Deine lieben blauen Äuglein konnten nicht unaufrichtig sein, ich habe genau gewusst, dass Du niemals in Deinen Briefen etwas vortäuschen würdest, was nicht ist. Und Deine Briefe, Geliebte, während dieser langen acht Jahre sind für mich die Fundgrube von ganz, ganz Schönem geblieben. Du wirst wohl nie ermessen können, was sie mir bedeutet haben, wie Du auch wohl niemals erfassen kannst, wie ich oft um Dich gebangt habe, ich in Sorgen um Dich gewesen bin. Und schau, Marialein, es hat sich gelohnt, wirklich gelohnt. Dass ich Dich wiedersehen darf, dass ich mit Dir wieder beisammen sein kann, das betrachte ich als ein besonderes Gnadengeschenk und manchmal dünkt es mich, als ob das Schicksal es besonders gut mit mir gemeint hat, dass es »uns« füreinander aufgehoben hat.

Ich habe es Dir mit meiner Karte vom Samstag geschrieben, dass ich Deinen Brief immer und immer lesen muss, es ist gleichsam wie ein Hineintrinken Deiner schlichten Worte, die so wundervoll sind in ihrer Einfachheit, in ihrer Zärtlichkeit und nicht zuletzt so erschütternd wirken, weil sie aus einem so gläubigen Herzen kommen. Sie kommen von Herzen und gehen zu Herzen und können nur ausgesprochen werden von einer seltenen Frau, wie Du eine bist, Maria. Ich habe Dich immer geachtet und geschätzt, Maria, das weißt Du, ich habe mich nicht geändert, auch ich bin mir selber treu geblieben. Und wenn ich nun all das Schwere auf mich nehme, das mich drinnen erwartet, so tue ich es doch gerne: Deinetwegen, Maria. Und wenn wir zusammen es unternehmen, das Leben, »unser« Leben, uns zurechtzumachen, dann wird es bestimmt gehen, denn wir haben »uns« und im Vertrauen auf unsere Liebe, die alte, neue, werden wir auf dem festen Boden der Tatsachen stehen und dieses Leben, »unser neues«, meistern. Unter diesem Aspekt sehe ich meine Rückkunft an und freue mich sehr auf sie, weil sie mich zu Dir zurückbringt, Liebste. Ich küsse Dich, Maria, wie ich Dich liebhabe. Von Herzen.

Dein alter Kurt.

Genf, den 31. Januar 1947.

Meine sehr liebe Maria!
Sie sollen gleich wieder Antwort erhalten auf Ihren so herzlichen, warmen und aufrichtigen Brief vom 17. Januar, abgestempelt am 18. Januar und eingetrudelt heute Morgen. Ich kann Ihnen gar nicht mit Worten sagen, wenigstens nicht schriftlich, wie alle Ihre Gedanken, Ihre Sätze mir zu Herzen gehen. Sie müssten nicht Sie sein, Sie, diese feine und kluge Maria, wenn Sie nicht das ausdrücken müssten, was Sie so lange Jahre zurückzuhalten gezwungen waren. Ich verstehe Sie völlig, dies umso mehr, als es auch mir nicht anders ergeht. Ich weiß auch genau, dass Sie in Ihren Briefen nicht nach Worten zu suchen brauchen, nicht überlegen müssen, wie Sie Ihre innersten und innigsten Gefühle zum Ausdruck bringen. Ich weiß wohl, dass Sie Phrasen und Sprüche nicht kennen, dass Sie niederschreiben, so wie Sie fühlen. Und darum sind auch Ihre Briefe so natürlich, so herzlich, so warm und so überaus zärtlich. Ich kann Ihnen immer nur danken, danken aus vollem und tiefem Herzen, für die treuen Gefühle, die Sie mir in all den schweren Jahren bewahrt haben. Gefühle, die mir so wahr und wirklich zum Ausdruck bringen, welch wertvoller Mensch Sie immer waren und, was die Hauptsache ist, auch geblieben sind. Denn alle die schweren Kriegsjahre mit all ihren Nöten, Sorgen und Kümmernissen haben manch einen Menschen, der rechtschaffen im Denken und Handeln gewesen war, völlig gewandelt. Ich weiß wohl, wie schwer es für Sie gewesen ist, dieselbe zu bleiben mir gegenüber, weil es ja für Sie immer mit allerhand Gefahren und Risiken verbunden gewesen ist. Darum ist Ihre wunderbare Haltung umso höher zu werten, für Sie war es wohl eine Selbstverständlichkeit, weil Sie eben so untadelig sind, immer es waren und, Gott sei es gedankt, auch geblieben sind.

Und sehen Sie, liebste Maria, es ist mir nicht bange um mein Heimkommen, deswegen nicht, weil ich Sie wiederhaben werde, mit Ihnen zusammen sein darf und mit Ihnen darangehen werde, neu aufzubauen und neu anzufangen. Darum kann ich mich auch genau so freuen auf meine Rückkunft, wie Sie es tun, ich kann es auch umso mehr, weil etwas in Erfüllung gehen wird, was ich seit Jahr und Jahr, nicht erst seit ich hier lebe, mir erwünscht habe. Ihnen zeigen zu können, wer Sie für mich sind, wer Sie immer für mich waren und wie ich Sie geschätzt habe. Ich bin nie ein Mensch gewesen, der viel gesprochen hat in der Beziehung, die Jahre seit diesem 30. Januar vor genau 14 Jahren haben mir noch mehr Zurückhaltung auferlegt und manch ein Ding, manch ein Ereignis hat sich anders angesehen, als es in Wirklichkeit gewesen ist. Ja, Maria, ich stehe zu meinem Wort und ich kann immer nur sagen, dass der Tag gesegnet ist, an welchem Sie vor nun 20 Jahren zu uns ins Haus gekommen sind. Und wenn es heute nochmals wäre, ich würde es um kein Haar anders machen, das heißt doch anders, nämlich gescheiter.

Und trotzdem wird es nicht zu spät sein, wenn wir auch umso vieles älter geworden sind, so sind wir doch auch um vieles reifer und haben durch bittere Erfahrungen gelernt … und darum werden wir auch wahrscheinlich noch viel mehr Gefallen an unserem gemeinsamen Leben finden, als es zuvor war. Weil wir dieses unsere, neue Leben als ein Gnadengeschenk des Himmels betrachten müssen, während wir früher es als selbstverständlich aufgefasst haben. Bin ich erst einmal wieder bei Ihnen, so kann ich Ihnen so viel erzählen und sagen, was Sie nicht gewusst haben, und manches wird Ihnen begreiflich und verständlich erscheinen, was Ihnen dazumal Kopfzerbrechen, ja sogar Herzeleid bereitet hat. Ich kann Ihnen immer nur das sagen: Sie brauchen nichts, rein gar nichts zu bereuen, Sie dürfen versichert sein, dass ich immer und immer, zu Hause und in der Fremde, mir voll bewusst war, dass Sie, liebste Maria, es wert sind und es immer wert waren. Ich bin stolz darauf, einen solch edlen Menschen mein Eigen nennen zu dürfen. Und darum freue ich mich auf Sie genau so, wie Sie sich auf mich freuen. Und ich habe ein Recht darauf, Maria!!

Gestern ist Ihr Brief an Frau Maria angekommen und hat zugleich Freude und Betrübnis hervorgerufen. Sie kennen die Frau, wissen, wie gut sie mir es immer gemeint hat, und wissen auch, wie sie die ganzen Jahre für mich gesorgt hat. Das heißt, das Letztere wissen Sie nicht und das kann ich Ihnen nur mündlich sagen. Ich will ganz ehrlich zu Ihnen sein: Heute hat Frau Maria nun mit mir wegen einer Heirat mit Ihnen gesprochen. Sie würde es nur begrüßen, denn sie meint, eine bessere Frau, einen edleren Menschen wie Sie könnte ich gar nicht bekommen.

Sehen Sie, liebe Maria, ich habe oft und oft, schon in München und natürlich erst recht hier in Genf mit Frau Maria wegen Ihnen sprechen wollen. Ich habe oft vorgehabt, das zu sagen, was uns verbindet. Ich habe aber doch immer Abstand genommen, wie ich auch, trotz öfteren Vorhabens, nie mit Frau Herzing davon gesprochen habe. Ich habe es als unser engstes Geheimnis betrachtet. Und will auch nicht etwas ändern daran, niemandem gegenüber. Ob es richtig oder falsch ist, möchte ich nicht beurteilen. Wenn ich erst zurück bin, dann will ich doch, ist es einmal so weit, Frau Maria als Erste davon benachrichtigen. Dazu hat Sie ein Anrecht. Aber ihr heute es zu sagen, wo übrigens die ganzen Verhältnisse meines, unseres zukünftigen Lebens noch so unsicher sind, das finde ich nicht richtig. Sie wissen genau, welche Gefühle Frau Maria und mich verbinden, Sie wissen auch, dass ich mit reinem Gewissen ihrem Manne gegenübertreten konnte und mit dem nämlichen reinen Gewissen es Ihnen gegenüber tun kann. Aber Sie wissen auch, dass Frau Maria mit ihrem ganzen Innern mir verbunden ist, das war so und das hat sich auch nicht geändert. Sie ist ein aufrichtiger und ehrlicher Freund.

Wieso sie plötzlich auf diese Idee gekommen ist, kann ich Ihnen nicht sagen. Vielleicht habe ich in der letzten Zeit zu begeistert von Ihnen gesprochen. Ich habe Ihnen schon in einem meiner letzten Briefe mitgeteilt, dass sich während der langen Kriegsjahre die Gepflogenheit bei uns herausgebildet hat, sich gegenseitig die erhaltenen Briefe zu zeigen. Ich habe nie das Gefühl gehabt, dass ich damit Ihnen gegenüber eine Unehrlichkeit oder eine Indiskretion begangen habe, sonst hätte ich es nicht getan. Ich weiß nicht, was Ihnen Frau Maria geschrieben hatte zu Weihnachten, sie hat es mir nicht gesagt, wie überhaupt ich gar nicht gewusst habe, dass sie Ihnen überhaupt geschrieben hat. Kurz und gut, es ist heute so, dass sie Kummer hat schon wegen meines Fortgehens und dann wieder nun wegen eines Zusammenseins von uns beiden. Obwohl sie es mir gönnt und obwohl sie Sie sehr schätzt, es immer getan hat. Sie ist eine Frau, die alles im Leben, im Guten so wie im Schlechten, tragischer nimmt, als es unbedingt sein muss. Sie hat an und für sich mit allen Problemen, die ihr ihr bestimmt nicht einfaches Leben aufgeben, so viel zu schaffen, dass ich nicht will, dass sie sich meinetwegen auch noch vermehrte Sorgen machen soll. Ich habe daher, so gut es eben ging, ihr auszureden versucht, was sie bedrücken könnte, ohne dass ich etwas zu leugnen brauchte. Denn sie ist nicht der Mensch, der nach etwas frägt oder etwas wissen will, was man ihr nicht selbst sagt. Ob sie von uns beiden etwas weiß, es entzieht sich meiner Beurteilung.

Das ist in einfachen Worten das, was sich jetzt hier tut. Ich habe es für meine Pflicht und Schuldigkeit gehalten, Ihnen aufrichtig und ehrlich davon Mitteilung zu machen. Sie sind vernünftig genug, sich keinerlei Gedanken darüber zu machen oder sich gar zu sorgen darob. Dafür ist keinerlei Grund vorhanden. Es ist natürlich selbstverständlich, dass ich Ihre beiden Briefe vom 9. und 16. Januar nicht erwähnt habe. Nicht etwa aus Feigheit, sondern eben deshalb, weil das Ganze vorderhand unser ureigenstes Geheimnis ist und es meiner Ansicht nach auch bleiben soll. Ich glaube mich da doch einig mit Ihnen zu sein und bin überzeugt, dass Sie gegenüber den Ihrigen und der Betty genauso verfahren werden. Also, liebes Bimbesle, gescheit sein, wie Sie es immer waren.

Nur der Ordnung halber bestätige ich meine Briefe vom 7., 15., 24., 27. und meine Karte vom 25. Januar. Sie sehen, ich bin ganz schön fleißig gewesen. Und wünsche allen Sendungen guten Empfang und ebensolches Verständnis der liebsten und besten Herrin. Es ist selbstverständlich, dass Sie immer an mich so schreiben können, wie es Ihnen Herz und Verstand eingeben, ich werde mich immer aufrichtig über einen »echten Mariabrief« freuen, Sie brauchen keine Angst zu haben, dass Ihre Zeilen unbefugten Augen zugänglich gemacht werden.

Nun lassen Sie es sich gut gehen, Liebste, schreiben Sie bitte bald, denn ich sehne mich nach Ihren Zeilen mehr noch als bislang! Herzinnigste Grüße, in treuem Gedenken, Ihr altes Herrle.

Memmingen, den 10. II. 47.

Mein liebster Mann!
Ihr lieber, inniger Brief vom 27. I. kam am 7. II. hier an und es geht mir wie Ihnen, mein Bester, ich muss Ihre Zeilen wieder und wieder lesen! Vielen, vielen Dank für alle Ihre lieben und so vertrauten Worte, die mich so froh und glücklich machen! Aber, mein lieber Kurt, Sie dürfen mich nicht so loben für Dinge, die für mich selbstverständlich waren oder sind. Wie gerne hätte ich mehr getan für Sie und Ihre Geschwister, wie oft habe ich gestöhnt mit gebundenen Händen! Leider ist so vieles zerronnen, es ließ sich in der schrecklichen Zeit nicht aufhalten. Nur eines ist unverändert geblieben, unsere Zuneigung, der unerschütterliche Glaube zueinander! Es ist, wie Sie schreiben, wir werden uns wieder so gut verstehen wie alle die Jahre, die wir das Glück hatten, miteinander zu verleben. Wie gerne denke ich daran und wie frisch ist mir alles in der Erinnerung! Ich weiß wohl, dass es nie zu dieser grausamen Trennung gekommen wäre, wenn Hitlers Politik uns nicht dazu gezwungen hätte! Es hat mir oft trostlose Stunden bereitet, dass ich meinen Kummer um diesen Abschied vor Ihnen nicht besser verbergen konnte, um Ihnen das Gehen zu erleichtern, niemand weiß, wie

schwer ich darüber wegkam. Dafür blüht uns bald ein so unvorstellbares Wiedersehen und ich glaube es bestimmt, dass wir glücklich sein werden, wie einst, stiller vielleicht, aber inniger und dankbarer als je!

Ihre liebe Karte vom 25. I. erhielt ich am gleichen Tage wie diesen Brief, wie schön wird es einmal sein, wenn ich Ihnen sagen kann, wie sehr ich mich über Ihre Zeilen gefreut habe und was Sie mir bedeuten!

Lieber, ich habe gemerkt, dass Sie mir ungeteilt die Sachen schicken, die Sie von Ihren amerikanischen Freunden bekamen! Es ist so lieb von Ihnen, doch sollten Sie mehr an sich denken, ich kann es erst gutmachen, wenn Sie hier sind. Ich fange an, für unseren gemeinsamen Haushalt vorzusorgen, und habe schon einige brauchbare kleinere Artikel bekommen. Heute will ich an Frau Liesel [Elisabeth Herzing] um Margots Adresse schreiben, ich weiß wirklich nicht, ob sie noch in der Georgenstr. wohnt. Hoffentlich ist Frau Herzing nicht krank, sie schrieb schon lange nicht mehr. Aber es wird bei ihr so kalt und ungemütlich sein, dass sie sich nicht zum Schreiben hinsetzen kann. Am 5. I. schrieb ich Ihnen ausführlich, hoffentlich reist der Brief so schnell wie die Ihren, Sie waren so fleißig im Schreiben!

Inzwischen am 10. II. erhielt ich Ihr Schreiben vom 31. I. und danke Ihnen herzlich für Ihre Liebe und Güte! Leider habe ich Ihnen und Frau Maria Kummer bereitet und das tut mir aufrichtig leid! Sie schrieb mir so schön, geradezu erhaben und ich gestehe Ihnen ehrlich, in diesem Stil kann ich nicht schreiben. Und merkwürdig, ich fühlte sofort, dass ich mit der Antwort sehr vorsichtig sein müsse. Ich weiß, wie nahe dieser guten und hilfsbereiten Frau der Abschied von Ihnen geht, Sie waren ihre Stütze in all den Jahren, die bestimmt nicht leicht waren. Ich habe aus diesem Grund sehr wenig geschrieben, es klang mir sogar verkrampft, wie das leicht geschieht, wenn man nicht frei von der Seele weg schreiben kann. Dass ich mich sehr glücklich fühle, dass Sie kommen wollen, dürfte die einzige, verfängliche Stelle gewesen sein. Sensible Menschen fühlen (leider möchte man sagen) früher als andere, wenn es ein Herz fortzieht. Sie haben das einzig Richtige getan, wie Sie sie getröstet haben! Seien Sie besonders lieb zu ihr, sie verdient und braucht es.

Ich kann es so gut verstehen, dass Sie mit Ihren guten Freunden sich über meine Briefe unterhalten haben. Man darf nicht alles in sich verschließen, ich habe unbewusst oft so geschrieben, dass Sie etwas zum Mitteilen haben. Ich habe es hier bei meinen Angehörigen ähnlich gehalten wie Sie. Wenn ich etwas herauslesen konnte aus Ihren Briefen, das meine Umgebung interessierte, habe ich es getan. Sie haben alle viel Anteil an Ihrem Schicksal genommen und ich wollte sie nicht vor den Kopf stoßen. Unwillkürlich hätte Zurückhaltung meinerseits die Neugierde erregt. Alles aber, was nur uns beide angeht, bleibt in meinem Herzen verwahrt, bis Sie es selbst hervorholen! Mein Liebstes, nicht einmal Betty habe ich eingeweiht! Diese Angelegenheit ist mir zu heilig! Wie lange ist es schon unser Geheimnis? Was macht es aus, einige Monate hin oder her? Wichtig ist für uns, wir sind füreinander da!! Ich bin wirklich froh, dass wir auch hierin so ganz einer Meinung sind.

Auch ich möchte nie, dass sich M.K. [Maria Klopfer] verletzt oder unglücklich fühlt! Vielleicht kann ich ihr selbst, wenn das Kleiderpaket eintrifft, freier und herzlicher schreiben und sie auf andere Gedanken bringen. Es stürzt viel auf sie ein, schon deshalb wäre es gut, wenn die Einschiffung gelänge.[250] Denken Sie, ich sehe

---

250 Ob ihren über achtzigjährigen Eltern die Auswanderung in die USA gelingen würde, war für Maria Klopfer eine stete Sorge. In ihren Briefen an ihre Familie in New York berichtete Maria Klopfer immer wieder über den schlechten gesundheitlichen Zustand ihrer Mutter. Im Herbst 1945 hatten Verwandte väterlicherseits vorgeschlagen, Anna und Moritz Klauber zu sich zu nehmen, falls eine Überfahrt für sie nicht möglich sein sollte.

da nicht so schwarz mit der alten Dame wie Sie! Ein »gestütztes« Herz ist auffallend zäh. Die Umstellung und die neue Umgebung allerdings ist [sic] für so alte Menschen sehr schwierig. Stellen wir alles Gottes Gnade anheim! Liebstes Herzele, morgens mein erster, abends mein letzter Gedanke sind Sie! Leben Sie wohl, von Herzen gegrüßt mit einem süßen Bussi geküsst von Ihrer alten Maria.

Genf, den 14. Februar 1947.

Meine liebste Maria!
Es ist mehr denn erfreulich, dass die Briefe, sowohl von drinnen nach hier als umgekehrt, nunmehr um so viel rascher gehen als bislang. Ich kann Ihnen heute gleich zwei liebe Briefe bestätigen. Den vom 23.1., abgestempelt am 30.1. und eingetroffen am 11.2., und den vom 5.2., abgestempelt am 6.2. Memmingen und vom Zensor in München am 8.2. (Sie sehen, es geht sehr schön schnell) und eingetroffen mit der heutigen Morgenpost. Sie verdienen sich wirklich ein eigenes Lob, dass Sie so oft, so ausführlich und so überaus herzlich schreiben. Ich danke Ihnen recht herzlich dafür, ich glaube, so ein bisserl eine Ahnung bekommen Sie nun allmählich, wie viel mir Ihre Briefe bedeuten und welche ehrliche Freude sie jeweils auslösen.

Nun sind Sie schon ganz im Planen begriffen und ich kann mir auch vorstellen, welche Empfindungen dabei bei Ihnen vorherrschend sind. Ja, mein Liebes, nun wird es wirklich bald ernst. Bleibt nur zu hoffen und zu wünschen, dass wir auch eine richtige Bleibe finden können. Die vier Treppen der Clemensstraße[251] würden mich nicht im Geringsten stören, wenngleich ich natürlich durch den Aufzug hierzulande schon verwöhnt worden bin.

251 Die Wohnung im vierten Stock der Clemensstraße 41 war Kurt Landauers letzte Münchner Adresse vor seiner Emigration.

Wissen Sie, wer das Bayernmitglied ist, das mir ein Zimmer angeboten hat? Jutzi[252]!! Aus dem abgetippten Brief ersehen Sie es, ich wusste es auch nicht, denn Herzing hat nie davon geschrieben. Aber ein Wohnen bei den Jutzis kommt niemals für mich in Frage. Übrigens haben sie ja schon lange nicht mehr in der Herzogstraße gewohnt, Sie Dümmlack! Zuerst hatte er doch eine Dienstwohnung in der Thalkirchnerstraße in der Dermatologischen Klinik, dann als er Amtmann wurde, eine solche in der Rückertstraße, wo er noch wohnt.*

Weil wir gerade bei Jutzis sind, so habe ich immer noch nicht geantwortet. Es ist so sehr schwer für mich, es zu tun, ohne bitter zu werden und ihnen vor den Kopf zu stoßen. Ich habe Ihnen der Kuriosität halber einen Brief abgeschrieben, der im Simplicissimus[253]

---

252 Anton Jutzi (1889 in München-1958 ebd.), Bezirksinspektor, seit 1907 Mitglied des FC Bayern. Von 1920 bis 1928 als Kassier bzw. Schriftführer im Vereinsvorstand. Er trat 1937 in die NSDAP ein, sein Sohn Alfred/Fred (1912 in München-unbekannt), seit 1925 Mitglied des FC Bayern, bereits 1933. In seinem Entnazifizierungsverfahren gab Jutzi an, 1939 wegen der »Politisierung des Sportes« aus dem FC Bayern ausgetreten zu sein. Dies lässt sich bisher nicht belegen, da der Verein zu dieser Zeit keine Austritte mehr verzeichnete. Nach 1945 ordnete die amerikanische Militärregierung seine Entlassung als politischer Leiter an und er arbeitete als Platzanweiser. Landauer bot Anton Jutzi im Oktober 1947 auf Anfrage seines Sohnes Fred die Wiederaufnahme in den Verein an: »Lieber Toni, bei dem Bestreben, unsere alten Mitglieder, die nach dem Krieg nicht den Weg zu uns gefunden haben, neuerdings für den Club zu gewinnen, komme ich natürlich auch zu Dir. Ich brauche nicht viel zu sagen: Du kennst mich, kennst unseren Club und darum bitten wir dich: Komm wieder zu uns. Beitrittserklärung, Mitgliederbogen und Fragebogen, welch letzterer wir für die Militärregierung benötigen, bitte ich ausgefüllt und unterschrieben einzuschicken.«

253 *Der Simplicissimus*, Münchner satirische Wochenschrift, erschienen zwischen 1896 und 1944. Zahlreiche berühmte Schriftsteller und

stand und den eine Freundin von Frau Maria ihr abgeschrieben hatte. Darunter finden Sie die Zeilen von Jutzis, man möchte meinen, er sei von Mister Spitz and wife[254]! Aber so »Spitz'sche« Briefe habe ich ja mehrere bekommen, nur habe ich sie überhaupt nicht beantwortet, beim Jutzi fällt es mir schwer, keine Antwort zu geben, noch schwerer aber, die richtige, ohne verletzend wirken zu müssen. Es ist doch rührend, wie Sie, Gute, sich um die Armen angenommen haben, seinerzeit, um sie vor Deportation zu schützen. Dieses Frl. Mané[255] und auch wie Sie sich für Lelle eingesetzt haben. Ich kann Ihnen nicht genug dafür danken. Sehen Sie, die Henny weiß

Zeichner publizierten dort. Im März 1933 verwüsteten SA-Männer die Redaktion und die Zeitung wurde widerstandslos gleichgeschaltet. Kurt Landauer bezieht sich hier allerdings auf den zwischen 1946 und 1950 erschienenen *Simpl*, der sich in der Tradition des *Simplicissimus* sah, sich aber aus urheberrechtlichen Gründen anders nennen musste. Von 1954 bis 1964 erschien die Zeitung nochmals unter einem anderen Herausgeber als *Simplicissimus*.

254 Es geht hier um einen satirisch verfassten fiktionalen Bettelbrief von »Mister Spitz and wife« an den nach Amerika emigrierten Mr. Myer. Hintergrund sind die sogenannten Care-Pakete des im November 1945 gegründeten Vereinsverbandes »Cooperative for Remittances to Europe«: Die ersten Pakete kamen in Bremen im August 1946 an. Für 15 US-Dollar Gesamtkosten – also Inhalt und Transport – konnte der Spender (also ein Amerikaner oder eine Amerikanerin mit Bekannten oder Verwandten in Deutschland) ein von Care gepacktes Standardpaket kaufen, adressieren und abschicken. Der Empfänger unterschrieb eine Empfangsbestätigung, die dann der Spender erhielt. Die Verteilung auf deutscher Seite besorgten Wohlfahrtsverbände wie die Caritas und später auch das Deutsche Rote Kreuz.

255 Mina Mané (1903 in Geinsheim-erm. 1943 im Vernichtungslager Auschwitz) lebte ab Juni 1941 in der Clemensstraße 41. Sie stammte aus dem pfälzischen Geinsheim (Neustadt) und arbeitete als Heimgehilfin im Kinderheim der Israelitischen Kulturgemeinde. Am 13. März 1943 wurde sie in das Vernichtungslager Auschwitz deportiert und ermordet.

BRIEF NACH AMERIKA

Sehr geehrter Mr. Myer!

Sie werden sich sicherlich meiner nicht mehr erinnern, denn immerhin datiert unsere Bekanntschaft (oder war es eine Freundschaft?) gute 13 Jahre zurück. Ich habe es oft gesagt, wie schade es war, daß Sie seinerzeit aus Deutschland gingen, aber es war wohl gut, denn Hitler hätte ja alle Juden, also auch Sie, vernichtet. Aber glauben Sie mir, ich denke oft an die unvergeßlichen Stunden, die wir gemeinsam beim Warten auf die Straßenbahn erlebt haben. Und meine Frau — Sie kennen sie leider nicht — sagt oft: „Was nur der nette Herr Myer, von dem du so oft sprichst, in Amerika macht ...“ Ja, ja, es ist etwas um so alte Freundschaften! Wenn wir so lange nicht geschrieben haben, so werden Sie das verstehen, denn wir wären ja alle ins KZ gekommen. Es war eine böse Zeit, geehrter Herr Myer, aber trotzdem haben wir in unverbrüchlicher Treue an unsere Freunde im Ausland gedacht und gehofft, daß sie uns befreien würden. Heute ist es soweit. Und nun, nachdem der Postverkehr offen ist, war es mir ein Herzensbedürfnis als erstem gerade Ihnen zu schreiben, der mir so nahe steht. Nicht wahr, lieber Herr Myer, gerade wir Münchner, ob schwergeprüft in der Heimat oder im Ausland, müssen zusammenhalten und schauen, daß wir nicht untergehen. Vor allen Dingen macht uns die Verpflegungslage schwere Sorgen. Mit dem Essen ist es sehr knapp und meine Frau ist ganz krank, weil es keinen Bohnenkaffee gibt. Auch mit der Raucherei ist es sehr schlecht bestellt und meine Kinder wissen gar nicht mehr, was sie in die Schule anziehen sollen. Glauben Sie nicht, lieber, bester Myer, daß wir Sie um Hilfe anbetteln wollen, getreu dem christlichen Wort „Liebe deinen Nächsten wie dich selbst“. Auch in unserer Armut haben wir noch unseren Stolz. Der Zweck dieses Briefes, lieber, lieber Myer, ist nur der, die alten Bekanntschaften wieder anzuknüpfen. Ach, was sage ich, Bekanntschaften, F r e u n d s c h a f t e n, bester Myer! Und wenn man so vertraut beisammen war, kann man auch ruhig das herzlichere „Du“ anwenden. Sei versichert, wenn es Dir jemals in Amerika schlecht gehen sollte, so wirst Du bei mir immer ein offenes Haus finden und das Wenige, was wir haben, soll gern mit Dir geteilt werden.

Schreib mir bald und bleib herzlich gegrüßt von

Deinem spitz and wife.

PS: Noch eine kleine Bitte, lieber Freund: wäre es Dir nicht möglich, uns, gegen Bezahlung natürlich, eines der für uns bestimmten 27-Pfund-Pakete zu besorgen? Oder sollen wir Dir das Geld lieber aufheben, bis Du nach München kommst? Also, schicke es recht bald, es dürfen auch zwei sein.

es, was Sie für die Geschwister getan haben, ich habe es immer wieder geschrieben und sie kann Ihnen nichts schicken, wie sie mir schrieb in einem Brief, den ich gestern erhalten haben. Aber Gott sei Dank sind wir nicht angewiesen auf sie, gell, wir kommen auch ohne sie zurecht. Sie [Henny und Julius Siegel] haben mir wiederum 100 $ in Aussicht gestellt, oder wenn es mir lieber sein sollte, dann würden sie mich mit Lebensmittelpaketen versorgen, wenn ich wieder in München bin. Aber das will ich nicht, sondern ich will die $ haben, denn mit denen kann ich viel, viel mehr unternehmen. Zudem werden Frau Maria und ihre Familie mich laufend mit Lebensmittelpaketen derartig versorgen, dass wir (hören Sie, Maria, »WIR«) keinen Mangel haben werden. Auf diese Leute kann man sich wirklich verlassen.

Julius schickte mir die Abschrift eines Briefes von Neuland. Die holde Schwester *und er* scheinen in regster Korrespondenz mit ihm zu sein wegen der Erbschaft Lelle[256] und da ist es interessant zu hören, was Neuland berichtet:

»Sie fragen nach Ihrem Neffen Hans R. Er war in Sayn bei Koblenz zuletzt untergebracht und ist wie seine Mutter im Osten ermordet worden.[257] Die Deportation aus Sayn fand am 14. 6. 42 statt,

---

256 Siegfried Neuland vertrat nach Kriegsende die Erbengemeinschaft, bestehend aus dem wieder in München lebenden Kurt Landauer, dessen in Haifa lebender Schwester Henny Siegel und dem Sohn seines Bruders Alfons, Richard O. Langham/Otto Landauer. Er setzte sich in einem langwierigen Verfahren für die Rückgabe und Entschädigung des Besitzes von Gabriele Rosenthal ein.

257 Hans Rosenthal lebte aufgrund seiner Schizophrenie seit Juli 1937 in der Jacoby'schen Anstalt Bendorf-Sayn, nördlich von Koblenz. Die seit 1869 bestehende »Israelitische Heil- und Pflegeanstalt für Nerven- und Gemütskranke« verfügte über eine Synagoge und eine koschere Küche. Ab Dezember 1940 veranlasste das Reichsministerium des Inneren, dass »jüdische« und »arische« Kranke nicht länger in

die Ihrer Schwägerin Gabriele am 3.4.42. Es lässt sich heute unmöglich feststellen, wer zuerst verstorben ist. Die Ermordungen in Polen sind bei den Pogromen im Sept. und Okt. 42 gewesen. Es gilt also hier § 11 des Verschollenheitsgesetzes vom 4.7.39,[258] dort heißt es, dass gleichzeitiger Tod vermutet wird, wenn nicht bewiesen werden kann, dass von mehreren gestorbenen Personen der eine den anderen überlebt hat. Es hat also eine Beerbung zwischen Mutter und Sohn nicht stattgefunden. (Zu Ihrer Information: Dies ist wichtig deshalb, da nach den geltenden Gesetzen, im Falle dass Hans viel später als seine Mutter gestorben wäre, Familienangehörige von Martin Rosenthal miterbberechtigt wären, so aber nur Henny und ich!) Bei der bayer. Staatsbank lagen für Ihren Neffen Wertpapiere im Betrage von rund RM 28000,–, außerdem wäre am 1.2.54 die Auszahlung eines Betrages von RM 61348,– aus einem Lebensversicherungsvertrag zugestanden.«

Neuland schreibt dann in sehr schönen Worten von Franz, den er zum letzten Male beim Prozesse gegen Reutlinger[259] gesehen hatte.

---

denselben Heil- und Pflegeanstalten untergebracht werden durften. Die Jacoby'sche Anstalt wurde für die Zusammenlegung der von den Nationalsozialisten als »jüdische Geisteskranke« Verfolgten vorgesehen und die Bettenzahl durch die Errichtung von Baracken von 190 auf 474 erhöht. Die Zusammenlegung diente der Vorbereitung der Deportationen zwischen März und November 1942. Insgesamt wurden 573 Personen, Kranke sowie Ärzte und Pflegekräfte mit ihren Familien aus der Jacoby'schen Anstalt deportiert, darunter auch Landauers Neffe.

258 Das im Juli 1939 erlassene »Gesetz über die Verschollenheit, die Todeserklärung und die Feststellung der Todeszeit«, 1951 in »Verschollenheitsgesetz« umbenannt, ist bis heute gültig. Die letzte Änderung erfolgte 2015.

259 Michael Reuthlinger (1884 in Döckingen/heute Ortsteil von Polsingen-1951 in Grainau), bei Landauer Reutlinger, wohnte nach dem erzwungenen Verkauf des Anwesens von Gabriele Rosenthal an die

Er sagt wörtlich: »Er war in dieser Verhandlung das personifizierte gute Gewissen und die Verhandlung endete mit einem glänzenden Freispruch. Die Denunziation des Hausmeisters in Grainau brach zusammen. Ich möchte nur wissen, was heute aus diesem Kerl geworden ist.« (Mich nimmt wunder, dass Neuland als Sachwalter von Lelles Eigentum das nicht weiß!) Jetzt bitte sich nicht ärgern, denn er bedankt sich schon zum Voraus für das Lebensmittelpaket, das ihm die Siegels aus der Schweiz schicken. Also hier machen sie es, weil sie sich den Mann warm halten wollen, aber Ihnen können sie nichts schicken, diese Saubande. Aber die $ nehme ich, wo immer ich sie noch bekommen kann, denn sie werden mir sehr gute Dienste tun.

Auch Frau Paula Weil[260] hat mir dieser Tage geschrieben, dass sie einen großen Koffer mit Wäsche und alten Kleidern von Tilly für mich fertig gemacht hat und mir senden wird. Ansonsten hat sie in bar durch Verkäufe über 1000 Gulden, was auch wiederum 2000 Fränkli sind. Also finanzielle Sorgen werden fürs Erste wir nicht haben, dafür haben Frau Maria und ich schon vorgesorgt. Sie fragen nach meinem Pelzmantel und dem Stutzer[261]. Sie sind versilbert worden, denn sie waren nicht mehr tragbar, weil das Futter völlig zerrissen war, sowohl bei dem einen wie bei dem anderen Stück. Ich glaube, dass ich Ihnen schon einmal geschrieben habe, dass ich all das, was durch Franz'sche bessere Sachen ersetzt werden

---

Gemeinde Grainau weiter als Mieter dort. Landauers Anwalt Siegfried Neuland wandte sich erst im März 1948 an das Landesamt für Vermögensverwaltung, Außenstelle Garmisch-Partenkirchen, mit der Bitte, Michael Reuthlinger aus dem Anwesen zu entfernen und den Sachverhalt der Denunziation von Franz Landauer im Jahr 1938 in der Spruchkammer Garmisch-Partenkirchen zu prüfen. Doch Reuthlinger wohnte bis zu seinem Tod 1951 mit anderen Mietern in dem ehemaligen Anwesen Rosenthal. Siehe Fußnote 163.

260 Die Schwester von Landauers Schwägerin Tilly, siehe Fußnote 197.

261 Knielanger, zweireihiger Herrenmantel.

konnte, verkümmelt[262] worden ist und ich habe dafür einen recht netten Betrag erzielen können, der fein säuberlich aufbewahrt worden ist. Überhaupt wird das Geld, das bisserl, das ich besitze, gut zusammengehalten, kein unnützes Fränkli ausgegeben und dem ist gut so. Und Sie werden staunen, wie gut ich noch ausstaffiert bin, wie tadellos die Sachen im Schuss von mir gehalten worden sind und wie »fenniggut« sie noch sind. Darin leide ich keineswegs Mangel.

Es freut mich aufrichtig, dass die Pakete nach Haslach[263] nun endlich angekommen sind und Ihnen gut gefallen haben. Sie wissen ja nicht, welche Freude ich habe, Ihnen, Liebes, Freude bereiten zu dürfen. Hoffen wir nur, dass die beiden Kleiderpakete von mir und dasjenige von Frau Maria sowie Lebensmittel von Frau Maria nun auch baldigst Sie erreichen werden. Sie sehen, wir denken immer an Sie!!

Sie schrieben mir von Frau Frank[264], Lelles Freundin, und Henny hatte auch einen langen Brief von ihr, Sie sehen, dass die liebliche Henny sich mit allen nur irgendwie nützlichen Stellen in Verbindung setzt, um zu ihrem Ziel zu kommen! Ja, sie ist mehr als tüchtig! Dass von Lelles Lift nichts mehr da sein würde, wusste ich, denn man hat ja seinerzeit alle Lifts der Juden versteigert![265] Dass

---

262 *Verkauft, zu Geld gemacht.*

263 Siehe Fußnote 198.

264 Juliane (Lilli) Frank, geb. Mandelbaum (1888 in München-1961 ebd.), mit dem Inhaber der Spedition Frank A. & Söhne, Alois Frank jun. (1890 in München-1971 ebd.), verheiratet, hatte zwei Söhne. Die Familie Frank besuchte regelmäßig Martin und Gabrieles Ferienhaus in Grainau. Durch den Status ihrer Ehe als »privilegierte Mischehe« entging Juliane Frank nationalsozialistischen Verfolgungen. Anfang 1945 entfiel der Schutz für noch bestehende »Mischehen« und ca. 2000 Personen wurden deportiert. Juliane Frank überlebte die Schoa in München.

265 Gabriele Rosenthal hatte einen Lift, eine große Versandkiste mit dem

der Dr. Illig Sie würde gerne wiederhaben wollen, sehen Sie, das kann ich dem Manne schon nachfühlen. Dass Sie es nicht tun werden, das weiß ich, und Sie werden sehen, es wird schon richtig werden mit unserem Haushalt. Wenn man beiderseits mit so viel Mut und guten Vorsätzen und auch mit so viel Freude herangeht, dann muss es ja gut werden, gell, ja.

Vielen, vielen Dank für die Tabellen. Sie sind meisterhaft geschrieben und Sie verdienen jegliches Lob, Sie haben sich viel Mühe damit gemacht. Wirklich lieb von Ihnen, Maria! Nun gerade blendend stehen die Bayern nicht, aber vergangenen Sonntag haben sie ja gegen die Mannheimer gewonnen und somit diese überflügelt.[266] Endlich beginnt am kommenden Sonntag auch hier wieder der Fußball, worauf ich mich sehr freue, habe ich ihn doch sehr vermisst. Wir hatten einige fast frühlingsmäßig anmutende Tage, heute ist es wieder kälter geworden, ich habe einen dummen Husten zurzeit, den ich gar nicht anbringe. Am wohlsten ist mir halt in der Frühe nach meinem kalten Bad, da bin ich fast (nur fast) ein Herrgöttle, frei nach Seftl!!![267]

Wenigen, das sie bei einer Emigration hätte mitnehmen können, bei der Spedition Frank A. & Söhne eingelagert. Im Juni 1941 erfolgte die Versteigerung. Ab November 1941 kam die 11. Verordnung zum Reichsbürgergesetz, die den Nationalsozialisten die Vermögensentziehung nochmals erleichterte. Mit dem Gesetz fiel das Vermögen von Juden, die sich im Ausland aufhielten, automatisch an das Deutsche Reich. Dies beinhaltete auch das Vermögen der Deportierten.

266 Beim Spiel am 9. Februar 1947 gewann der FC Bayern mit 4:1 gegen den VfR Mannheim. Die *Süddeutsche Zeitung* berichtete: »FC Bayern geht durch einen beachtenswerten 4:1- (2:0-Sieg) zweifellos der Gesundung entgegen. Zwar hemmten die Bodenverhältnisse flüssige Kombinationen, doch wurde die erfreuliche Wendung der ›Rothosen‹ schon erkenntlich.«

267 Gemeint ist hier Maria Baumanns Schwager, Karl Priem.

Von Herzing erwarte ich dieser Tage Antwort, er muss ja meinen Brief auch schon haben, ich werde Ihnen dann sofort Bescheid geben. Nun, Liebes, Gutes, bleiben Sie gesund und guter Dinge, grüßen Sie bitte die Familienmitglieder. Ihnen selbst alles Liebe, alles Gute, wie immer die herzliebsten Grüße

von Ihrem alten und getreuen Herrle.

** Das ist der Brief von den Eltern des Jutzi-Buben*[268]*, die also auch inzwischen geschrieben haben.*

Burtenbach[269], den 18. III. 47.

Mein Liebster!
Mein Herz ist so voll, ich hätte Ihnen so viel mitzuteilen und zu sagen. Ich will versuchen, es zu tun, soweit mir die Kinder hier Ruhe lassen. Der Zeitpunkt des Wiedersehens rückt gottlob immer näher, bald können wir uns sagen, was uns bewegt! Drei Briefe liegen vor mir, alle von Ihnen, und ich lese sie immer wieder und freue mich über jedes liebe Wort. Vielen Dank dafür. Und nun will ich sie Ihnen der Reihe nach beantworten! Ihre lieben Zeilen vom 1. III. erhielt ich hier am 15. III. und Sie schreiben darin, dass es noch manche Schwierigkeiten zu überwinden gibt, bis Ihre Rückkunft und alles, was damit zusammenhängt, klappt! Liebes Herz, ich habe mir darüber nie Illusionen gemacht, mit Geduld werden auch wir zum Ziele kommen.

Mit dem Schubser gegen Franz tue ich, was ich kann, es hat natürlich keinen Sinn, ihm jetzt hineinzupfuschen. Ich dachte mir das nun so, ich reise so Mitte April nach Mü[nchen], stelle fest, wie weit Franz gekommen ist! Sehe ich, dass etwas Annehmbares zuwege kommt, lasse ich's ihn fertig machen. Geht die Angelegen-

---

268 Fred Jutzi, Sohn von Anton Jutzi, siehe Fußnote 252.

269 Siehe Fußnote 239.

heit nicht vorwärts, werde ich bei Dr. Neuland[270] Erkundigungen einziehen und ihn evtl. dafür interessieren! Wenn Ihre Einreise klappt, dann kommen Sie auf jeden Fall, weil Sie persönlich viel mehr erreichen können. Sie können immer im Ried absteigen, eventuell auch länger Quartier dort nehmen, bis die Wohnungsfrage gelöst ist.

Mir wäre die andere Lösung, gleich in die richtige Wohnung einzuziehen, viel lieber, weil wir da viele umständliche Arbeit sparen könnten. Schreiben Sie an Franz, ob sich vielleicht zum 1. Mai eine Wohnung finden lässt, damit ich alles hinschaffen lassen kann und einigermaßen einrichten, bis Sie kommen. In puncto Miete usw. weiß ich ja, was wir wollen, und konnte Franz beraten! Es geht ja alles durch so viel Instanzen, dass es ein Wunder wäre, wenn wir eine Wohnung hätten, bis Sie kommen. Im Nehmen waren alle schneller als im Geben, da sind alle gleich, ob so oder so eingestellt![271] Es zuckt mir in allen Nerven, wenn ich an die Arbeit denke, die es zu bewältigen gibt, und doch kann ich so wenig tun, wie Sie selbst, solange Franz mir nicht Bescheid gibt. Ein bisschen pomadig ist er schon, er verlässt sich sehr auf Thal[messinger][272]! Viel-

270 Gemeint ist Siegfried Neuland, siehe Fußnote 215.

271 Maria Baumanns Kommentar kann als Anspielung auf die zahlreichen »Arisierungen« in München gelesen werden. In einer 2004 von Wolfram Selig dazu herausgegebenen Detailuntersuchung finden mehrere Personen aus Landauers Umfeld Erwähnung. Noch im Februar 1938 waren in München 1745 Juden als selbständige Gewerbetreibende eingetragen. Bis 1939 mussten sie ihre Geschäfte, Handwerksbetriebe oder Fabriken an nicht-jüdische Geschäftsleute verkaufen. Die Zahl der »freiwilligen« Verkäufe und Liquidationen zwischen 1933 und 1937/38 lässt sich nicht sicher ermitteln. Maria Baumann hatte möglicherweise weitere gewerbliche »Arisierungen« mitverfolgt, beispielsweise der Münchner Kaufhäuser Isidor Bach (siehe Fußnote 275), Hermann Tietz und Uhlfelder.

272 Karl Thalmessinger (1893 in Regensburg-1962 in München), Kauf-

leicht geht es Franz doch nicht so nahe wie mir, die ich ja die ganze Angelegenheit als meine ureigenste betrachte und daher auch ein ganz besonderes Interesse daran habe!!

Nun zu Ihrem Gepäck! Ich dachte, Sie bringen alles als Passagiergut, weiß aber nicht, wie die Vorschriften in der Schweizer Beförderung sind. Sie können immer und jederzeit Pakete schicken,

---

mann, 1926 bis 1929 Mitglied des FC Bayern München, bis April 1933 Teilhaber der Parfümerie B. Tochtermann in der Maffaistraße 4. Wie Landauer versuchte er ab 1933 sein Auskommen als Provisionsvertreter zu verdienen; von seiner Wohnung in der Germaniastraße 7 aus vertrieb er Lederwaren, solange er die hierzu notwendige Reiselegitimationskarte besaß. Bis November 1938 arbeitete Thalmessinger schließlich für die Maskenfabrik S. Schmitt. Im März 1939 lag dem Gewerbeamt ein bei der Gestapo eingegangenes Denunziationsschreiben vor, dem zufolge Thalmessinger unerlaubt weiter für S. Schmitt arbeite, was sich in einer Vernehmung im April 1939 nicht bestätigen ließ, siehe Fußnote 74. Im August 1939 floh Thalmessinger nach Zürich. Wegen »unerlaubter geschäftlicher Tätigkeit« kam er im Oktober 1940 in das Arbeitslager Davesco im Tessin, aus gesundheitlichen Gründen entließ man ihn im April 1941 wieder. Seine Mutter Franziska Thalmessinger (1867 in Regensburg-erm. 1942 im Ghetto Theresienstadt) wurde im Juni 1942 von München aus nach Theresienstadt deportiert und ermordet. Thalmessinger verließ die Schweiz im März 1946. Ab April 1946 bemühte er sich um die Anmeldung einer Verkaufsstelle für Parfümerie- und Lederwaren in seiner Wohnung in der Widenmayerstraße 34. Das Gewerbeamt schob seinen Antrag immer wieder auf; im Januar 1947 beschwerte sich Thalmessinger über »die passive Resistenz [des Amtes] gegenüber unseren jüdischen Belangen«. Anfang 1947 konnte er schließlich die Goldpfeil Lederwaren K.-G. in der Brienner Straße 3 eröffnen. Im November 1948 stellte Siegfried Neuland für Thalmessinger einen Rückerstattungsantrag für die Firma Tochtermann K.G. Im Rahmen einer außergerichtlichen Einigung erhielt Thalmessinger eine Geschäftsbeteiligung von 50 Prozent, musste jedoch als Kommanditist eine Einlage in Höhe von 15 000 DM leisten.

und zwar an meine Adresse, dann wissen wir alle, dass Sie Ihnen gehören. Prims [Klara und Karl Priem] können sie auch holen, wenn ich nicht da bin. Hier können die Sachen bleiben, bis sie endgültig ans Ziel kommen. Die Reise ins Ried hängt von den Umständen ab, Sie gutes Dummchen, Sie wissen doch hoffentlich, dass Sie dort immer willkommen sind? Haben wir in Mü[nchen] eine Wohnung, so reisen Sie mit dem Gepäck erst dahin, ich erwarte Sie dort. Und dann gehen wir ins Ried. Klappt es nicht mit der Wohnung, dann sehen wir uns im Hoppenried[273] und können von da aus ruhig abwarten. Und bei Prims sind Sie besser versorgt als anderswo! Ach, liebstes Herrle, ich beneide fast Frau Seeberger[274], sie ist schon am Ziele! Umso schöner wird es bei uns einmal sein, wenn wir uns wieder haben dürften!

Wie geht es der alten Dame? Ich staune immer wieder, was sie aushält! Frau Maria kommt dadurch leider nie zur Ruhe und Entspannung. Wegen der alten Sachen, bestes Herrle, danken alle herzlich, Jung und Alt, die etwas davon bekommen. Da es durchweg gute Stoffe waren, lässt sich alles verwenden!

Ihren Sportanzug habe ich zertrennt, und höchstes Lob verdient die Firma Bach[275], Stoff, Zutaten, Näherei sind für hundert Jahre

---

273 Mit Ried bzw. Hoppenried meint Maria Baumann ihr Elternhaus im Hoppenriedweg in Memmingen, siehe Fußnote 28.

274 Es konnten keine Daten zur Person ermittelt werden.

275 Isidor Bach (1849 in Fischach-1946 in Bern) war der erste Hersteller und Verkäufer von Konfektionsgrößen für Herren und Knaben in Bayern. Das Kaufhaus Isidor Bach befand sich in der Sendlinger Straße in München. Die Inhaber zögerten lange mit der Emigration und verloren 1936 ihr Kaufhaus durch Zwangsverkauf an einen leitenden Mitarbeiter, Johann Konen. Nach 1945 erhielt die Familie Bach das Kaufhaus im Rahmen des Rückerstattungsverfahrens teilweise zurück, das allerdings den Namen Konen behielt. Der Sohn des Mitinhabers Carl Bach richtete zur Förderung eines Jüdischen Museums in München die Peter H. Bach Stiftung ein.

berechnet gewesen. Mit »taten die Finger zwicken« vom Trennen. Meine Male freut sich königlich, weil Diethard endlich einen richtigen Anzug mit einer langen und einer kurzen Hose bekommt. Ja, liebstes Herzele, ein bisschen plump sind die Stiefel schon, aber wissen Sie, sobald die Wege trocken sind, »san mir wieder fesch«! Die Kindersachen, die Frau Maria in so rührender Weise gesammelt hat, sind zu hohen Ehren gekommen und schon eingeweiht. Henriettchen ist eben eine Eva und mit ihren 1½ Jahren eitel! Sie ist ganz reizend, plappert und lacht gerne, braucht aber viel Arbeit wie eben alle kleinen Kinder. Inge und Diethard wachsen und gedeihen, alles wird zu kurz und zu klein, aber deswegen sind sie lustig und vergnügt. Mein Schwager [Michael Unterweger] hat einen guten Chef und zufriedenstellende Arbeit. Auch sonst geht alles gut, sie sind froh, dass sie gesund über den schrecklichen Winter gekommen sind. Nun ist es eine nicht geringe Sorge, dass Malchen ein viertes Kindchen haben soll. So, wie die Ernährungslage ist und die Beschaffung von Kleidern und Schuhen, ist ein viertes Kind einfach zu viel. Aber was will man machen! Wie gerne hätte ich ihr diese große Sorge und Arbeit erspart!

Heute erhielt ich Ihren Luftpostbrief und es tut mir leid, dass ich Ihnen keine genaue Laufzeit angeben kann, da Cläre [Klara Priem] ihn hierher nachgeschickt hat; gleichzeitig kam Ihr lieber Brief aus Bern[276] hier an und es scheint mir, als wenn Sie das Luftpostporto sparen könnten! Herzlichen Dank für Ihre lieben Zeilen, die freilich weder für Sie, Liebstes, noch für mich das enthielten, was wir hören wollten. Ich kann mich nicht genug wundern, dass Franz sich mit Spitzfindigkeiten gerade in diesen wichtigen Dingen abgibt! Vielleicht wird es doch notwendig, dass Sie Dr. Neuland zu-

276 Vermutlich reiste Landauer nach Bern, um beim Emigrationsbüro der Eidgenössischen Fremdenpolizei vorzusprechen, wo ihm Unterstützung bei seiner Rückkehr nach Deutschland zugesagt und im Mai 1947 geholfen wurde, seine Ausweise zu verlängern.

ziehen. Im Übrigen haben Sie vollkommen Recht, dass Sie nur den geraden Weg beschreiten wollen, ich liebe in diesen Dingen keine Unklarheiten. Ihr Berner Brief vom 6. III. beruhigt mich, da die Post ziemlich schnell läuft, wird sich die Angelegenheit auch schnell erledigen. Es ist wirklich schade, dass Sie nicht früher nach Bern sind! Es war sehr lieb, mich gleich von Bern aus zu benachrichtigen und ich danke Ihnen herzlich. Wie sehr wünsche ich, dass ihre Bemühungen vom Erfolg gekrönt werden!

Wie es mit Franzens Pension steht, weiß ich nicht, bis jetzt scheint alles in Ordnung zu sein. Es war einmal die Rede davon, dass er nebenbei etwas verdienen will, durch die Bayernsache kam er davon ab.[277] Was soll ich zu Margot sagen? Sie hätte sicher Anerkennung von Klaubers verdient, andererseits war sie später sehr ängstlich, wollte auch mich ängstigen wegen meiner Korrespondenz mit Ihnen.[278] Das war aber die allgemeine Angstpsychose der Nazizeit! Mein liebstes Herrle, wie gut, dass wir wissen, was wir voneinander zu halten haben! Bald gehen die Tage hier zu Ende, in Memm[ingen] richte ich schon alles für Mü[nchen] her. Seit gestern haben wir herrliches Föhnwetter und ich bin voller Pläne für Sie und mich! Tausend innige Grüße und ein heißes Busserl,

Ihre getreue Maria.

Herzlich Grüße von Familie Unterweger.

---

277 Franz Herzing engagierte sich sehr im Vereinsleben. Kurz vor Landauers Rückkehr nach München schrieb er an Robert Lecke (1886 in Osnabrück-1968 in München), Mitglied des FC Bayern seit 1900, und bat um Unterstützung für Landauer in der nächsten Spielsaison. »Dann habe ich noch eine Bitte: erklären Sie sich auch für 1947/48 zur Mitarbeit bereit, wir dürfen Landauer jetzt nicht sitzen lassen.« Siehe auch Fußnote 217.

278 Die Bevölkerung überblickte nicht alle Zensurmaßnahmen. Es bestand daher immer Unsicherheit und Angst, welche Briefe unter eine Strafverfolgung fielen, insbesondere in der Kommunikation mit NS-Verfolgten.

Memmingen, den 7. März 47.[279]

Mein lieber, guter Kurt!

Es war eine besonders nette Osterüberraschung, dass Ihr lieber Brief vom 29. März gerade am ersten Feiertag eingetroffen ist. Ein lieber Gruß von Ihnen und so manches liebe Wort, wie sehr habe ich mich damit gefreut, vielen Dank dafür! Ach, es ist doch so wichtig, dass Sie mir immer wieder sagen, dass Sie mich gern haben, Frauen können das nicht oft genug hören – und die Männer, die hören das auch immer wieder gern!

Dass Sie nun wieder mit Ihrem Gesicht in Ordnung sind, freut mich sehr, wäre doch sehr über einen so lädierten Mann erschrocken. Die Brustprellungen waren anscheinend nicht von Pappe, wie sie ein gewisser Herr Gran[280] hinstellen wollte! Ich fühle sehr mit Ihnen, denn die Sachen tun sehr weh und brauchen ziemlich lange, bis sie heil sind. Dass Sie wieder zunehmen, sehe ich als gutes Zeichen an, denn was täte ich neben einem gertenschlanken Mann? Neben einem vollschlanken wirke ich dann immer noch schlank. So eitel sind diese Frauen! Mein lieber Mann, dabei ist das Äußere alles so nebensächlich, wichtig ist doch, dass Sie, liebes Herz, endlich einmal hierherkommen! Vielleicht wird es diesmal im Mai doch wahr, denn ich habe von Herzings vor Ostern die erfreuliche Nachricht bekommen, dass sie Ihnen das wichtige und vor allen Dingen das vollkommen legale Papier geschickt haben. Es ging vom Jewish Committee[281] über den Sicherheitsdirektor

---

279 Gemeint ist April, siehe Brief vom 16.04, S. 209.

280 Anspielung auf den deutschen Spionagefilm *Ein gewisser Herr Gran* aus dem Jahr 1933. In dem Film von Gerhard Lamprecht spielt Hans Albers den Agenten und Draufgänger Bergall alias Herr Gran, »der bald als Varietékünstler, bald als eleganter Hochstapler und verliebter Schwärmer auftritt und eigentlich ein Hauptmann vom Geheimdienst ist, der zum Schluß verdientermaßen belohnt wird: von seinem Vaterland und von der Liebe«.

281 Das Jewish Committee in der Möhlstraße 43 vertrat als Organisation

Herrmann[282] und das Letztere beruhigt mich ungemein, denn er macht alles gründlich, soviel ich ihn in Erinnerung habe: Und

---

die Überlebenden der Schoa aus Osteuropa. Im Frühjahr 1947 lebten ungefähr 200 000 jüdische Displaced Persons in Westdeutschland, die Mehrheit davon in der amerikanischen Besatzungszone. Sie versuchten von dort aus nach Amerika, Kanada oder Palästina/Israel auszuwandern. Direkt nach Kriegsende gründeten die DPs das Zentralkomitee der befreiten Juden in Bayern, später für die gesamte amerikanische Zone, das offiziell ihre Interessen gegenüber den Alliierten und Hilfsorganisationen wahrnahm. Das Jewish Committee war als lokale Organisation für München zuständig. Kurt Landauer gehörte zu den wenigen deutschen Juden, die sich für eine Rückkehr aus der Emigration in ihre ehemalige Heimat entschieden, und zählte somit nicht zu den jüdischen Displaced Persons. Das Jewish Committee Munich sicherte Kurt Landauer in einem Brief – adressiert an Siegfried Herrmann – vom 27. März 1947 (S. 335) die Betreuung nach Ankunft in München zu. Landauer fertigte eine Abschrift des Briefes an und sandte sie an Maria Baumann.

282 Siegfried Herrmann (1886 in München-1971 ebd.), Sicherheitsdirektor, seit 1905 Mitglied des FC Bayern, Spieler bis 1936 und Funktionär. Seit 1907 arbeitete er wiederholt als Jugendleiter und ab 1919 auch im Vorstand über viele Jahre eng mit Landauer im Verein zusammen. Landauer, Herrmann und Harlacher gewannen 1932 mit dem FC Bayern München die Deutsche Meisterschaft. Er wurde nach Landauers Rücktritt 1. Vorsitzender, sogenannter Vereinsführer, den die Vereinsmitglieder kurz später mit großer Mehrheit wählten. Herrmann begann seine berufliche Karriere 1912 als Polizeiassistent und stieg bis 1936 zum Kriminalkommissar auf. Er trat nicht in die NSDAP ein und wurde »aus dienstlichen Rücksichten und unter Gewährung der bestimmungsmäßigen Umzugskostenvergütung« im Mai 1941 in der Kriminalpolizeileitstelle in Wien eingesetzt. Herrmann wurde zweimal zur Beförderung zum Kriminalrat vorgeschlagen, 1937 und 1943, jedoch nach Eingang seiner Beurteilungen nicht benannt. Nach seiner Rückkehr 1945 nach München erfolgte die Wiedereinstellung durch die amerikanische Militärbehörde als Sicherheitsdirektor in München. Josef Bayer (1897 in München-1965 ebd.)

aus wirtschaftlichen Gründen ist es erwünscht, dass Sie herkommen und aus was für Gründen wohl noch? Aber bleiben wir brav bei der so wichtigen Sache. Sie werden den Brief inzwischen erhalten haben und die vorbereiteten Dokumente nach Bern geschickt haben. Und dort gibt es wohl keine Schwierigkeiten mehr. Frau Herzing erwähnte sogar, dass die Papiere nicht nach Berlin geschickt werden brauchten,[283] aber das überlasse ich lieber Ihrer bewährten Gründlichkeit!

Herzings freuen sich so sehr auf Ihr Kommen und sie werden alles tun, um Ihnen das Eingewöhnen leicht zu machen. Sie erwarten mich nun jeden Tag in München, um alles Nähere mit mir zu besprechen. Ich schrieb auch gleich, dass ich am Mittwoch reisen werde, denn ich möchte doch versuchen, ob es nicht möglich ist, [be]vor Sie kommen, eine Wohnung zu erhalten, den Berichten von Herzings nach zu schließen, bekommen Sie sie erst, wenn Sie hier sind. Nun bin ich natürlich sehr neugierig. Frau Liesel hat auf Ostern das Liebespaket aus Weil[284] erhalten und ich nehme an, dass es auch Butter und Schweinefleisch war, und das ist gerade das Richtige für die armen Großstädter. Der alten Emma[285] geht es nicht gut, sie hat Herzwassersucht, ich glaube, da wäre der Tod für alle Beteiligten eine Erlösung.

Je nach Entwicklung aller Dinge, die ich auf meiner Reise vorha-

---

und Herrmann stellten den ersten offiziellen Vereinsvorstand des FC Bayern.

283 Die Rückkehr musste nicht nur von den jeweiligen Alliierten, in diesem Fall der amerikanischen Militärregierung, sondern auch von den lokalen Behörden genehmigt werden. Deshalb war hier zwar keine Anfrage in Berlin nötig, aber durchaus eine Bestätigung des Münchner Oberbürgermeisters.

284 Vermutlich ist hier das südbadische Weil am Rhein bei Basel gemeint. Pakete, die Landauer aus der Schweiz schickte, sind möglicherweise im dortigen Grenzzollamt abgefertigt worden.

285 Es konnten keine Daten zur Person ermittelt werden.

be, werde ich vielleicht Dr. Neuland aufsuchen, in der Grainauer Angelegenheit[286] kann das sicher ganz interessant werden.

Endlich ist also das Ellikind angekommen![287] Nach so vielen Jahren und was liegt alles dazwischen! Ich freue mich mit der Mutter, dass es dem jungen Frauchen gut geht und dass es glücklich ist. Die Flugstrecke ist fantastisch und mit Wehmut denkt man an unsere verlorenen Posten auf diesen Gebieten! Der alten Dame weiter gute Besserung, warum blieb die Pflegerin nicht, solange Elli da ist? Da hätte doch Frau Maria gleich eine Erholung gehabt?

Hoffentlich haben Sie jetzt besseres Wetter bekommen, es sieht zwar nicht danach aus, denn wir haben seit einigen Tagen einen hässlichen Sturm und Sie sicher die Bise! Schade, sonst wäre es warm und in unserem Garten gibt es schon so reizende Frühlingsblümchen und die Märzenbecher und Hyazinthen und Narzissen wollen aufbrechen, um unser Herz zu erfreuen nach dem langen Winter! Rings auf den Wiesen gibt es viele Schlüsselblumen und die Kinder können sich nicht genug tun, Sträußchen zu pflücken.

Ich hoffe, dass sich der Mai gut anlässt, denn dann wird zu ihrem Kommen alles in schönster Pracht und Blüte sein. Es wird Ihnen sicher gefallen, es ist so ruhig hier. Schrieb ich Ihnen nicht schon, wie wir es mit Ihrem Gepäck machen wollen? Sie bringen

---

286 Das Anwesen von Kurt Landauers Schwester Gabriele Rosenthal ging im Mai 1939 zwangsweise an die Gemeinde Grainau zum »Erstellen einer Siedlung für 40 Siedler sowie der Erweiterung der Friedhofsanlage«. Kurt Landauers Neffe, Uri Siegel, hielt sich 1946 als Soldat der Jewish Brigade – einer kämpfenden Brigade der Britischen Armee, bestehend aus Freiwilligen aus dem damaligen Völkerbundsmandat für Palästina – in München auf und beauftragte Rechtsanwalt Siegfried Neuland mit der Rückerstattung.

287 Yamik Levin (Elli) reiste im März 1947 zu ihrer Mutter nach Genf. Sie war inzwischen 24 Jahre alt und Mutter und Tochter hatten sich seit acht Jahren nicht gesehen.

alles mit hierher und Cläre [Klara Priem] bewahrt alles gut und sicher auf.

Am Ostersamstag kam auch das große Paket mit den braunen Schuhen, dem braunen gemusterten Seidenkleid, der blauen Bluse, dem schwarzen Mantel und den anderen Kleinigkeiten. Ich danke Ihnen für alles sehr herzlich, es sind lauter gute und nützliche Dinge und ich habe schon Verwendung dafür. Dass Frau Weil Tillys Sachen so nutzbringend versilbert hat, freut mich mehr, als wenn ich sie bekommen hätte, denn ich habe, was ich brauche, und für Sie ist eine Rücklage wichtiger als mir ein paar Kleider mehr im Schrank!

Elfriede hat mich auch mit einem süßen Paketchen überrascht und immer ist noch etwas Nützliches zum Anziehen dabei. Diesmal beglückte sie mich mit herrlicher Seife, welche Wohltat! Als ich nach Burtenbach kam, hatten sie da für die Kinder nicht ein Schnippelchen Seife mehr und da habe ich meine natürlich geopfert. Nun kann ich ihnen auch wieder eine schicken, da ich so reich bin, ich bin schon froh, wenn ich ihnen ein bisschen unter die Arme greifen kann. Meine Briefe von dort werden Sie inzwischen auch erhalten haben. Es dauert eben von Burtenbach aus immer etwas länger, weil es keine Bahnstation ist. Meine kleine Henriette vermisse ich sehr, sie war so lieb und lustig und hat sehr an mir gehängt [sic]. Malchen schreibt, dass die Kleine immer noch nach mir frägt, und dann sagt sie »Dani futt«.[288]

Ich muss nochmal zu Ihrem Brief zurückkehren. Sie haben also auch Holz- und Kohlensorgen! Dann wissen Sie ungefähr, wie es zugeht, wenn man [es] im Winter warm haben will. Hier kommen demnächst die neuen Holzeinschreibungen. Wenn Sie vom Jewish Committee betreut werden, dürfte es Ihnen darin etwas besser gehen.

Die Fleischmaschine soll zum Durchtreiben von Fleisch und Gemüse dienen, auch gibt es Einsätze dazu, mit deren Hilfe man altes

---

288 *Dani* vielleicht für *Tante*, *futt* für das bairische *fuat* bedeutet *weg*.

Brot, Mandeln und Nüsse reiben kann. Sogar für Spritzgebäck bekommt man Einsätze. Fragen Sie doch bitte, nach Maschinen vom Alexanderwerk, da bekämen Sie das Richtige. Bitte denken Sie auch an Schuhbürsten. Eine Schmutzabreibbürste, Glanzbürste, zwei Anstreichbürstchen, zwei Waschbürsten, ein kleiner Mehlbesen und eine dazu passende Schaufel, wenn Sie schicken können, Sie wissen am besten, was erlaubt ist. An Medikamenten Folgendes: Schlafmittel, schmerzstillende Mittel, große Packung Sympatol Liquidum 10 %, Gelonida Antineuralgica,[289] gute Hustentropfen, Penatencreme, Kamillosan, Kamillentee, Bronchialtee, beide in Tablettenform, und, wenn es zu machen ist, etwas Alkohol.* Erschrecken Sie nicht, es ist das Allernotwendigste, was man für eine Hausapotheke braucht. Sollten Sie in nächster Zeit falsche Zähne brauchen, so bringen Sie sich auch Kautschuk mit, sonst bekommen Sie keinen Ersatz.

Wenn Sie irgendwo eine gute Nagelzange auftreiben, bitte besorgen Sie sie, denn Sie erinnern sich doch sicher an mein Maniküre-werkzeug und wissen, wie nötig ich die Zange brauchte, meine ist leider verbrannt. Wenn mir noch etwas einfällt, notiere ich es gleich, streichen können Sie immer.

Bestes Herzele, es geht mir wie Ihnen, ich werde langsam zappelig, ich bin überhaupt nur noch [am] Warten! Aber auch das geht vorüber, nochmal so lange dauert's ja nicht! Und mein Lieber, bitte nicht so hässlich von Henny reden. Sie haben jetzt nur noch diese einzige Schwester und sie ist sehr weit fort. Kann sie es nicht einrichten, dass sie etwas früher nach Genf kommt, wenn Sie sie darum bitten? Geben Sie Ihrem Herzen einen Stoß, man soll auch in Kleinigkeiten so handeln, dass man nie etwas bereuen muss. Es ist mir nicht recht, wenn Sie sie meinethalben um etwas bitten. Sie weiß ja nicht, wie gern ich ihren Geschwistern geholfen habe und dann

289 Sympatol Liquidum 10 % ist ein zu dieser Zeit übliches Kreislaufmittel, Gelonida Antineuralgica bezeichnet ein Schmerzmittel.

war es mir eine Selbstverständlichkeit. Wie viel lieber würde ich an Henny die Familienbilder in Öl schicken, die ich so lange aufbewahrt habe für sie, bis sie mir am 17. Dezember '44 verbrannten![290] – als von ihr etwas annehmen! Und wie sie Ihnen schreibt, empfindet sie auch ganz richtig, wenn sie nicht schicken will, was sie noch brauchen kann. Also lassen Sie es darauf beruhen, wir haben, was wir brauchen.

An Frau Maria schreibe ich selbst wegen des Kleides. Wegen ihrer Brüder werde ich mich wunschgemäß verhalten. Da schreibe ich so nur, was ich muss. Frau Herzing werde ich dahingehend aufklären. Wir können hier manchmal Angebote von Schweizer Firmen lesen, die verlockend sind, aber wir wissen sehr gut, dass Geld auch in anderen Ländern schwer zu verdienen ist. Meinem Schwager [Karl Priem] war am verlockendsten ein *Amizigaretten-Angebot. Beide Seftls*[291] *lassen herzlich grüßen. Ich grüße Sie innigst und wünsche Ihnen für alle Weh-Weh gute Besserung. In Liebe wie immer, Ihre getreue Maria.*

Wenn Sie gelegentlich ein Farbband 14 cm für Mercedes Reisemaschine beilegen, bin ich sehr dankbar, meines ist ganz schlecht.

* *und eine Schrubberbürste ohne Stiel!*

Genf, den 9. April 1947.

Meine liebe Maria!
Vielleicht erreicht Sie dieser Brief noch, bevor Sie nach München fahren. Wenn nicht, so werden Sie ja in München gehört haben,

---

290 Im Dezember 1944 war Maria Baumann in der Wohnung von Dr. Heinrich Illig in der Heßstraße 22 gemeldet. Diese wurde bei einem Luftangriff im Dezember 1944 ausgebombt.

291 Gemeint sind Maria Baumanns Schwager Karl Priem und Hermann Ahmeyer.

dass meine Angelegenheit ein Stück weiter vorgeschritten ist. Also lassen Sie sich erzählen. Infolge der Osterfeiertage, an welchen es keine Postzustellung gegeben hat, kam Franzens Brief vom 27. März erst gestern, den 8. April bei mir an. Einliegend waren die beiden Dokumente, die ich Ihnen in Abschrift beilege.[292] Franz meint, die beiden Dokumente seien in jeder Beziehung ausreichend und ich solle damit nach Bern fahren, dorten würde ich ohne Anstand meine Einreisegenehmigung erhalten, die Sache bräuchte nicht mehr nach Berlin. So hat man Herrmann[293], der persönlich beim Jewish Committee gewesen ist, gesagt. Das stimmt nun aber leider nicht. Bern besteht auf die Bestätigung des Oberbürgermeisters und ist auch nicht zuständig, die Einreiseerlaubnis zu geben. Ich habe also sofort gestern, nur kurz, an Herzing geschrieben und ihm das mitgeteilt und ihn gleichzeitig gebeten, mir die Bestätigung des Herrn Scharnagel[294] zu senden. Diese zu erlangen, dürfte doch nicht allzu schwer sein. So weit der Sachverhalt.

---

292 Siehe Seite 333f.

293 Siegfried Herrmann, siehe Fußnote 282.

294 Dr. h.c. Karl Scharnagl (1881 in München-1963 ebd.), bei Landauer Scharnagel, Münchner Oberbürgermeister. Scharnagl, gelernter Bäckermeister, engagierte sich ab 1919 als Kommunalpolitiker für die katholisch-konservative Zentrumspartei, später Bayerische Volkspartei (BVP). 1920 bis 1924 und 1928 bis 1932 war Scharnagl für die BVP Abgeordneter im Landtag. 1925 wurde er auch mit Stimmen der NS-Stadträte zum 1. Bürgermeister gewählt und verfolgte einen entschieden rechtskonservativen Kurs. Durch die Akquirierung ausländischer Anleihen konnte Scharnagl große Infrastrukturprogramme wie die Sanierung der städtischen Versorgungswerke und Investitionen im öffentlichen Wohnungsbau finanzieren; seine zweite Amtszeit ab 1929 fiel dann in die Zeit der Weltwirtschaftskrise. Sein Amt als Oberbürgermeister musste er am 20. März 1933 abgeben. Er zog sich in das elterliche Bäckereigeschäft zurück. Wegen Kontakten zu dem im Widerstand tätigen ehemaligen Leipziger Bürgermeister Carl Goerdeler verbrachten ihn die Nationalsozialisten von August

Nun hatte ich gestern in meiner begreiflichen Aufregung und Freude, dass ich nun wieder einen guten Schritt vorwärtsgekommen bin, so gar nicht den Briefbogen des Jüdischen Komitees angesehen und erst später hat mir Frau Elli [Yamik Levin/Elli Klopfer] gesagt, dass die Schrift des Briefbogens, die ich für hebräisch gehalten habe, nicht hebräisch, sondern jiddisch[295] ist, eine Sprache, die von den Ostjuden[296] gesprochen wird. Das würde mich

---

bis Oktober 1944 ins Konzentrationslager Dachau. Nach Kriegsende beauftragte ihn die amerikanische Militärregierung mit der Führung der Stadtverwaltung. Zu Scharnagls Hauptaufgaben gehörten der Wiederaufbau einer demokratischen Stadtverwaltung und die Bewältigung der Versorgungskrise. Wie Landauer wandten sich täglich viele andere an ihn: »Da waren Mütter, die nach einem Weg suchten, ihre evakuierten Kinder wieder nach München zurückzuholen. Heimkehrer fanden an Stelle ihrer Wohnung einen Trümmerhaufen und fragten im Rathaus nach ihren Angehörigen. Zahllos waren die Gesuche um Fahrgenehmigung zur Zurückholung verlagerter Möbel. Flüchtlingstransporte brauchten Verpflegung, entlassene KZler und ehemalige Heimkehrer Kleidung und Wäsche.« Scharnagl setzte sich für die Gründung der CSU ein und wurde ab Juni 1946 ihr erster Münchner Oberbürgermeister der Nachkriegszeit. 1949 zog sich Scharnagl aus der Politik zurück. 1932 bei der Deutschen Meisterschaft dabei, unterhielt Scharnagl Kontakte zum FC Bayern, sodass Herzing wahrscheinlich leichten Zugang zu ihm hatte.

295 Bis zur Schoa in weiten Teilen Zentral- und Osteuropas verbreitete Sprache, mit hebräischen Buchstaben geschrieben. Unter jüdischen Überlebenden aus Zentral- und Osteuropa, die sich nach Kriegsende als sogenannte Displaced Persons in Deutschland aufhielten, war Jiddisch die Hauptverkehrssprache. Hilfsorganisationen wie das Jewish Committee (siehe Fußnote 281) mussten deshalb jiddischsprachig sein. Landauer, der weder Hebräisch noch Jiddisch gelernt hatte, konnte es deshalb zunächst nicht einordnen.

296 Landauer greift auf die begriffliche Unterscheidung zwischen »Ostjuden« und »Westjuden« zurück, die sich im deutschsprachigen Raum um 1900 etablierte, als Vorstellung jedoch bereits im ausgehen-

nun keineswegs stören, im Gegenteil, es sind meist gute Menschen und es ist schon gut, wenn man sich meiner annimmt. Nur wird das mit dem Wohnraum einen Haken haben. Und nun heißt es: AUFGEPASST!! Denn es könnte leicht sein, dass man mir im Hause oder gar bei einer Familie im Haushalt irgendeinen Wohnraum zur Verfügung stellt. Das wäre so ganz und gar nicht das, was wir beide haben müssen.[297] Abgesehen davon möchte ich gerade diesen O[st]J[uden] gegenüber mehr als Zurückhaltung bewahren, ich habe hier keine guten Erfahrungen damit gemacht.[298] Ich kann mich leider nicht so deutlich ausdrücken, wie nötig wäre, aber ich denke doch, dass mein gescheites Mägdle mich schon verstehen wird.

Ich kann mir denken, dass der Franz etwas enttäuscht sein wird, dass ich immer noch nicht zufrieden bin. Aber was ich an Bestätigungen und Dokumenten brauche, das muss ich eben haben und

---

den 18. Jahrhundert, insbesondere unter Vertretern der Haskala, tief verankert war. Ende des 19. Jahrhunderts nahm die jüdische Auswanderung aus Zentral- und Osteuropa nach Deutschland zu. Sie erfolgte häufig aus ländlichen und von Armut betroffenen Regionen. Die mitgebrachte Sprache, Kleidung und religiöse Praxis galten als rückständig oder nicht europäisch genug. Assimilierte Kreise Deutschlands grenzten sich von den »Ostjuden« ab.

297 Im März 1947 wandte sich Landauer mit der Bitte um Unterstützung an das Jewish Committee, siehe Fußnote 281. Dessen Antwortschreiben entnahm er, dass diese Organisation, die in erster Linie jüdische Displaced Persons betreute, nicht die richtige Ansprechpartnerin für seine Belange war. Wie bereits in einem früheren Brief klargestellt (S. 115), ging er davon aus, dass er ein Anrecht auf eine Rückkehr nach München sowie auf angemessenen Wohnraum habe und keinesfalls in einer fremden Wohnung oder einem DP-Camp einquartiert werden könne.

298 Im Unterschied zu München vor 1933 waren in der Schweiz sowohl von den 19 000 Schweizer Juden als auch von den jüdischen Flüchtlingen ungefähr die Hälfte osteuropäischer Herkunft.

da hilft alles andere nichts. Denn es hat ja für mich keinerlei Sinn, eine Eingabe zu machen, von der ich zum Voraus weiß, dass sie nicht genehmigt werden kann, mangels genügender Unterlagen. Übrigens kam gestern auch noch ein Brief an mich von der Bayr. Lederverarbeitungs G.m.b.H. (Biederstein)[299], dass ich nach meiner Rückkunft nach München Aussicht habe, bei einer Firma zu arbeiten. Es heißt wörtlich: »Die näheren Abmachungen wollen wir mit Ihnen persönlich treffen.« Ich bin froh um diesen Brief, denn er erleichtert mir sehr die Genehmigung meines Gesuches.

Ich muss schon restlos anerkennen, dass der Franz sich sehr eingesetzt hat. Ich hatte vergessen zu sagen, dass die Heranziehung des Jewish Committee auf Veranlassung von Thal[messinger] geschehen ist. Ich habe dem Franz gestern geschrieben, dass ich auf seinen Brief eingehender antworten werde in den nächsten Tagen und so werde ich ihm morgen ausführlich schreiben. Es war nur dumm, dass ich bei Abfassung meines Briefes noch nicht die ganze Tragweite des j[üdischen] Komitees begriffen hatte resp. noch nicht den Briefkopf mir richtig angesehen habe. Aber ich hoffe auch ganz bestimmt, dass es richtig wird. So oder so, hat der Adolf immer gesagt.

Nun verlassen wir dieses Thema und wenden uns erfreulicheren Dingen zu. Das heißt, das Thema wäre sogar sehr erfreulich, wenn alles seinen geordneten Gang ginge, denn kann es etwas Erfreulicheres für uns beide geben, als uns endlich wiederzusehen? Ich glaube doch nicht. Eigentlich hatte ich gehofft, nach den Feiertagen von Ihnen Nachricht zu erhalten, und so muss ich mich halt noch gedulden. Denn mit Geduld wappnen, das haben wir ja gelernt. Ich hoffe gerne, dass Sie, wieder in Memmingen, gute Feiertage verbracht haben. Das Wetter wird wohl so gewesen sein wie bei uns, trocken, nicht sehr warm, manches Mal ein bisserl wärmende Sonne.

---

299 Lederfabrik am Biederstein 7 in München Schwabing.

Mein Programm war: Fußball.[300] Und zwar 2½ Tage lang. Am Samstagnachmittag ging es los um 1 Uhr bis 6 Uhr abends. Sonntagfrüh um 5 (!) habe ich meinen Bericht geschrieben, am Sonntag ging's schon um 8 Uhr wieder los bis 12 Uhr 15, dann von 1 Uhr bis 6 Uhr abends. Mittags habe ich in der Nähe des Platzes gegessen, weil die Zeit einfach nicht reichte, um in die Stadt zu fahren in meine Pension, abends habe ich dann mein Mittagessen zu mir genommen (Kaninchen), während ich mittags gut und teuer gegessen habe. Um 9 Uhr abends war dann der Bericht des Sonntags fertig und per Express nach Zürich expediert. Am Montag ging es eine Stunde später am Vormittag und am Mittag los, sodass ich schön Zeit hatte, bei mir zu essen. Vormittags um 9 bis fast 12 Uhr und nachmittags von 2 bis 6 Uhr. Dann wieder Bericht schreiben und zur Bahn bringen, um dann todmüde richtig zu rüsseln[301]. Gestern Mittag habe ich dann noch eine Nachbetrachtung geschrieben und damit war meine Tätigkeit als Journalist wieder zu Ende. Viel Arbeit und keinen Lohn, so ist es eben immer bei mir.

Gefreut hat mich, dass ich die zwei Ostertage am Sportplatz sehr viel mit Italiens fußballgewaltigem Pozzo[302] zusammen war,

---

300 Ostern 1947 fand erneut der jährliche »Tournoi Juniors du Servette FC« statt, den Landauer bereits im Vorjahr betreute, siehe Fußnote 196. 1947 traten 13 Nachwuchsmannschaften aus der Schweiz, Italien und Frankreich im Stade des Charmilles gegeneinander an. Es siegte der AC Torino. Das 2011 abgerissene Stade des Charmilles am Genfer Stadtrand diente von 1930 bis 2002 als Heimstadion des Servette Genf.

301 Ugs. für *schlafen*.

302 Vittorio Pozzo (1886 Turin-1968 Ponderano), italienischer Fußballspieler und Trainer. Er spielte von 1905 bis 1911 bei den Grasshoppers Zürich und beim FC Torino. Ab 1922 trainierte er zunächst den FC Torino. Als italienischer Nationaltrainer gewann er unter der faschistischen Regierung Mussolinis 1934 und 1938 die Fußball-Weltmeisterschaft. Die Historikerin Petra Terhouven weist in ihrem Aufsatz

der die Mannschaft des F.C. Torino begleitet hat. Die jungen Italiener waren die Sieger des Turniers als weitaus beste Mannschaft, sie haben Fußball gespielt, dass einem das Herz im Leibe gelacht hat. Wunderbar einfach. Mit Pozzo zusammen zu sein, ist immer ein Hochgenuss, denn er ist der »Fußballwelt-Weise«. Er kennt jeden internationalen Spieler aus allen Ländern und ich musste ihm Auskunft geben über den Rohr[303], den Goldbrun-

---

»Fußballrausch im Faschismus. Die Weltmeisterschaft 1934 in Italien« darauf hin, dass die WM 1934 das erste historische Beispiel war »für die rücksichtslose Indienstnahme des modernen, internationalen Spielbetriebs zu dem Zweck, den Fußball einer aggressiven Ideologie unterzuordnen«, und dass der Nachlass des langjährigen Nationaltrainers Pozzo einer kritischen Aufarbeitung immer noch nicht zur Verfügung gestellt wurde.

303 Landauer nennt hier drei der Fußballspieler, mit denen er 1932 die Deutsche Meisterschaft mit dem FC Bayern gewann und die dem deutschen Nationalteam angehörten. Oskar »Ossi« Rohr (1912 in Mannheim-1988 ebd.), seit 1930 Mitglied des FC Bayern. Mangels Möglichkeiten, nach 1933 im deutschen Fußball Berufsspieler werden zu können, wechselte er zu den Grasshoppers Zürich. Ab 1934 spielte er sehr erfolgreich als Profi-Spieler bei Racing Club Strasbourg. Ende Februar 1940 schrieb er sich in die französische Fremdenlegion ein, vielleicht um der Internierung von Deutschen und Österreichern in Frankreich nach September 1939 zu entgehen. Nach der Unterzeichnung des deutsch-französischen Waffenstillstandes am 22. Juni 1940 begann die Rückführung der ehemaligen Fremdenlegionäre in kleinen Gruppen ins Deutsche Reich. Sie kamen aus Militärlagern wie Carpiagne (südlich von Marseille) und Villeneuve und nach einer Überprüfung in einem Durchgangslager im Saarland zu »Umerziehungsmaßnahmen« in das Arbeitslager Kislau in Baden. Am 5. Oktober 1942 nahm ihn die Gestapo in Karlsruhe in Schutzhaft, nach einem knapp zweiwöchigen Aufenthalt in Kislau, im Oktober 1942, konnte er in seine Heimatstadt Mannheim zurückkehren. Vermutlich überwachte ihn die Gestapo, bis ihn am 9. Dezember 1942 die Wehrmacht einzog. Nach Kriegsende spielte Rohr in verschiede-

ner[304], den Bergmaier[305] und wie sie alle heißen. Dann hatte ich noch ein recht nettes Zusammentreffen mit einem Schweizer namens Dietrich,[306] den ich nicht mehr gesehen hatte seit dem Tage, da Bayern Deutscher Meister in Nürnberg wurde. Er spielte damals in der Eintracht-Mannschaft aus Frankfurt und lebt seit 1938 wieder in Basel. Wir haben uns beiderseits sehr gefreut miteinander und haben viel von »ehedem« gesprochen. Sie sehen also, dass ich die Osterfeiertage nicht gerade geruhsam, aber doch angenehm verbracht habe. Wie so immer üblich, brachte dann der Osterdienstag den ersten richtigen Frühlingstag, warm und schön. Aber es

---

nen süddeutschen Vereinen u. a. für VfR Mannheim, TSV Schwaben Augsburg und FK Pirmasens. Später arbeitete er als Trainer und in der Mannheimer Stadtverwaltung.

304 Ludwig »Lutte« Goldbrunner (1908 in München-1981 ebd.), Fußballspieler, trat als Neunjähriger beim FC Bayern ein. Abwehrspieler in der Meisterelf 1932 und später Mannschaftkapitän und Trainer, spielte er bis 1940 auch in der deutschen Nationalmannschaft. Über einen NSDAP-Beitritt ist nichts bekannt. Er verließ den FC Bayern 1943 und ging nach Kriegsende für eine Saison zum TSV 1860 München als Spielertrainer, ebenso beim ASV Dachau. Später kehrte er zum FC Bayern zurück und war 1959 im Spielausschuss. Er arbeitete im Kühlhaus des Münchner Schlacht- und Viehhofs.

305 Josef Bergmaier (1909 in München-1943 in Orjol, Sowjetunion), kaufmännischer Angestellter und Fußballspieler. Über den TSG 1888 Pasing und den FC Wacker München kam Bergmaier 1929 zum FC Bayern. Er spielte als Stürmer in der Meistermannschaft 1932 und von 1930 bis 1933 in der deutschen Nationalmannschaft. 1937 trat er in die NSDAP ein, 1938 verließ er den FC Bayern und wechselte zum TSV 1860 München, wo er in der »Alte Herren«-Mannschaft spielte. Er starb als Wehrmachtssoldat.

306 Walter Dietrich (1902 in Basel-1979 in Riehen), schweizerischer Nationalspieler, spielte von 1925 bis 1935 für Eintracht Frankfurt, wo er am 12. Juni 1932 im Finale um die Deutsche Meisterschaft gegen den FC Bayern München unterlag.

war nur von kurzer Dauer, am Abend gab's dann wieder Regen und heute ist es frisch.

Wie schaut es eigentlich mit den Paketen aus? Ist gar nichts mehr angekommen? Und es schwimmt doch eine ganze Anzahl für Sie. Es ist schlimm, wie lange sie unterwegs sind. Also Luftpostbriefe werde ich nicht mehr schreiben, denn das Mehrporto kann man sich sparen, sie kommen deswegen doch nicht früher an.

Elli erholt sich sichtlich beim Nichtstun, wenn sie so erzählt, dann merkt man schon, dass sie es nicht leicht hat und sehr viel arbeiten muss. Ich bestaune immer ihre große Intelligenz, dieses kleine Persönchen weiß so gut, was es will und tun muss. Aber sie taut jetzt zusehends auf. Der alten Dame geht es verhältnismäßig ordentlich, wenngleich sie noch nicht wieder das ist, was sie zuvor gewesen war, so ist es doch erstaunlich, wie gut sie diese schwere Grippe überstanden hat. Frau Maria ist voller Sorgen wegen der künftigen Probleme für sie selbst und die Eltern, ob es geht nach [sic] USA usw.[307] Dass dabei mein Weggehen sie sehr bedrückt, ist klar, obwohl sie vernünftig genug ist einzusehen, dass es doch halt sein muss.

Nun hoffe ich, dass ich recht bald von Ihnen höre. Ich werde Ihnen dann sofort schreiben. Bitte entschuldigen Sie, dass ich heute so nicht konzentriert schreibe, Sie sehen auch aus den vielen Fehlern und dem schlechten Stile, dass ich zerfahren bin, nervös vielleicht, bin doch noch abgespannt von den Feiertagen und dann hat mich dieses Schreiben vom j[üdischen] Komitee recht beunruhigt. Das nächste Mal wird es schon wieder besser sein. Man sollte eigentlich an einem solchen Tage gar nicht schreiben, aber ich wollte doch, dass Sie Bescheid wissen. Nehmen Sie für heute, wie immer die herzlichsten und innigsten Grüße entgegen von

Ihrem alten und getreuen Herrle.

---

307 Siehe Fußnote 250.

Genf, den 16. April 1947.

Meine so sehr geliebte Maria!
Ich weiß gar nicht, wo ich anfangen soll, so viel und so viel Wichtiges gibt es heute zu sagen. Ich glaube aber, das Allerwichtigste ist doch das, dass Du mich so gerne hast. Du hast schon ganz Recht, auch uns Männern tut es wohl, es wieder und wieder zu hören. Vielleicht sind wir darin sogar noch mehr interessiert als ihr Frauen, weil wir doch, namentlich wenn es sich schon um ältere Knaben handelt, hierin nicht so verwöhnt sind wie ihr vom schönen Geschlecht! Ja, Maria, es ist wirklich etwas ganz Schönes, wenn man durch all die schrecklichen Jahre des Krieges und durch all die Schrecken, die man mitmachen musste, gegenseitig die Achtung und Zuneigung behalten durfte, ja nicht nur das, ich glaube gerade bei uns beiden ist es doch so geworden, dass wir uns noch mehr geworden sind als bisher. Und sieh, Geliebte, das ist es, was mir mein Zurückkommen erleichtert, so wünschenswert erscheinen lässt. Ich hab ja Dich und mit Dir zusammen glaube ich auch, dass ich das Leben noch einmal meistern werde. Wir werden ganz auf »uns« angewiesen sein, haben all die Hemmungen von anno dazumal abgestreift und sind »wir«, endlich einmal wir selbst. Ich muss Deine eigenen, mir geschriebenen Worte gebrauchen: »Ich weiß, wer und wie Du bist«[308], und darum freue ich mich unbändig auf Dich, meine geliebte Maria, und ich glaube fest daran, dass unsere Zeit noch schön sein wird. Du bist ein Menschenskind mit dem Herzen nicht auf der Zunge, Du bist klug und Du bist mir so, so lieb, so überaus lieb, Maria!

Nun höre gut zu! Also gestern ist meine Eingabe endlich nach Bern abgegangen. Ich habe noch einmal telefonisch mit dem Fräulein gesprochen, das meine Sachen behandelt. Ich habe ihr gesagt, welche Dokumente ich habe, und dass dasjenige vom Münchner Oberbürgermeister noch fehlen würde. Das würde nichts ausma-

---

308 Siehe Brief vom 9. Januar 1947, S. 157.

chen, denn das vom Jewish Committee genüge. Bitte sage das aber dem Franz nicht, denn ich will trotzdem das Schriftstück von Herrn Scharnagel noch haben, denn bekanntlich hält doppelt genäht besser. Ich werde es dann noch nachschicken, wenn ich es bekomme. Aber die Stelle in Bern gibt die Genehmigung nicht direkt, sie empfiehlt und Berlin sagt endgiltig ja, hoffentlich ja und nicht nein, aber es scheint, als ob es in Ordnung gehen möchte. Ich bin sehr froh darüber, ja sogar glücklich, dass es endlich einmal klappen muss. So wie ich alles beschaue momentan, so könnte ich doch bis Ende Mai drinnen sein, hoffentlich schaffe ich es für Pfingsten. Ich bereite so alles bis Mitte Mai vor, dass ich dann beim Eintreffen der Genehmigung nur noch zu packen brauche und losgondeln kann.

Auch wegen des Gepäcks habe ich Fortschritte erzielen können, denn es ist abgeklärt, wie das Gepäck geht. In Singen[309] wird es auf [ein] Lastauto geladen und direkt nach München befördert unter Zollverschluss. Ob ich in Singen beim Öffnen der Koffer zugegen sein muss, ist noch nicht abgeklärt. Ich bin daher auch von der Idee des Liftes abgekommen, da ja durch Autotransport die Sache mir viel besser gefällt. Wenn es zu machen ist (aber es scheint, dass es nicht geht), so möchte ich am liebsten selbst mit diesem Lastauto mitfahren, da wäre ich bei meinen Sachen und in einem Tage wird die Reise bewerkstelligt. Ich habe aber nicht die Absicht, die Gepäckstücke nach dem Ried zu dirigieren, sondern zu Herzings, wenn ich nicht von Dir bis dahin »unsere« neue Wohnungsadresse bekomme.

Die Ametsbichler Wohnung,[310] das heißt die Idee, gefällt mir im-

---

309 Singen am Hohentwiel im südlichen Baden-Württemberg etwa 30 Kilometer nordwestlich von Konstanz, wichtiger Eisenbahnknotenpunkt und Verbindungsstation zwischen der Schweiz und Deutschland. In Singen befindet sich eines der größten Hauptzollämter Deutschlands.

310 Es konnten keine Details dazu ermittelt werden.

mer besser, tu nur, was Du zur Erlangung dazu tun kannst. Kriegst dann einen extra herzlichen Kuss dafür, wenn es geht, aber natürlich bekommst Du ihn auch so mit noch unzähligen anderen dazu. Denn ich bin direkt hungrig nach Deinem geliebten Mund! Aber nun wollen wir wieder schön sachlich sein, gell ja.

Du musst mir recht bald schreiben, wie Du Dir denn das alles gedacht hast, weil ich mich nicht ganz genau auskenne. Soll ich denn von hier aus direkt ins Ried kommen? Wenn ja, gibt es da keine Schwierigkeiten, weil ich doch als Reiseziel und Einreiseerlaubnis München habe? Also bitte, Liebes, überlege Dir das gut und gib mir umgehend Bescheid. Ich denke ja, wenn Du erst wieder von dem Abstecher aus München zurück sein wirst, dass Du in allem besser Dich auskennen wirst und doch alles mit den Lingers [Franz und Elisabeth Herzing], vielleicht auch mit Neuland, besprochen haben wirst. Ich kenne mich in einem so gar nicht aus. Herzing hatte doch ein Gesuch für mich gemacht. Ich habe nie mehr etwas davon gehört. Hast Du eine Ahnung, was aus diesem geworden ist? Wenn ich nicht die Sache in die Hand genommen hätte, was wäre denn dann gewesen? Das verstehe ich nicht, aber vielleicht bin ich ein großer Dummer.

Heute habe ich durch je ein Paket drei Hausfrauenherzen erfreut, so hoffe ich. Es bekamen, Du: Gemüsesieb, 1 Kochtopf, 1 Milchtopf, Mehlsieb, Bratensieb, Tee- & Kaffeeseiher, Schneebesen, Zitronenpresser, alles aus Aluminium. Die Cläre [Klara Priem] erhielt: 2 Kochtöpfe, 1 Milchtopf, 1 Eierplatte, und schließlich die Frau Liesel [Elisabeth Herzing]: Bratpfanne & Kochtopf. Natürlich auch aus Aluminium. Ich hoffe, dass die Sachen Freude machen und gut ankommen. Eine Fleischdurchtreibmaschine konnte ich für dieses Mal nicht senden, weil jedes Paket nur je zwei Kilo haben darf.

Nun sage ich Dir, mein ganz Liebes und Gutes, recht, recht vielen und herzlichen Dank für Deinen langen, ausführlichen und so überaus lieben und innigen Brief. Du weißt nicht, welche Freude

Du mir mit jedem einzelnen lieben und guten Wort machst. Aber, Maria, wie stellst Du Dir das vor, dass ich diesen Brief vorzeigen kann, zum Lesen geben kann? Du legst einen Brief für Frau Maria bei, den gebe ich ab und sage, dass in diesem Kuvert nichts anderes darin gewesen sei. Aber schau, Du schreibst mir Verschiedenes auf, das ich mir anschaffen soll, und Du weißt doch, dass in diesen Sachen eine Frau viel besser Bescheid weiß wie ein Mann, und da gehe ich mit Frau Maria zum Einkauf, wie ich das auch bei den Haushaltungsgegenständen getan habe. Nun bitte ich Dich, alles das nochmals zu schreiben, auch die Apothekersachen, denn darin kenne ich mich gar nicht aus. Ich hoffe, Liebes, Du verstehst es, wie ich es meine, und machst Dir keine unnützen Gedanken. Aber ich muss mit Frau Maria zur Zeit noch behutsamer umgehen als bisher, denn die gute Frau ist derartig nervös, dass man es gar nicht sagen kann. Ich nicht und Du erst recht nicht möchten ihr wehe tun, das hat sie nicht verdient um uns. Bitte richte Deine Briefe immer so ein, dass ich sie vorzeigen kann, wenn du mir etwas nur für mich schreiben willst, und ich freue mich immer so sehr damit, dann bitte lege einen eigenen Bogen ein. Ja? Danke für Dein gutes Verständnis, Liebste. Ja, Dein Brief war [vom] 7. April (das Dümmerli Maria schrieb allerdings 7. März, aber gell, es wäre ein Wunder, wenn man nicht nervös werden täte mit all dem Zuwarten!), abgestempelt vom 8. April und eingetrudelt heute.

Im Übrigen sind alle Deine Wünsche bestens vorgemerkt und ich hoffe zuversichtlich, dass ich auch alle erfüllen werden kann. Nur das Rutscherle[311] ist einfach nicht zu bekommen hier! Sie können, nein Du kannst, immer getrost schreiben, was Du noch alles brauchst, wenn es zu viel ist und wenn es nicht gehen sollte, so streiche ich schon, da kenne ich kein Genieren. Aber ich glaube bestimmt, dass Du, liebes Hausfrauerl, schon sehr zufrieden sein wirst mit mir.

---

311 *Bügeleisen.*

Franzens Wäsche ist abgesetzt und ich bin mehr als zufrieden über den Ertrag, sodass ich einen schönen Schritt vorwärts gemacht habe. Ja, denk Dir nur, Maria, gestern kam ein Paket von Henny, mit einem Paar sehr schöner Damenschuhe für ... Dich, ja wirklich für Dich. Ich werde sie entweder noch schicken mit anderen Sachen zusammen oder doch wahrscheinlich mitbringen. Das Dumme ist nur, dass ich auch noch Dankeschön sagen muss. Übrigens Pakete: Es ist doch komisch, dass das Paket vom 20. März mit Tillys Kleidern angekommen ist, während eines, das ich am 11. März abgesandt habe, Dich noch nicht erreicht hat, aber es wird auch kommen, nur Geduld!

Zum Schlusse noch eine ganz große Neuigkeit. Frau Maria und ihre Eltern sind für nächsten Donnerstag Betreff Visumerteilung für [die] USA zum amerikanischen Konsulat nach Zürich vorgeladen.[312] Du kannst Dir denken, welche Aufregung herrscht. Sie fahren am Dienstag mit einer Schwester, derselben, die sie schon hatten, und kommen am Freitag wieder. Hoffentlich klappt es, ich wünschte es sehr für Frau Maria, dass sie im Juli oder August reisen wird können, um endlich zu ihrer Familie zu kommen. Elli ist noch hier, hat vorderhand keine Möglichkeit des Rückfluges, möchte, wenn es irgend geht, am Montag heimfliegen. Aber das ist alles nicht so einfach, wie es aussieht, denn sowohl Flugplätze wie Schiffsplätze sind ein viel begehrter Mangelartikel und daher ... gut gehandelt und wer den Papst zum Vetter hat, wird Kardinal!!

Das Wetter ist seit einer Woche fast herrlich, warmer Sonnen-

---

312 Am 25. April 1947 erhielten Maria Klopfer und ihre Eltern Einreisevisa für die USA. Als Ehefrau eines US-Bürgers wurde Maria Klopfer als *nonquota immigrant* aufgenommen, ihr Mann Theodor Klopfer besaß seit 1945 die amerikanische Staatsbürgerschaft. Moritz und Anna Klauber mussten eine Aufnahme innerhalb der länderspezifisch festgelegten Quote beantragen. Da ihre Söhne ebenfalls die amerikanische Staatsbürgerschaft hatten, bevorzugte man sie bei der Zuteilung der Einreisevisa.

schein, alles blüht und sprießt und ist voller Hoffnung; ich auch, auf Dich, Geliebte!!! In diesem Sinne bleib mir gesund und guter Dinge und nimm einen innigen, liebevollen Kuss in herzlicher Umarmung als Zeichen, dass ich bin und bleibe

Der Deine. Kurt.

Hab mir schon ungefähr eingeteilt, wie ich packe. Erinnerst Du Dich noch ans Probe- und wirkliche Packen? Das war so traurig und um wie viel schöner wird das gemeinsame Auspacken sein! Liebes Du!

Die braunen Schuhe sind nicht von Frau Maria, sondern seinerzeit mit den anderen Sachen uns zugeflogen. Sie sind zum Tauschen gedacht!

Memmingen, den 20. April 1947.

Mein lieber Kurt!

Es ist so schade, dass in die schnelle Postbeförderung wieder eine Stockung eingetreten ist, sodass die lieben Briefe statt nur acht Tage leider wieder länger, zum Teil sogar 14 Tage brauchen. So erhielt ich Ihre liebe Karte vom 31. III. erst am 15. IV., während Ihr lieber Brief vom 9. IV. schon am 18. ankam. Meine Briefe an Sie brauchen endlos lang, es sind eine ganze Menge unterwegs, von denen der letzte vom 13. IV. die Antwort auf Ihren letzten Brief enthält! Ordnungshalber werde ich Ihnen die Daten aufnotieren, an denen ich Ihnen Briefe geschrieben habe: Am 30. III., 7. IV. und am 13. IV! In den zwei letzten habe ich an Frau Maria einige Zeilen beigelegt. So nach und nach werden sie schon eintrudeln, und bis Sie diesen Brief erhalten, sind Sie schon im Bilde über alles, was ich Ihnen von München mitzuteilen hatte. Daran ist nun nicht zu rütteln, dass die hohe Obrigkeit selbst erscheinen muss, ohne die geht es eben nicht, ich weiß das schon lange!

Nun will ich näher auf Ihren lieben Brief eingehen. Ich habe mich sehr damit gefreut und danke Ihnen herzlich dafür. Franz wird Ihnen die Papiere vom Oberbürgermeister besorgen, ich war ja der Meinung, Sie hätten sie gleich mitbekommen. Ich habe nicht die Empfindung, als ob Th[almessinger] nicht einwandfrei wäre, er zeigt sich sehr hilfsbereit. Wegen des Jewish Committees müssen wir uns hier darüber unterhalten, ob man darauf rechnen kann. Da weiß Dr. Neuland am besten Bescheid und er wird Sie offen beraten. Ich finde, die Bemerkung von ihm, Sie wären ja keiner aus dem Osten, lässt tief genug blicken![313] Die Abschriften haben mich sehr interessiert, wegen des Wohnraums brauchen Sie sich keine Sorgen machen, wenn ein so mächtiger Mann wie der Polizeidirektor[314] etwas für Sie tun will, wird die Sache schon klappen. Wenn nicht, können wir immer noch auf das Angebot der Frau Dr. Amesmayer[315] zurückgreifen. Ich habe die Angelegenheit in meinem letzten Briefe nicht erwähnt, weil die Wohnung noch nicht frei ist und Frau Dr. A. durch Sie die ihr unangenehmen Mieter hinausbringen möchte. Das wäre ein gutes Haus und eine nette Gegend, in der es nicht nur Trümmer gibt. Aber nochmal, kommen Sie erst, dann geht das alles viel leichter!

---

313 Siehe Fußnote 296.

314 Siegfried Herrmann, siehe Fußnote 282.

315 Katharina Amesmaier, bei Baumann Amesmayer, geb. Zimmermann (1899 in München), die Ehefrau von Dr. med. Richard Amesmaier (1897 in München-1941 ebd.), Mediziner, seit 1913 Mitglied des FC Bayern. NSDAP- und SA-Mitglied seit 1933. Präsident des FC Bayern München von 1935 bis 1937. In seiner Zeit als »Vereinsführer« erließ Amesmaier den im September 1935 verschärften »Arierparagrafen« beim FC Bayern. Am 10. April 1939 ersuchte er aus beruflichen und familiären Gründen die »ehrenhafte Entlassung« aus der SA, die auch erfolgte. Obwohl die Behandlung jüdischer Verfolgter durch nichtjüdische Ärzte ab Dezember 1935 gesetzlich verboten war, stellte Amesmaier am 21. April 1939 Kurt Landauer vor seiner Ausreise in die Schweiz das nötige Ärztliche Zeugnis aus, siehe S. 294.

Bester Kurt, ich freue mich ja so unsinnig auf Dich, das kann ich Dir nicht schreiben wie sehr! Aber Du weißt es ja, es bedarf keiner Worte darüber! Wenn Du hier bist, wird mir nichts zu viel sein, was auch kommt, denn ich tue es für Dich und für unser gemeinsames Leben. Wenn wir auch einige unruhige und vielleicht sogar ungemütliche Monate in Kauf nehmen müssen, so werden wir bestimmt erreichen, wonach uns der Sinn steht, endlich wieder vereint sein und füreinander leben können!

Dass die Lederverarbeitungs G. m. b. H. Sie anfordert, freut mich sehr. Hat die nicht der Th[almessinger]?[316] Ich wäre auch froh, wenn Sie den FC Bayern nicht brauchen würden! Sie werden sehen, es gibt auch hier viele Möglichkeiten etwas anzufangen. Ihre Fähigkeiten zum Sportberichterstatter haben Sie ja in den Feiertagen bewiesen! Sie haben ja unheimlich regen Sportbetrieb gehabt, ich kann mir denken, wie viel Sie zu tun hatten. Aber schön ist es doch, wenn man sein Programm gut erledigt hat. Sehr interessant waren Ihre Berichte über Pozzo und Dietrich und wenn diese Herren alle berühmt oder international sind, dann sind Sie es auch, weil Sie überall Bekannte treffen. Ich freue mich schon darauf, mich mit Ihnen über all das zu unterhalten.

Bis mein Brief Sie erreicht, wird Frau Elli schon wieder fort sein, Mutter und Tochter werden lange von dem Wiedersehen zehren müssen. Frau Elli wird die Erholung dringend nötig gehabt haben und leichter ihre schwere Arbeit aufnehmen. Sie hat doch viel zu früh geheiratet! Ob sie auch einmal nach Amerika gehen wird, wenn ihre Mutter drüben ist?[317] Gespannt bin ich, wie Frau Maria ihre

---

316 Karl Thalmessinger betrieb seit Januar 1946 eine Lederwarenhandlung in der Brienner Straße 3 und hat möglicherweise den Kontakt zur Münchner Lederindustrie G. m. b. H. hergestellt, siehe auch Fußnote 272.

317 Yamik/Elli schrieb schon 1939 an die Mutter: »Wir sind glücklich mit unserer Entscheidung.« Jona fragte 1944: »Denkst Du, Mama, das Va-

alten Eltern hinüberbringt. Erst die vielen Formalitäten, dann die große Reise. Per Flugzeug geht es ja schnell, ob aber die alten Leutchen sich das trauen? Arme Frau Maria, ich kann ihre Sorgen nachfühlen. Dabei hat die gute Frau immer noch Zeit, an mich und andere zu denken. Vorgestern kam ein besonders nahrhaftes Paket an. Es kam über die Christliche Nothilfe[318], Augsburg und enthielt eine große Kostbarkeit, 5 Pfund Schweinefett! Damit müsste ich mit unserer neuesten Zuteilung 16 Monate leben! Sie können sich wohl lebhaft vorstellen, wie froh ich um diesen Zuschuss bin, der zum Teil eine gute Reserve ist, für uns!

Dann, bester Herr, sind die Glühbirnen und Gasanzünder, Feuersteine, Reißnägel und Büchsenöffner am 14. IV. angekommen. Leider nicht so gut wie die übrigen Pakete bisher, denn der Karton war für die empfindlichen Birnen viel zu leicht, sodass drei davon als Scherben ankamen. Einige genügen ja auch und da hilft uns sicher Frau Seeberger. Ich möchte Sie inständig bitten, sich genau zu überlegen, was Sie ausgeben können. Ich habe Ihnen nur das Notwendigste angegeben, weil ich möchte, dass Sie Ihre Fränkli sparen. Da die Hackmaschine sehr schwer ist, werden Sie vielleicht manches streichen müssen, um Ihr erlaubtes Kontingent nicht zu überschreiten. Da können einige Töpfe gestrichen werden. Holzwaren brauchen Sie keine zu besorgen. Ein großes und ein kleines Sieb auf jeden Fall. Bitte denken Sie doch auch an Gummiband für Ihre Strumpfhalter. In München zahlt man am schwarzen Markt 5 Mark für den Meter, das ist doch unerhört und lieber gehe ich barfuß, ehe ich so was kaufe.

---

ter nach dem Krieg nach Palästina umziehen wird? Oder fährst Du zu ihm in die Vereinigten Staaten? Ich hoffe sehr, dass ihr beide für immer hierher kommen werdet.«

318 Die Christliche Nothilfe (CHN) gründete sich im Mai 1946 in Zürich und verschickte bis 1950 Hilfspakete über die katholische Caritas nach Westdeutschland.

Ihr Gepäck macht auch mir Sorgen und ich bin gespannt, wie Sie dies Problem lösen werden. Ein Lift ist gut, weil große Sachen nicht so leicht verschwinden. Wenn er wirklich über Innsbruck geht, dann lassen Sie ihn gleich nach München laufen. Franz nimmt ihn sicher bei sich auf, sind Sie bis dahin schon hier, kann man ihn evtl. bei Frank und Fey[319] einlagern lassen. Seit einiger Zeit beschäftige ich mich immer wieder mit dem Gedanken, wie ich am schnellsten erfahre, wann Sie hier ankommen werden. Es sind nur noch einige Wochen, die uns trennen! Ich lege Ihnen heute für alle Fälle eine Telefonnummer bei, Sie müssen dann, sobald Sie auf deutschem Boden oder in unserer Nähe sind, anrufen und bestellen lassen, wann ich Sie erwarten kann!

Vorgestern hatten wir nach herrlichen, sommerlichen Tagen das erste heftige Gewitter mit einem guten Regen und heute ist es maienfrisch und schön. Bald können wir alles wieder zusammen genießen, es ist wie ein Traum. Hoffentlich geht alles gut bis zum Ende.

Prims lassen bestens grüßen! Und ich sende Ihnen meine liebsten und herzlichsten Grüße mit allen guten Wünschen und der unbändigen Freude auf ein Wiedersehen!

Innigst, Ihre Maria.

Geflügelfarm DREIER
Telefon 2419
Meine Schwester Riki
Ahmeyer[320] wohnt dort
und an sie ist der Anruf
weiterzugeben, sie
benachrichtigt mich.

---

319 Es konnte kein Unternehmen dieses Namens ermittelt werden. Möglicherweise meint Maria Baumann die Spedition Frank A. & Söhne, siehe Fußnote 264.

320 Friederike Ahmeyer, geb. Baumann, siehe Fußnote 49.

Genf, den 22. April 1947.

Meine liebe, liebe Maria!
Heute mit der Mittagspost ist Ihr lieber Brief vom 13. April, abgestempelt vom selbigem Tage in Memmingen und vom Zensor in München am 16. April, eingetroffen. Zunächst einmal recht vielen herzlichen Dank für Ihre lieben und guten Zeilen. Und verwöhnt ist das Mägdle ganz groß, denn es beklagt sich am 13. April, dass es seit dem Karfreitag, dem 4. April (!!), von mir nichts mehr gehört hat. Wenn man so 10 Tage Laufzeit rechnet, so kann doch gar nichts noch da sein. Ich habe Ihnen geschrieben: am 31. März eine Postkarte (noch nicht bestätigt Ihrerseits) und jeweils am 9. und 16. April einen Brief. Außerdem sind noch zwei Pakete ausständig, dasjenige vom 26. März mit Lampen und das vom 16. April mit Haushaltungsgegenständen.

Nun sind Sie also in München gewesen und sind, so wie ich es mir gedacht hatte, bedeppelt[321] nach Hause gefahren. Aber gemach, Liebste, bei ruhiger Überlegung ist es ja gar nicht anders möglich, dass das mit der Wohnung erst klappen wird und kann, wenn ich da bin. Um gleich bei diesem Punkte zu bleiben, so möchte ich mit Ernst und Nachdruck dieses sagen: Wenn der Franz meint, ich würde mich gleich für den Anfang mit eigenem Haushalt etc. zu sehr belasten, so habe ich mir das alles reiflichst überlegt. Und es gibt an diesem meinem Entschlusse nichts zu rütteln. Es bleibt so, wie wir es uns wünschen, für was wir gelebt haben und auf was wir uns seit langer, langer Zeit freuen. Sie sowohl wie ich. Ich übernehme mich nicht und weiß auch, dass der Haushalt erst einmal wieder in Ihren lieben Händen nicht zu teuer kommt, denn wir können sparen, das haben wir bewiesen, der Franz kann es nicht und wird es auch nie lernen, das hat er auch bewiesen. Doch das soll seine Sorge, nicht die unsrige sein, gell ja, Liebes. Wegen der finanziellen Seite kann

321 Ugs. für *benommen*.

ich Ihnen schriftlich nicht so ausführlich alles erklären, wenn ich erst einmal bei Ihnen sein werde, so werden Sie mich begreifen und zugleich auch sehr loben. Also, Maria, kein Gedanke daran, dass etwas geändert werden könnte. Je eher, desto besser.

So wie die Dinge nun liegen, glaube ich, dass es das Beste sein wird, ich komme von hier aus direkt ins Ried. Dann haben wir uns wenigstens die erste Zeit für uns und es soll uns niemand stören. Dann fahren wir nach München und es wird wohl nicht zu umgehen sein, dass ich bei Herzlingers [Franz und Elisabeth Herzing] wohnen muss.* Sie können ja dann bei Ihrer Betty sein oder bei anderen Freunden. Wir müssen dann sehen, so schnell als möglich eine Bleibe zu bekommen. Auch können wir zusammen nach Grainau fahren und dorten nach dem Rechten sehen. Wegen des Hotels in der Burgstraße[322] möchte ich sagen, dass dies ein Ausweg wäre. Das Allersympathischste aber wäre mir, wenn die Sache mit Frau Ametsbichler klappen würde, und das könnte doch wohl auch gleich in Ordnung gebracht werden.

Wegen des Gepäcks bin ich aber nicht Ihrer geschätzten Meinung. Vielmehr meinte ich, dass ich dieses nach München dirigieren soll, und zwar an Herzings Adresse. Denn ich fürchte, dass der Transport der großen Koffer nach dem Ried viele Unannehmlichkeiten mit sich bringen wird und auch wieder vom Ried nach München. Kommt dazu, dass wohl in Memmingen auch kein Zollamt ist, denn es ist vorgesehen, dass die Gepäckstücke von Singen aus Transit nach München gehen werden. Aber bitte, liebe Maria, erkundigen Sie sich, ich weiß ja von hier aus nichts und lasse mich gerne von Ihnen belehren. Ich mache es dann so, wie Sie es mir vorschlagen, auch hierin verlasse ich mich ganz auf Sie, wie in so vielem. Ich habe Ihnen in meinem letzten oder vorletzten Briefe meine Bedenken wegen des Gepäcks und wegen eines eventuellen Aufenthaltes im Ried mitgeteilt. Sie sehen aus meinem heutigen Briefe,

---

322 Vermutlich Hotel Burghof in der Burgstraße 9.

wie ich heute über die Angelegenheiten denke. Wenn es also zu machen ist, dass ich nach Memmingen kommen kann, so ziehe ich diese Lösung allem anderen vor. Denn ein Wiedersehen mit Ihnen in einem Ihnen so sehr vertrauten und von Ihnen so sehr geliebten Kreis ist sicherlich wunderschön. Ich glaube, da kann man viel leichter plaudern miteinander, und das werden Sie doch auch wissen, dass es vieles, vieles ist, was man sich zu erzählen hat. Von der Vergangenheit, von der Gegenwart und nicht zuletzt auch von der Zukunft.

Inzwischen plane und vorsorge ich weiter für die Abreise, sodass ich keine Zeit verlieren werde, wenn erst einmal die Genehmigung da ist. Heute habe ich wieder weitere Einkäufe gemacht und morgen werden Sie diese zugestellt bekommen, als da sind: Fleischmaschine (System Alexander gibt es nicht zu kaufen hier), Mehlschaufel (Besen gibt es ebenfalls nicht), 1 Durchtreibemaschine für Nüsse & Mandeln und 1 Thermosflasche. Geht Ihnen per Post zu. Damit habe ich Ihre Wünsche befriedigt, die anderen, kleineren Sache bringe ich selbst mit. Es ist alles vornotiert und es wird nichts vergessen. Ich würde gerne Franz einige Krawatten mitbringen, aber die kosten hier ein Heidengeld und neue darf ich nicht mitnehmen.[323] Überhaupt muss ich jetzt wieder ein bisserl bremsen mit meinen Einkäufen, denn es ist alles so irrsinnig teuer und ich muss doch meine Fränkli gut beisammenhalten, das verstehen Sie doch. Das Gepäck z. B. verzehrt eine schöne Stange Geld. Dann muss ich doch alles richten lassen, wie Schuhe etc., denn ich kann mich doch nicht mit Löchern in den Sohlen und schiefen Absätzen einfinden

---

323 Die Schweiz rationierte ab Beginn des Zweiten Weltkriegs bis in die Nachkriegszeit nicht nur Lebensmittel und Treibstoff, sondern auch Textilien. Das heißt wohl, dass Landauer nicht beliebig viele Krawatten kaufen und ganz besonders nicht nach Deutschland exportieren durfte. Der Verweis auf den hohen Preis (»Heidengeld«) deutet auf den Schwarzmarkt.

oder mit schmutzigen Hüten. Ein Paar Schuhsohlen mit Absätzen kostet die Kleinigkeit von Fr. 15,–, eine Hutreinigung nur (!) Fr. 7,50. Sie sehen also, ganz nett teuer.

Dass Neuland nicht netter zu Ihnen war, nimmt mich nicht wunder. Diese Rechtsanwälte haben immer einen eigenen Dünkel und glauben sich etwas zu vergeben, wenn sie mit einem gewöhnlich Sterblichen sprechen, und umgeben sich auch immer mit einem Schleier von Misstrauen. Ihre Bemerkung wegen dem »Osten« ist die Bestätigung von dem, was ich in dieser Angelegenheit immer sage, und Sie werden meine Bedenken wegen dem Jewish Committee nun auch begreifen. Nun ist es ja so, dass nichts unternommen werden kann in der Wohnungsfrage (außer bei Ametsbichler vielleicht), ohne dass ich da bin, und in diesem Punkte werde ich sehr vorsichtig sein.

Ihre Neuigkeiten wegen Hansl Steigenberger[324], Herrmann, Thalmessinger und Aufheimer[325] sind sehr interessant. Dass Th[almessinger] seine Freundin bei sich nun hat, wirft doch ein grelles Licht auf ihn, denn er hat ja doch auch seine Frau noch in München.[326]

---

324 Hans Steigenberger (1906 in München-1969 ebd.), Kaufmann, seit 1926 Mitglied des FC Bayern. Mit Landauer als Präsident arbeitete er 1929 und 1932 als Kassenrevisor, während Landauers Präsidentschaft 1947 bis 1950 als Schriftführer im Verein. Er war Gesellschafter der W. Steigenberger GmbH Kohlenhandlung, Landauer nannte ihn deshalb auch »Kohlehänschen«. 1929 trat er dem »Bayerischen Heimat- und Königsbund« bei, der sich für die Wiederherstellung der Monarchie in Bayern einsetzte, sowie der Bayerischen Volkspartei. Beide wurden 1933 aufgelöst. Im Februar 1940 fand er zur NSDAP und wurde Soldat in der Wehrmacht.

325 Unter den Mitgliedern des FC Bayern konnte keine Person dieses Namens gefunden werden.

326 Vermutlich ist hier Karl Thalmessingers zweite Ehefrau, Martha Maria Thalmessinger, geb. Gerstner (1906 in Rosenheim-1996 in Bozen), gemeint. Die beiden waren seit November 1940 geschieden.

Ich denke, diese Freundin wird dieselbe sein, mit der ich einmal, nachdem Th[almessinger] in München schon war, korrespondiert habe, weil sie seine Adresse wissen wollte. Ich kenne sie aber nicht. Aber merkwürdig ist doch, dass deren Genehmigung gegeben worden ist. Na ja, mich geht's nichts an.

Am 2. Mai gibt es in der Schweiz eine Extra-Ausgabe einer Briefmarke zu Fr. 2,50 für den ersten Direktflug Genf–New York. Ich habe bereits so eine Marke erstanden und werde den Schulers [Elfriede und Walter Schuler] einen Brief schreiben, den letzten wohl aus der Schweiz. Ich weiß, dass ich mit der Marke Ihrem Schwager eine Freude machen kann, und so tue ich es gerne, denn Ihre Schwester und Ihr Schwager sind immer so freundlich zu mir gewesen.

Also denken Sie, Maria, heute Morgen sind die Klaubers-Klopfers nach Zürich abgereist und werden vier Tage fortbleiben. Die alte Dame war fabelhaft beisammen und wenn es so bleibt, dann wird die Sache am Konsulat gut hinausgehen. Sie haben eine Krankenschwester mitgenommen, die sie auch auf die große Reise mitzunehmen gedenken. Auch Frau Elli war mit von der Partie, denn am Sonntag ist der Aufenthalt hier wieder zu Ende und sie fliegt von hier aus direkt wieder nach Jerusalem. Sie können sich denken, dass die Mutter froh und glücklich ist, ihr Kind zu haben, und stolz zugleich auch wieder, denn die Elli ist ein tüchtiges und sehr gescheites Menschenskind, so klein sie ist. Aber sie muss enorm streng arbeiten und Sie machen sich keinen Begriff, wie groß hier ihr Schlafbedürfnis ist. Zur Musik kommt sie nicht mehr, weil sie zu viel Arbeit hat.[327] Aber sie liebt sie immer noch sehr. Gestern war sie

---

327 Im Münchner Wohnzimmer der Familie Klopfer stand ein Klavier, auf dem Elli, Lotte und Maria Klopfer mal zweihändig, mal vierhändig spielten. Jost begleitete sie manchmal mit der Violine. Ihr Lieblingsstück war *Zar und Zimmermann*, eine Komische Oper in drei Akten von Albert Lortzing. Auch in Palästina organisierte Elli schon

im Konzert Gigli,[328] ich habe ihn nur heute auf der Straße gesehen, dick und fett und wenig sympathisch.

Dass Sie so schöne Pakete bekommen haben, freut mich für Sie sehr, aber von denen, die Frau Maria Ihnen schickt, wie die Äpfel und das Dänische[329], weiß ich erst, wenn sie fort sind, von den Äpfeln habe ich überhaupt erst heute durch Sie erfahren. Also gebührt Dank und Anerkennung ausschließlich Frau Maria. Die Kleiderpakete dagegen expediere ich, nachdem sie von Frau Maria gepackt worden sind.

Den Brief an Frau Weil[330] habe ich nun auch glücklich weg und er ist mir gut gelungen, ich habe ihr wegen des Testamentes eine glatte Absage gegeben, ohne aber irgendwie unhöflich geworden zu sein.

Nun erwarte ich Ihre Antwort wegen Ried und Gepäck ... und immer näher rückt der Tag des Wiedersehens. Maria, wird das eine Freude sein. Und Memmingen ist halt doch viel näher als München. Vielleicht können Sie mir gleich eventuelle Zugverbindungen Konstanz–Memmingen mitteilen.

Also Liebstes, Bestes, alles, alles Gute und viele, viele, liebe, liebe Herzensgrüße von Ihrem alten Herrle.

** Ich möchte ihn nicht vor den Kopf stoßen, er freut sich darauf, also darf man ihm diese Freude nicht nehmen!*

Heute habe ich meine Sommersachen hervorgeholt und diese Tage werden zum Klopfen, Bürsten und Einkampfern[331] in den Koffern (!) benutzt: Ein ganz helles Tröpferl.

Meine Brust ist fast wieder gut, noch nicht immer schmerzfrei.

1939 in Merchavia öffentliche musikalische Aufführungen mit Kindern.

328 Konzert des italienischen Tenors Beniamino Gigli (1890 in Recanati-1957 in Rom) am 21. April 1947 im Klavierhaus Sautier & Jaeger.

329 *Buttergebäck.*

330 Siehe Fußnote 197.

331 Textilien wurden mit Kampfer behandelt, um sie einzulagern.

Memmingen, 30. IV. 47.

Mein lieber, lieber Kurt!

Gestern kam Dein lieber Brief vom 22. IV. und Du kannst Dir denken, wie sehr ich mich mit Deinen lieben, guten Worten gefreut habe. Und in 7 Tagen war der Brief schon da, am 28. IV. vom Zensor abgestempelt! Da kann ich also hoffen, dass ich zeitig genug erfahre, wenn Du kommst, denn das ist jetzt meine Hauptsorge!

Ich habe mich gestern gleich nach der Verbindung von Konstanz hierher erkundigt. Leider bekommen die erst nächste Woche den genauen Kursbericht aus der französischen Zone und ich schreibe Dir dann die genauen Zeiten sofort.[332] Es ist jammerschade, dass Du nicht über Lindau kommen kannst, aber auch von da könnte ich Dich nicht abholen. Dagegen kann ich Dir bis Ulm entgegenfahren und Dich von da »heim«-bringen! Es wird von da aus und dahin die beste Verbindung sein, ja nicht über Aulendorf–Leutkirch[333], von da kommt man nur am frühen Morgen oder am späten Abend hin und her! Ich nehme an, dass Du in Konstanz Grüße bestellen musst und über Nacht bleibst.[334] Dann mit dem ersten Zug weiter, vielleicht können wir uns dann bis Mittag sehen! Es frägt sich noch, ob Du überall über die Grenze darfst. Jedenfalls ist die nahe Strecke die mit der schlechtesten Verbindung und bevor Du in Aulendorf oder Leutkirch sitzen bleibst, fährst Du leich-

332 Konstanz lag innerhalb der französischen Besatzungszone, was die Verwaltung der Zugstrecke teilte. Kursbericht meint eigentlich das sogenannte Kursbuch des deutschen Schienenverkehrs, das seit 1845 Informationen zu Strecken, Fahrzeiten und Tarifen beinhaltet und regelmäßig aktualisiert und neu aufgelegt wird.

333 Die Bahnstrecke Aulendorf–Leutkirch wurde auch als Württembergische Allgäubahn bezeichnet und beschreibt eine seit den 1860er-Jahren bestehende eingleisige, nicht elektrifizierte Eisenbahnstrecke (auch nach Memmingen).

334 In Konstanz lebte Maria Klopfers Tante Lina Eichler, siehe Fußnote 176.

ter gleich nach Ulm. Aber darüber schreiben wir uns noch, ich werde alle Möglichkeiten ausklügeln!

Liebstes, Bestes, wie freue ich mich auf Dich und wie schön wäre es, wenn ich Dich irgendwo abholen könnte, dass wir einige Stunden für uns allein hätten! Hier wird es Dir gefallen, ich sorge schon dafür und es gibt so viel zu sagen und zu entscheiden! Seit ich Dein liebes Bild da habe, unterhalte ich mich oft mit Dir und manchmal scheint mir, als wenn der ernste Mann mich anlächelt! Du siehst, ich habe immer noch Fantasie! Hier können wir uns so ganz einander widmen und Pläne schmieden, ohne dass Dich alle Welt begrüßen will und uns stören.

Die arbeitsreiche Zeit geht in München auch vorbei; wir haben ja ein Ziel vor Augen und haben wir erst wieder unsere eigene Wohnung, werden wir vollkommen glücklich sein und dankbar dem Geschick, dass wir füreinander leben und arbeiten dürfen! Lieber, Einziger Du, ich stelle mir so oft vor, wie das ist, wenn ich Dich wiedersehe und jedes Mal endet mein Gedankengang in unserer Wohnung in der Clemensstr.! Bald sind die wenigen Wochen, die uns trennen, vorbei! Ich bin in fieberhafter Tätigkeit, alles soll in Ordnung sein, dass wir nur noch einzupacken brauchen, wenn ich endgültig nach München gehe.

Ich bin so froh, dass Du wegen Franzens Meinung so denkst, wie ich es immer geglaubt habe. Denn ich weiß sehr gut, dass Du nie über wichtige Dinge sprichst, außer sie sind sorgfältig überlegt. Ich schrieb Dir darüber auch nur, damit Du im Bilde bist. So wie Franz mit seiner Frau lebt, möchte ich nie eines Mannes Frau sein. Ich schaue ihn oft deswegen an, weil sein Mund anders redet, als seine Handlungen sind. Aber Du hast Recht, wir machen das nach unserem Sinn und wir haben den Beweis schon erbracht, dass es richtig ist.

Wegen des Gepäcks schrieb ich Dir im letzten Brief, dass auch ich für direkten Versand nach München bin. Alles andere beantworte ich, wenn ich genaue Fahrzeiten weiß. Ich wollte Dir mit diesen Zeilen noch besonders für Deinen innigen Brief vom 16. IV. danken und Dir sagen, dass Du geblieben bist, wie Du immer warst und wie ich Dich eben darum so gerne habe und [dass Du] für mich immer das geblieben bist, mein Ein und Alles!

Viele liebe Grüße und Küsse bis zum Wiedersehen,

Deine Maria.

Genf, den 10. Mai 1947.

Geliebteste Maria!

Heute hat mir das Morgenpöstli schon etwas ganz besonders Schönes gebracht. Nämlich Deinen so sehr lieben, so sehr innigen Brief vom 2. Mai, abgestempelt vom selben Tage. Du siehst, er hatte es besonders eilig, dieser Brief, weil er doch wusste, wie sehr sich sein Empfänger über den wirklich zärtlichen Ton der Schreiberin freuen wird. Hab halt recht vielen, vielen Dank, Du Liebe, Du. Ich hab mich ehrlich mit Deinen Zeilen gefreut, sprechen doch so viel Liebe, Anhänglichkeit und Fürsorge aus ihnen. Und ich kann es mir gut vorstellen, Du bist voller Hoffnungen, voller Denken und darin geht es Dir um kein Haar anders als mir selbst. Und komisch, wann immer ich an Dich denke – und es ist wahrlich oft und intensiv genug – ich sehe Dich immer in unserer Wohnung in der Clemensstraße, sei es in Deiner lieben Kuchel, sei es in meinem Zimmer oder im Wohnzimmer, Du siehst also, dass auch hierin wir den gleichen Gedankengang haben. Und merkwürdig ist auch fernerhin, dass ich mir Dich meist in Deinem selbstgestrickten grünen Jumper[335] mit dem weißen Krägli vorstelle, dazu Deine blonden Haare und Deine guten blauen Äuglein.

Und fernerhin hast Du gar nicht so Unrecht, wenn Du sagst, dass der ernste Mann auf dem Foto Dich anlächelt, denn es ist schon so,

335 Im Deutschen ein altmodisches Wort für *Strickpullover*.

weil ich bei der Aufnahme sehr eingehend an Dich gedacht habe. Du siehst also, Marialieb, dass ein milder Gesichtsausdruck bei mir dann zustande kommt, wenn ich mich mit Dir befasse, weil ich Dich liebhabe und weil ich mich unsäglich auf Dich freue und arg, arg Sehnsucht nach Dir habe, immer mehr, je näher die Zeit unseres Wiederfindens heranrückt.

Es freut mich mehr, als ich Dir sagen kann, dass auch in den Dingen, die mit meiner Rückkunft in Frage sind, wir einer Meinung sind. Es freut mich deshalb ganz besonders, weil es schön ist, dass wir uns die langen Jahre der Trennung hindurch unsere Übereinstimmung der Gedanken, der Meinungen und schließlich auch der Seelen bewahren haben können. Weil wir innerlich die Nämlichen geblieben sind, weil wir Achtung immer voreinander gehabt haben, weil das eine wusste, was es von dem anderen zu halten hatte, weil wir aufrichtig zueinander gewesen sind.

Ich habe Dir manch einmal gesagt, dass mir während der ganzen Jahre der Trennung Deine Briefe so unendlich viel gewesen sind. Du hast es vielleicht nicht immer geglaubt, aber sei überzeugt, dass es so war. Denn Briefe sind ja meist das Spiegelbild des Menschen, der sie geschrieben hat, und Du, Maria, Du kannst mit Recht stolz sein auf sie, denn sie gehören mit zum Schönsten, was ich Schönes von Dir empfangen habe. Ich bringe sie mit mir, ich habe sie alle aufbewahrt seit dem Dezember 1940.[336] Leider musste ich die vorherigen zerreißen, das hing mit den damaligen Kriegshandlungen zusammen, das werde ich Dir erzählen. Dann können wir sie zusammen noch einmal lesen, ich habe sie selbst so, so oft durchgelesen, mich an ihnen erbaut und manch einmal Trost und auch Hoffnung aus ihnen geschöpft. Und manches wirst Du mir aufklären können, was ich nicht begriffen habe, weil Du ja nur unter Verschleierung schreiben konntest.

---

336 Im Nachlass von Kurt und Maria Landauer befinden sich nur Briefe von 1946 bis 1948.

Ja, Maria, es wird viel, viel zu erzählen geben und doch glaube ich, dass wir oft nur stumm dasitzen werden können mit verschlungenen Händen, kaum glaubend, dass es wirklich, wirklich wahr sein kann, sich wieder zu haben und dass wir nur stumm dieses unvorstellbare Glück genießen werden. Es ist ein Glück, Liebes, und dieses Glückes, dieser Freude, werden wir uns würdig erweisen dadurch, dass eines dem anderen das Leben so angenehm zu machen trachtet, als es nur gehen wird. Denn es wird sehr, sehr schwer werden, darüber gebe ich mich keinerlei Illusionen hin, wahrscheinlich werde ich selbst von der Schwierigkeit keine Ahnung haben, aber trotzdem bin ich mehr als froh, wenn es endlich so weit sein wird. Denn das weiß ich gewiss und bestimmt: Es lohnt sich, zurückzukommen zu Dir, meine geliebte Maria, und Du bist es wert, dass dem so sein wird. Und das weiß ich auch ganz genau: Mag sein, dass das künftige Leben, das ich führen werde, mir manche Enttäuschung bringen wird, weil ein so hartes Leben, wie es drinnen gelebt werden muss, unwiderruflich zu Enttäuschungen führen muss; Du, Maria, Du wirst mich niemals enttäuschen, Du nicht. Denn Du bist ein so feiner, so über alle Maßen im Denken und Handeln anständiger Mensch, dass man sich aufrichten kann an Dir und ich weiß auch, dass Du alles tun wirst, um mir das Einleben so leicht zu machen, als es nur gehen wird. Ich vertraue so restlos auf Dich, mein Gutes, und ich bin so absolut sicher, dass ich gut tue, wenn ich solchermaßen von Dir denke. Und noch einmal muss ich Dir Deine eigenen Worte wiederholen: Ich weiß, wer und wie Du bist,[337] Maria, und darum habe ich ein Recht darauf, mich auf Dich zu freuen, weil ein Leben mit und in Dir lebenswert ist. Wie es lebenswert gewesen ist, als wir zusammen gewesen sind, nun da der äußere Druck von uns genommen sein wird, wird es doppelt lebenswert sein, auch dann, wenn die Lebensbedingungen ungleich härtere geworden, als sie damals waren. Darum dür-

337 Siehe Brief vom 9. Januar 1947, S. 157.

fen wir, was uns beide persönlich angeht, frohen Mutes in die Zukunft blicken, denn wir haben uns und wir werden uns an unserer Liebe aufrichten.

Ich bin ganz und gar mit Dir einverstanden, dass wir die ersten Tage unseres Wiedersehens ganz für uns haben sollen. Darum habe ich auch gerne und freudig eingestimmt, nach Memmingen zu kommen. Es wäre ein besonders guter Gedanke, wenn Du mich in Ulm abholen könntest. Aber, aber. Es liegt natürlich die Gefahr sehr nahe, dass ich irgendwie irgendwo aufgehalten sein könnte und wir uns so verfehlen könnten. Was meinst Du dazu, Maria? Von hier aus kann ich überhaupt nichts sagen, wie und wann ich fahren werde. Denn weder die amtlichen Stellen bei der Bahn noch irgendein Reisebüro kann mir irgendwelche Angabe der Züge in Deutschland machen. Ich habe mir nun (in meinem jugendlichen Leichtsinn) das so zurechtgelegt. Ich fahre hier des Morgens ½7 Uhr weg bis Zürich, bleibe dorten bis zum Nachmittag, da ich Verschiedenes zu erledigen habe, bin gegen den Abend in Kreuzlingen, wo ich auch noch einiges zu tun habe (es wohnt dorten ein Vetter[338] von Herrn Kl., der Schweizer ist), gehe noch am nämlichen Tage nach Konstanz, um Frau Eichler zu besuchen. Am nächsten Tage so zeitig als möglich, beginne ich dann die »Fahrt ins Glück«. Dabei weiß ich noch nicht, ob ich nach Singen muss wegen meines Gepäcks, ich hoffe jedoch nicht.

Ob das nun alles so glatt gehen wird, wie ich mir das so ausgedacht habe, kann ich natürlich nicht sagen, aber mit meinem Ausweis der alliierten Behörde dürfte es klappen. Gehört habe ich natürlich noch immer nichts und so sitze ich mit gebundenen Händen da, weil ich erst das richtige Arbeiten anfangen kann, wenn ich ein offizielles Dokument in Händen habe. Aber der Tag rückt ja immer näher, da ich es haben werde. Und Du darfst es mir glauben, dass ich schon feste daraufdrücken werde, dass dann alles so schnell

338 Es konnte keine Person ermittelt werden.

geht wie nur irgend möglich. Vorgearbeitet habe ich gut. An deine Tante Schneider[339] in Haslach werde ich dann einige Pakete aufgeben von Konstanz aus. Bedenken habe ich, ob man von der französischen nach der amerikanischen Zone wird telefonieren können, damit ich Riki [Friederike Ahmeyer] verständigen kann. Was meinst Du dazu? Ich bitte Dich recht sehr, Dich zu erkundigen und mir dann mitzuteilen, ebenso wäre ich Dir sehr sehr dankbar, wenn Du mir die Zugverbindungen mitteilen könntest.

Was Du wegen Franz schreibst, so muss ich Dir ganz beipflichten. Für mich soll die Frau sein: Lebenskamerad, Freund und Geliebte in einer Person. Das ist meine Auffassung einer Ehe, können diese Punkte nicht erfüllt werden, so soll man lieber von vorneherein verzichten.

Bei den 3 Kl. geht alles seinen Gang, ich kann für sie noch viel tun. Du kannst Dir denken, dass es eine Unmasse Zeug zu erledigen gibt, und ich bin froh, dass ich der Frau Maria da gut behilflich sein kann. Merkwürdig, in manchen Sachen sind sie schon weiter als ich, da sie ja durch die Schiffskarten und das amerikanische Visum etwas Offizielles in der Hand haben, während ich das noch nicht habe. Aber, werd scho kumma, nur net brumma, gell Maria! Heute sind die 3. Kl. übrigens geimpft worden gegen Pocken, das Neueste für den Eintritt nach Amerika. Am Mittwoch oder Donnerstag gehen schon die Koffer von hier fort, da müssen noch Listen gemacht werden in dreifacher Ausfertigung, übrigens auch bei mir, aber Du darfst das nicht damit vergleichen, wie es seinerzeit in München gewesen ist. Du erinnerst Dich doch noch und auch noch an das so schmerzliche Probepacken, ja?

Und nun Adieu für heute, geliebter Bimbes, bleib gesund und guter Dinge, bleibe ruhig, denn auch zu große Freude kann Schmerzen bereiten. Bald aber brauche ich meine Gefühle nicht mehr dem

339 Es konnten keine Daten zur Person ermittelt werden.

nüch*ternen Papier anzuvertrauen, kann Dir auch persönlich den innigen Kuss geben, mit dem mein Herz das deinige eben grüßt.*

In Liebe der Deine. Kurt.

Das Medikamentenpaket ist gestern fortgegangen an Dich, reich sortiert und gut gepackt. Wünsche guten Empfang, Liebste!

Briefe zwischen Kurt Landauer, Maria Baumann und Maria Klopfer, 1947-1948

München[340], den 25. [August 1947.]

Meine liebe und gute Frau Klopfer!

Seit Wochen drückt mich mein Gewissen, weil ich gerade Sie so lange warten lassen muss. Doch wissen Sie nun, dass Herr Kurt sehr rasch eine Wohnung bekommen hat, und ich habe natürlich alles getan, möglichst bald in die eigenen vier Wände und in die eigene Küche zu kommen. Da in den Wohnungen während des Krieges nichts gemacht wurde und nachher niemand etwas machen lassen konnte, der nicht etwas zu geben hatte, so (sieht) sah die Wohnung dementsprechend aus.

Es war ein ganz besonderer Glücksfall, dass die Wohnung im Hause Herzing[341] frei war, es zeigt sich jetzt, da wir herinnen wohnen. Herr Kurt kann jederzeit zu seinem Freund hinuntergehen, ohne auf die Trambahn angewiesen zu sein, die ab heute wieder sehr stark eingeschränkt sein wird. Wie schön war es gestern, Sonntagabend. Herr und Frau Herzing kamen herauf, die Freunde hörten die Sportnachrichten am »Teletone«[342], die Frauen unterhielten sich über Haushaltsdinge und Frau Liesel [Herzing] bekam etwas Schokolade von Frau Dr. [Henny] Siegel zu naschen. Dann wurde sehr angeregt Karten gespielt und niemand brauchte Angst haben, dass die letzte Tram wegfährt oder dass er in der letzten totgedrückt wird!

---

340 Am 1. Juni 1947 kehrte Landauer nach acht Jahren Schweizer Exil nach Deutschland zurück. Er überquerte die Grenze bei Kreuzlingen–Konstanz und verbrachte zunächst einige Tage bei Maria Baumanns Familie in Memmingen. Am 26. Juni 1947 kam er nach München zurück.

341 Landauer bekam nach seiner Rückkehr eine leere Wohnung im ersten Stock der Virchowstraße 14 vom städtischen Wohnungsamt zugewiesen. Franz und Elisabeth Herzing wohnten im Erdgeschoss.

342 Portables Radio der amerikanischen Marke *Teletone*.

Für mich hat diese Hausgemeinschaft viele Vorzüge gehabt beim Einrichten und hat sie noch, da ich von Frau Liesel alles an Hausgeräten haben kann, was ich noch nicht und nicht mehr besitze. Der Maler machte alles sehr schön, aber ich hatte mein Putzzeug noch nicht da, da war ich sehr froh, dass ich von Schwarz Ecke Feilitzschplatz[343] etwas bekam. Denn Frau Liesel hat so verbrauchte Besen und Bürsten, die wären draufgegangen und ich könnte ihr nichts ersetzen, [weil] kein derartiger Artikel zu haben ist. Schwarz hat [gerne] sonst in dringenden Fällen geholfen, er ist Bayern[mitglied] und tut für Herrn Kurt, was er kann.

Es ist schade, dass Sie [nicht] so eine Bayernbegrüßung sehen können. Die alten Mitglieder vergöttern Ihren neuen »Präsidenten« und als er gewählt worden (war), brachten sie ihm solche Ovationen dar, dass Herr Kurt ganz gerührt war.[344] Nun hat er sehr viel zu tun und vorzubereiten, um so vieles einzurenken und gut zu machen, was in all den verflossenen Jahren verdorben worden ist. Er wird es nicht leicht haben und in seiner Rede[345] bat er seine Mitglieder, nicht zu viel zu erhoffen und zu erwarten, denn so wie es einmal war, kann auch er es nicht mehr machen. Leider bleiben bei solchen Dingen Ärger und Verdruss nicht aus, die erste Mannschaft ist keine reine Freude, sie betrachtet ihren Verein zu sehr als Melkkuh,[346] aber dann kann er doch heim und sich mit seinem guten Freund besprechen.

---

343 Hier ist das Geschäft für Haus- und Küchengeräte Ferdinand Schwarz in der Leopoldstraße 65 gemeint. Ferdinand Schwarz (1889 in München-1962 ebd.) war seit den 1920er Jahren Mitglied des FC Bayern.

344 Kurt Landauer wurde am 19. August 1947 zum vierten Mal zum Präsidenten des FC Bayern gewählt. Die anderen Vorstandsposten besetzten Siegfried Herrmann (Vizepräsident), Hans Schmid (3. Vorsitzender), Willy Plank (Kassier), Hans Steigenberger (Schriftführer), Josef Bayer, Franz Herzing, Xaver Heilmannseder (Beisitzer).

345 Die Rede ist nicht erhalten.

346 Siehe dazu Landauers Briefe vom 3. und 6. Oktober 1947. Darin be-

Und hier herunten in Schwabing ist es ruhig und frei und luftig, so, wie es der Herr Präsident eben wünscht. Er fühlt sich sehr wohl; dass wir außer einigen kleinen Brücken, die ich einmal von Dr. Paul [Landauer] gekauft habe, keinen Teppich haben, stört ihn nicht im Geringsten. Er hat sein Bad für sich, wo er während der großen Hitze mit Wonne plätschern konnte, solange er wollte, er hat ein sehr schönes, großes gemütliches Zimmer und seine »Kuchel«, wo so gekocht wird, wie er es liebt. Bei aller Bescheidenheit so viel Zufriedenheit! Sie können sich denken, liebe Frau Klopfer, wie froh ich bin, dass alles so gut geht. Ich habe mir viele Sorgen gemacht, ob er sich eingewöhnt, ob kein Heimweh, kein Bereuen kommt! Ich darf sagen, es geht besser, als ich je gehofft habe. Dass ihm so viel Liebe, Treue, Anhänglichkeit und Hilfsbereitschaft in Wort und Tat entgegengebracht wird, freut ihn doch sehr und tut ihm nach so vielem Tr[aurigem] wohl.

Dass er selbst, nicht zuletzt durch Ihre Hilfe, sein[en] Freunden viel Gutes (zu)tun konnte und noch manche Liebe erweisen kann, tut ihm besonders wohl. Herr und Frau Herzing haben in den 7 Wochen, die ich unten gekocht habe, so zugenommen, dass sich beide verjüngt und kräftig fühlen. Wie froh war ich um alles, das ich gespart hatte, hier kam es an die richtige Adresse. Fett, Zucker, während des Übergangs zu neuen Kartoffeln, die Spaghetti, Obst usw., wie schön war es, für alle zu sorgen und jeden Mittag zu hören, das war gut, so ganz besonders kräftig! Wie dankbar gedachte ich den lieben Menschen, die mir das ermöglichten, und auch die liebe Obrigkeit dachte so wie ich! Das Schweizer Tuch ist auch hier bei lieben Gästen das Milieu, das den Tisch schmückt und die »Magd« ist dann Hausfrau in hellblauer oder silbergrauer Bluse mit

richtet er über das Auswärtsspiel in Stuttgart am 5. Oktober, zu dem er nicht mitfuhr. Landauers ironische Schilderung am Ende des zweiten Briefes (S. 254) deutet auf Unstimmigkeiten bei der Versorgung der Spieler bei Auswärtsspielen hin, siehe auch Fußnote 388.

Fränklimanschettenknöpfen! Ja, es ist alles sehr, sehr schön, was aus Koffern und Kisten kam. Alles trägt dazu bei, das Heim zu verschönern und das Leben zu erleichtern.

Liebe Frau Klopfer, ich bin wohl im Bilde, wie es Ihnen und Ihren lieben Eltern und der ganzen Familie geht! Es freut mich so sehr, dass Sie selbst und Ihre alten Eltern die ganze Reise, das Eingewöhnen so gut überstanden haben.[347] Hoffentlich müssen Sie nicht zu sehr unter Hitze leiden, die ja drüben so viel unangenehmer ist als bei uns. Mit Ihren Enkelchen hatten Sie sicher keine Schwierigkeiten, sich zusammen zu gewöhnen, da wird die Liebe gegenseitig sein.[348] Frau Klauber bewundere ich immer wieder, wie sie alles meistert und sich zurecht[findet]. Hoffentlich geht es Herrn Klauber auch wieder gut, sodass er gut und gesund im Kreise seiner Familie in (s)ein gesegnetes »Einundneunzigstes« hineinkommt. Denn jetzt ist doch jedes Jahr ein Wunder und eine Gnade. Neunzig Jahre, mit den herzlichsten Wünschen will ich am 25. September an Sie alle denken.

Ihre lieben Bilder aus Genf stehen auf Herrn Kurts Nachttisch im Lederrähmchen und oft berührt es mich eigenartig, dass Sie alle so weit fort sind, die Sie so lange mit Herrn Kurt zusammengelebt haben, während wir wieder hier sind und mit vielem im alten Schwabing in Berührung kommen. Ich komme viel zu meinen alten Geschäftsleuten, auch Bäcker Dietl[349], er hat einen Riesenbe-

---

347 Maria Klopfer und ihre Eltern verließen Genf am 3. Juli 1947. Mit dem Zug reisten sie zunächst nach Rotterdam, von wo aus sie sich nach New York einschifften. Die Überfahrt mit der *M. S. Noordam* der *Holland American Line* dauerte circa sieben Tage und kostete pro Person 273 USD.

348 Maria Klopfer lernte ihre beiden Enkel, Steven Ralph und Roger Jay, nach der Emigration ihrer Tochter Lotte in den USA geboren, erst 1947 in New York kennen, siehe Fußnote 182.

349 Vermutlich ist die Bäckerei Barbara Dietl in der Schwabinger Herzogstraße 12 gemeint.

trieb. Es gibt Zeiten, da stehen wir 2 Stunden um Brot an. Sonst komme ich gut zurecht, Herr Kurt ist ja Frühaufsteher und da habe ich auch meinen Nutzen.

Bitte grüßen Sie Herrn und Frau Klauber herzlichst von mir, ebenso Frau Lotte [Lowe] und ihre Buben.

Ihnen, liebste Frau Klopfer, die herzlichsten Grüße und alles, alles Gute auch Ihren Kindern in Palästina,

Ihre sehr dankbare Maria Baumann.

Heute Abend gibt es Milchreis mit Apfelmus und Apfelstrudel. Apfelkuchen mit richtigen Weinbeerl schmeckt halt besonders gut und Frau Lotte hat es ermöglicht!

Baumann – Klopfer

München, den 24.9.47.

Meine liebe Frau Klopfer!
Wenn etwas meinen Geburtstag besonders verschönt hat, so war es Ihr lieber Brief, sehe ich doch daraus, dass es Ihnen und Ihren lieben Eltern und allen Familienangehörigen gut geht. Ich danke Ihnen herzlich für Ihre lieben Zeilen und die guten Wünsche, sie sind in Erfüllung gegangen, denn nicht nur ich bin zufrieden, sondern auch mein guter Herr Kurt, der sich in seinem neuen gemütlichen Heim so wohl fühlt, dass auch seine Umgebung es sein muss. Wenn auch seine Tätigkeit bei seinem alten F.C.B. viel Arbeit und Verdruss bringt, so ist die Beschäftigung doch eine liebe, vertraute und bringt ihm Erfolge, die ihn glücklich machen und auf die er stolz sein darf. Ganz besonders schön ist natürlich, dass der Freund Franz so nahe ist, kann er doch mit ihm alles bereden und ich wundere mich oft über die Beredsamkeit von beiden, wie gut und ausgiebig sie sich unterhalten können.

Ja, der Fußballsport ist auch unerschöpflich, fast ebenso wie die

Haushaltssorgen, die Frau Liesel und ich zu bereden haben. Bis jetzt bin ich gut zurechtgekommen, die Wohnung ist in Schuss, für den Tisch gibt es allerhand Abwechslung und es gelingt mir sogar, einige Vorräte für den Winter zu sammeln. Unsere alten Geschäftsleute haben uns nicht vergessen und wenn auch die Wege weit sind, die man oft machen muss, so sind sie doch nicht erfolglos. Leider habe ich nicht genug Einmachgefäße, aber bis jetzt habe ich immer welche geliehen bekommen und meine Schwestern helfen mir auch immer aus damit.

Erinnern Sie sich an das Rosenthal Stachelbeer Porzellanservice[350], das Sie mir vor Jahren geschenkt haben? Das ist unser tägliches Geschirr und ich freue mich immer wieder daran, weil es so schön ist. Herr Kurt kannte es nicht, freut sich über jedes Stück, das ich aufbewahrt habe. Wie froh bin ich um alles, denn man bekommt nicht das Einfachste und kann ich wirklich etwas kaufen, ist es so unschön und schlecht ausgeführt, dass ich's nicht nehmen mag.

In den nächsten Tagen reise ich nach Burtenbach, meine Schwester [Amalie Unterweger] erwartet ihr viertes Kindchen, da bekomme ich manches, was sie in ihrem reichhaltigen Haus doppelt hat. Herr Kurt wird von Frau Herzing verpflegt, ich habe ihr reichhaltigen Zuschuss zusammengestellt, dass niemand etwas entbehrt. Dafür verpflege ich Freund Franz, wenn seine Frau verreist. Und da sollten Sie die beiden Freunderln tafeln sehen, schade, dass ich nicht alles habe, was ich ihnen vorsetzen möchte! Aber beide sind so dankbar für alles. Es ist möglich, dass Frau Dr. Siegel einige Tage

---

350 Im Bürgertum weit verbreitetes Porzellangeschirr mit Stachelbeeren aus dem Unternehmen Philipp Rosenthal & Co. Philipp Rosenthal (1855 in Werl-1937 in Bonn) eröffnete 1879 eine Porzellanmalerei und 1889 in Selb (Bayern) eine Porzellanfabrik. Wegen seiner jüdischen Herkunft wurde er 1934 aus seinem äußerst erfolgreichen Unternehmen gedrängt.

nach München kommen kann. Mich würde das besonders freuen, damit sie sieht, was ihr Bruder in kurzer Zeit aus eigener Kraft fertig gebracht hat. Sie will jeden Monat ein C. A. R. E. Paket[351] schicken lassen, das wäre eine gute Hilfe.

Liebe Frau Klopfer, ich wundere mich immer, wie Sie bei Ihren vielen Verpflichtungen Zeit finden, auch noch an mich zu schreiben. Ich weiß zu gut, wie sehr ein großer Haushalt mit Kindern eine Frau in Anspruch nimmt. Dafür hat man auch viel Freude mit den Kindern, die die gute Ahma[352] sicher sehr gern haben. Frau Hilde Rössner[353] war schon öfters hier und erkundigt sich immer sehr nach Ihnen und Herrn und Frau Klauber und es stehen ihr immer die Tränen in den Augen. Bitte grüßen Sie herzlich Ihre lieben Eltern von mir, ich schaue oft ihre Bilder an.

Ihnen, liebe Frau Klopfer, alles, alles Gute und viele liebe Grüße von Ihrer Maria Baumann.

Landauer – Baumann

München, den 1. Oktober 1947.

Meine ganz, ganz liebe Maria!
Nun sind es schon zwei Tage, dass Du fort bist. Erst zwei Tage und doch kommt es mir vor, als ob es schon lange, lange her wäre. »Unser« Heim ist so leer geworden, seit Du fort bist und es sieht fast so aus, als ob es gar nicht dieses so gemütliche, nette, saubere wäre, als

351 C. A. R. E. steht für »Cooperative for American Remittances to Europe«, siehe Fußnote 254.

352 Kinderwort für *Großmutter*; vermutlich nannten Maria Klopfers Enkel, die in den USA englischsprachig aufwuchsen, ihre Großmutter in Anlehnung an das deutsche Wort *Oma* so.

353 Es konnten keine Daten zur Person ermittelt werden.

ob es eine andere Wohnung sei. Überall und immer fehlst Du, überall und immer fehlt Dein sonniges Wesen.

Ich habe jetzt erst so richtig ermessen gelernt, was Du mir bedeutest, wie sehr ich mich an Dich hingezogen fühle, wie unendlich lieb ich Dich habe, Maria. Und darum freue ich mich auch mit Dir, dass Du Deiner Schwester an die Hand gehen kannst, dass Du mit den Deinen sein kannst. Und ich freue mich schon ganz narrisch, wenn Du endlich, endlich wieder da bist. Ich habe Sehnsucht nach Dir, Liebes, Du fehlst eben überall und immer. Aber Du solltest Deine vorgenommene Zeit in Burtenbach ruhig ausharren, auch diese 14 Tage werden vergehen und dann wird es wieder umso schöner für uns werden, Du mein ganz liebes Schätzeli, Du.

Ich hoffe Dich gut gereist und ebenso in Burtenbach angekommen, hoffentlich ist der Omnibus noch gegangen und hat Dich gut abgeliefert. Ist Dir die Zeit nicht allzu lange geworden bis zur Abfahrt des Zuges? Ich bin ja schon so gespannt auf Deine ersten Nachrichten, die ich vielleicht morgen schon erwarten kann. Soweit Dir die Pflege Deiner Schwester, der Haushalt und Inge, Dieter und Henny und natürlich der neue Erdenbürger – wie er wohl heißen mag? – dazu Zeit lassen.

Und nun will ich Dir ein bisserl von mir erzählen, wie es mir »armen Verwaisten« ergeht. Nun es geht mir gut, sogar recht gut, weil ich gut mit allem zurechtkomme, ohne Hast. Der Tag beginnt allerdings noch ein wenig früher als sonst, nämlich schon um ½ 6 Uhr. Um 7 Uhr verlasse ich dann schon die gastliche Stätte und alles ist schon getan. Bett gemacht, Blumen gegossen, Schuhe geputzt, Frühstücksgeschirr gespült und aufgeräumt.* Also man geht aus dem Hause, wie es sich gehört.

Gestern war ich bei der Vermögensverwaltung, dann habe ich meinen »Posten« als Treuhänder[354] gleich angetreten, indem ich

---

354 Kurt Landauer trat im Oktober 1947 seine Tätigkeit als Treuhänder für die Firma Ernst & Knecht an, die ihm 100 RM monatlich ein-

eine »geschlagene« halbe Stunde bei dem Firmeninhaber[355] war. Er ist ein ganz manierlicher Mensch, der mich, ich möchte fast sagen, selbstverständlich dem Namen [nach] und von früher her kannte. Nachmittags bin ich überhaupt nicht aus dem Hause, habe viel Post und Clubliches erledigt,[356] u. a. habe ich auch an das Hilfswerk geschrieben, dass ich nochmals um drei Monate Zuschuss bitte.[357]

---

brachte. Die unmittelbar nach Kriegsende von der amerikanischen Militärbehörde einsetzende Vermögenskontrolle beschäftigte sich nicht nur mit NS-Vermögen (Besitz von Staat, NSDAP und belasteten Firmen und Personen), sondern zielte auch auf die Rückgabe und Entschädigung von jüdischem Eigentum. Für verdächtigen Besitz setzte sie bis zur Klärung der Eigentumsverhältnisse unbelastete Treuhänder ein. Stefan Weil (1899 in München-1967 in Los Angeles) und Jakob/Jacques Thalheimer (1897 in München-1970 in Los Angeles) besaßen seit 1921 die Tuchgroßhandlung Albert Weil in der Kaufingerstraße 30, die nach dem erzwungenen Verkauf im April 1938 Hugo Ernst (1890 in Münchweiler-1958 in München) und Otto Knecht führten. Stefan Weil und Jacques Thalheimer stellten von Los Angeles aus an die »Außenstelle München-Stadt des Landesamtes für Vermögensverwaltung und Wiedergutmachung« den Antrag, dass Kurt Landauer die Treuhänderschaft bis zum Vergleich übernehme, was er bis November 1949 tat.

355 Hugo Ernst leitete zu dieser Zeit mit seinem Sohn Helmut (1921 in München-2008 ebd.) die Firma Ernst & Knecht. Otto Knecht war bereits im April 1945 als Gesellschafter ausgetreten. Hugo Ernst, seit 1937 Mitglied der NSDAP, kannte Landauer wahrscheinlich aus der Textilbranche.

356 Kurt Landauer beschrieb seine Tätigkeit für den FC Bayern im Jahresbericht des FC Bayern nach Ende der Spielsaison 1948/49: »Ich war es gewohnt, und man war es allgemein von mir gewohnt, dass ich jeden Tag, Stunden arbeitend, auf der Geschäftsstelle verbracht habe.«

357 Das »Bayerische Hilfswerk für die durch die Nürnberger Gesetze Betroffenen«, 1945 gegründet und dem Staatskommissariat unterstellt, betreute hauptsächlich die etwa 18 000 ehemals verfolgten Juden, die

Gestern hat es zeitweise richtig geschüttet, heute aber ist es wieder schön und warm. Heute Abend ist die große Sitzung, ich denke es wird wichtig werden. Franz und ich fahren mit der Mannschaft nach Stuttgart,[358] mit der Bahn, Abfahrt Samstagmittag gegen 2 Uhr, Rückkunft am Sonntagabend schon um ½ 11 Uhr, wo ein Bus uns heimbringt. Sasse[359] wird auch mit von der Partie sein.

Mit Schrecken habe ich festgestellt, dass ich dem lieben Mägdelein wieder einmal kein Gehalt gegeben habe. Entschuldige bitte, liebste Maria. Ob Du es auch nach Deiner Rückkunft noch nimmst? Von Henny habe ich (Gott sei Dank) noch nichts gehört. Liesl [Herzing] gibt sich viel Mühe, das Essen ist gut und reichhaltig, Franz selbst ein besorgter Gastgeber. Das Radio habe ich hinuntergenommen, was ihm sichtlich Spaß macht. An den beiden Aben-

---

sich unmittelbar nach Kriegsende in Bayern aufhielten. Häufig bestand die Hilfe aus konkreten und kurzfristigen Sofortmaßnahmen wie Kleidung, Lebensmittel, Brennholz. Kurt Landauer wandte sich direkt nach seiner Rückkehr schriftlich an das Bayerische Hilfswerk, mit der Bitte um Unterstützung von 2500 RM für Mobiliar für die durch das Wohnungsamt zugeteilte Wohnung in der Virchowstraße 14 und für den Lebensunterhalt der ersten drei Monate in München von je 200 RM. Landauer bat am 30. September 1947 das Bayerische Hilfswerk um Zahlung für weitere drei Monate, was am 3. Oktober bewilligt wurde.

358 Fahrt zum Spiel gegen die Stuttgarter Sportsfreunde am 5. Oktober 1947. Der FC Bayern gewann das Spiel 1:0, Landauer begleitete die Mannschaft nicht nach Stuttgart, siehe Brief vom 03.10.1947, S. 245.

359 Hans Sasse (1894 in München-1969 ebd.), Kaufmann, seit 1913 Mitglied des FC Bayern. Auch 1947/48 und 1948/49 betreute er wieder die Gastmannschaften wie schon vor 1933. 1933 trat Sasse, Komparse in Filmen verschiedener Münchner Produktionsfirmen, der Reichsfachschaft Film bei. Zu diesem Zeitpunkt seit drei Jahren arbeitslos, lebte er bei seiner verwitweten Mutter. Über einen Beitritt zur NSDAP ist nichts bekannt.

den haben wir Stocktarock[360] gespielt. Ich schlafe gut, huste nicht mehr, bin aber sonst noch genau so damisch[361] wie immer. Ha, ha, ha. Springe auf keine Trambahn auf und von keiner ab und erhalte mich für Dich, Maria, für uns.

Bitte grüße bestens Deine Schwester und Deinen Schwager, lass Dir es gut gehen, sei vergnügt und guter Dinge. Du kannst es sein, weil ich Dich wirklich von Herzen liebhabe und so unendlich glücklich in dieser Liebe zu Dir bin. Ich küsse Dich innig, küsse Dich lang, küsse Dich heiß.

Dein Kurt

* Badewanne und Waschtisch geputzt, Töpfchen (uh, uh) geleert.

Landauer – Baumann

München, den 3. Oktober 1947.

Du meine liebe, liebe, gute Maria!
Das war schon eine ganz große Freude, als ich heute Mittag nach Hause kam und ich Deinen so lieben Brief vorfand. Ich danke Dir recht herzlich dafür, vor allen Dingen deswegen, dass Du so schnell geschrieben hast. Das war arg lieb von Dir, mein liebes Bimbesle. Ich habe mir schon gedacht, dass die Wartezeit am Hauptbahnhof eine sehr lange gewesen ist, aber dafür hast Du ja einen guten Sitzplatz gehabt. Pech natürlich, dass der Omnibus nicht mehr gefahren ist, aber mit dem Radl bist Du ja gut in Burtenbach eingetrudelt. Dass es Deiner Schwester gut geht und ebenso dem jungen Menschlein, ist sehr erfreulich zu hören. Was haben die Kindlein zu Tante Maria gesagt und wie sind die einzelnen Mitbringserln aufgenommen worden?

---

360 Kartenspiel, Variante des Bayerischen Tarock.

361 Bairisch für *verrückt, schwindelig* oder *dumm.*

Inzwischen wirst Du meinen Brief erhalten haben, der Dir von meinem Wohlergehen meldete. Und heute muss ich Dir schon wieder schreiben, denn Du sollst doch immer am Laufenden sein, was sich alles tut in »unserem« kleinen Haushalt in der Virchowstraße. Es geht nach wie vor alles seinen guten Gang. Frau Liesl gibt sich viel, viel Mühe, denk Dir, Franz brachte gestern einen Trumm Fisch vom Steinbacher Franz[362] mit nach Hause, er hat ihn »gehender« Weise nach Hause genommen, weil zur Zeit des Einkaufes keine Trambahn gefahren ist. So haben wir gestern und heute Mittag Fisch gehabt, Kabeljau, ganz ausgezeichnet, goldfrisch mit schneeweißem Fleisch. Es waren zwei Portionen für den Haushalt Herzing und auch für den unsrigen, da aber das liebe Mägdelein nicht da ist, so habe ich ihre Portion auch gleich mitgegessen und habe sie mir ausgezeichnet schmecken lassen. Aber gell, Liebstes, Du bist ja nicht neidisch und wenn wir nicht neidisch sind, dann bekommen wir alle genug.

Die Sitzung am Mittwochabend ist sehr gut verlaufen und der Landsche[363] hat gut abgeschnitten. Aber jetzt setze Dich gut hin, weil ich Dir erzähle, was wir da bei der Sitzung zu essen bekommen haben. Wir haben uns alle richtig hineingekniegelt[364]. Der Steigen Hansl[365] hat uns zwei Schönen mit dem Auto abgeholt. Die Tische waren mit guten weißen Tischtüchern sauber gedeckt. Wir aßen: Nudelsuppe (Schnittlauch und große Fettaugen waren darin), Karpfen gebacken (!), jede Portion bestand aus einem halben Fisch, Kartoffel-Endivien-Salat, hernach wurde aufgetischt: Lendenbraten auf Wildart mit Kartoffelbrei und Weißkraut und als

---

362 Franz Steinbacher (1888 in München-1974 ebd.), Mitglied des FC Bayern seit 1913, Inhaber der Fischhandlung Gebrüder Kuffer am Viktualienmarkt 3.

363 *Landsche* für Landauer.

364 Wahrscheinlich ist hier *sich hineinknien* gemeint.

365 Hans Steigenberger, siehe Fußnote 324.

Abschluss ein Apfelmus. Birri[366] war auch gut frisch und der Landsche hat viere hinuntergestemmt. Weißt, vom vielen Reden wird halt die Kehle so trocken! Um 10 Uhr hat uns dann der Hansl wieder abgeliefert.

Nach Stuttgart fahre ich am Samstag/Sonntag nicht.[367] Und zwar deswegen nicht, weil ich mit zwei Spielern der Mannschaft absolut unzufrieden bin und die nicht parieren wollen. Ich habe gestern und auch heute noch dem Franz erklärt, dass ich mich nun nicht mehr um die Mannschaft kümmern werde, denn ich will nicht einen Kampf gegen Windmühlen führen. Er muss nun alleine fahren, was ihm gar nicht passt. Ich dagegen werde morgen Nachmittag mit dem Hansl zum Fußballspiel Wacker–Mannheim[368] gehen und am Sonntag ganz allein nach: Daglfing zum großen Rennen. Da dies schon um 12:30 beginnt, so werde ich schon um 9:30 aus dem Hause gehen. Aber das musst du schon wissen, den Weg z. B. von Steinhausen nach Daglfing werde ich nicht allein machen, sondern ich habe Begleitung. Und wer, meinst Du, wer an meiner Seite geht? Im Geiste meine ganz, ganz liebe Maria, so wie damals, als wir hinuntergepilgert sind. Du siehst also, dass ich Gesellschaft habe, und zwar eine sehr, sehr gute.

Also, Maria, ich brauche Deinen Aufenthalt in Burtenbach nicht zu stören. Denn gestern habe ich folgendes Telegramm von der Henny erhalten: »Unterlage ungenügend. Benötige Amtsattest über Krankheit Stempel Gesundheitsamt. Meine Zeit nicht mehr ausreichend. Bedaure tief. Gruß Henny.« Also sind die Würfel gefallen. Und ich bedaure es nämlich gar nicht. Denn die Aussprache wäre unvermeidlich gewesen und ebenso unvermeidlich wäre dann auch

---

366 *Bier.*

367 Fahrt zum Auswärtsspiel gegen die Stuttgarter Sportsfreunde am 5. Oktober 1947.

368 Am 4. Oktober 1947 verlor der FC Wacker München 2:3 gegen den VfR Mannheim.

ein Krach gekommen. So aber können wir uns mehr oder weniger nette Briefe schreiben und ich kann mehr oder weniger reichliche Pakete in Empfang nehmen. Gell, Maria, was Dein Männle für ein krasser Egoist geworden ist. Aber Du weißt, dass es nur in diesem einen Falle ist und das hat seine guten Gründe. Also Schwamm drüber, dieses Kapitel ist nun erledigt.

Weil ich gerade von »Kapeten« geschrieben habe, so teile ich Dir ergebenst mit, dass ich morgen ein solches in der Arnulfstraße[369] in Empfang nehmen darf, kommt aus New York. Weißt Du, wer der Absender sein wird, ich kann es mir gar nicht denken! Von Frau Klopfer kam ein sehr netter Brief, ich solle ja schreiben, wenn wir besondere Wünsche hätten Betreff Essen und auch von wegen warmer Kleidung. Ebenso die Herzlingers. [Franz und Elisabeth Herzing] Dann meinte sie, es sei so schade, dass man von [den] USA nicht wie nach Belgien oder Frankreich auch nach Deutschland *Kohlen (!!!)* schicken könne, sie wüsste dann gut, mit was sie uns Freude bereiten könne.

Nun ist auch der Winterfahrplan der Trambahnen heraußen. Es hat sich nicht das Geringste verändert gegenüber jetzt, die Einschränkungen bleiben in der nämlichen Weise wie bislang bestehen. Dagegen wird wieder eine neue Stromeinschränkung bekanntgegeben. Ich habe es selbst nicht am Radio gehört, weiß es nur von Hörensagen, demnach gibt es vor 7:30 am Abend kein Licht, *aber von 7:00 morgens bis 7:30 abends.* Sauber! Da werden wir wohl im Dunkeln köchele müssen.

Heute war ich bei Gaupp[370] und da habe ich mich auch gleich maniküren lassen, gell, da schaugst, was ich für ein feiner Maxe geworden bin. Aber das Fräulein kann ja bei Weitem nicht an die Künstlerin der Virchowstraße hin. Wirklich wahr, so gut wie Du

369 In der Arnulfstraße 62 befanden sich die Postzollabfertigungsstelle und das Paketzustellamt.

370 Alfons Gaupp, Friseurmeister in der Franz-Joseph-Straße 21.

es machst, kann die es nicht. Herr Gaupp hat mir eine feine Nagelfeile geliefert. Dann bin ich zu Döllner[371], denn (ich hatte es vergessen gehabt, Dir zu berichten) unsere Küchenuhr ist am Montag um ¾3 Uhr nachmittags stehen geblieben und war trotz guten Zuredens nicht ums Verrecken zu bewegen, wieder in Gang zu kommen. Herr Döllner war nicht da, aber seine Frau[372], die übrigens erschreckend mager geworden ist, meinte, es fehle nur die Ölung. Hoffentlich ist es nicht die letzte Ölung! Von Döllners bin ich dann zu Fuß nach Hause gestapft, nicht ohne zuerst noch bei Aufheimers Grüß Gott gesagt zu haben. Sie waren sehr nett und haben mir Pumpernickel gegeben. Doch aufmerksam! Heute Abend erwarten wir den Sasse.

In der Frühe beim Verlassen des Hauses um 7 Uhr ist es ganz schön nett frisch, aber mir macht das ja bekanntlich nichts aus. Bei »uns« ist alles bestens in Ordnung. Beim Schlosser war ich schon vorgestern gewesen. Er ist auch gestern schon da gewesen und hat in der Kuchel das Schloss auseinandergenommen und auch wieder zusammengesetzt, aber er musste es mit sich nehmen, weil er etwas noch abschleifen musste. Und wollte es gestern Nachmittag wieder hinmachen. Aber wer nicht gekommen ist, das war der Bader[373], heute habe ich bei ihm reklamiert, er wollte wieder gegen 5 Uhr kommen, ich war da, aber bis jetzt, 6 Uhr 30, ist der Hunack, der broadgescherte[374] noch nicht da gewesen. Ich habe aber das Loch in der Türe schön mit Zeitungspapier ausgestopft, sodass man es

---

371 Ludwig Döllner (1897 in München-1955 ebd.), Uhrmachermeister in der Elisabethenstraße 34, seit 1930 Mitglied des FC Bayern.

372 Marie Kunigunde Döllner, geb. Böhner (1901 in Bayreuth-1966 in München).

373 Vermutlich ist Schlossermeister Joseph Bader in der Leopoldstraße 118 gemeint.

374 *Hunack* ist ein niederbayerisches Schimpfwort für einen unnützen Mann, *broadgschert* meint *extrem unhöflich*.

gar nicht merkt, dass kein Yale Schloss[375] dran ist, – wenn man nicht hinschaut.

An das Hilfskomitee habe ich einen Fragebogen eingeschickt, damit ich für nachweislich erlittene Geldverluste durch die Nazis entschädigt werden kann, außer der Judenabgabe noch.[376] Auch habe ich nochmals um Unterstützung für weitere drei Monate nachgesucht. Nur her damit, mit dem Flimperpimper[377]!

So, Marialieb, nun habe ich Dir so alles erzählt, was [es] an Wichtigkeiten und auch Unwichtigem gibt. Nicht gesagt aber habe ich Dir, dass ich so viel und so oft und so lieb an Dich denke, und damit Du mir wenigstens räumlich in Gedanken nahe bist, habe ich Tag und Nacht die Türe zu Deinem Zimmer zu dem meinigen offen. Vergiss es nie, Liebste, dass ich Dich unendlich liebhabe. So glücklich lieb, Maria!

Grüße die Deinigen, insonderheit Deine Schwester, Dir aber pappe ich so ein paar richtig liebe und wonnige Busserl auf Deinen lieben Mund. Ich grüße Dich herzlichst und drücke im Geiste Deine Hand, die ich doch so gerne mag.

Dein Kurt.

---

375 Zylinderschloss nach Prinzip der amerikanischen Firma Yale.

376 Kurt Landauer hatte den Fragebogen des Bayerischen Hilfswerks am 11. Juli 1947 ausgefüllt, siehe Fußnote 357. Er schrieb am 3. Oktober 1947 an seinen Anwalt Siegfried Neuland: »Ich weiß nicht mehr genau die einzelnen Zahlen, die ich bei meiner Auswanderung zu entrichten hatte, aber ich habe all meine Angaben eher zu gering als zu hoch angesetzt. Ich weiß nicht mehr, wie gross mein Vermögen am 27. April 1938 gewesen war, aber es ist nicht bedeutend gewesen. Am 1. Mai 1945 habe ich nichts mehr besessen, denn die ganzen Jahre in der Emigration habe ich von der Hilfe von Freunden aus Amerika gelebt.«

377 Ugs. für *Geld*.

München, den 6. Oktober 47.

Meine herzliebe Maria!
So ganz im Geheimen hatte ich gehofft, heute ein Grüßlein von Dir vorzufinden. Aber ich bin weder enttäuscht noch gar verstimmt darüber, dass dem nicht so ist. Denn ich weiß wohl, dass Du nicht so über Deine Zeit verfügen kannst, wie Du willst, und auch wahrscheinlich durch die viele Arbeit, die Du hast, nicht immer zum Schreiben aufgelegt sein wirst, wenn Du einmal gerade Muße dazu hättest. Du musst Dir gar nichts denken darüber, dass ich keinen Brief von Dir vorfand.

Vor allen Dingen, mein Liebstes, wie geht es Dir? Hoffentlich geht es Dir so gut und befindest Du Dich so wohl, wie Du es verdienst. Dann m u s s es Dir ganz ausgezeichnet gehen. Und was macht Dein Malchen, ist sie schon auf und fühlt sie sich wohl? Grüße sie bitte ganz besonders von mir. Wie geht es dem Jüngsten der Dynastie Unterweger? Hoffentlich auch gut. Ist das Fest von den anderen dreien recht groß mit der Tante Maria? Und was hat die gute, die liebe Tante alles für neue Märchen erfunden und erdacht?

Ich weiß auch ein ganz neues Märchen, das aber kein Märchen ist, sondern den Vorzug der Wahrheit hat. Es war einmal ein Mann, nein der hieß nicht Bimban, sondern Bimbesle und der hatte dieses Bimbesle so ganz schrecklich lieb und war so glücklich mit seinem Schätzelchen. Und dieses liebe Mädchen hat ihn eines Tages verlassen, um zu seiner Schwester und deren Kinderlein zu gehen und da hätte der Mann – er war nicht mehr so ganz jung – beinahe schrecklich weinen müssen, er hat es aber dann doch nicht getan, weil der Mann nämlich ein ganz Gescheiter war und sich sagte, bald wird das Mägdelein wiederkommen und dann wird es gleich noch einmal so schön sein. Und so wartet der Mann halt in Ruhe die Rückkunft seiner Geliebten ab und freut sich wie ein Schneekönig darauf. Aus. Ein dummes Märchen, aber so wahr.

Also wie gesagt, ich freue mich wahnsinnig, wenn Du erst wieder da bist, aber glaube mir, Du Liebes, ich gönne Dir wirklich ehrlich Deinen Aufenthalt und Du brauchst Dich gar nicht zu beeilen, Du darfst Deine Zeit ruhig aushalten in Burtenbach. Ich bin ganz damit einverstanden, wenn Du am kommenden Montag *(20. X.)* wieder hierherkommst. Nur würde ich Dich bitten, nicht am Vormittag zu kommen, sondern erst am Nachmittag, weil ich vormittags ein Telefongespräch mit Henny auf der Geschäftsstelle[378] erwarte, zwischen 8 und 11 Uhr. Und ich möchte Dich doch am Bahnhof abholen, genau so wie seinerzeit an jenem Marienfeiertag *(15. 8.)*[379], als wir noch in der Franz-Joseph-Straße gewohnt haben. Nur mit dem Unterschiede, dass ich Dich heute in unsere eigene Wohnung heimgeleiten kann, wo uns niemand stört und wo wir ganz für uns leben können. Momentan, da ich diesen Brief schreibe, es ist jetzt genau 3 Uhr, liegt sie im Sonnenglanz da und ist so gemütlich und heimelig, die Türe zu Deinem Zimmer ist offen, und ich freue mich schon, wenn Du wieder ein und aus gehst.

Von Henny hatte ich am Samstag einen Brief bekommen, sie will mich also am Telefon noch sprechen, sie war doch etwas eingeschnappt, dass die Sache mit Lindau nicht gegangen ist, bei Abschickung ihres Briefes wusste sie noch nicht, dass sie nicht hierherkommen kann. Da wird der »Zores«[380] erst richtig werden. Macht aber gar nichts, ich habe schon Zores genug wegen ihr gehabt. Heute habe ich am Zollamt ein Paketerl von ihr abgeholt, es enthielt 2 (!), ja du hast schon ganz richtig gelesen, 2 (!) Glühbirnen. Es sind

---

378 Die Geschäftsstelle befand sich ab August 1947 in der Mariannenstraße 5. Im Januar 1945 musste der FC Bayern aufgrund eines Fliegerschadens in die Agnes-Bernauer-Straße 106 in München Laim umziehen.

379 15. August 1927, siehe S. 32.

380 *Zores* stammt aus dem Jiddischen (Sg. *di tsore*, Pl. *tsores*) und bedeutet im deutschen Sprachgebrauch v. a. Sorgen.

zwei 40er und können auch gebraucht werden. Dann habe ich auch zwei »Kapete« mit Äpfeln zu je 5 Kilo abholen können, der Hansl [Steigenberger] hat mich gefahren und als Lohn habe ich ihm so ca. 2 Kilo Äpfel mitgegeben. Die Äpfel sind bereits seit dem 16. September unterwegs und etwas zusammengeschrumpft, es gab auch schon angestoßene dabei, die ich sofort Frau Lisl für ein Kompott gegeben habe.* Die Äpfel habe ich schön ausgerichtet auf den Küchenschrank gestellt und ich hoffe, dass sie sich da wieder erholen können und recht gut aussehen werden, bis die geliebte Herrin ihren Einzug wieder hält.

Am Samstag habe ein feines »Kapet« abgeholt von Frau Klopfer, natürlich hat mich der brave Hansl wieder gefahren. Es enthielt: Kaffee, Trockenmilch, Corned Beef, Frankfurter mit Sauerkraut (Uih, wie fein!), Schinken (eine große Büchse), 1 Tafel Schokolo, Erbsen, Reis, Zucker (Würfelzucker), Fett (große Büchse), Butter, Cocoa (?), Käse, Himbeermarmelade. Ich habe die Sachen, die tadellos verpackt waren und prima angekommen sind, sofort ausgepackt und im Vorratsschrank bestens verstaut. Können wir alles gut gebrauchen, gell Liebes.

Gestern bin ich also in Daglfing gewesen. Die Nacht mit der einen Stunde Zulage[381] war überlang, trotzdem habe ich es bis fast 7 Uhr im Bette ausgehalten. Bevor ich fortgegangen war, habe ich mit Besen, Schäufelchen und kleinem Besen und Staubtuch die Wohnung noch gut sauber gemacht und wie ich hinunter zu Frau Liesel gekommen bin, um mein mitzunehmendes Essen in Empfang zu nehmen, war Herr Obermaier[382] da, der eigentlich den Franz

---

381 Gemeint ist die Zeitumstellung auf die Winterzeit am 5. Oktober 1947. Die 1940 wiedereingeführte Zeitumstellung unterlag in den Kriegs- und unmittelbaren Nachkriegsjahren mehreren Änderungen. 1947 gab es zusätzlich zur Sommerzeit eine sog. Hochsommerzeit.

382 Johann Obermayer (1899 in München-1973 ebd.), bei Landauer Obermaier, seit 1935 Mitglied des FC Bayern. Ab 1950 Zeugwart im Verein.

und mich sprechen wollte und nicht wusste, dass der Franz in Stuttgart ist. Er hat mich dann begleitet, nachdem er auf mich gewartet hat, und ist mit mir durch das Englische Holz bis zur Bogenhauser Brücke[383] gegangen (vor dem Steigenberger seinem Haus). Ich nahm dann meinen Weg allein weiter und bin endlich einmal so nach Daglfing gegangen, wie ich es schon immer vorhatte, nämlich über Denning[384]. Das ist um gut 20 Minuten kürzer als der Weg, den wir damals gegangen waren. Das Wetter war ganz wundervoll, fast wie an einem Sommertage. Es war schön so ganz allein in den sonntägigen Herbst hineinzuwandern, von niemandem in seinen Gedanken abgelenkt und gestört und mit sich allein zu sein, nicht reden zu brauchen. So hielt ich meine Sonntagsandacht, indem ich Zwiesprache mit Dir gehalten habe, Dir viel Liebes erzählt habe. Ich war so zufrieden mit mir selbst, weil ich Dich wiederhabe, weil du mir erhalten geblieben bist in Deiner ganzen feinen und ehrlichen Art, weil Du Dich in nichts geändert hast als in dem einen, dass Du noch viel inniglicher, viel fraulicher geworden bist, als Du schon immer warst. Es war ein wirklich prachtvoller Morgenspaziergang, in Gedanken war ich mit Dir, im Herz und Sinn warst Du, Maria!

In Daglfing: Die Rennen haben bereits um 12:30 begonnen, ich war schon um 11:30 am Platze auf der Tribüne, traf ich Harlacher[385],

---

383 Max-Joseph-Brücke, verbindet die Münchner Stadtteile Maxvorstadt und Bogenhausen.

384 Stadtteil bei Daglfing.

385 August Harlacher (1886 in Schönburg, Pocking-1965 in München), Angestellter der Hypotheken- und Wechselbank, seit 1908 Mitglied des FC Bayern. »Meistermacher« und Vorstandsmitglied von 1932 zusammen mit Kurt Landauer, Siegfried Herrmann und Ludwig Ambach. Harlacher trat bereits im Juli 1930 in die NSDAP ein und gehörte zu den ersten 300 000 Mitgliedern der völkisch-antisemitischen Partei. Wenige Tage später ließ er sich mit Landauer als Präsidenten, mit dem er bereits 1920 schon einmal in der Aufstellung gearbeitet

der den Nachmittag mit mir blieb. Du machst Dir keinen Begriff, welche Menschenmengen auf der Rennbahn waren, es war ein Gedränge und Gedrucke sondergleichen. Harlacher und ich haben nicht ein einziges Mal, denk Dir, ich habe nie heruntergehen müssen (unseren Platz verlassen) und nach dem großen Rennen haben wir gegen 4 Uhr die Rennbahn verlassen. Ich ging zu Fuß bis Steinhausen[386], von da ab mit der Trambahn, um 5:30 war ich zu Hause. Harlacher fuhr mit dem Radl. Das große Rennen war herrlich, Manitou konnte es nicht gewinnen, weil ein besserer Fahrer ihn besiegte, er wurde aber Zweiter.

Und was sagst Du zu den Bayern? Sie haben zwar nur 1:0 gewonnen, aber es sind genauso 2 Pünktchen, als wenn sie 10:0 gesiegt hätten, und höre und staune, aber bitte lache nicht, Du darfst höchstens lächeln, die Bayern stehen an der 1., ja ganz richtig an der e r s t e n Stelle der Tabelle.[387] Wie lange noch, das ist natürlich eine andere Frage, aber immerhin, 8 Punkte haben wir schon. Franz war

---

hatte, in den Vorstand des FC Bayern wählen. Von März 1935 bis Juni 1936 hatte er diese Funktion erneut mit Dr. Richard Amesmaier als Präsidenten inne. Ab Oktober 1942 war er Hauptmann beim Landesschützen-Ersatz-Batallion 7 in Freising. Landauer legte für Harlacher im September 1947 im Spruchkammerakt eine eidesstattliche Erklärung ab, in der es heißt: »Ich kenne Herrn Harlacher seit mehr als 30 Jahren. Wir haben in der Clubleitung des FC Bayern München eine Reihe von Jahren zusammengearbeitet, ich war I. Vorsitzender, Herr Harlacher II. Vorsitzender und zugleich mein Stellvertreter. Ich habe bereits im Jahre 1930 von Herrn Harlacher selbst in Erfahrung gebracht, dass er Parteimitglied ist. Unsere Zusammenarbeit war immer eine reibungslose, seine freundschaftliche Einstellung zu mir immer eine absolut einwandfreie.« (Siehe S. 295f.) Seit Juni 1945 arbeitete Harlacher als Bürokraft auf der Münchner Rennbahn.

386 Stadtteil an der Südgrenze Bogenhausens.

387 Im Spiel gegen die Sportfreunde Stuttgart am 5. Oktober 1947 erzielte Josef Stepberger in der 60. Minute das entscheidende Tor. Der erfolgreiche Saisonauftakt des FC Bayern setzte sich bis November fort.

mit dem Reiseverlauf sehr zufrieden, der Landsche hatte alles gut vorbereitet gehabt und es hat auch alles geklappt bis auf den Omnibus zum Spiel in Stuttgart, da mussten die hohen Herren halt einmal auch mit der Straßenbahn fahren, wie gewöhnliche Sterbliche, und denk Dir, sie sind nicht einmal dabei umgekommen. Jeder der Teilnehmer hatte 30 Pfund Äpfel mit nach Hause gebracht und oh Wunder und oh Kuriosum, jedermann hat es selbst gezahlt.[388] Ob man vielleicht da gar ein bisserl Angst gehabt hat vor einem gewissen Herrn Gran?[389] Ist auch für etwas gut.

Das Yale Schloss wurde am Samstag Früh wieder angebracht und funktioniert gut und geht sehr leicht (gell, derblecken[390] muss man sich auch noch lassen!). Ansonsten ist alles in Ordnung und es fehlt nichts. Kuchen wird morgen zu Ende gehen, Butter ist noch vorhanden. Zur Stromeinschränkung muss ich noch vermerken, dass wie bisher ab 7 Uhr Strom abgeschaltet ist, dann s o l l ab 7:30 bis 9:30 kein Strom kommen, sofern aber die Stromverbraucher anständig und vernünftig sind, wird die Abendabschaltung nicht durchgeführt, *wie zuvor auch.*

Und nun ist meine Weisheit zu Ende für heute, bleib mir gesund

---

388 Zwischen 1945 und 1948 unterstützten private Sponsoren die Spieler bei Auswärtsspielen mit Lebensmitteln: »Die Beschaffung von Bällen, Spielkleidung war ebenso schwer wie jene von ›Kalorien‹. Dazu kamen ungeahnte Schwierigkeiten bei den weiten Fahrten mit den ungeheizten Omnibussen, wo vor allem die Treibstoffbeschaffung eine oft kaum mehr zu lösende Aufgabe war. Ohne die Kalorienspenden von Dutzenden von Bayernanhängern wäre es wohl kaum möglich gewesen, diese Zeiten […] durchzustehen […].« Deshalb nannte man die Auswärtsspiele in dieser Zeit »Kalorien- und Kartoffelspiele«. Landauer scheint seiner Mannschaft zu unterstellen, dieses System auszunutzen, siehe auch seinen Kommentar, die erste Mannschaft betrachte den Verein »als Melkkuh«, S. 234.

389 Siehe Fußnote 280.

390 Bairisch für *jemanden aufs Korn nehmen, verspotten.*

und weiterhin *alles Gute, Du, meine so sehr liebe Maria. Innig, innig sei geküsst, Maria, von deinem Kurt.*

Grüße bitte Herrn und Frau Unterweger. Post ist für dich keine gekommen. Für mich heute nur Unwichtiges.

**Herzlingers* [Franz und Elisabeth Herzing] *bekommen keine, da sie selbst haben, siehe umstehend!*

Baumann – Klopfer

München, den 23. X. 47

Meine liebe, gute Frau Klopfer!
Als ich von meiner Schwester ihrem vierten Wochenbett aus Burtenbach zurückkehrte, fand ich Ihr so wunderbares Geburtstagspaket vor. So fabelhafte Waschsachen habe ich schon lange nicht mehr gehabt. Ich habe sofort Wäsche gerichtet und mit dem größten Vergnügen gewaschen. Auch für die feinen Sardinen, Fett und Marmelade sage ich Ihnen meinen herzlichsten Dank, wie schön ist es doch, wenn ich durch Ihre große Güte etwas Abwechslung bringen kann.

Wie mir Herr Landauer erzählt, hatten Sie sehr unter der großen Hitze drüben zu leiden. Es wird jetzt auch etwas kühler geworden sein und Sie werden es leichter haben. Wenn ich die liebe Obrigkeit recht bitte, erzählt er mir, wie es Ihnen geht und wie Sie und Ihre lieben Eltern sich eingelebt haben. In Ihrem jetzt ziemlich großen Haushalt haben Sie viel zu tun, ich frage mich oft, wie Sie ohne Hilfe mit allem fertig werden. Reizend müssen Frau Lottes Bübchen sein, ich kann mir denken, wie viel Freude Eltern und Großeltern damit haben. Ich habe mich so schwer von meinen Nichten und Neffen getrennt, helfen doch die Kinder mit Lachen und Fragen über die Alltagssorgen hinweg. Es freut mich sehr, dass es Herrn und Frau Klauber so verhältnismäßig gut geht. Es müssten Ihnen und Frau Klauber oft die Ohren klingeln, bloß von den Redensarten, die Herr Kurt von Ihnen übernommen hat! Frau Hilde Rössner war vor einiger Zeit hier, sie dachte so liebevoll an Sie, Frau Klauber und die Herren Klauber, dass ihr die Tränen in den Augen standen. Auch bat sie mich, Sie und Frau Klauber herzlichst zu grüßen.

Die liebe Obrigkeit ist sehr, sehr mit Fußball beschäftigt. Hoffentlich gewinnen die Bayern am Sonntag wieder,[391] dann bleibt auch das Stimmungsbarometer auf gut Wetter. Unter Herr Kurts tatkräftiger und zielbewusster Führung hat der ganze Club einen Aufschwung genommen, der in Erstaunen setzt, wer etwas davon versteht.[392] Dass die »Bayern« zu ihm aufschauen, wie zu einem Halbgott, können Sie verstehen. Fleißig, wie Herr Kurt ist, steht er täglich um ¾6 Uhr auf, um dann Punkt 7 Uhr aus dem Haus zu gehen. Dass er sich, wenn er um ½1 Uhr zum Essen kommt, freut, wenn es was Gutes gibt, versteht sich von selbst. Heute gab es Dampfnudeln mit Rammerl[393], schade, dass ich keine Vanillesoße machen kann, es gibt nicht einmal Puddingpulver und das schöne Trockenei wurde ihm ja auch gestohlen. Aber noch gibt es Äpfel aus Burtenb[ach] und da kann ich mir gut helfen. Frau Herzing ist auch einige Tage aufs Land gefahren, um Obst usw. zu bekommen, leider sind die Fahrten bei aller Anstrengung und den Strapazen, die man dabei mitmacht in den vollgestopften Zügen, nicht mehr rentabel. Freund Franz leistet seinem Freund Tischgesellschaft, und Herr Kurt ist überglücklich, wenn er etwas Gutes bieten kann. Wie gerne und dankbar wird Ihrer gedacht!

391 Das Spiel gegen den SV Waldhof Mannheim am 26. Oktober 1947 entschied der FC Bayern München mit 3:1 für sich.

392 An den ersten sieben Spieltagen der Saison 47/48 gewann der FC Bayern fünf Spiele und spielte zweimal unentschieden. Zum Saisonende rückte der Verein vom 11. Tabellenplatz auf Platz vier vor.

393 Bairisch für die Kruste von Gebackenem.

Mein jüngstes Neffchen Willi[394] entwickelt sich gut, goldig ist die zweijährige Henriette, Inge ist Mamas große Hilfe und beide sind glücklich über Inges warmes Nachthemd, das jetzt eingeweiht wurde. Ich bin wieder sehr gern in die reizende Wohnung Virchowstr. 14 I zurückgekehrt und freue mich immer wieder darüber, wie gut sich das »Herrle« eingelebt hat.

Leben Sie, liebe Frau Klopfer, recht wohl und nehmen Sie und Ihre Liebsten die herzlichsten Grüße von Ihrer dankbaren Maria Baumann.

Baumann – Klopfer

München, den 2. II. 48.

Liebe, gute Frau Klopfer!
Es war uns allen in der Virchowstraße ein rechter Schrecken, dass Frau Klauber so krank geworden ist. Gottlob, hat sie dank Ihrer aufopfernden Pflege und des berühmten Penicillin sich wieder erholt. Es ist eben jetzt eine gefährliche Jahreszeit für die alten Leute und die sehr warme Wohnung macht sie alle empfindlich. Ihnen tut die erzwungene Ruhe bestimmt sehr gut, aber wie lange werden Sie es im Bett aushalten? Ich wünsche Ihnen und Ihren lieben Eltern recht gute Besserung.

Heute erhielt ich Ihren lieben Brief mit den Neujahrswünschen und danke Ihnen herzlich dafür. Und vor einigen Tagen kam Ihr großartiges Wollenpaket an, mit Strick- und Nähnadeln! Wie habe ich mich darüber gefreut, über die herrliche Qualität wie auch über die Farben und am liebsten hätte ich gleich zu stricken angefangen.

---

394 Wilhelm Unterweger, der Sohn von Maria Baumanns Schwester Amalie Unterweger in Burtenbach, wurde 1947 geboren.

Aber da heißt es mit Genuss überlegen, wem man was strickt! Ja, liebste Frau Klopfer, Ihren Paketen merkt man an, wie Sie auf unsere Nöte eingehen, und dafür sei Ihnen tausendfach gedankt. Es ist wirklich schade, dass Sie nicht sehen können, mit welcher Freude Herr Kurt Ihre Pakete auspackt, mir alles zeigt und bei jedem Stück frägt, »Hat das eine gute Hausfrau eingepackt?«, oder »Wie denkt diese gute Frau an alles?!« Dann räumt der ordentliche Herr alles selbst in unseren neuen Vorratsschrank. Am anderen Morgen muss er natürlich nachsehen, ob keine Einbrecher da waren!

Über die Feiertage war es dann besonders schön, aus diesen Vorräten alles festlicher, besser und reichhaltiger zu bereiten, zur großen Freude aller, die daran teilnahmen. Es wundert mich immer wieder, mit welchem Interesse die liebe Obrigkeit den Hausherrn macht und wie stolz er ist, wenn seine Gäste etwas Gutes vorgesetzt bekommen. Er hat sich früher nie um Derartiges gekümmert, wie er ja Festlichkeiten zu Hause immer gerne aus dem Wege ging. Am Weihnachtstag hat er sogar den Tisch eigenhändig dekoriert und auch Ihr Bild mit Tannengrün geschmückt. Ich glaube, er hat Ihnen manches abgeguckt und nun macht es ihm Spaß, es im eigenen Heim zu verwerten. Dabei ist er immer guter Laune und ist gerne und oft zu Hause.

Dadurch, dass wir winters über das Wohnzimmer im kleineren der Zimmer eingerichtet haben, lässt sich dieses leicht und schnell wunderbar warm heizen, mit wenig Brennmaterial. Wie gemütlich ist es dann, wenn es draußen stürmt und schneit. Und da Herr Kurt jeden Morgen bei jedem Wetter 10 vor 7 Uhr aus dem Haus geht, genießt er am Nachmittag seine Ruhe zu Hause. Es ist in letzter Zeit sogar vorgekommen, dass er nicht einmal auf die geliebten Fußballspiele zum 60er-Platz[395] ging. Teils weil das Wetter schlecht, teils

395 Gemeint ist das »Sechziger-Stadion« in München Giesing. Das Stadion an der Grünwalder Straße diente ab 1925/26 als Hauptspielstätte des FC Bayern. Zwischen 1943 und 1946 musste der Verein auf andere

die Verkehrsverhältnisse so schlecht waren. Ich sehe daraus, dass er ruhiger geworden ist, noch vor einigen Monaten wäre er eben gelaufen, weil er es zu Hause nicht ausgehalten hätte.

Da auch die Weihnachtsfeier für den FC Bayern so glänzend verlaufen ist und die Geladenen und Beschenkten überglücklich waren, war es der Veranstalter umso mehr, als er fast Unmögliches möglich gemacht hat. Sein besonderer Stolz ist es immer, dass er alles durch seine guten Beziehungen erreicht, ohne Schwarzmarkt usw.! Auch mich hat Herr Kurt rührend aufmerksam beschenkt und ich musste bloß immer kopfschütteln, wie er auf alles kommt. Neben einem fürstlichen Geldgeschenk legte er mir ein reizendes Kleid, zu dem ihm Frl. Grimmer[396] verholfen hat, und ein Paar entzückende Wiener Handschuhe auf den Weihnachtstisch. Herzings bekamen einen reich bespickten Gabenteller mit nach Hause und Herr Kurt ist überglücklich, wenn er seinen Freund mit Zigaretten oder sonstigen Genüssen überraschen kann. Ich bin wirklich froh darüber, dass ich Ihnen über die liebe Obrigkeit nur Gutes in Stimmung und Gesundheit berichten kann, denn ich weiß, wie sehr gern auch er wie auch ich schnell mal durchs Telefon die Wilhelmstr.[397] anrufen würden, um das Herz zu erleichtern. Besonders nötig wäre

---

Spielstätten ausweichen, da das Stadion bei einem Bombenangriff beschädigt wurde. Nach dem Krieg kehrte der FC Bayern wieder an die Grünwalder Straße zurück und spielte dort bis zur Eröffnung des Olympiastadions 1972. Obwohl sich das Stadion seit 1937 in städtischem Besitz befindet, gilt es weiterhin im Volksmund als Heimat des TSV 1860.

396 Therese Grimmer (1895 in Au, Mainburg-1972 in München), ehemalige Angestellte in der Kaufingerstraße 26 bei Landauers, wurde auch als Zeugin im sogenannten Wiedergutmachungsverfahren um den Besitz von Franz und Tilly Landauer benannt. Sie wohnte ab 1934 in der Strähuberstraße 15 in München Solln.

397 Siehe Fußnote 106.

das nach verschiedenen Zeitungsnotizen über Palästina.[398] Ich denke oft an Ihre lieben tapferen Kinder dort und man kann nur beten, dass sie alles gut überstehen. Wie schön wäre es doch, wenn solche Teilungen friedlich vonstatten gehen könnten, Raum für alle hat die Erde und niemand will es einsehen.

»Meine Kinderlein« haben mich wohl weniger vermisst wie ich sie, denn es gibt doch nichts Schöneres als Kinder unter dem Weihnachtsbaum. Sie haben Ihren Enkelchen sicher auch ein Bäumchen gemacht[399] und Eltern und Großeltern haben die größte Freude an den Kleinen. Haben Sie nicht einmal ein übriges Bildchen von Ihren Enkelchen, bitte? Mir tut es leid, dass ich so gar keine Kinderbilder mehr bekomme, es war immer so hübsch zu beobachten, wie sie vorwärtskommen.

Meine kleine Henriette in Burtenbach war so krank, dass es eine Gnade Gottes ist, dass wir sie noch haben. Dann blieb sie beinahe in der Narkose, weil sie wegen eines schweren Abszesses geschnitten wurde. Gottlob ist sie jetzt zu Hause, ihre Mutter ist die beste Pflegerin und da wird sie ihre alte Munterkeit bald wiederbekom-

---

398 Mit der von der UN-Generalversammlung im November 1947 beschlossenen Teilung Palästinas in einen jüdischen und einen arabischen Staat kam es verstärkt zu Unruhen. Im Dezember schrieb die *Süddeutsche Zeitung*: »In Palästina dauern die Unruhen zwischen Arabern und Juden an und dehnen sich über das ganze Land aus. In Jerusalem selbst kam es am Damaskustor zu schweren Zusammenstößen und zu Kämpfen mit der Polizei und britischen Truppen. Über Haifa wurde von den Briten die Ausgangssperre verhängt. Nach den bisherigen Zählungen kamen seit der Teilung 241 Personen ums Leben, über 100 wurden verletzt.« Mit dem geplanten Abzug der britischen Truppen am 14. Mai 1948 befürchteten Beobachter eine weitere Zuspitzung der Situation. Am 27. Januar 1948 meldete die *Süddeutsche Zeitung* die geplante Evakuierung amerikanischer Staatsbürger aus Palästina, »falls es zu einem ernsten Krieg zwischen Juden und Arabern kommen sollte«.

399 Siehe Fußnote 14.

men. Ihr kleines Brüderl gedeiht prächtig und ist ein Musterkind. Und die beiden Großen, besonders Inge, müssen fleißig ihrer Mutter helfen. Unsere gute Schwester in N.J. [Elfriede Schuler] unterstützt sie rührend, wie ja die Pakete von drüben ein wahrer Segen sind.

Bitte, liebe Frau Klopfer, grüßen Sie Herrn und Frau Klauber herzlichst von mir, Frau Klauber wird oft zitiert und viele müssten sich ein Steckerl anschaffen[400], wenn sie Herrn Kurts frommen Wunsch hören würden! Ihnen, liebe Frau Klopfer, wünsche ich viele gute Nachrichten aus Palästina, danke Ihnen für alles Gute nochmal herzlich und bin mit den besten Grüßen für Sie und Frau Lotte Ihre Maria Baummann.

Viele herzliche Grüße von Herrn und Frau Herzing!

Baumann – Klopfer

München, den 16.II.48.

Meine liebe und gute Frau Klopfer!

Ihr lieber Brief vom 20.I. kam sehr bald in meinen Besitz und ich danke Ihnen herzlich dafür. Ich bewundere Sie immer wieder, wie Sie trotz Ihrer vielen Verpflichtungen auch noch für mich Zeit finden. Von Herrn Landauer höre ich immer, wie es Ihnen, Ihren lieben Eltern, Kindern und Angehörigen geht. Auch wir beschäftigen uns viel mit Ihren Kindern in Palästina und man hofft bei jeder Nachrichtenmeldung, dass sich alles zum Besseren wendet. Vielleicht ist es Ihnen ein kleiner Trost, liebe Frau Klopfer, dass, wenn man selbst in Gefahr ist und sie jeden Tag sieht, sie gar nicht mehr als solche empfindet. Sicher empfinden ihre jungen Leute ebenso,

---

400 Maria Baumann bezieht sich hier auf die Redewendung »Da gehst du am Stock!« (*Da bist du sprachlos, verblüfft!*).

sonst ließe sich manches nicht aushalten. Dass Frau Elli neben ihrer vielen Arbeit noch so reizende Bilderbücher macht, ist bewundernswert.[401] Ihr eigenes Kindchen muss doch schon bald ein Jahr sein, es geht ihr doch viel Schönes verloren, da sie nicht immer bei ihm sein kann.[402]

Liebe Frau Klopfer, heute konnte ich nicht weniger wie 3 Pakete holen! Das von Ihnen angekündigte Kleiderpaket, eines für Herrn Kurt vom 15. I. von Ihnen und eines von den Herren Klauber für ihn. Es war wirklich ein Auspack-Vergnügen. Sie hätten sich nicht entschuldigen brauchen, wegen der ungerichteten Sachen, sie sind alle so gut und schön erhalten und für mich ist es eine Kleinigkeit, sie zu richten. Ganz besonders freuen mich die Kindersächelchen, die Strampelhöschen, die Überstrümpfchen und das reizende Bilderbuch, das meinen tierliebenden Nichten und Neffen viel Freude machen wird. Sogar eine Flöte haben Sie beigelegt, das gibt ein Hallo, blasen tun doch alle Jungen gern und Herr Landauer hat Sie gleich ausprobiert! Für die Brillen, Kaffee, Kakao, Seife, die schönen Strümpfe, das feine Pulloverchen, die ganz reizenden Taschentücher, die schönen Schuhe, die Herr Kurt wie so manches als alte Bekannte begrüßte, und für den warmen pelzgefütterten Mantel von Frau Lotte vielen innigen Dank! Es ist so rührend, wie Sie an alles denken,

---

401 Yamik Levin (Elli) arbeitete im Kibbuz-Kindergarten und erstellte jedes Jahr »Kindergartenbücher«, in denen sie die Erfahrungen der Erziehungsarbeit mit Zeichnungen, Fotografien und Veranstaltungen dokumentierte.

402 In den Kibbuzim, den Gemeinschaftssiedlungen in Israel, wurden Kinder nach der Geburt in ein Kinderhaus gegeben. Die Kinder wuchsen dort mit Gleichaltrigen auf. Der Kibbuz als Genossenschaft auf freiwilliger Basis mit gemeinsamem Eigentum sorgt für Wohnung, Nahrung, Kleidung, Kinderbetreuung und andere private Bedürfnisse der Mitglieder. Das Thema der Kinderbetreuung im Kibbuz findet immer wieder Eingang in die Briefwechsel innerhalb der Familie Klopfer.

die Tüten, das Gürtelchen, Südwester[403] und Söckchen, alles findet seine Verwendung und wir sind dankbar dafür, weil wir das alles nicht mehr haben. Ich freue mich schon, wenn ich meiner Schwester [Amalie Unterweger] die Kindersachen schicken kann, denn an denen braucht sie nicht gleich stundenlang jeden Abend zu stopfen, wie an den ihrigen, die schon drei Kinder getragen haben.

Die feinen Toilettensachen haben Herrn Landauer sehr gefreut, ja, das ist echt Frau Klopfer, und die Bonbons sind so willkommen für die Nacht bei rauem Hals! Herr Landauer war fast 10 Tage krank, er hat Ihnen sicher nichts davon geschrieben. Gottlob geht es ihm wieder gut. Die Bronchitis machte ihm sehr zu schaffen, sein Herz machte sich auch bemerkbar. Er will es nicht glauben, aber einige Tage war er so elend, dass es mir gelang, ihn zu Hause zu halten. Jetzt hat er sich erholt und dank Ihrer großen Fürsorge kann ich ihm auch zusetzen.[404] Und es schlägt ihm so gut an, auch ist der Appetit so gut, dass er Sorge hat, die Anzüge werden ihm zu eng. Dabei isst er gar nicht so viel und ist in allen Dingen so bescheiden und sparsam. Seine größte Freude ist es, seinen Freunden zu helfen. Die neuen Fettkürzungen[405] sind so einschneidend, dass er jede Woche für Herzings einiges zusammenstellt und sie damit überrascht.

An Frau Kirsch[406] werde ich morgen telefonieren und anfragen, wann ich ihr den Pulli bringen kann. Darauf freue ich mich schon. Wissen Sie, dass ich Ihre Kunstfertigkeit im Stricken immer bewundere? Die Idee mit den farbigen Vorderteilen ist gerade für

403 Hut aus regenfestem Material, Seemannshut.

404 Für mehr und besseres Essen sorgen.

405 Die Versorgungskrise der Nachkriegszeit dauerte drei Jahre und endete erst mit der Währungsreform 1948. Versorgungsengpässe zwangen dazu, den festgelegten Kalorienbedarf von 1200 Kalorien pro Tag auf bis zu 1085 Kalorien im Sommer 1947 zu kürzen. Zum Vergleich: Vor dem Krieg betrug die durchschnittliche Tagesration noch 3190 Kalorien.

406 Es konnten keine Daten zur Person ermittelt werden.

Wollreste sehr praktisch. Die schönen Wollschals des lieben Herrle kommen dieses Jahr alle zu Ehren, mit dem Erfolg, dass Herr Landauer fast nicht mehr hustet.

Es gäbe noch vieles zu berichten, doch möchte ich Herrn Landauer nichts vorwegnehmen, was er Ihnen selbst berichten will. Wie mir meine Schwester [Elfriede Schuler] schrieb, hatten Sie in New York dies Jahr mehr Schnee als wir. Das Wetter ist wie im März, heute Nacht gab's ein heftiges Gewitter und heute schneit's und stürmt's mit trotzigen Gebärden, aber nur noch kurze Zeit und auch dieser Winter wird überstanden sein. Und einmal wird es wohl besser werden.

Nun hoffe ich sehr, dass Sie meine Zeilen bei bester Gesundheit antreffen, dass es Ihren lieben Eltern gut geht. Bitte grüßen Sie sie herzlich von mir, ebenso Frau Lotte und Frau Elli. Ihnen, liebe Frau Klopfer, alles Gute und viele liebe Grüße, Ihre dankbare Maria Baumann.

Herzliche Grüße von Frau Herzing und Gatten.

Baumann – Klopfer

München, den 19.5.48.

Meine liebe Frau Klopfer!
Mehr denn je sind in diesen Tagen meine Gedanken bei Ihnen und Ihren Kindern in Palästina und ich wage nicht zu fragen, wie es Ihnen geht, liebe Frau Klopfer, da ich ja gut weiß, wo ihre Gedanken sind! Allen Radiomeldungen möchte man die eine Nachricht entreißen! Waffenstillstand und Frieden! Möge doch die Tapferkeit des jungen Staates von viel, viel Glück begleitet sein und Ihnen bald gute Nachrichten zukommen![407]

---

407 David Ben Gurion rief am 14. Mai den Staat Israel aus. Die Armeen

Liebe Frau Klopfer, Ihr liebes Paket mit den vielen guten Sachen ist vorige Woche gut angekommen! Ich danke Ihnen und Frau Love[408] herzlichst für alles! Mantel, Hauskleid (sicher noch vom Indanthrenhaus[409]), das reizende Sommerkostüm gaben ein wunderbares und so willkommenes Geburtstagsgeschenk für meine Burtenbacher Schwester, die alles anziehen kann, ohne einen Stich zu ändern! Daran sehe ich, dass Frau Love immer noch wie ein Mädchen schlank und zierlich ist. Die Bubenschuhe, Anzügerl, Sommerhoserl, Kinderkitterl, Kreisel, Auto, wie glücklich haben Sie alle Beschenkten damit gemacht. Die lila Weste von Ihnen behalte ich selbst, Herr Landauer freut sich immer, wenn er ein von Ihnen getragenes Stück sieht! Und die Strümpfe! So ein Reichtum und alle noch »fenniggut«, ich bin so froh darum! Die guten Suppen, Zucker, Pudding mit lieber Beschriftung, Bonbons*, Nähgarn, Puder, herrliche Elastic-Binden, Rasierapparate haben viel Freude gemacht, auch beim lieben Herrle, der die Binden gleich einweihte. Der Fuß ist vollkommen zu und sehr schön, muss aber dauernd bis unters Knie vom Knöchel angefangen gefatscht[410] sein. Sogar der fürchterliche Juckreiz ist vergangen.

Über die Strümpfe habe ich mich so gefreut, weil ich neue, weniger feine von mir vor einiger Zeit zum Tausch angeboten habe für ein – Brathuhn!! Ich habe nicht mehr damit gerechnet und auf Pfingsten eine schöne Dose Chicken aufmachen wollen. Da kam

---

des damaligen Transjordaniens, Ägyptens, Syriens, Libanons und des Irak griffen noch in derselben Nacht den neuen Staat an. Der arabisch-israelische Krieg, der israelische Unabhängigkeitskrieg, dauerte über eineinhalb Jahre.

408 Gemeint ist Maria Klopfers Tochter, Lotte Lowe.

409 Das Indanthren-Haus am Marienplatz 21 war ein von dem Chemiekonzern I.G. Farben eingerichtetes Kaufhaus. Hier verkaufte man mit dem blauen Farbstoff Indanthren gefärbte oder bedruckte Textilien.

410 *Gewickelt, bandagiert.*

noch gerade recht per Eilbote das Huhn! Das gab ein rechtes Festessen mit grünem Salat usw. und die Dose ist gespart! Sie ahnen nicht, liebe Frau Klopfer, wie gut es ist, etwas in Vorrat zu haben! Seit Wochen gibt es kein Fleisch und keinen Zipfel Wurst! Auf die Feiertage konnte man die Monatsration von 100 gr, in Worten »einhundert«, bekommen![411] Da wird dann alles Gute in Dosen doppelt geschätzt. Wie hat mir Trockenmilch, Trockenei, -hefe schon geholfen! Und alles ist so gut und nicht bloß Ersatz wie unser Zeug. Herrlich sind Zunge und Schinken, Hamburgers, Bacon und Spam[412]. Bei Herrn Landauers vernünftiger Lebensweise bringe ich viele Mahlzeiten heraus. Mehl habe ich immer und kann viel backen, mit dem Trockenobst und den Rosinen, die wir bekamen, lässt sich manches machen.

Die Cocos-Schocoladenstangen darf ich zu erwähnen nicht vergessen. Die hat das Herrle bekommen, er knappert gern mal etwas mit Nuss und der Schokolad hat ihm gerade geschmeckt. Die Kinder bekommen einen anderen dafür.

Wie sehr leid tut es mir, dass Sie nicht mit Herrn Klauber[413] kommen können, um zu sehen, wie gemütlich wir es hier haben. Herr Landauers Schreibtisch steht so, dass er zum Fenster hinaussehen kann und das ist ein freundlicher Ausblick, alles ist grün, nirgends Trümmer. Es würde Ihnen sicher gefallen, denn es ist so friedlich. Es ist für Herrn Landauer gerade das Rechte, denn wenn er von morgens ¾7-½1 Uhr in der Stadt oder auf der Bayerngeschäftstelle war, so erholt er sich in Schwabing täglich neu. Gesundheitlich

411 Siehe Fußnote 405.

412 Kurzform für *Spiced Ham*, gepökeltes Schweinefleisch in Dosen, Frühstücksfleisch. Im Zweiten Weltkrieg erhielt das amerikanische Militär dieses haltbare Fleisch. Es setzte sich bald auch in Deutschland durch.

413 Ernst Klauber kam im Juni 1948 kurz nach München, um sich persönlich um die Rückerstattungen für die Familie Klauber zu kümmern.

geht es ihm sehr gut, er ist viel ruhiger geworden, kann sogar etwas länger schlafen, aber das wechselt. Sogar der Kaffee, den er jetzt so gern trinkt, oder Tee, macht ihm gar nichts. Nur die Bronchitis ist gleich da, sobald es windig oder trüb ist, da muss ich dann sehr hinter ihm her sein und ihn warm halten. Die »Bayern« machen ihm zurzeit wenig Freude, jetzt rächt sich die versäumte Aufbauarbeit der letzten Jahre. Das kann aber den Herrn Präsidenten nicht aus der Ruhe bringen.

Bitte grüßen Sie Herrn und Frau Klauber herzlich von mir. Frau Klauber wünsche ich gute Besserung. Es tut mir so leid, dass sie wieder ans Bett gefesselt ist.

Ihnen, liebe Frau Klopfer, wünsche ich recht gute Nachrichten von Ihren Kindern und grüße Sie und Frau Lotte herzlichst,

Ihre dankbare
Maria Baumann.

Baumann – Klopfer

München, den 14.VI.[414] 48.

Meine liebe, gute Frau Klopfer!
Da Herr Landauer heute in Stuttgart zu einer wichtigen Verbandssitzung[415] gefahren ist, kann ich Ihnen ausführlich über die liebe

---

414 Der Brief ist falsch datiert. Er wurde vermutlich am 14. Juli geschrieben.

415 Mitte Juli 1948 trafen sich Vertreter der süddeutschen Oberliga-Vereine und der Landessportverbände zu einer Tagung im Gasthaus Krone in Fellbach bei Stuttgart. U. a. brachten sie das Vertragsspielerstatut auf den Weg, das erstmals finanzielle Zuwendungen an Spieler regelte: »›Offene Worte‹ wurden gewechselt – bis sich schließlich alles einig war: So kann es nicht mehr weitergehen. Ergebnis: Bis spätestens 7. August wird ein ›Gesetz‹ verabschiedet werden, das

Obrigkeit schreiben, ohne fürchten zu müssen, gefragt zu werden, ob ich vielleicht Geheimnisse mit Ihnen hätte! Er liebt es immer noch nicht, wenn man über ihn spricht, und sei es auch das Beste.

Gesundheitlich geht es ihm sehr gut, das kühle regnerische Wetter belastet zwar seine Bronchien, aber ohne die schweren Nebenerscheinungen. Ihre guten Husten- und Halsdrops haben so viel Freude gemacht und schaffen viel Linderung, gerade bei den rauchigen Sitzungen, deren eine gestern stattfand und Herr Präsident L. 1½ Stunden seinen ausgezeichneten Bericht (Urteil von Freund Franz) verlesen musste. Er wurde für das kommende Jahr wiedergewählt[416] und er hat es sehr schwer, nach der Geldreform[417] den Club zu leiten. Nur ihm ist es zu verdanken, dass der Verein überhaupt noch existieren kann. Nun schreibe ich schon wie ein altes Bayernmitglied! Ich höre so viel davon und interessiere mich dafür, weil ich immer wieder sehe, wie viel Liebe und Arbeit sein Präsident auf den Club verwendet und was er ihm bedeutet! Er wäre ein sehr einsamer und menschenscheuer Mensch, wenn er die Beschäftigung nicht hätte, die jeden Tag seinen vollen Einsatz ver-

---

den Vertragsspieler in Deutschland einführt.« Landauer, der sich bereits als Präsident des FC Bayern München in den 1920er Jahren für die Professionalisierung des Fußballs eingesetzt hatte, begrüßte die Einführung des Vertragsfußballs.

416 Der Vorstand des FC Bayern der Saison 1947/48 wurde in gleicher Besetzung für 1948/49 wiedergewählt.

417 Die Währungsreform trat 1948 in Kraft und sollte die Inflation eindämmen. Nach der Umstellung von der Reichs- und Rentenmark auf die Deutsche Mark im Juni 1948 erhielt jede Person zunächst 40 DM »Kopfgeld«. Laufende Zahlungen wie Löhne, Steuern, Mieten, Pensionen etc. wurden im Verhältnis 1:1 umgestellt. Banken tauschten private Guthaben im Verhältnis 10:1, aber nur über die Hälfte des Vermögens konnte frei verfügt werden. Kurt Landauer befürchtete durch die Währungsreform weniger Zuschauer und schwindendes Vereinsvermögen, was Investitionen unmöglich machte.

langt. Ein Jahr leitet er schon seinen Club und gestern erhielt er von seinen alten Getreuen volle Anerkennung dafür!

Die Währungsreform nimmt er für seinen Club ernster als für sich, obwohl seine Unterstützung empfindlich gekürzt wurde und aus seinen Wiedergutmachungsansprüchen noch weniger herausschaut denn vorher.[418] Dank Ihrer großen Hilfe, liebe Frau Klopfer, sparen wir viele große und kleine Ausgaben für das tägliche Leben, sodass wir gerade jetzt, da die Preise für Obst und Gemüse und sonstige Artikel enorm hoch sind, nichts kaufen brauchen. Seit die Eier frei sind, kostet das Stück 30 Pfennige! Butter, Milch und alle Produkte daraus sind vorher schon stark im Preis erhöht worden, um die Bauern zur Ablieferung zu verlocken. So kostet 1 Ltr. Magermilch 24 Pfennig! Wie dankbar gehe ich an den Vorratsschrank und hole Ei- und Milchpulver und wie viel besser ist das alles!

---

418 Kurt Landauer schrieb im Juni 1948 an das Bayerische Hilfswerk: »Es ist mir peinlich, dass ich Sie heute wiederum belästigen muss, nachdem Sie mir bisher immer in so liebenswürdiger Weise geholfen haben. Meine wirtschaftliche Lage hat sich in keiner Art verändert. Trotz wirklich intensiven Bemühungen ist es mir einfach unmöglich, beruflich irgendwie Fuß fassen zu können. Mein einziger Verdienst ist der Ertrag von monatlich ganzen RM 100,–, die ich aus meiner Tätigkeit als Treuhänder der Firma Ernst & Knecht beziehe. Irgendwie andere Bezugsquellen besitze ich nicht. Das kann ich Ihnen mit ehrlichem Gewissen versichern.« Nach 11 Monaten mit je 200 RM Unterstützung vom Bayerischen Hilfswerk erhielt er für die nächsten beiden Monate nur noch 80 RM. Er ergänzte sein Schreiben an das Bayerische Hilfswerk im August 1948: »Als Erbe meiner Schwester, Frau Gabriele Rosenthal, als tot erklärt am 30. September 1942, habe ich in Bad Nauheim durch Rechtsanwalt Siegfried Neuland Rückerstattungsansprüche gestellt auf die Anwesen Kaufingerstr. 30, Leopoldstr. 24 und das Gut Martinshäusl in Obergrainau bei Garmisch. Herr Neuland ist gerne bereit, Ihnen jedwede gewünschte Auskunft über den Erbschaftanspruch zu geben.«

Gestern vor der Sitzung waren Herzings und das »Kohlenhänschen«[419] zum Kaffee da, es gab Rhabarberkuchen. Alle konnten sich satt essen und wie stolz ist der Gastgeber, wenn er guten Kaffee vorsetzen kann. Teilweise konnte er sogar seine Winterkohlen mit Kaffee bezahlen, auch ein bargeldloser Verkehr! Das Geburtstagspaket war herrlich und das Herrle hat richtig geschmunzelt bei all den guten Dingen, sie werden jetzt in zweifacher Hinsicht geschätzt! Ich kann mich nur wundern über die guten Sachen und freue mich immer, wenn ich Ihre Schrift entdecke, die mir praktische Winke gibt.

Liebe Frau Klopfer, wir hatten alle so gehofft, dass der Waffenstillstand in Palästina und Bernadottes Vermittlungen den Krieg zum Erlöschen bringt.[420] Nun gehen die Schrecken und Sorgen wieder an. Frau Dr. Siegel schreibt sehr tapfer, sie hat ihre Kinder[421] doch bei sich, da trägt sich's leichter.

Dass im Zustand des armen Herren Klauber eine leichte Besserung eingetreten ist, lässt doch die Hoffnung aufleben. Jetzt in der heißen Jahreszeit ist das Stillliegen doch sehr hart. Wie es Ihnen und Frau Klauber unter diesen Umständen geht, kann ich mir vorstellen. Nun ist doch der liebe Herr Ernst[422] wieder bei Ihnen, ich

---

419 Gemeint ist Hans Steigenberger, siehe Fußnote 324.

420 Der von den Vereinten Nationen als Vermittler im ehemaligen Mandatsgebiet Palästina eingesetzte Folke Bernadotte erwirkte am 11. Juni 1948 einen ersten Waffenstillstand im arabisch-israelischen Krieg. Am 27. Juni legte Bernadotte einen Plan für eine friedliche Teilung vor, den beide Seiten ablehnten. Nach nur vier Wochen wurde der Waffenstillstand gebrochen, Bernadotte am 17. September in Jerusalem ermordet. Bernadottes Nachfolger, Ralph J. Bunche, gelang ein Waffenstillstandsabkommen zwischen Israel und dessen Nachbarstaaten; im Juli 1949 endete der erste arabisch-israelische Krieg.

421 Hanna (1920 in München-2013 in Arad, Israel) und Uri Siegel (1922 in München-2020 ebd.).

422 Ernst Klauber, siehe Fußnote 413.

glaube, er ist Ihnen beiden eine große Stütze. Bitte grüßen Sie Frau Klauber und die beiden Herren herzlich von mir, ich wünsche recht gute Besserung.

Nun habe ich wieder für ein so liebes Paket zu danken und tue es recht, recht herzlich. Das Geburtstagspaket konnte ich gleichzeitig holen und dann gab es das Fest des Auspackens. Hoffentlich müssen Sie, liebe Frau Klopfer, die Pakete nicht so weit schleppen, ich denke es immer, wenn ich sie hole. Und wie schöne Sachen haben Sie mir geschickt! Beide Kleider kann ich tragen, die hellen Schuhchen passen sicher unserer Henriette, ich habe die Kindersachen schon nach Burtenbach geschickt, weil sich da alle nochmal freuen. Die Halbschuhe kann Diethard tragen und die Lätzchen kommen für die zwei Jüngsten noch lange gerade recht. Das Nachtanzügerl bekommt Klein-Willi, der ist so zart, dass er immer bloß die kleinsten Sachen anziehen kann, dabei ist er sehr brav und lacht gerne und oft. Unser goldiges Henrietterl hat leider von ihrer Krupp[423] ein schweres Bronchial-Asthma zurückbehalten, das ihr in diesem nassen Sommer stark zusetzte. Den reizenden gestreiften Sweater kann sie vielleicht auch anziehen, die 2 Bubenhosen, Handschuhe, Mütze, Schrägstreifen und Druckknöpfe, werden viel Freude machen. Pflaster, wie gut kann man die brauchen. Rasiercreme, Klingen und die feinen Orangesticks haben dem Herrle viel Freude gemacht, die Schokofirma glaubt er, seien die Simons! Dann erhielt ich: 1 lbs.[424] Zucker, 1 lbs. Kaffee, Spaghetti, Tee, 2 Dosen Spaghetti mit Tomatensauce (sehr gut), 2 Dosen Tomatenmark, 1 D[ose] Ravioli (sehr gut), 2 Dosen Milch, 1 lbs. Orangenmarmelade, 2 D[osen] Zitronensaft, 1 Dose Kakao und eine praktische Tragetüte!

Das kostbare Care-Paket von Ihren lieben Eltern ist gestern eingetroffen und wir schütteln bloß die Köpfe, wie schön alles ist und

---

423 Häufig im Kindesalter auftretende Entzündung der oberen Atemwege.

424 Pluralform zu *lb* für das amerikanische Pfund.

wie weit uns wieder geholfen ist. Herzlichen Dank für alles, auch im Namen meiner Schwester und ihrer Kinder, denn wenn es jetzt auch vieles zu kaufen gibt, so fehlt doch das Geld, die sehr hohen Preise für nicht gute Ware zu bezahlen.

Herzings freuten sich sehr über Ihre lieben Grüße und erwidern sie aufs herzlichste.

Ihnen, liebe Frau Klopfer, alles Gute wünschend, bin ich mit den innigsten Grüßen für Sie, Ihre Angehörigen und Enkelchen, Ihre dankbare Maria B.

Landauer – Baumann

München, den 3. August 1948.

Mein liebes, gutes Weiberl, vielliebe Maria!
Da ich nicht so viel schreiben soll, so habe ich mir gestern das Schreiben verknust[425] und tue es erst heute. Also es ist bestimmt nicht so, als ob ich Dich gar schon vergessen hätte. Oh, weit gefehlt davon, ich denke so viel an Dich, bin so viel gedanklich mit Dir beisammen. Jeder Fleck in unserer kleinen, gemütlichen Wohnung erinnert an mein ganz liebes, mein so gutes Bimbesle!

Ich habe schon gehört, dass es ein paar Hindernisse vor der Abreise gegeben hat, indem, dass die Beeren doch noch gekommen sind. Da hast halt arg Dich schicken müssen, hoffentlich bist Du gut zurecht zum Zuge gekommen, bist gut gereist, Arme wirst bei der Gluthitze arg schwitzen haben müssen und bist dann gut und wohlbehalten bei den Deinen angekommen. Empfangen, wie man halt einen so lieben Menschen, wie Du es bist, aufnimmt, mit größter Freude also! Und wie hast Du die Deinen gefunden? Hoffentlich ist alles wohl, ich kann mir gut vorstellen, wie man sich von

425 Hier im Sinne von *sich etwas verkneifen.*

Seiten der Kinder um die Tante Marie reißt, wie jedes Dich haben will und Du Dich in mehrere Teile zerreißen könntest. Nun das Wetter ist ja auch noch schön und so wünsche ich Dir alles, alles Gute und Schöne draußen. Genieße nur Deine paar Tage Ferien richtig, weiß Gott, wann es wieder welche geben wird. Mach Dich nur vergnügt, mein Liebes, und sei unbelastet, es geht hier in der Virchowstr. 14/I alles seinen guten und geregelten Gang.

Und so bin ich auch schon bei mir angelangt und nun will ich Dir ein bisserl erzählen, was Dich so alles interessieren könnte. Also zunächst einmal von meiner großen Reise nach Stuttgart.[426] Wir fuhren gut, kamen pünktlich an und haben im Adler in Fellbach[427] ganz ausgezeichnet zu Mittag gegessen, eigens für uns drei, Herrmann, Dr. Schmitz[428] und mich hergerichtet, und so viel, dass wir

---

426 In einer erneuten Sitzung in Stuttgart verabschiedeten die süddeutschen Fußballvereine Ende Juli eine Resolution zur Einführung des Vertragsspielers, siehe auch Fußnote 415.

427 Gemeint ist das Gasthaus zum Adler in der Cannstatter Straße 37 in Fellbach bei Stuttgart. Das Traditionslokal verfügte über einen großen Saal und war bis in die 1970er Jahre im Besitz des Gastwirts Richard Pfander.

428 Dr. Otto Schmitz (1899 in Regensburg-1979 in München), seit 1912 Mitglied des FC Bayern, Rechtsanwalt und Gesellschafter des Bankhauses August Lenz & Co. Das Bankhaus wurde am 1.08.1880 von Simon Marx, dem Vater Siegfried Salomon Marx und Josef Marx, dessen Onkel, gegründet und als Gebr. Marx geführt. Siegfried Salomon Marx (1893 in München-1979 in London) trat als Mitinhaber im Januar 1922 ein. August Lenz wurde 1934 als Teilhaber aufgenommen, Dr. Otto Schmitz »im Zuge arisierender Tendenzen« 1937. Siegfried Salomon Marx unterschrieb im Sommer 1938 den Ausscheidungsvertrag. Salo Marx – wie Siegfried Salomon Marx in den Club-Nachrichten genannt wurde – trat 1920 beim FC Bayern ein und 1933 nach Landauers Rücktritt aus. Das traditionsreiche Bankhaus Gebr. Marx, Anfang 1937 nach dem nicht-jüdischen Teilhaber August Lenz benannt, bestand nach der Enteignung der jüdi-

es nicht aufessen konnten. Um Dir nicht den Mund wässerig zu machen, will ich lieber die Schmankerl übergehen, aber es war piekfein. Die Sitzung begann um ½ 3 Uhr und war um ½ 10 Uhr abends beendet. Sie war anstrengend und das Resultat hat mich keineswegs befriedigt. Ich war mehr als unzufrieden mit dem Ergebnis, die Landessportverbände (Huber[429] etc.) haben ihren Willen durchgesetzt auf unseren Rücken.[430] Doch davon werde ich Dir in Mün-

---

schen Teilhaber weiter und diente, neben dem Bankhaus H. Aufhäuser KG, enteignet nach 1939 als Bankhaus Sailer & Co., dem FC Bayern als Hausbank. Sowohl Siegfried Salomon Marx wie auch Dr. Otto Schmitz waren langjährige Mitglieder des FC Bayern.

429 Hans Huber (1905 Obertattenbach, Griesbach-1972 in München), Spartenleiter Fußball im Bayerischen Landes-Sportverband. Huber setzte sich maßgeblich für die Wiedergründung des Süddeutschen Fußball-Verbandes 1949 ein, dessen Präsident er bis 1962 blieb. Außerdem fungierte er als Vorsitzender des Bayerischen Fußball-Verbandes sowie als Vizepräsident des DFB. 1972 plante er das Fußballturnier im Rahmen der Olympischen Spiele.

430 Sportverbände auf Landesebene regelten den Sportbetrieb in den Besatzungszonen. Bereits im Juli 1945 gründete sich der Bayerische Landes-Sportverband (BLSV) mit eigener Fußballsparte, im Juni 1946 ein eigener Bayerischer Fußball-Verband. Zwischen den einzelnen Sparten der Landessportverbände und den Fachverbänden kam es zu Konflikten, da man einerseits eine zu starke Zentralisierung, andererseits aber eine Zersplitterung befürchtete. Ein Einwand lautete, dass die Gründung eigener Fußball-Verbände auf Landesebene der Wiederbegründung des Süddeutschen Fußball-Verbandes im Weg stünde. Kurt Landauer schrieb im Jahresbericht zum Ende der Spielsaison 1948/49: »Und auch der Süddeutsche Fußballverband soll wieder erstehen. Auch er ist eine Notwendigkeit. Dabei ist es um so vieles schwieriger, etwas Brauchbares zu schaffen, weil der alte Süddeutsche Fußballverband ein überaus sympathisches, nützliches und beliebtes Gebilde gewesen ist. Es muß gelingen, daß die vielen Sachverständigen, die sich in den Reihen der Verwaltung der Oberliga und der Fußballfachverbände befinden, etwas Nützliches schaffen

chen erzählen. Während der Tagung konnte man zu Abend essen, es gab Gansbraten (!), was die Kleinigkeit von DM 7,– kostete, aber Herrmann und ich konnten uns beherrschen. Wir aßen dann um 10 Uhr im Adler kalte Platten (sehr gut), was uns mindestens ebenso gut geschmeckt hat als das dürre (!) Federvieh, an dem nichts dran gewesen war.

Später kamen dann die Herren von 1860[431] und später die von den Stuttgarter Kickers, sodass es ein recht netter und gemütlicher Abend geworden war, den nur die Polizei so gegen 2 Uhr trennte. Da Herrmann am Samstagmittag auf 14 Tage auf Urlaub fuhr, wollte er schon am Vormittag wieder in München sein, wir ließen also das glutheiße Stuttgart bereits um ¾7 Uhr hinter uns, frühstückten im Speisewagen (!) wie die ganz Großen und kamen nach guter Fahrt pünktlich um ½12 Uhr in München an. Auch hier gab es eine Bullenhitze.

Dann ging das Kochen los!!! Kakao mit Kuchen, hat gut geschmeckt. Das Schätzli hat so netterweise neue Johannisbeermarmelade hergerichtet gehabt, die natürlich auch gleich gekostet werden musste und dem lieben Mägdli alle Ehre machte. Und dann habe ich mich erst einmal richtig ausgeschlafen. Dann ins Bädli und frisch und fein angezogen: neue amerikanische Schuhe, graue Hose, Pfirsich-Hemd mit rotgestreiftem kleinen Krawättli, schöne Seidenjacke, ich glaube, ich hätte Dir auch gefallen, jedenfalls sagte man mir allgemein, dass ich immer jünger werden würde. (Im Her-

---

können, und sie werden es dann sicherlich zustande bringen, wenn sie eigene Interessen zum Wohle der Allgemeinheit zurückstellen und namentlich der obersten Spielklasse im neuen Verbande ihre volle Garantie geben.«

431 Der TSV München von 1860 ist neben dem FC Bayern und dem FC Wacker der dritte Münchner Fußballverein. Der 1860 gegründete Münchner Turnverein (ab 1919 Turn- und Sportverein München) hatte ab 1899 eine eigene Fußballriege. 1945 gehörte der TSV zu den Gründungsmitgliedern der Süddeutschen Oberliga.

zen bin ich ein Gymnasiast!!) Ich begab mich dann allein zum Stadion.

Das Spiel war annehmbar, die neu eingesetzten jüngeren Spieler haben recht ordentlich gespielt und haben uns Freude gemacht. Wir haben das Spiel zwar 3:2 verloren, aber das spielt keine Rolle, es war unsererseits weit besser, als wir je zu wagen hofften. St. Pauli war nicht sehr gut. Aber der Zweck des Spieles wurde erreicht mit 16 600 zahlenden Zuschauern, sodass einige Tausender übrig geblieben sind.[432] Abend war dann Kellerabend im Löwenbräu[433] mit

---

432 Das Spiel gegen St. Pauli am 31. Juli 1948 startete als erstes von insgesamt acht Privatspielen, die vor Beginn der Süddeutschen Liga-Meisterschaft im September 1948 stattfanden. Mit St. Pauli hatte der FC Bayern einen prominenten Gegner nach München geholt. Trotz Niederlage verbuchte der Verein ein großes Interesse und viele zahlende Zuschauer. Die folgenden sieben Privatspiele fanden auswärts statt und einzig das Spiel gegen den FC Eggenfelden konnte gewonnen werden. Privatspiele dienten der Vorbereitung der Saison und in Zeiten der Nahrungsmittelknappheit dazu, die teilnehmenden Spieler mit Lebensmitteln zu versorgen, siehe auch Fußnote 388.

433 Im Löwenbräukeller am Stiglmaierplatz fand der Bayernstammtisch statt. Franz Xaver Heilmannseder (1903 in Grafing-1982 in München), Pächter des Löwenbräu zwischen 1944 und 1962, unterstützte die Spieler der 1. Mannschaft mit kostenlosen Speisen. Auf Vermittlung von Herrmann Schülein (1884 in München-1970 in New York), Generaldirektor der Löwenbräu Brauerei und seit 1927 Mitglied des FC Bayern, hatte Heilmannseder zwei Jahre im Hotel Waldorf Astoria in New York gearbeitet. 1936 übernahm er die Münchner Gaststätte Scholastik und trat 1937 in die NSDAP ein. Im Juni 1945 kurzzeitig inoffizieller Präsident des FC Bayern, organisierte Heilmannseder das erste Nachkriegsspiel des FC Bayern am 24. Juni gegen FC Wacker – noch ohne Erlaubnis der amerikanischen Militärregierung. Er konnte seine Funktion nicht behalten, da die Lizenzierung des Vereins bei der Militärregierung keine ehemaligen NSDAP-Mitglieder in der Vereinsleitung zuließ. Von 1950 bis 1962 führte Heilmannseder das Löwenbräuzelt auf dem Oktoberfest.

Schweinswürstl (!!) und schlechtem Bier, aber sonst gutem Essen. Der Vorsitzende von St. Pauli[434] ist ein feiner Mensch, wir haben uns gut unterhalten und verstanden. Er war begeistert über die Aufnahme bei uns, besonders der Ausflug nach Tegernsee hatte es ihnen angetan. Freund Franz war ein ausgezeichneter Reisemarschall, was von allen Seiten lobend hervorgehoben worden ist. Um ½11 Uhr fuhren wir dann nach Hause, es gehen ja jetzt alle halbe Stunde Omnibusse nach allen Richtungen. (Haltestelle Leopold-/Virchowstr., also sehr praktisch). Dann ging's ins frische Betti und so fand ich Deinen ganz lieben, mich ungemein freuenden Gruß, Danke Schätzli!

Am Sonntag um ½8 Uhr ging's aus den Federn, denn, nicht wahr, bis die Wohnung gerichtet ist und das Frühstück etc., das braucht alles seine Zeit. Man hat ja Arbeit genug, aber das verstehst Du nicht so ganz, das wissen nur wir, die im Haushalt schaffen! Es gab Tee und noch den Rest des Kuchens und Johannisbeeren. Du meinst, das sei eine etwas komische Zusammenstellung? Vielleicht verstehst Du das nicht ganz, was gut ist. Dann Besuch im Parterre mit Radiomeldungen dortselbst. Als Mittagessen gab es: Johannis-

---

434 Wilhelm Koch (1900 in Hamburg-1969 ebd.), erneut Vorsitzender des FC St. Pauli seit Juni 1948, führte den Verein bereits zwischen 1931 und 1945. Im Rahmen der Entnazifizierung 1945 musste er von seinem Amt zurücktreten. Mitglied der NSDAP ab 1937, wurde er am 22. Oktober 1947 als »Mitläufer« eingestuft. Als Koch im Juni 1948 von der Mitgliederversammlung des FC St. Pauli erneut in das Amt des Vorsitzenden gewählt wurde, entschieden das Sportamt und der Hamburger Sportbund gerade über eine neue Regelung bei der Wiederaufnahme von Vereinsvorständen. Am 5. Juni schlugen sie vor, dass 1. und 2. Vorsitzender sowie der Jugendwart als entlastet eingruppiert sein müssen und ehemalige NSDAP-Mitglieder einen Entlastungsnachweis führen müssen. Koch galt erst nach einer Neueinstufung im März 1950 als entlastet. Er blieb Präsident des FC St. Pauli bis zu seinem Tod 1969.

beeren und Stachelbeer-Kompott. Aus Äpfi Amen!![435] Erstens hatte ich den Bauch noch voll vom Freitag/Samstag her und dann hatte ich mich bei Herzings gewogen, im leichten grauen Anzug zeigte die Waage … 79 … Kilos, also um 8 Pfünder mehr als das letzte Mal!!! Das ist ja verheerend, da glaub ich schon, dass mir keine Hose und kein Rock mehr passt. Also gab's am Abend auch nur eine Scheibe Weißbrot und eine Tomate, wiederum Aus Äpfi Amen. Nachmittags gab's ein kleines Schläferl und dann setzte ich mich im Pyjama an meinen Schreibtisch und las endlich einmal die rückständigen Zeitungen. Da läutete Frau Herzing, ob ich runterkommen wollte zum Kartenspielen, Amann[436] sei da. Also zog ich mich an und wir spielten Tarock, begleiteten Amann zur Tram und nach dem Abendessen gingen Franz und ich noch auf ein Stünderl in den Luitpoldpark[437].

Montag gab's viel Arbeit auf der Geschäftsstelle, Mittag richtete ich mir zwei Pfannkuchen mit grünem Salat, aber es sind dann gar keine Pfannkuchen geworden, sondern so etwas Ähnliches wie Schmarren, man weiß es nicht so genau. Aber es hat geschmeckt. Nachmittag gingen Franz und ich zu einer Sitzung und abends gab es Fleisch aus einer Büchse, zwei Scheiben Weißbrot und zwei Tomaten sowie zwei Äpfel, die Frl. Grimmer mit Blumen geschickt hatte. Die angestoßenen, nein, nicht Blumen, sondern Äpfel, bekam Frau Herzing. Um ½ 9 Uhr wollte ich zu Bette gehen, aber Dietl[438] stellte sich um 8 Uhr ein und blieb, bis ich ihn hinausschmiss um 9 Uhr.

---

435 Siehe Fußnote 209.

436 Ludwig (Lutz) Amann (1888 in München-1961 ebd.), Kaufmann, seit 1910 Mitglied des FC Bayern. Aktiver Spieler und Vergnügungswart. Er trat 1933 in die NSDAP ein. Nach Kriegsende betreute er in der Saison 1948/49 die Veranstaltungen des FC Bayern.

437 Stadtpark in München Schwabing.

438 Franz Dietl (1903 in München-1949 ebd.), Verwaltungsinspektor, seit 1919 Mitglied des FC Bayern, 1920 bis 1927 als Spieler. Er trat 1937 in

Heute Früh gab es wieder Tee mit Stängl, frisch angeschnitten und prima, nein, er ist ja gestern schon in Angriff genommen worden. Nur kurzer Besuch auf der Geschäftsstelle und dann war ich im Hotel Vier Jahreszeiten[439] zum Frühstück bei Professor Rheinstrom[440] und Frau, die aus New York hier sind. Es gab: Bohnenkaffee, Butter, Hörndl und Eierweckln, Ham and Eggs und Grapefruit-Saft. Die beiden Rheinstroms waren mehr als nett und herzlich und sehen so aus, als ob sie voriges Jahr von hier weg wären, jung und elastisch. Dann besuchte ich Kolm im neu eröffneten Geschäfte, sehr schön die Auslagen, aber es ist alles noch nicht fertig. Auch Frau Kolm arbeitet zurzeit im Geschäfte, das recht flott geht. Sie lassen beide schön grüßen. Er fuhr mich dann mit dem Auto nach

---

die NSDAP ein und die Saison 1947/48 trainierte er ehrenamtlich die 1. Mannschaft und Reservemannschaft des FC Bayern. Kurt Landauer schrieb für seinen »Freund Dietl«, der am 24. Dezember 1949 plötzlich verstarb, den Nachruf in den Club-Nachrichten.

439 Luftangriffe beschädigten das luxuriöse Hotel in der Maximilianstraße 1944 stark. Ab 1945 nutzte die US-Besatzungsmacht die erhaltenen Gebäudeteile als Offiziersquartier. Ende 1947 erhielten die ehemaligen Betreiber die Erlaubnis, das Hotel für Besatzungsangehörige und ausländische Gäste als sog. Exporthotel wiederaufzubauen.

440 Dr. jur. Heinrich (Henry) Rheinstrom (1884 in Kaiserslautern-1960 in New York) erhielt 1910 als Rechtsanwalt in München seine Zulassung. Er gehörte in den 1920er Jahren zu den Gläubigern des Geschäftshauses von Kurt und Franz Landauer in der Kaufingerstraße 26. Nach dem Nachweis als »Frontkämpfer« im Ersten Weltkrieg wurde das am 30. August 1933 erlassene Berufsverbot zurückgenommen, jedoch »verzichtete« er am 5. Dezember 1933 auf die Zulassung. Als Honorarprofessor an der Technischen Universität München hatte er 26 Aufsichtsratsposten inne. Nach der Plünderung seines Hauses und einem Hetzartikel in der Presse emigrierte Rheinstrom 1933 erst nach Paris und London und dann nach Amerika. Das Ehepaar Rheinstrom kam im August 1948 nach München, um Rückerstattungsverfahren anzustoßen.

Hause und es gab vor dem Hause noch ein langes Unterhalten, er hat auch dieselben Sorgen mit Ernst [Klauber] gehabt wie ich. Dann wollte ich schnell [auf] einen Sprung bei Herzings vorbeisehen, aber sie ließen mich nicht aus und so aß ich zwei Apfelpfannkuchen mit, ich selbst hätte wegen des zweiten Frühstücks gar nichts mehr zu mir genommen. Und für morgen Mittag musste ich zum Fischessen zusagen, sie taten es nicht anders. Na in Gottes Namen!

Ansonsten ist alles in bester Ordnung, die Blumen werden pflichtgetreu gegossen, die Küche ist tadellos aufgeräumt, schon in der Frühe, wenn ich weggehe, ebenso mein Zimmer, ich glaube, Du würdest mich schon loben. So, ich glaube, das ich Dir alles Wissenswerte erzählt habe. Du darfst schon noch bis zum Montag Abend ausbleiben, dann freue ich mich aber aufrichtig, Dich wieder hier zu haben, und zwar Dich ganz für mich und bei mir und in mir und um mich und über mich und unter mich und weiß was Gott noch zu haben. Bis dahin, Beste und Liebste, liebe gute Maria, küsse ich Dich innig und lieb, genauso wie ich Dich liebhabe.

Grüße bitte Malchen und Deinen Schwager und natürlich auch »Frl.« Inge und den Dieter.

Dein Kurt.

Eben ist Dein lieber Brief eingetroffen, vielen herzlichen Dank. Er hat mich sehr gefreut. Und mein Dümmerli hat statt Omnibus fahren, laufen müssen von Jettingen[441] *aus!*

---

441 Ortsteil des Marktes Jettingen-Scheppach im Landkreis Günzburg. Von der Bahnstation Jettingen aus sind es circa acht Kilometer bis Burtenbach.

München, den 12. XII. 48.

Meine liebe, gute Frau Klopfer!
Es hat mich so sehr gefreut, als ich hörte, dass Sie sich wirklich auch einmal einen Urlaub gönnen, dann ganz besonders darüber, dass Sie sich in dieser herrlichen Gegend erholen. Wie leicht könnten wir Ihnen mit etwas Kaltluft aushelfen, der Winter lässt uns leider nie im Stich. Merkwürdigerweise haben wir sehr wenig Niederschläge, weder an Regen noch an Schnee, sodass wieder starker Wassermangel eingetreten ist, was große Einschränkungen in der Elektrizitätsversorgung nach sich zieht. Gestern, Samstag, hatten wir infolge Föhneinflüssen herrlichen Sonnenschein und das gute Herrle war ganz glücklich, dass er seine Wohnung wieder einmal bei Tageslicht sehen konnte. Nachmittags wurde Herr Herzings Geburtstag gefeiert und es hätte Ihnen bestimmt Freude gemacht zu sehen, mit wie viel Liebe er seinem Freund und dessen Frau das Geburtstagsgeschenk zusammengestellt hat. Sogar ein Kistchen feine Zigarren hat er morgens noch besorgt, weil Freund Franz nichts mehr zum Rauchen aufgetrieben hat!

Dass der lieben Obrigkeit die Arbeit gut bekommt, wird er Ihnen selbst schon berichtet haben, und ich kann es Ihnen mit gutem Gewissen bestätigen. Am Montag freut er sich schon auf den freien Sabbat und am Sonntag freut er sich wieder auf seine Arbeit. Heute findet ein sehr wichtiges Fußballmatch statt.[442] Leider hat eben die Sportreportage Bayerns Niederlage gemeldet. Nun wird es sich bald entscheiden, ob der Herr Präsident weiter regieren wird oder ob er sein Amt abgibt.[443] Aber darüber soll er Ihnen selbst berich-

442 Gemeint ist das Spiel gegen die Kickers Offenbach, das der FC Bayern 0:1 verlor.

443 Kurt Landauer blieb bis zu seiner Abwahl am 10. April 1951 Präsident des FC Bayern.

ten, ich will ihm die Neuigkeit nicht vorwegnehmen. Eines steht jedenfalls fest, dass ihm sehr viel aufgehalst wurde, und weil er alles erledigte, hat zuletzt jeder sich auf ihn verlassen und nichts mehr getan.

Mit Herr Landauers Paket kam auch für mich das herrliche Backpaket an und ich bin ganz überglücklich mit all den Kostbarkeiten. Zucker ist immer ein knapper Artikel bei uns und dann die wunderbare ungesüßte Schokolade ist besonders beliebt und ausgiebig. Trockenei, Butter, Kaffee und die guten Gewürze helfen nicht nur mir über Mangelzeiten hinweg, sondern auch der Frau Liesel, die dankbar für alles ist. Die Kerzen sind reizend und ich habe gestern gleich den Geburtstagskuchen damit geschmückt. Fein sind die Springerle[444], die Mandeln und Nüsse und Bonbons, lauter Dinge, die hier unerschwinglich sind. Dass Sie dann immer noch so lieb an meine Kinder denken, ist wirklich rührend. Das rosa Kinderstühlchen mit dem Püppchen ist herzig und wird meiner Henny viel Freude machen. Haben Sie, liebe Frau Klopfer, vielen herzlichen Dank für alles und nehmen Sie die Gewissheit, dass ich damit dem guten Herrle manches Gute bereiten kann. Er kann sich so freuen, wenn es etwas Besonderes gibt, und sein Paket barg ja auch so viele Delikatessen.

Allgemein hat man dieses Jahr gehofft, dass der Winter etwas leichter werden würde, leider zeigen sich jetzt schon die gleichen Erscheinungen wie vor der Währungsreform. Jetzt vor Weihnachten ziehen die Preise aller Lebensmittel derart an, dass ich mich oft frage, wie es die Leute machen, die keine Vorräte haben. Die Bauern verfüttern das Brotgetreide dem Geflügel, dafür können sie höhere Preise verlangen. Und solche Gewissenlosigkeit gibt es mehr.

Bitte, liebe Frau Klopfer, grüßen Sie bitte Ihre tapfere Frau Mutter, ich freue mich immer, wenn mir Herr Kurt berichtet, wie gut sie

---

444 V. a. in Süddeutschland verbreitetes Anis-Gebäck.

sich hält. Von Ihren Kindern hören Sie sicher viel Gutes, denn sie haben doch sehr viel erreicht für ihr Land.

Da ich diese Zeilen erst Herrn Kurt geben will, wenn er wieder schreibt, füge ich gleich die allerbesten Weihnachtswünsche und das Beste an Glück und Segen für das kommende Jahr bei. Bleiben Sie gesund und seien Sie von Herzen gegrüßt von Ihrer dankbaren

Maria Baumann.

Herrn Ernst Klauber beste Grüße bitte!

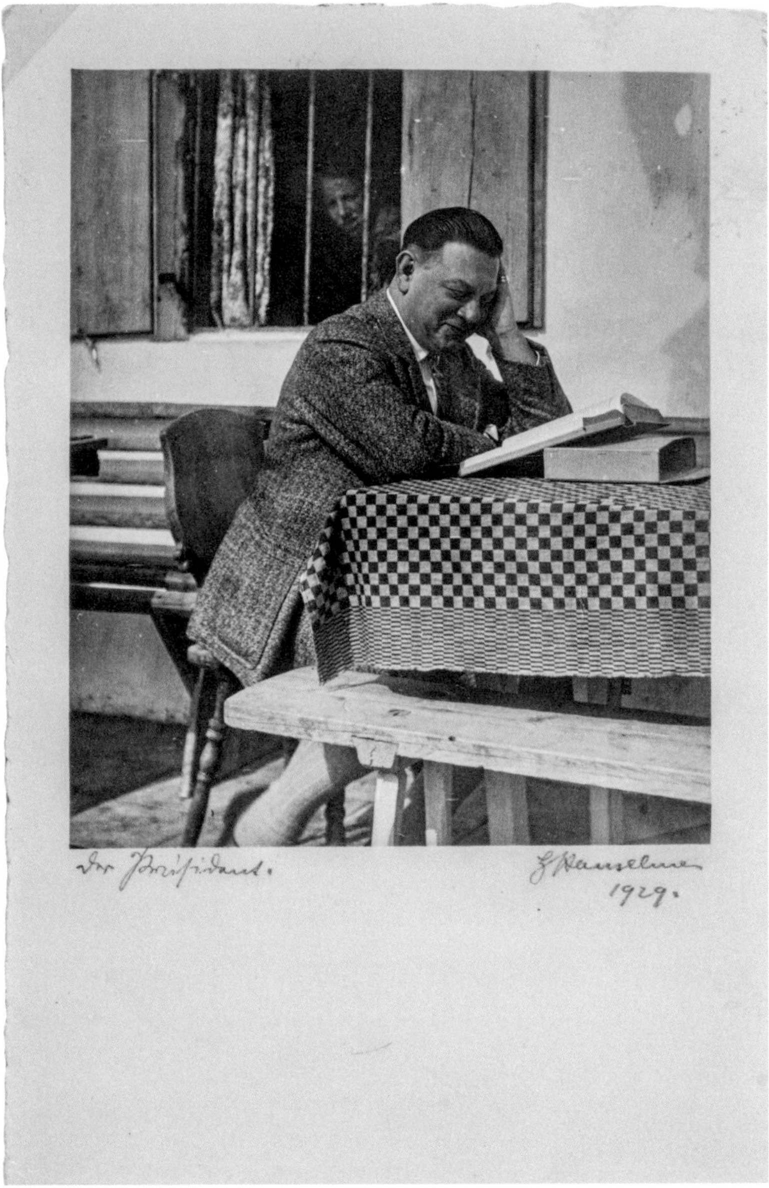

1 Kurt Landauer zu Besuch im Ferienhaus der Familie Rosenthal in Grainau, 1929.

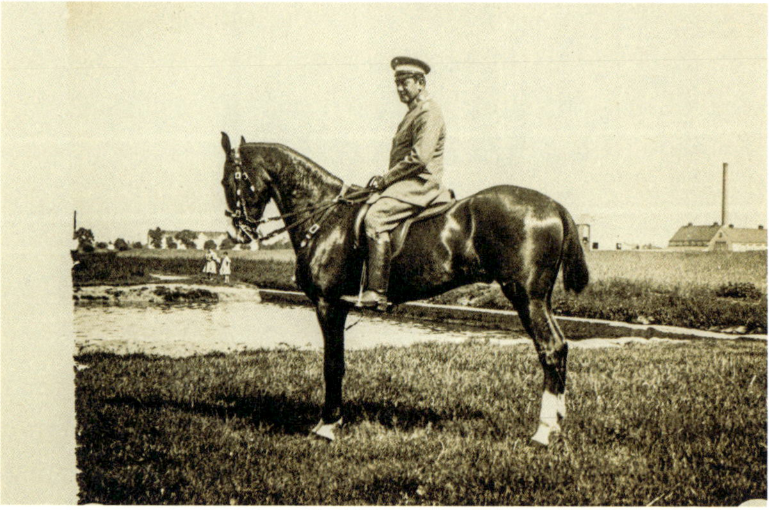

2 Kurt Landauer zu Pferd, 1917.

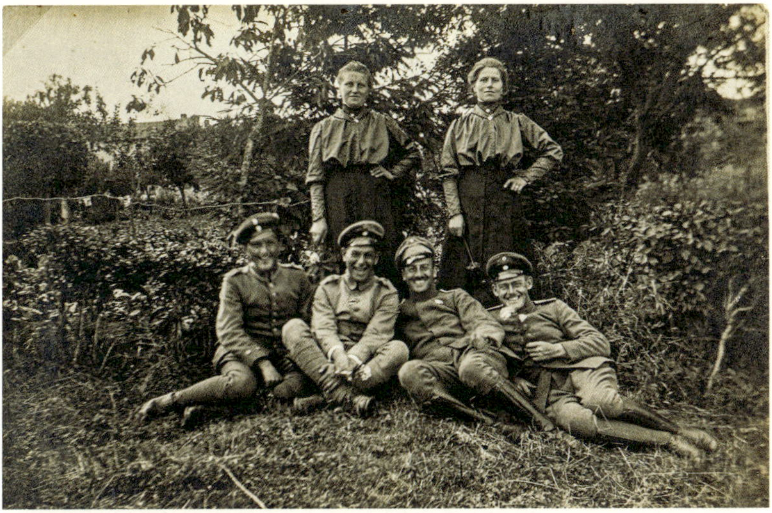

3 Kurt Landauer (2. v. l.) im Ersten Weltkrieg, 1914.

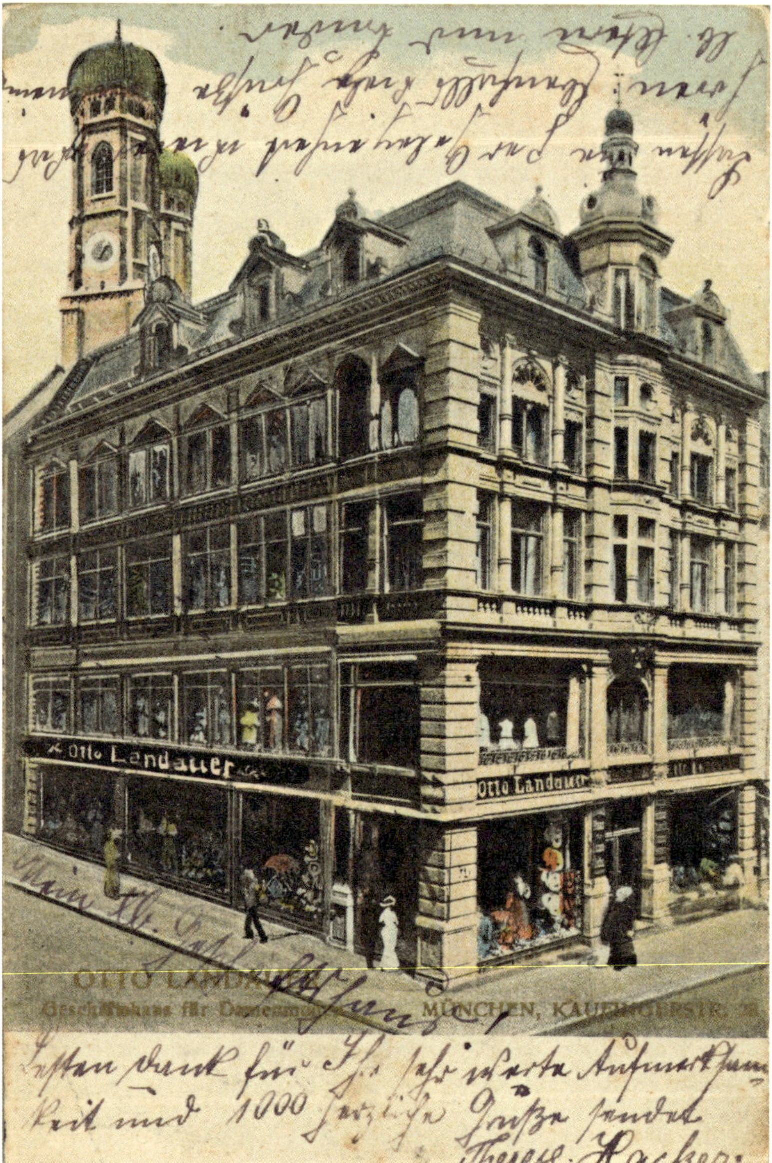

4 Geschäftshaus Otto Landauer Damenmoden in der Kaufingerstraße 26, 1906.

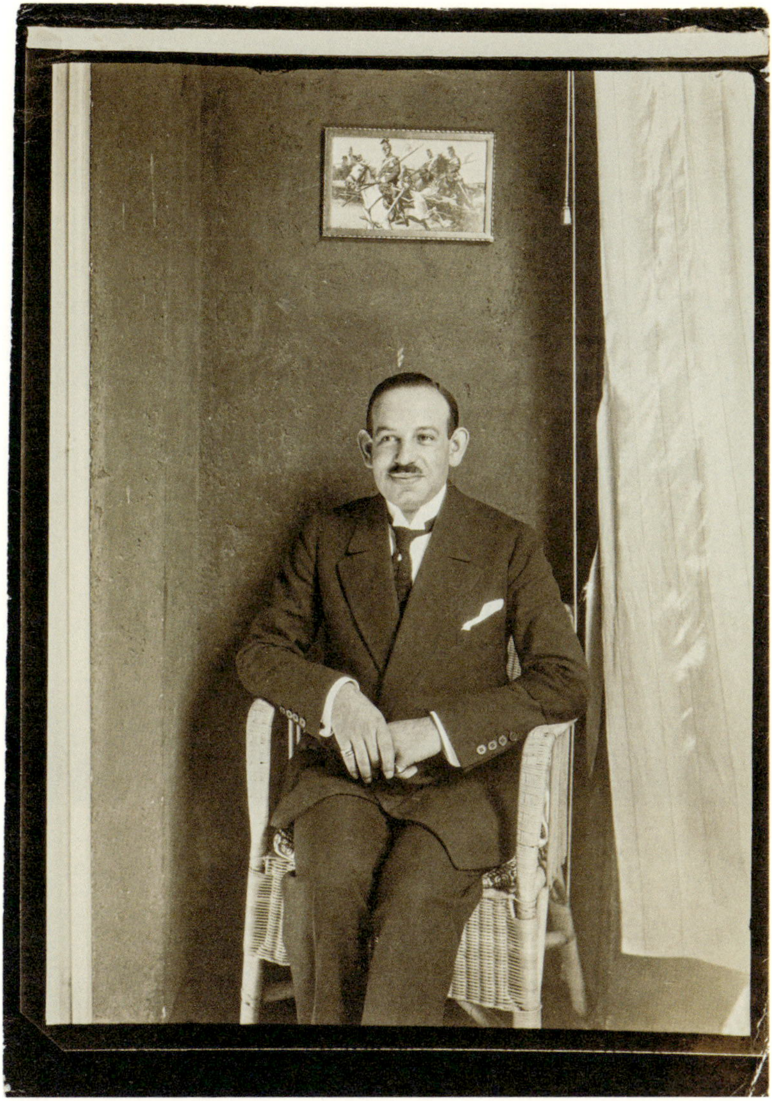

5 Franz Landauer, 1914.

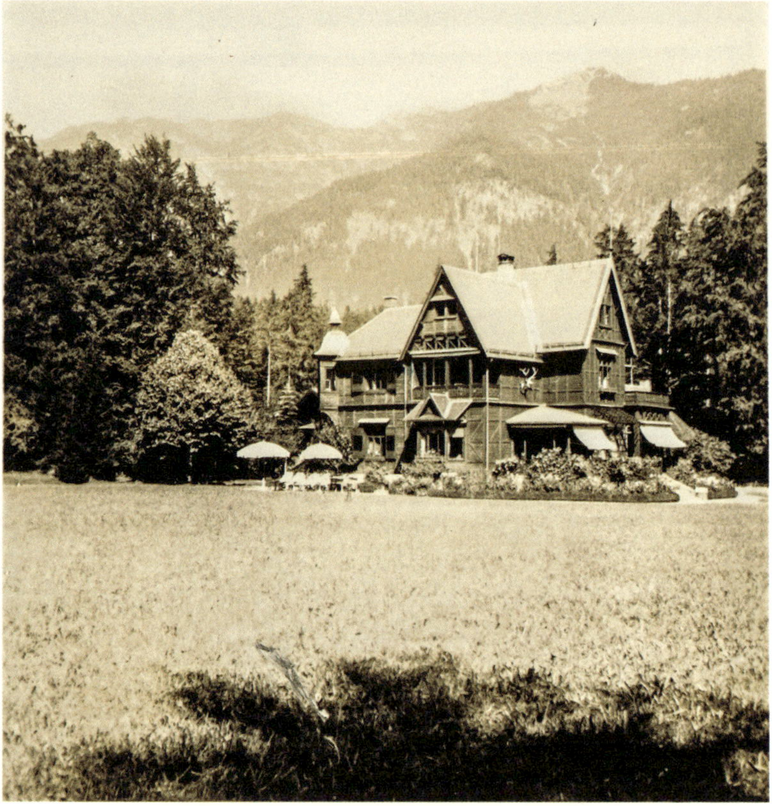

6 Anwesen der Familie Rosenthal in Grainau.

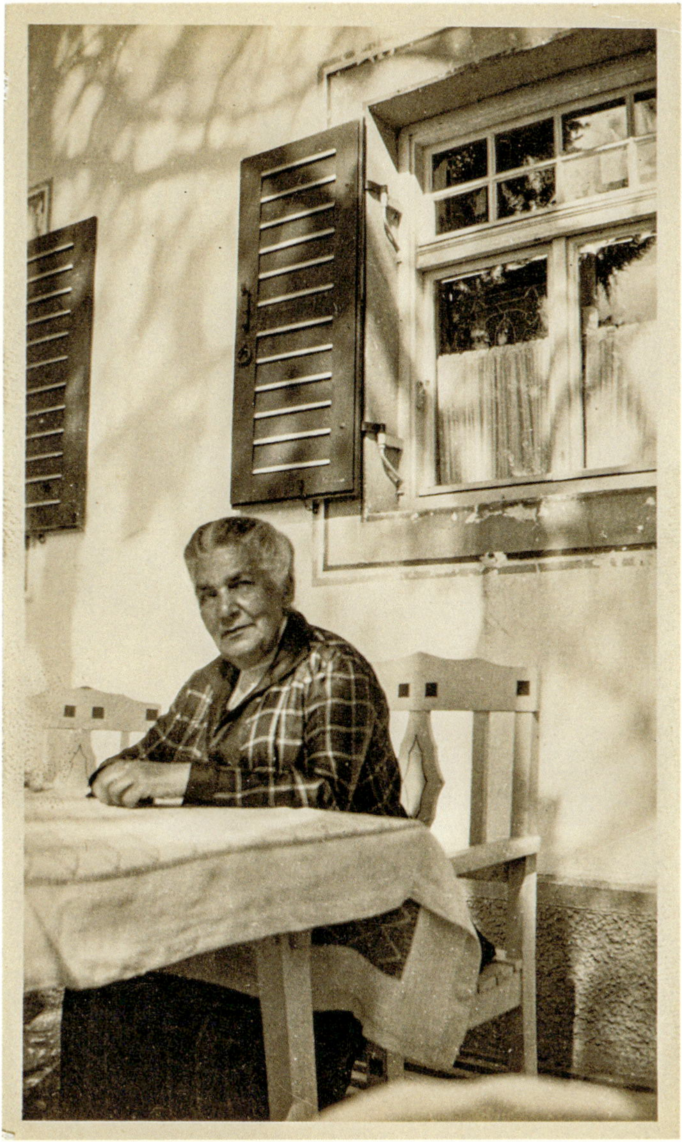

7 Gabriele Rosenthal, geb. Landauer, um 1938.

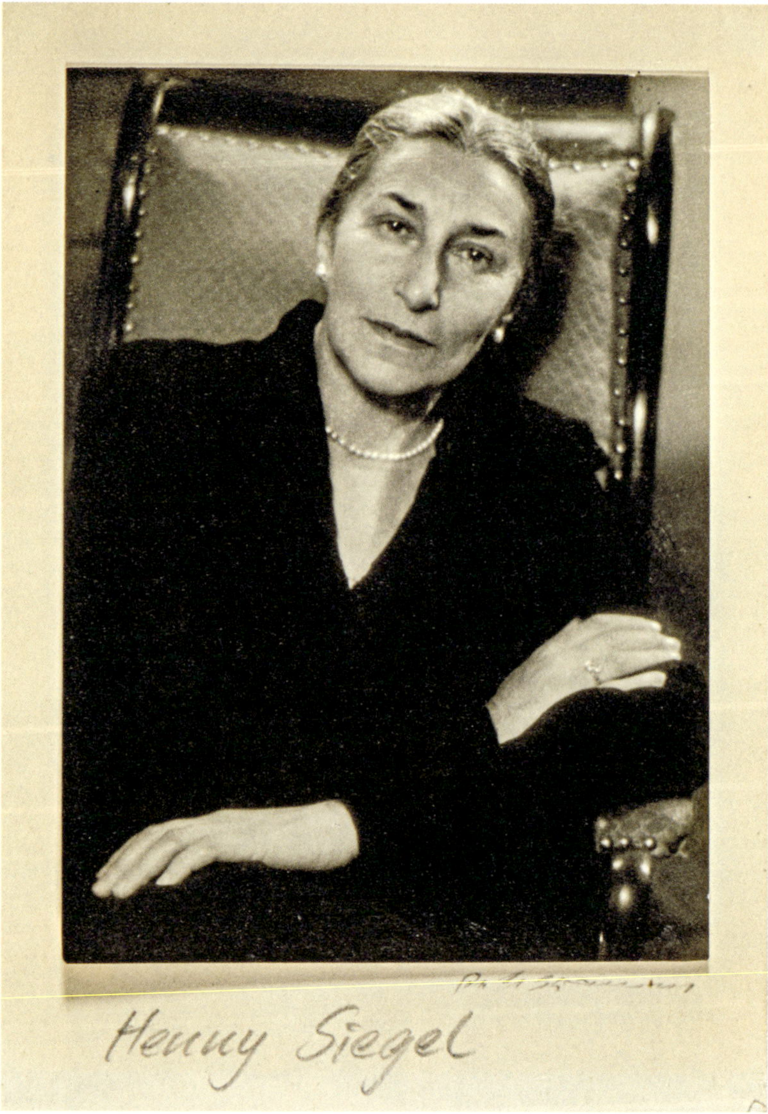

8 Henny Siegel, geb. Landauer, 1930.

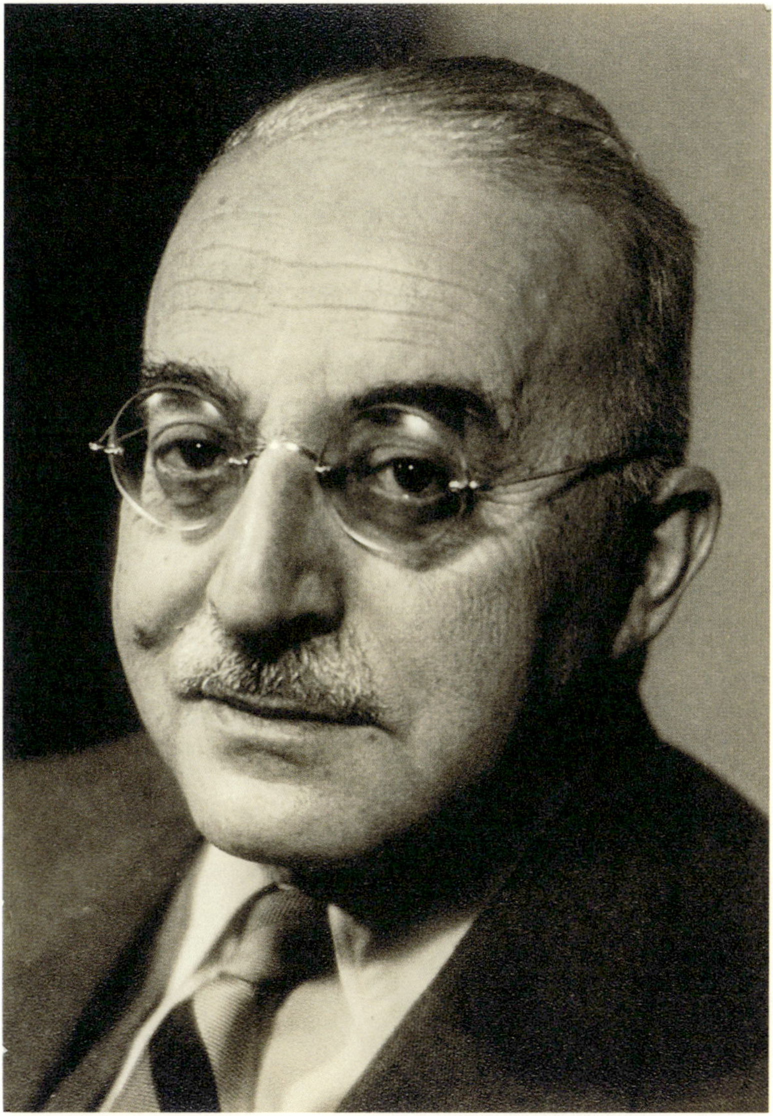

9 Julius Siegel, um 1940 in Haifa.

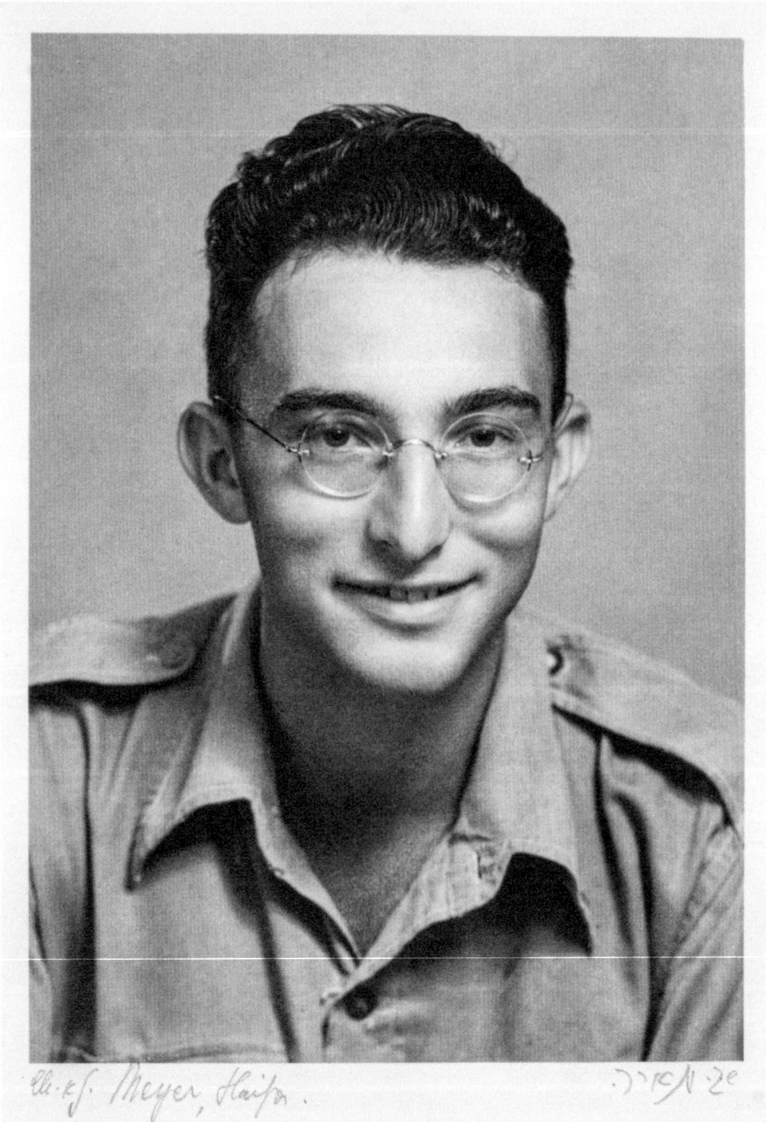

10 Ulrich Leopold »Uri« Siegel in der Jewish Brigade, 1942 in Haifa.

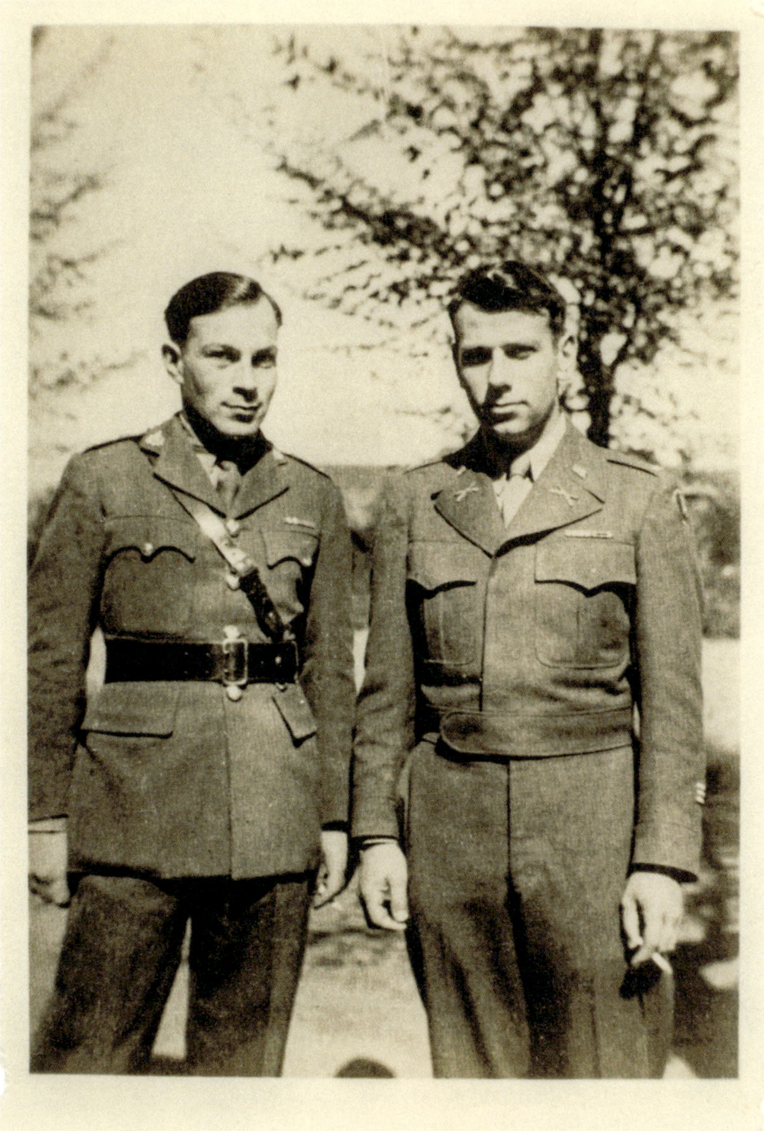

11 Richard O. Langham (Otto Landauer) (l.) als britischer Soldat.

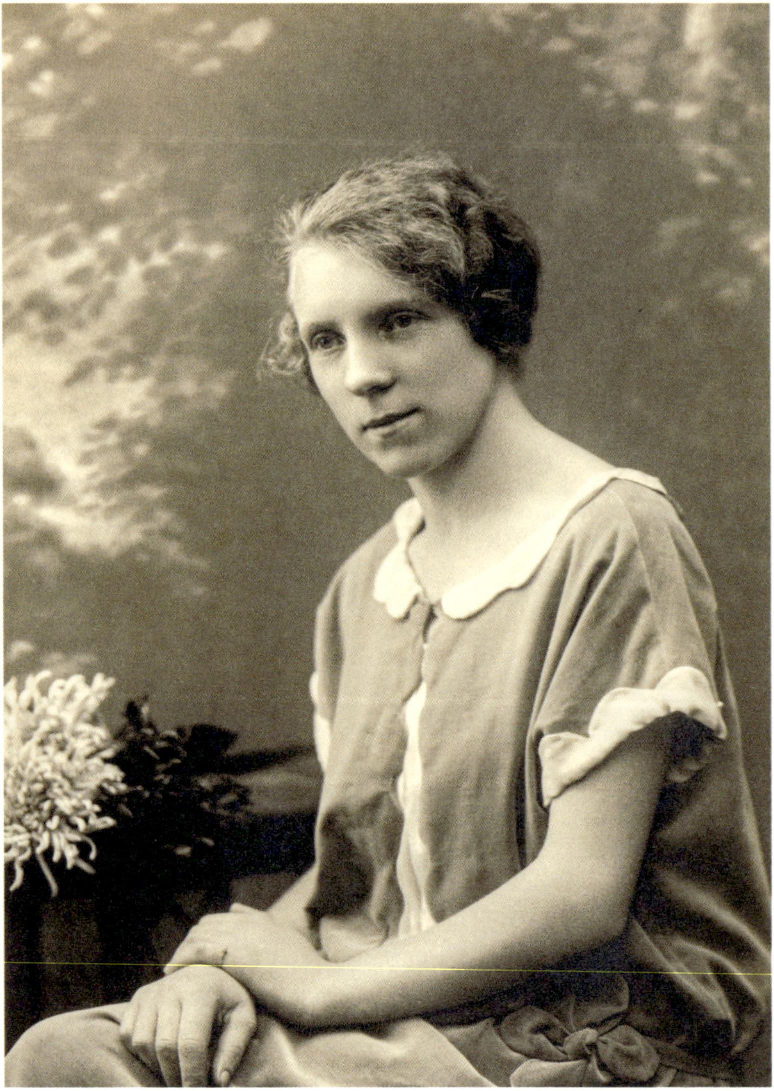

12 Maria Baumann, 1926.

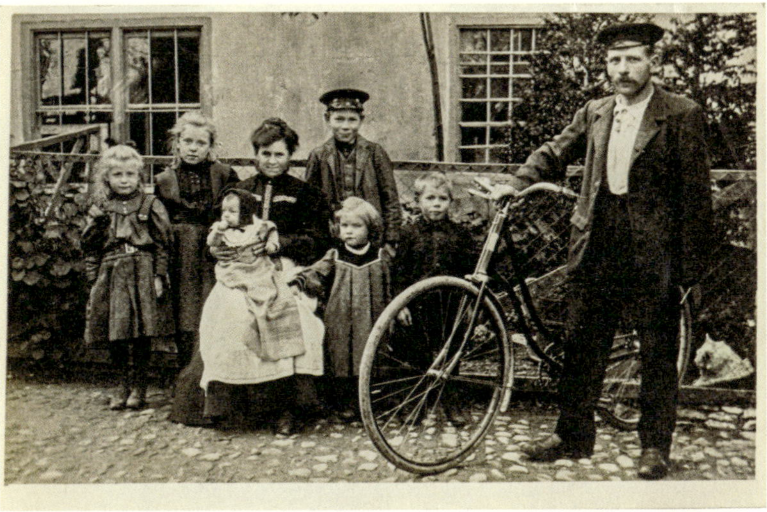

13 Paul und Franziska Baumann mit Kindern, 1909. V. l. n. r.: Elfriede, Maria, Amalie (auf Franziskas Schoß), Paul, Klara und Max Baumann.

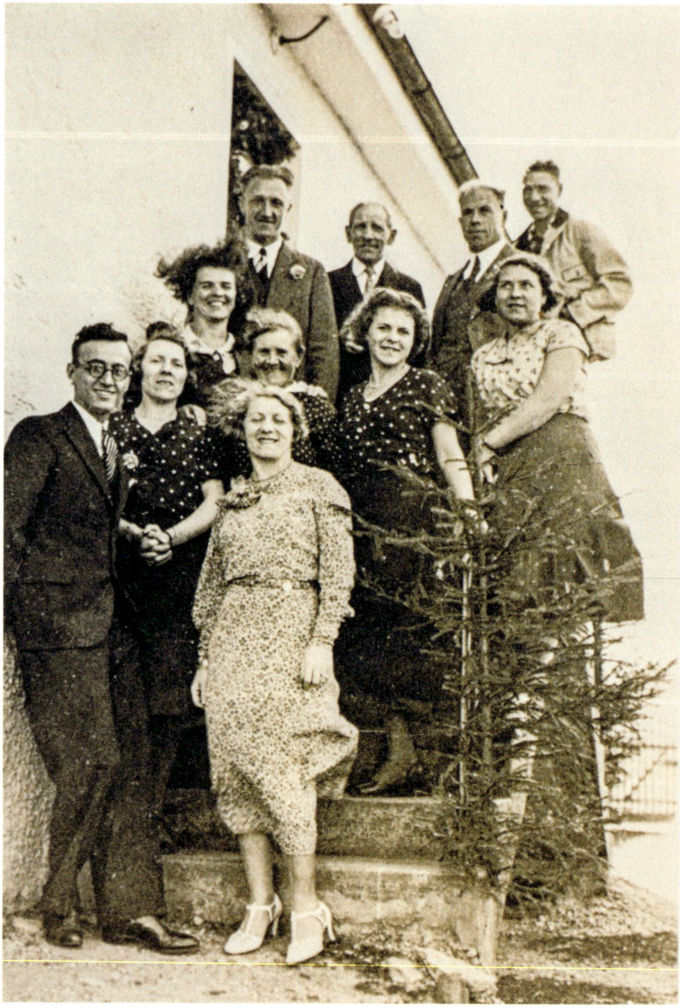

14 Maria Baumanns Familie, 1934. Vorne: Walter und Schwester Elfriede Schuler, geb. Baumann, zu Besuch aus den USA, zwischen den beiden Maria Baumann. Dahinter die Schwestern Klara Priem, geb. Baumann (links), Friederike Ahmeyer, geb. Baumann (2. v. r.), und Amalie Unterweger, geb. Baumann (rechts), sowie Mutter Franziska Baumann (2. v. l.). Hintere Reihe v. l. n. r.: Schwager Karl Priem, Vater Paul Baumann und die Brüder Max und Paul Baumann.

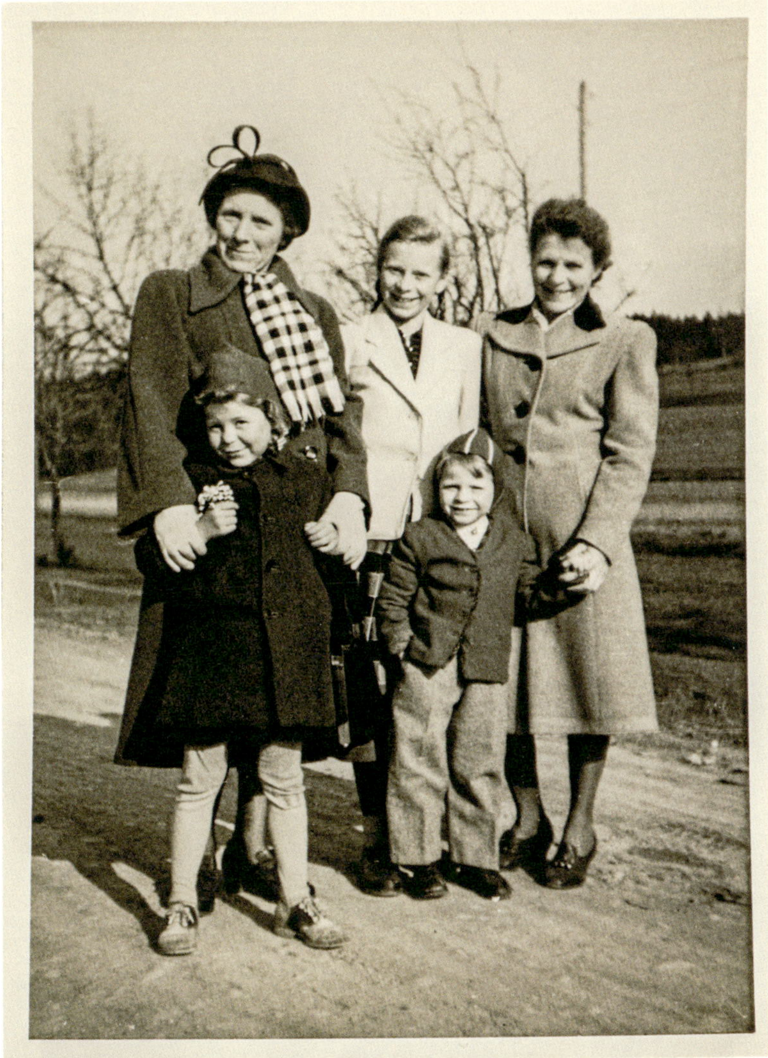

15 Maria Baumann (l.) mit ihrer Schwester Amalie und den Kindern Inge, Henny und Willi in Burtenbach, 1951.

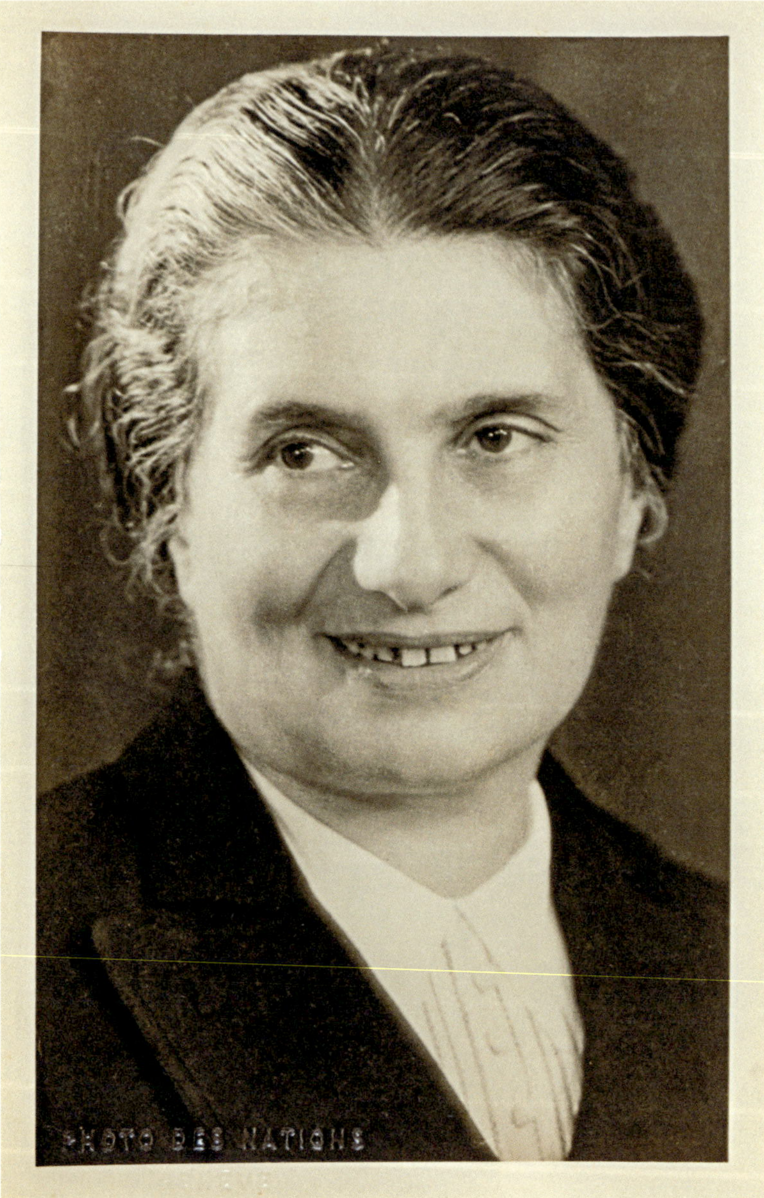

16 Maria Klopfer, geb. Klauber, Genf 1942.

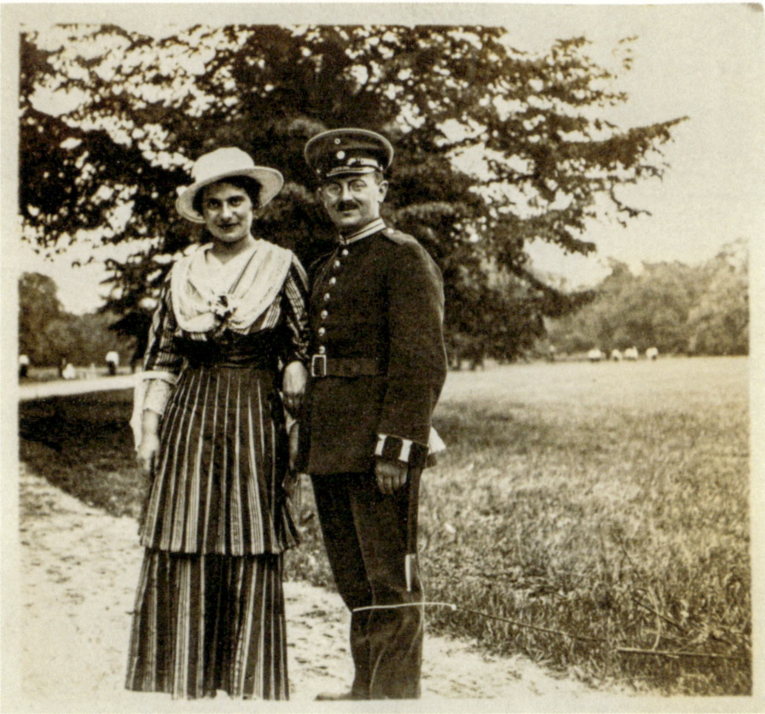

17 Maria und Theodor Klopfer, 1914.

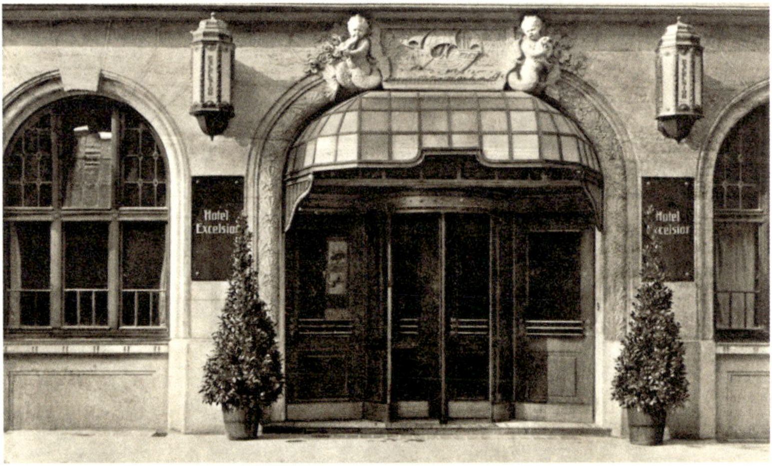

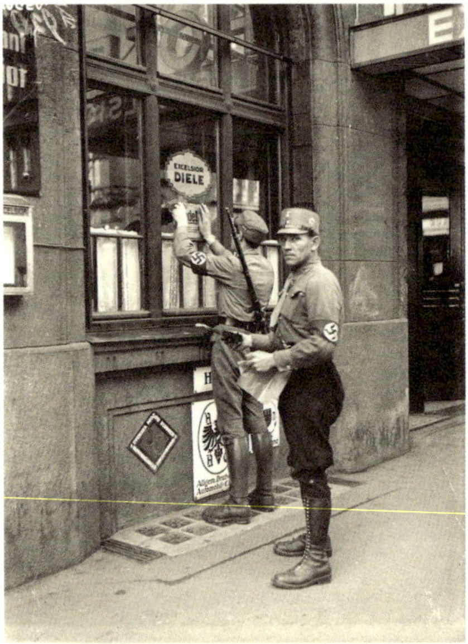

oben: **18** Hotel Excelsior, 1920;
links: **19** Boykott jüdischer Geschäfte, Hotel Excelsior, 1. 4. 1933.

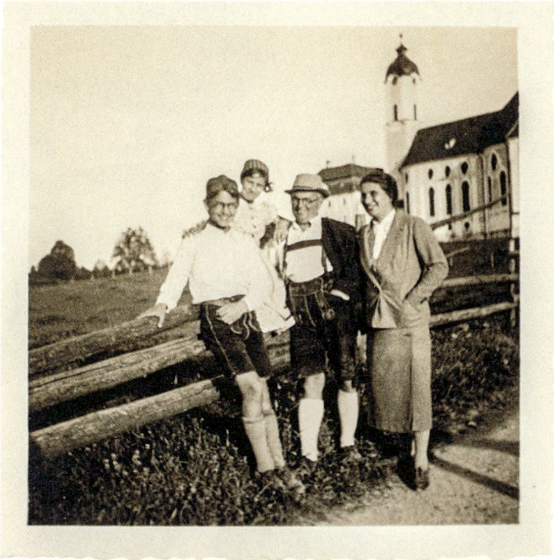

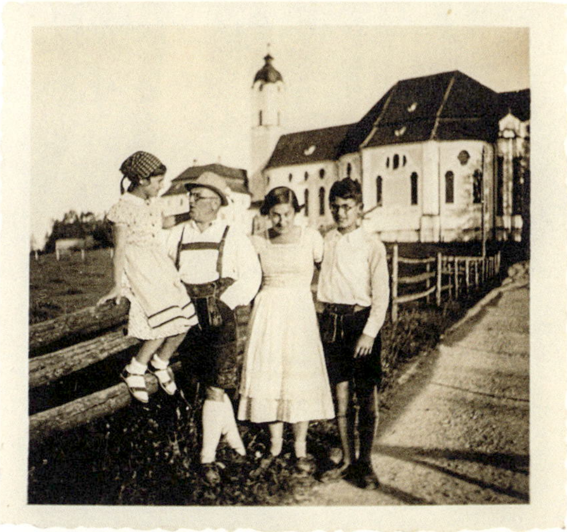

oben: 20 Familie Klopfer in Wies bei Füssen, 1935. Maria und Theodor Klopfer mit Sohn Jost und der jüngsten Tochter Elli.
unten: 21 Theodor Klopfer mit Kindern: Elli (links), Lotte (rechts) und Jost.

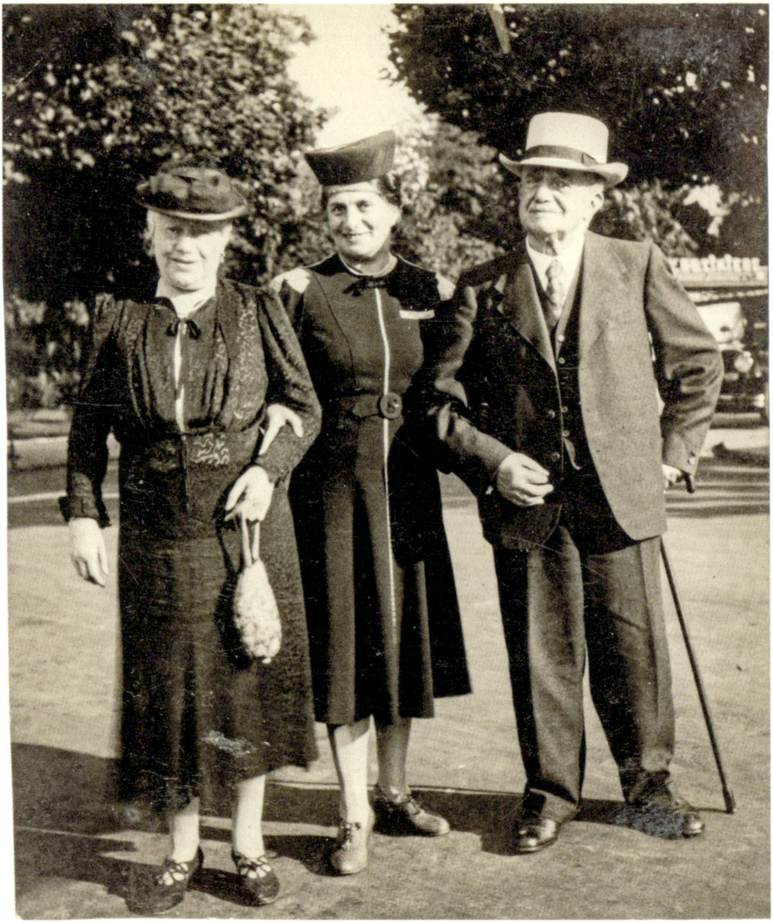

22 Maria Klopfer mit ihren Eltern Anna und Moritz Klauber, Genf 1940.

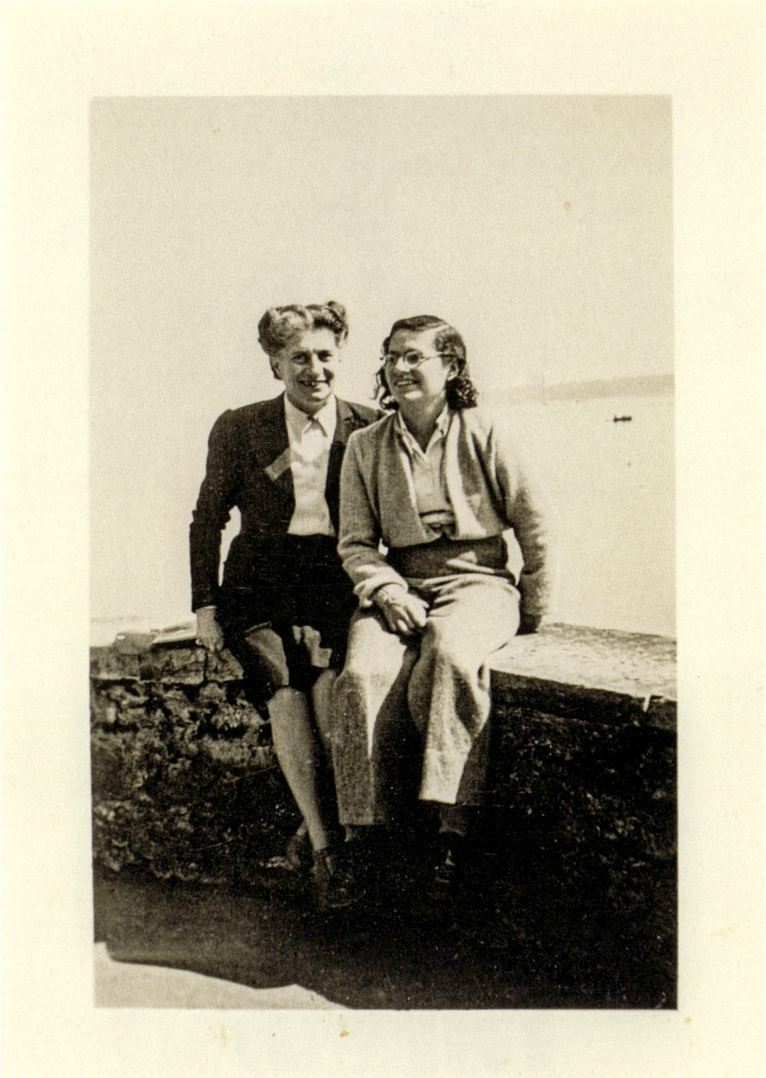

23 Yamik Levin (Elli Klopfer) besucht ihre Mutter in Genf, 1947.

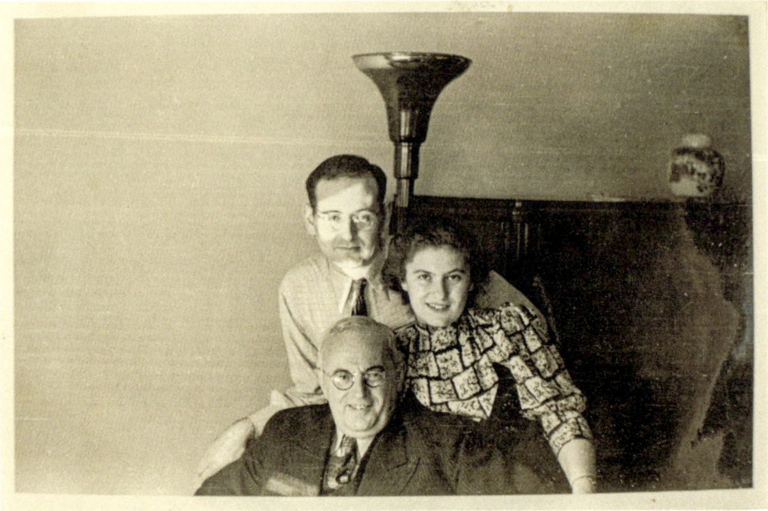

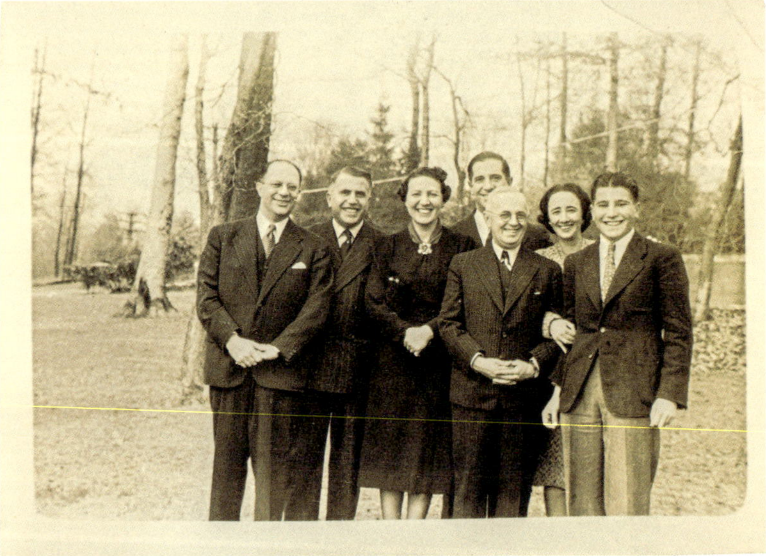

oben: **24** Toby (Theodor) Klopfer mit Tochter Lotte und Schwiegersohn Erwin Lowe in New York, 1940.
unten: **25** Toby (Theodor) Klopfer mit Maria Klopfers Brüdern in New York, ca. 1940. V. l. n. r.: Fred (Siegfried) Klauber; Ernest (Ernst) Klauber; Elise Klauber, geb. Levinger, Fred Klaubers Frau; Ludwig Klauber (hinten); Toby Klopfer (vorne); unbekannt; Roger (Otto) Klauber, Ernest Klaubers Sohn.

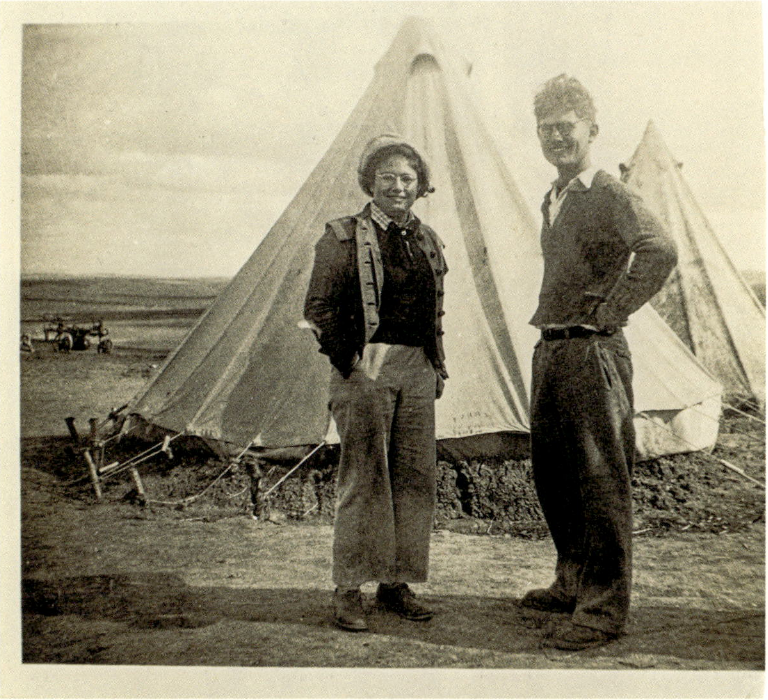

26 Yamik (Elli) und Jona (Jost) in Palästina, um 1941.

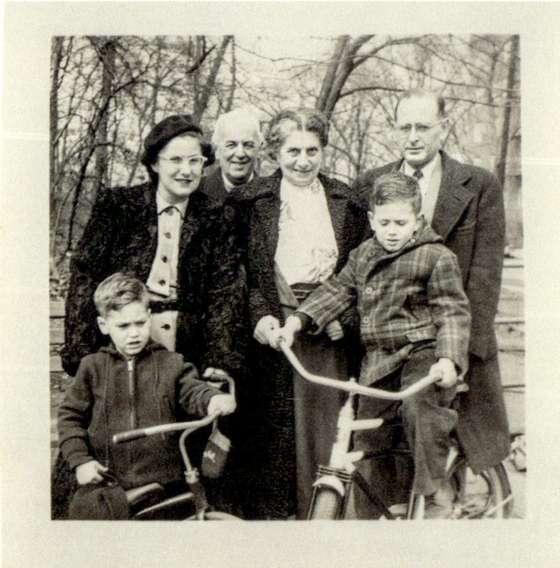

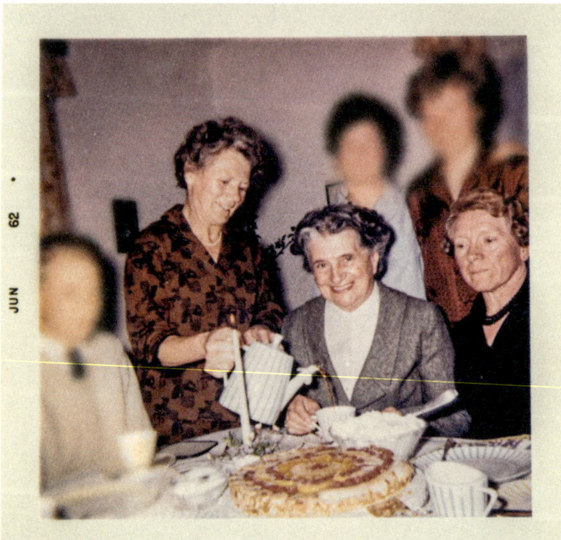

oben: **27** Maria und Toby (Theodor) Klopfer mit Tochter Lotte und Erwin Lowe und Enkelkindern, New York 1950.
unten: **28** Maria Klopfer zu Besuch bei der Familie Baumann, 1962. V. l. n. r.: Amalie Unterweger, geb. Baumann; Maria Klopfer, geb. Klauber; Maria Landauer, geb. Baumann.

Anhang

Landauer und der FC Bayern

Kurt Landauer in *Clubnachrichten des F. C. Bayern E. V. München*, Nr. 2, Dezember 1926[445]

Deutschland – Schweiz

Wohl selten hat der Ausgang eines Wettspieles die breiten Massen der Zuschauer so verstimmt, wie dies am 12. Dezember hier in München geschehen. Nach 15jähriger Pause kam endlich wieder einmal ein Länderspiel nach München, die ganze Sportgemeinde hatte sich so unendlich auf das große Ereignis gefreut und hat dann letzten Endes eine so bittere Enttäuschung hinnehmen müssen. Nicht daß sich die Zuschauer über den Verlust des Spieles als solchen so sehr geärgert hätten, nein, dazu ist das Münchener Publikum sportlich viel zu gut erzogen, als daß es nicht eine verdiente und unvermeidbare Niederlage mit Würde ertragen könnte! Das Beschämende war, wie die Niederlage zustande gekommen ist. Es soll nicht Zweck dieser Zeilen sein, das »Wie und Warum« zu analysieren, das haben Berufenere und Unberufenere zur Genüge getan. Es soll hier einmal die Frage aufgeworfen werden, ob mit die-

445 Weitere lesenswerte Texte Kurt Landauers aus den Club-Nachrichten befinden sich in der Bayerischen Staatsbibliothek und im FC Bayern Museum: »Der D. F. B. auf dem Kriegspfad«, Club-Nachrichten, März 1925, S. 1-5; »Verbands-Nachlese«, Club-Nachrichten, August 1926, S. 1-5; »Jahresbericht des 1. Vorsitzenden«, Club-Nachrichten, Juli 1932, S. 28-34; »In eigener Angelegenheit«, Club-Nachrichten, November 1949, S. 2. Der FC Bayern München hat lediglich zwei der für diesen Band gewünschten Texte für den Nachdruck freigegeben.

ser deutschen Mannschaft die Niederlage überhaupt aufzuhalten gewesen wäre. Und das muß mit einem glatten »Ja« beantwortet werden. Es wird ohne weiteres zugegeben, daß die deutsche Mannschaft schlecht aufgestellt war, vor allen Dingen uneinheitlich, daß sie aber trotzdem noch weit schlechter gespielt, als der krasseste Pessimist es erwartete. Trotz der ungenügenden Leistungen des Sturmes, hervorgerufen durch den vollständigen Ausfall von Harder und die ungenügende Besetzung des Mittelläuferpostens, hätte es dennoch zu einem Siege gereicht. Aber im Tor stand ein Mann, der völlig versagte. Gerade wir Münchener kennen Ertl als einen Torwächter mit hervorragendem Können, der uns schon viele Male durch seine erstklassigen Leistungen begeistern konnte. Was er am 12. Dezember vollbrachte, das hat wohl keiner so recht begreifen können. Daß er gerade in München, seiner Heimatstadt, einen solchen Zusammenbruch erlitt, ist so tragisch, daß uns Ertl aufrichtig leid tut. Angenommen, Ertl wäre der Ertl gewesen, der für seinen Verein die schwersten Spiele schon aus dem Feuer gerissen, der bei den Länderspielen, in welchen er mitwirkte, stets hervorragende Leistungen zeigte, so wäre doch das Länderspiel gegen die Schweiz gewonnen worden und alles wäre in schönster Ordnung gewesen. Ein Sieg macht leicht die größten Mängel vergessen. Ich beweise meine Behauptung durch ein Länderspiel, ebenfalls gegen die Schweiz. Es war im Dezember vor zwei Jahren in Stuttgart. Resultat 1:1. Die deutsche Mannschaft bot im Sturm genau die ungenügende Leistung wie in München. Zur Pause stand das Spiel 1:0 für die Schweiz. Was wurde während der Halbzeit über die deutsche Mannschaft geschimpft! Nach der Halbzeit kam ein kurzes Aufflackern, genau wie in München, er reichte zum Ausgleich, dann versank der deutsche Sturm wieder in seine frühere Unfruchtbarkeit. Und was war nach dem Spiel? Man war mit dem Ausgang allgemein zufrieden, die Kritiken waren erstaunlich gut. Die deutsche Mannschaft war damals bis auf den Sturm gut, einzelne Spieler sogar ausgezeichnet, die Stürmer waren aber genauso schlecht wie in München.

Ich bin felsenfest davon überzeugt, daß mit wenigen Ausnahmen die Kritiken bei einem deutschen Sieg, trotz des mäßigen Spieles, so ausgefallen wären, wie seinerzeit in Stuttgart. Für uns vom F.C. Bayern ist das einzig Erfreuliche, daß sich unsere beiden Spieler, Hoffmann und Kutterer, ausgezeichnet geschlagen haben und dem Klub alle Ehre machten.

Die Kritik über das Länderspiel geht vielfach über das Maß des Sachlichen hinaus. Es ist begreiflich, denn die Verärgerung ist zu groß. Aber man darf doch auch nicht die Schwierigkeiten verkennen, die bei der Aufstellung der deutschen Nationalmannschaft obherrschten. Dadurch, daß die Spieler der Spielvereinigung Fürth vom D.F.B für Spanien freigegeben waren, machte sich sofort ein Ausfall bemerkbar. Kalb ist disqualifiziert und kam nicht in Betracht, Pöttinger ist verletzt. Also man sieht schon von Beginn an den Ausfall von nicht zu ersetzenden Spielern. Der Spielausschuß besteht aus drei Herren. Es ist undenkbar, daß diese drei Herren, wovon der eine ein Süddeutscher in der Nähe von Nürnberg, der andere eine Norddeutscher mit dem Wohnsitz in Hamburg und der Dritte ein Westdeutscher aus Duisburg ist, das für eine Ländermannschaft in Betracht kommende Spielermaterial kennen können. Es ergibt sich daraus schon, daß für das außerordentlich zahlreiche erstklassige Spielermaterial eine Zahl von drei Herren, die räumlich so weit voneinander getrennt sind, zu gering ist. Hier muß der Spielausschuß des D.F.B. zuvörderst eine Änderung vornehmen, der Ausschuß muß vergrößert werden. Man hat vielfach Anregungen gehört, die Aufstellung solle wie in Österreich durch einen Bundeskapitän vorgenommen werden. Leute, die dies System propagieren, vergessen dabei aber völlig, daß für Österreich das geht, weil alle Spieler in Wien sind. Für Deutschland mit seinem weitverzweigten Spielbetrieb ist es aber undenkbar. – Grundbedingung für die Aufstellung einer deutschen Nationalmannschaft müßten folgende Richtlinien sein:

Jeder Spieler sollte nur auf dem Posten Verwendung finden, welchen er auch in seiner Vereinsmannschaft einnimmt. Die aufgestellten Spieler müssen aufeinander abgestimmt sein, das heißt sie müssen verwandte oder gleiche Systeme in ihrer Spielweise haben. Die besten Spieler müssen herangezogen werden, gleichgültig, ob man auf diese Weise eine Mannschaft aus elf Spielern eines einzigen Landesverbandes bekommt oder vielleicht gar eine geschlossene Vereinsmannschaft. Aber man muß sich endlich von Spielern freimachen können, die heute nicht mehr das sind, was sie früher einmal gewesen, wenn sie auch einmal der Ländermannschaft die größten Stützen waren. In diesem Zusammenhang klingt es etwas komisch, wenn man in den Nachrichten des Hamburger Sportvereins folgendes liest: »Wenn es heute Leute gibt, die felsenfest davon überzeugt sind, daß unser Tull auch noch 1928 auf der Olympiade die deutsche Ländermannschaft zieren wird, so liegt kein Grund zu einer Negation dieser Behauptung vor.« Wer die Spiele in Nürnberg und München gesehen hat, der wird bestimmt diese Behauptung negieren. Was die deutsche Mannschaft jetzt braucht, sind j u n g e Spieler. Sie sollen sich einspielen, damit das Gros derselben den Grundstock für die Olympiade bilden kann. Leute wie Kalb, Kutterer, Müller, um nur einige zu nennen, müssen zum eisernen Bestand der deutschen Mannschaft gerechnet werden. Aber wer seit längerer Zeit Alterserscheinungen zeigt, muß unnachsichtlich herausgenommen und durch einen jüngeren ersetzt werden. Man wird mir entgegen halten, das weiß der Spielausschuß des D. F. B. selbst am besten. Aber er muß auch nach diesem Prinzip handeln, lieber mal dann ein Spiel verlieren, als im alten Trott weiterorgeln. Man sehe sich die Schweiz an, sie kam mit vielen ganz neuen Gesichtern, vielen jungen Spielern, die sich prächtig geschlagen haben und vor allen Dingen mit einer beispiellosen Aufopferung kämpften. Und unsere Mannschaft? Von Aufopferung war nur von einzelnen Spielern etwas zu sehen, sonst wurde recht pomadig gespielt mit einer gewissen Resignation, als ob man sagen wollte: es geht halt heut nicht. Gerade die Tausenden von Jugendlichen, die dem Kampf angewohnt haben, werden sich von Internationalen, die doch ihr Vorbild sein sollen, etwas ganz Anderes erwartet haben. Und schon mit dem Hinblick auf die Jugendbewegung bleibt das Spiel in München, nicht sein Ausgang, bedauerlich.

Wir sind in Deutschland die letzten Jahre im Fußballsport, wenn nicht gar in unserer Spielstärke zurückgegangen, so doch zum mindesten stehen geblieben. Stillstand ist aber Rückschritt. Es mußte soweit kommen, denn den Vereinen fehlen die Anregungen, fehlen die Vorbilder. Wir treiben in unserem Sport Inzucht! Wir sind infolge der falschen Politik des D. F. B. darauf angewiesen, nur unter uns zu spielen. Die erstklassigen Mannschaften aus Österreich, Ungarn, der Tschechoslowakei, die englischen Profimannschaften sind uns nicht mehr zugänglich und gerade von all diesen ausländischen Mannschaften haben wir so unendlich viel lernen können. Wir haben auch die Vergleichsgrade nicht mehr, wir wissen selbst nicht mehr, was unsere erstklassigen Mannschaften im internationalen Fußballsport zu leisten vermögen, wir bilden uns lediglich ein, wir könnten überall mitkonkurrieren. Der Beweis aber, ob das wirklich den Tatsachen entspricht, kann nicht erbracht werden. Darum, schon um unser selbst willen, muß der D. F. B. endlich sein unsinniges Verbot generell aufheben, es muß uns wieder gestattet sein, mit der Elite des Auslandes spielen zu dürfen, denn sonst gehen wir immer mehr in unserem Können und unseren Leistungen zurück.

Eine Anregung hätte ich noch für den Spielerausschuß. Die deutsche Mannschaft soll bei Spielen in Deutschland ein anderes Hotel bekommen als die Offiziellen. Ich vertrete die Ansicht, daß die Mannschaft für sich ein ruhiges, abgelegenes Hotel zugewiesen erhalten soll, der Bundestrainer und zwei Herren des Spielausschusses wohnen ebendort. Und dann sollen die Spieler, welche am Platze selbst sind und in der Mannschaft zu spielen haben, dort untergebracht werden; auf diese Weise ist dann die ganze Mannschaft beisammen und die Kontrolle über die einzelnen Spieler eine viel leichtere. Im Standquartier der deutschen Mannschaft ist es zugegangen wie in einem Taubenschlag. Was da alles kam und ging, muß man gesehen haben! Meines Erachtens fehlte es der Mannschaft an der nötigen Ruhe. Und dem kann durch eine besondere Maßnahme leicht abgeholfen werden.

Die Organisation für das Spiel klappte vorbildlich. Nach allgemeinem Urteil war alles bis ins kleinste Detail mustergültig vorbereitet; es ergaben sich nirgends irgendwelche Unterlassungen, wie sie häufig vorkommen. Die einzelnen Ausschüsse aus Mitgliedern der sämtlichen Münchener Fußballvereine gebildet, können mit großem Stolz auf ihr Werk blicken. Von unserem Klub waren hervorragend tätig: Tusch, Krauß, Heckel, Stauffer, Meier, Hefele, Lauchheimer. Hans Tusch war der geistige Leiter der ganzen Veranstaltungen. Wir kennen sein Organisationstalent und wissen, daß, was er anpackt, Hand und Fuß hat. Die Presse hat Julius Heckel mustergültig betreut. Für Empfang und Wohnung zeichnet Eugen Krauß verantwortlich und es hat tadellos geklappt. Und was wäre wohl aus der Kapelle Fürst geworden, hätte sie Robert Stauffer nicht so schneidig angeführt? Die Organisation im Stadion und was dazu einschlägig ist, oblag Retzer (1860). Er hat mit seinen Getreuen hervorragende Arbeit geleistet.

Die deutsche Mannschaft und die Prominenten von Bund und Süddeutschen Verband waren im Hotel Bayerischer Hof dank der Fürsorge unseres Mitgliedes, Direktor Weil, blendend untergebracht. Albert Hauser, Besitzer der Hotels Reichsadler, und sein Direktor Heckner, beide Bayernmitglieder, hatten in ganz großzügiger Weise für die auswärtigen Pressevertreter gesorgt. Und unser Mitglied Hans Gruß, Besitzer des Deutschen Theaters, stellte in liebenswürdiger Weise für die deutsche Mannschaft am Samstag Abend für die Revue die besten Plätze zur Verfügung und ließ den Spielern und Begleitern in der Pause einen Imbiß reichen.

Eine besondere Freude für uns Bayern war das Erscheinen unseres lieben, alten Freundes Henry Tschudy vom F.C. St. Gallen, Vizepräsident des Schweizer Verbandes. Seine Reden im Rathaus und beim Bankett waren Meisterstücke der Rhetorik, man hörte mit jedem Worte seine große Liebe zu München heraus. Jeden einzelnen alten Bekannten der Bayern hat er mit der ihm eigenen Herzlichkeit begrüßt.

So wäre alles in schönster und bester Harmonie verlaufen, wenn nicht das Spiel selbst, die Hauptsache der ganzen Veranstaltung, so deprimierend verlaufen wäre. Aber vielleicht hat das auch sein Gutes, vielleicht beschreitet auch der D.F.B. einen »neuen Weg«. Dann könnte auch der 12. Dezember in München der Tag der Erneuerung sein, aber nur dann.

Clubnachrichten des F.C. Bayern E.V. München, Nr. 2, Dezember 1926, S. 2-7.

Dr. Ivo Schricker an Maria Klopfer, Zürich, 17. April 1939

Sehr geehrte Frau Klopfer,
Soeben von einer kurzen Reise zurückkommend finde ich Ihre Zeilen, aus denen ich mit großer Freude ersehe, dass es gelungen ist unseren Freund Landauer nach der Schweiz zu bringen! Das ist eine sehr erfreuliche Nachricht; und ich bitte Sie an Herrn Landauer meine herzlichsten Grüße auszurichten. Ich denke, dass er doch auch einmal hierher kommen wird.

Meine Verhandlungen mit Luxemburg gehen voran und ich hoffe zu einem guten Resultat zu kommen – ich werde Sie immer unterrichten, was vorgeht. Ich denke sicher, dass es gelingen wird.

Da morgen die Mannschaft von Everton in Genf spielen wird, so sende ich hier eine Zeile an den Secretär von Everton – wenn Herr

Landauer mit Ihnen das Spiel sehen will, so kann er die beiden Karten sofort im Hotel Metropol erhalten.

Mit den besten Grüßen
Ihr Dr. I. Schricker

AEG, 1985 va 22/1-784, n° 176.730.

Dr. med. Richard Amesmaier, Ärztliches Zeugnis, ausgestellt am 21. April 1939

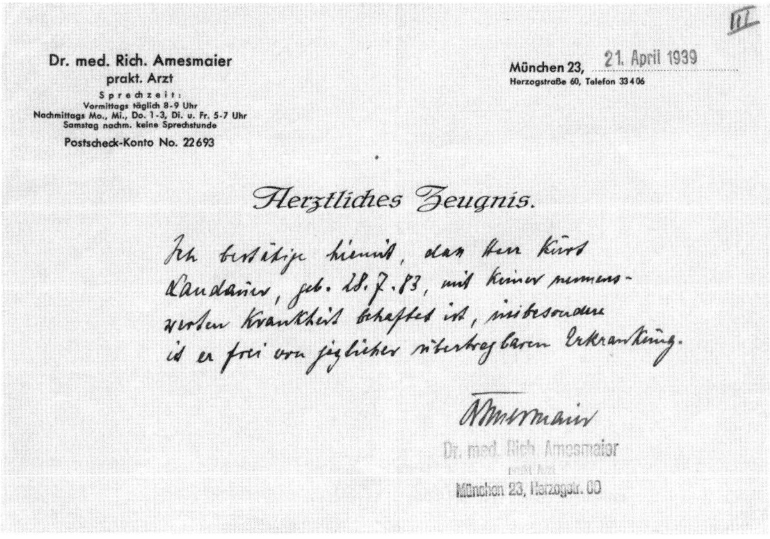

Dr. med. Rich. Amesmaier
prakt. Arzt
Sprechzeit:
Vormittags täglich 8-9 Uhr
Nachmittags Mo., Mi., Do. 1-3, Di. u. Fr. 5-7 Uhr
Samstag nachm. keine Sprechstunde
Postscheck-Konto No. 22693

München 23, 21. April 1939
Herzogstraße 60, Telefon 33406

Aerztliches Zeugnis.

Ich bestätige hiermit, dass Herr Kurt Landauer, geb. 28.7.83, mit keiner nennenswerten Krankheit behaftet ist, insbesondere ist er frei von jeglicher übertragbaren Erkrankung.

Amesmaier

Dr. med. Rich. Amesmaier
prakt. Arzt
München 23, Herzogstr. 60

AEG, 1985 va 22/1-784, n° 176.730.

Kurt Landauer an das Stadtamt für Leibesübungen, 20. August 1947

Sehr geehrte Herren!
Hierdurch teile ich Ihnen höflichst mit, daß ich wieder die Leitung des F.C. »Bayern« übernommen habe. Die treuen und bewährten Vereinsfunktionäre der letzten Jahre werden mich tatkräftigst unterstützen.

Getreu den Traditionen unseres Clubs werden wir auch fernerhin Ihre Bestrebungen zu fördern helfen. Ich werde mir gestatten Ihnen in der nächsten Zeit meine persönliche Aufwartung zu machen, um den so notwendigen Kontakt zwischen Ihnen und mir herzustellen.

Ich ersuche Sie schon heute das bisher den Bayern gezeigte Wohlwollen auch auf meine Person übertragen zu wollen und zeichne

mit vorzüglicher Hochachtung!
F.C. »Bayern« München E.V.
Kurt Landauer, I. Vors.

StadtAM, Amt für Leibesübungen 151.

Kurt Landauer, München, den 20. September 1947

Bescheinigung.

Endesunterzeichneter bestätigt hiermit Herrn AUGUST HARLACHER eidesstattlich das Folgende:

Ich bin Jude und bin im Jahre 1939 (Mai) nach der Schweiz ausgewandert. Nach acht Jahren bin ich im Juli 1947 wieder hierher zurückgekehrt.

Ich kenne Herrn Harlacher seit beinahe 30 Jahren. Wir haben in der Clubleitung des Fussball Club Bayern München eine Reihe von Jahren zusammengearbeitet, ich war I. Vorsitzender, Herr Harlacher II. Vorsitzender und zugleich mein Stellvertreter. Ich habe bereits im Jahre 1930 von Herrn Harlacher selbst in Erfahrung gebracht, dass er Parteimitglied ist. Unsere Zusammenarbeit war immer eine reibungslose, seine freundschaftliche Einstellung zu mir immer eine absolut einwandfreie.

Als ich im April 1933 aus der Vorstandschaft meines Clubs freiwillig ausgeschieden war, hat Herr Harlacher weiterhin den Kontakt mit mir aufrecht erhalten. Er hat mich immer in schwierigen Fragen, die den Club angingen, konsultiert, zu diesem Zweck habe ich ihn bei seiner Firma (Bank) aufgesucht.

Als ich im Dezember 1938 aus dem Konzentrationslager Dachau entlassen worden war, hat mich Herr Harlacher an einem Sonntag Vormittag in meiner Privatwohnung aufgesucht, um sich nach meinem Befinden zu erkundigen. Als ich von München abreiste, hat sich Herr Harlacher auf das Herzlichste von mir verabschiedet und hat während meiner Emigration sich immer lebhaft nach mir erkundigt.

Kurt Landauer

StAM, SpkA K 688 (August Harlacher).

Sitzung des Sportausschusses, 29. August 1949

[...]

2. Vermietung des Stadions an der Grünwalder Straße; Stellungnahme zu einem Schreiben des F.C. Bayern.

Direktor Rüff: In der letzten Sportausschußsitzung wurden die Überlassungsbedingungen für das Stadion an der Grünwalder Straße 10 besprochen und gebilligt. § 2 der Richtlinien lautet:

»Die Platzmiete für die Überlassung des Stadions beträgt bei allen Sportveranstaltungen 10 %, mindestens jedoch 600.– DM, bei ausgesprochenen Berufsveranstaltungen 20 % der Bruttoeinnahmen. Eine Absetzung von irgendwelchen Ausgaben, so z. B. von steuerlichen oder sonstigen Ausgaben, darf nicht erfolgen.«

Ich habe den Vereinen die Richtlinien übermittelt. Herr Landauer vom F.C. Bayern schrieb mir daraufhin:

»Wir erhielten die Richtlinien für das Spieljahr 1949/50 für die Benützung des Stadions an der Grünwalder Straße von Ihnen zugestellt.

Wir haben dazu folgendes zu bemerken:

Paragraph 2 betreffs Platzmiete können wir in der von Ihnen vorgeschlagenen Form unter keinen Umständen akzeptieren.

Von der Brutto-Einnahme gehen zunächst 10 % Vergnügungssteuer ab, sodaß also der Veranstalter nicht 100 % des Eintrittspreises bekommt, sondern nur 90 %. Diese 10 % gehen wiederum ins Stadtsäckel. Sie können ja nicht verlangen, daß wir an die Stadt zweimal Abgabe von derselben Sache entrichten; denn nach Ihrem Modus müssen wir ja 10 % Platzmiete zahlen von der an Sie abgeführten Vergnügungssteuer.

Wir lehnen es ab, 10 % der Bruttoeinnahme als Platzmiete an Sie abzuführen und belassen es auf dem bisherigen gerechten Modus: 10 % der Bruttoeinnahmen abzüglich Vergnügungssteuer.

Bei § 5 können wir Ihnen einen Einblick in unseren Kartenverkauf und Abrechnung nicht gewähren, weil wir dieses Verlangen als ein Mißtrauen ansehen. Überdies haben wir ja mit dem Stadtsteueramt, bei dem jede einzelne Karte registriert ist, genauest abzurechnen, sodaß es sich erübrigt, daß auch Sie noch Ihre Nase in unsere Kassengeschäfte hineinstecken.«

Ich schrieb zurück, daß mit Rücksicht auf die Währungsreform und die schwierige Finanzlage des Vereins diesem im vergangenen Jahr weitgehendes Entgegenkommen gezeigt worden sei [...] Ich erklärte in dem Schreiben, daß wir auf § 2 der Richtlinien bestehen müßten, da innerhalb eines Jahres über 350 000 DM für den Ausbau des Stadions verwendet worden seien und ca. 400 000 DM für den weiteren Ausbau notwendig seien. Wörtlich schrieb ich in diesem Brief:

»Ihrem Wunsche gemäß werden wir unsere Nasen nicht in Ihre Kassengeschäfte hineinstecken und streichen daher den letzten Satz in § 5 [...]

Im übrigen nehmen wir davon Abstand, Ihren Brief in gleicher Tonart zu beantworten.«

Der F.C. Bayern schrieb daraufhin am 22.8.1949:

»Wir erhielten Ihr Schreiben vom 12.8.49 und können uns mit Ihren Ausführungen keinesfalls einverstanden erklären. [...]«

Ich möchte den Sportausschuß nun bitten, mir für diesen Fall Verhaltensregeln an die Hand zu geben. Wir brauchen diese 10 % unbedingt und ich betrachte mein Amt in diesem Fall mehr oder minder als ein privates Unternehmen.

Vors. StR. Wiegele erklärt, es sei allgemein üblich, bei Berechnung von Abgaben usw. von den Bruttoeinnahmen auszugehen. Die Fußballvereine seien als nicht ausgesprochen notleidend zu bezeichnen. Es sei zuzugeben, daß sie viel für die Jugend tun. Der Sportausschuß habe keine Veranlassung, auf das Verlangen von F.C. Bayern einzugehen.

[...]

StR. Hoffmann gibt als seine Meinung kund, die eigentliche Aufgabe der Vereine sei die Pflege des Volkssportes. Die Tätigkeit der

Vereine sei aber heute nicht auf dieses Ziel abgestellt, sondern auf das Bestreben, Rekordleistungen zu erzielen. Diese heute im Sport bestehende Tendenz könne wohl nicht vermieden werden. Die Stadt könne sich eine Verhaltensweise, wie sie Landauer beliebe, nicht gefallen lassen. Das Stadtamt für Leibesübungen müsse darauf bestehen, daß die Richtlinien für die Vergebung des Stadions eingehalten würden.

Dir. Rüff teilt mit, daß Landauer die unterschriftliche Anerkennung der Richtlinien verweigert habe. Er wolle auch keine Einsicht in seine Bücher gewähren. Man könne sich des Eindrucks nicht erwehren, daß bei Angabe der Zuschauerzahlen vom F.C. Bayern nicht immer reell vorgegangen werde. Für das letzte Spiel sei für 25 000 Zuschauer abgerechnet worden, es sei aber bei diesem Spiel der Besuch auf 33 000 Zuschauer geschätzt worden. Es sei als sicher anzunehmen, daß die Kontrollorgane selbst keinen Dreh machten, die Ungenauigkeit der Abrechnung müsse auf andere Ursachen zurückgehen.

Ein Redner teilt mit, man könne sich auf Grund von Beobachtungen des Eindrucks nicht erwehren, daß es beim Kartenverkauf nicht ganz reell zugehe. Es seien bei demselben Spiel kürzlich Karten derselben Kategorie in verschiedenen Farben verkauft worden.

[…]

Beschluß: Der in den Richtlinien vorgesehene Modus (Verrechnung der 10 % Platzmiete von den Bruttoeinnahmen) ist beizubehalten. Das Stadtamt für Leibesübungen erhält den Auftrag, im Benehmen mit der Polizei und dem Steueramt festzustellen, worauf die Differenzen beim Kartenverkauf zurückzuführen sind.

StadtAM, Ratssitzungsprotokolle, RP-0722-15.

Sitzung des Ausschusses für Leibesübungen und Sport, 1. Februar 1950

1. Beschwerde des FC. Bayern betr. Platzmiete

StSchR. Dr. Fingerle berichtet, daß sich der FC. Bayern gegen die Form der Erhebung der Platzmiete im Stadion an der Grünwalder Straße (10 % der Bruttoeinnahmen ohne Abzug der Vergnügungssteuer) beschwert habe. Darüber sei schon verschiedentlich verhandelt worden, teilweise mit dem Herren Oberbürgermeister, der sich auf den Standpunkt gestellt habe, daß man mit einem Abzug der Vergnügungssteuer zur Berechnung der Abgabe einverstanden sein könne. Die Lösung müsse aber dann allgemein getroffen werden und nicht nur für den FC. Bayern. Dies sei die objektive Seite der Angelegenheit.

Schwieriger sei die subjektive, die sich auf die Behauptung beziehe, daß das Stadtamt für Leibesübungen den FC. Bayern in vielen Fällen gegenüber 1860 benachteiligt habe. Diese Animosität gehe soweit, daß Herr Landauer, der Vorstand des FC. Bayern, zum Ausdruck gebracht habe, er werde nicht ruhen, bis Dir. Rüff verschwunden sei. Es sei ihm auch nicht auszureden gewesen, daß bestimmte Dinge einfach aus rein zufälligen Entwicklungsmomenten heraus in dem einen oder anderen Fall dazu geführt hätten, daß der FC Bayern nicht zum Zug gekommen sei. Wenn Herr Landauer die Gelegenheit habe, seinen Standpunkt darzulegen, werde er vielleicht Punkte berühren, die noch nicht bekannt seien. Ein Punkt könne noch herausgegriffen werden, nämlich der Säbenerplatz. Herr Landauer stehe auf dem Standpunkt, daß der Säbenerplatz generell zur Verfügung des FC. Bayern stehe, und beschwere sich daher heftig gegen die Einsetzung von Spielmannschaften städt. Ämter auf diesem Platz. Von seiten des Stadtamtes für Leibesübungen sei aber die Überlassung auf bestimmte Tage und Zeiten beschränkt.

Herr Landauer habe gebeten, wegen der genannten Punkte vom Sportausschuß gehört zu werden.

[...]

(Herr Landauer betritt das Sitzungszimmer und wird vom Vorsitzenden über die Sachlage informiert.)

Herr Landauer führt aus, daß der FC. Bayern ebenso wie 1860 Mieter des Stadions an der Grünwalder Straße sei, also ein Kunde der Stadt. Es sei sonst, wenn man mit irgendeiner Instanz ein Abkommen treffe, Gepflogenheit, einen Vertrag zu machen. Ein solcher bestehe aber zwischen den Vereinen und dem Stadtamt für Leibesübungen nicht. Vor Beginn der Verbandsspiele 1949 habe das Stadtamt Richtlinien zugeschickt, zu denen die Vereine nicht gehört worden seien. Daraufhin habe der FC. Bayern dem Stadtamt sofort geschrieben, daß er insbesondere mit dem § 2, der sich mit der Platzmiete befasse, nicht einverstanden sei. Demzufolge seien 10 % der Bruttoeinnahme zu zahlen. Die Bruttoeinnahme rekrutiere sich aus der Einnahme inklusive Baunotopfer und Lustbarkeitssteuer, das Baunotopfer werde davon abgezogen. Wenn es also so gehe, wie es das Stadtamt wünsche, müßten die Vereine eine Steuer von einer städt. Steuer zahlen, ein Verlangen, das einfach undenkbar sei; denn man könne nicht zweimal von demselben Objekt Steuer zahlen. Nach den Richtlinien wären nicht 10 %, sondern in Wirklichkeit 11,11 % zu bezahlen.

[...]

Herr Landauer fährt fort, daß Dir. Rüff in seinem Schreiben vom 12.8.1949 dem FC. Bayern mitgeteilt habe, daß in das Stadion 350 000 DM hineingebaut worden seien und daß noch ein Betrag von 400 000 DM erforderlich sei, um den Ausbau zu vollenden. Dazu wolle er (Redner) sagen, daß es nicht die Schuld der Vereine sei, daß die Stadt mit dem Bau in die D-Mark-Zeit hineingekommen sei. Als er vor 2 ½ Jahren aus dem Ausland wieder die Leitung des FC. Bayern übernommen habe, hätte der FC. Bayern, 1860 und Wacker Herrn Rüff angeboten, die Materialbeschaffung für den Ausbau des Stadions zu übernehmen. Die Vereine hätten damals ausdrücklich erklärt, sie wollten deshalb keine Vorteile für sich herausholen, sondern sie seien bestrebt, hier mitzuhelfen; wenn die Stadt das Geld habe, könne sie es zurückbezahlen. Das sei aber von Dir. Rüff abgelehnt worden, der sich mächtig darüber aufgeregt habe, daß es nicht gegangen sei, daß die Mitglieder der drei Clubs als Arbeiter mitgeholfen hätten. Letzteres sei von den Vereinen abgelehnt worden, weil sie ihre Mitglieder nie dazu gebracht hätten.

Er (Redner) habe sich der Mühe unterzogen zu errechnen, welche Vorteile bislang die Stadt in der Saison 1949/50 aus dem Ausbau der Stehhalle und der Sitztribüne gezogen habe. Bei unausgebautem Stadion hätte die Stadt bei den bisherigen 10 Spielen des FC. Bayern an Vergnügungssteuer 5197,94 DM und an Platzmiete 3873,66 DM weniger eingenommen. Der FC. Bayern habe in dieser Saison vielleicht noch 10 Spiele, sodaß allein unter Zugrundelegung der Spiele des FC. Bayern 20 000 DM im Jahr mehr eingenommen würden. […]

Nachdem alle Vorsprachen bei StR. Pflaum, StSchR. Dr. Fingerle und beim Stadtamt für Leibesübungen nichts genützt hätten, sei er (Redner) zweimal beim Herrn Oberbürgermeister gewesen und habe sich über die Höhe der festgelegten Platzmiete in aller Form beschwert. Die Stadthauptkasse habe nämlich sogar mit Pfändung gedroht. Die Stadt habe dann von dem Betrag, den sie an den FC. Bayern für den Ausbau des Säbenerplatzes schulde, bei der Ratenzahlung die Summe abgezogen, die der FC. Bayern nach Ansicht des Stadtamtes für Leibesübungen an Platzmiete rückständig sei; diesen Betrag habe dann der Verein bei der nächsten Einzahlung der Platzmiete seinerseits wieder abgezogen. Das könne so weitergehen, aber eine Zusammenarbeit sei so nicht möglich.

Er (Redner) wolle sich versagen, die ungerechte Behandlung des FC. Bayern seitens des Stadtamtes gegenüber 1860 darzulegen. Er sehe jedenfalls nicht ein, von demselben Objekt zweimal Steuer zahlen zu müssen. Diese Auffassung habe bei den zweimaligen Aussprachen auch der Herr Oberbürgermeister geteilt. 1860 und der

Fußballverband hätten den erhöhten Satz auch erst bezahlt, als seitens des Stadtamtes gedrängt worden sei, während der FC. Bayern sich nicht habe breitschlagen lassen.

Dir. Rüff erklärt, er sei froh, daß es endlich einmal zu einer Aussprache gekommen sei. Jedesmal, wenn vom FC. Bayern ein Antrag gekommen sei, habe er ihn jeweils dem Sportausschuß vorgelegt und danach ein Schreiben verfaßt.

Herr Landauer habe sich darüber beklagt, daß kein Vertrag abgeschlossen worden sei. 1860 und der FC. Bayern hätten es 1948 nicht der Mühe wert gefunden, die übersandten Richtlinien gegengezeichnet zurückzusenden, worum sie aber gebeten worden seien. Auf die im Jahre 1948 zugeschickten Richtlinien hätten der FC. Bayern und 1860 Einspruch erhoben und verschiedene Punkte geklärt haben wollen. Nach mündlicher Besprechung seien folgende Änderungen vorgenommen worden.

»Platzmiete: Die Platzmiete für die Überlassung des Stadions beträgt bei Sportveranstaltungen von Vereinen, die dem BLSV angehören, 10 % abzüglich der 10 %igen Vergnügungssteuer.«

[…]

Vor Beginn der neuen Saison im September 1949 habe er (Redner) keine Veranlassung gesehen, eine neue Besprechung anzuberaumen, weil die Bestimmungen im großen und ganzen die gleichen geblieben seien, mit Ausnahme der Platzmiete und der Vorspiele. Die Richtlinien seien im Einvernehmen mit dem Sportausschuß gebilligt worden.

Vor der Währungsreform habe jeder Geld gehabt; den Vereinen sei es leicht gefallen, Geld anzubieten und zu sagen, die Stadt solle ausbauen. Schwierig sei aber die Frage der Beschaffung von Arbeitskräften gewesen. Die Stadt habe nicht die Möglichkeit gehabt, auf dem Kompensationsweg Leute zu bekommen. Der FC. Bayern habe Holz und einen ganzen Eisenbahnwaggon Zement sowie Nägel gestiftet; ohne diese Materialien wäre keine Umzäunung geschaffen worden. Dafür müsse man dem Verein dankbar sein. […]

Die Bemerkung von Herrn Landauer, daß die Stadt auf Grund des Ausbaus Vorteile habe, stimme. Die Vereine hätten aber weitaus größere Vorteile, die in keinem Verhältnis zu denen der Stadt stünden; jeder Verein nehme pro Sonntag 2000 DM mehr ein. Außerdem falle die frühere Miete der Lautsprecheranlage, die 150-200 DM gekostet habe, weg, da die Anlage nun kostenlos zur Verfügung stehe.

[...]

Die Behauptung, daß er (Redner) 1860 bevorzuge, müsse er entschieden zurückweisen. Herr Landauer werde für seine Behauptung verschiedene Punkte anführen, die dann geklärt werden müßten.

[...]

Herr Landauer bemerkt, daß das Stadtamt nie verlangt habe, die Bestimmungen zurückzugeben. Weder bei den Bestimmungen für 1948 noch bei denen für 1949 sei ein Platz vorgesehen gewesen, auf dem die Vereine hätten unterschreiben sollen. Es sei auch nicht üblich, Bestimmungen zu unterschreiben; unterschrieben werde lediglich ein Vertrag.

Dir. Rüff gibt zu, daß es ein Fehler von ihm gewesen sei, keinen Vertrag unterschreiben zu lassen, was ihm für die Zukunft eine Lehre sei; für die nächste Saison werde das selbstverständlich nachgeholt.

Vors. StR. Pfeiffer erklärt, daß es sich hier um einen Formfehler handle, der aber für die Frage nicht entscheidend sei.

[...]

StR. Wüstendörfer erklärt, [...] [i]hm erscheine der Vorwurf, daß Dir. Rüff den FC. Bayern gegenüber 1860 benachteiligt habe, gravierend. Es müsse geklärt werden, ob in der Behandlung der beiden Vereine tatsächlich ein Unterschied festzustellen sei. Herr Landauer möge die Gründe für seinen Vorwurf darlegen.

[...]

Herr Landauer führt zur Begründung der Benachteiligung des

FC. Bayern gegenüber 1860 aus, daß vor Beendigung der Saison 1948/49 vom Stadtamt für Leibesübungen die Frage der Besäung erörtert worden sei. Er habe Dir. Rüff vorgeschlagen, sofort nach Schluß der Verbandsspiele, dem 28. Mai 1949, die Ansäung vorzunehmen und den Rasen bis zum ersten Verbandsspiel der neuen Saison, dem 28. August 1949, ruhen zu lassen. Damit sei Dir. Rüff einverstanden gewesen. Dann sei das Vorspiel um die Deutsche Meisterschaft zwischen Borussia Dortmund und Kaiserslautern nach München gelegt worden; der hierfür vorgesehene ursprüngliche Termin sei um 8 Tage verschoben worden, sodaß die Besäung sich um 14 Tage verzögert hatte. Weil es schon gleich gewesen sei, habe Dir. Rüff 1860 gestattet, noch zwei Spiele abzuwickeln, während der FC. Bayern nicht mehr gespielt habe. Dann habe noch das Schulsportfest stattgefunden, sodaß die Platzansäung Anfang Juli vor sich gegangen sei. Bis zum ersten Verbandsspiel sollte nun der Platz ruhen.

Da sei plötzlich die Meldung durch die Presse gegangen, daß 1860 am 21. August gegen eine österreichische Mannschaft spiele. Der FC. Bayern habe seit dem 5. Mai 1949 nicht mehr in München gespielt und sei trotzdem nicht vorstellig geworden, das Stadion irgendwie zu bekommen; 1860 dagegen habe den Platz entgegen der Vereinbarung bekommen. Dadurch sei der FC. Bayern erheblich benachteiligt worden. [...] Dir. Rüff habe allerdings damit nichts zu tun.

Dir. Rüff habe gesagt, es dürften keine Vorspiele stattfinden. Daher habe an einem bestimmten Sonntag – der [sic] Datum sei ihm nicht mehr bekannt – die Reservemannschaft des FC. Bayern kein Vorspiel bestreiten können. Acht Tage später habe aber Dir. Rüff vor einem Spiel von 1860 ein Vorspiel zwischen der Polizei St. Gallen und der Polizei München genehmigt. [...]

Er (Redner) wolle nicht weiter darauf eingehen – Dir. Rüff habe nichts damit zu tun –, wie man die Spieler des FC. Bayern, die bei der Stadt beschäftigt gewesen seien, hinausgesetzt habe.

Dir. Rüff erwidert, am Schluß der Saison 1948/49 habe er zunächst den Wunsch gehabt, den Rasen mindestens acht Wochen ruhen zu lassen und instandzusetzen. Als die Verbandsspiele am 28. Mai 1949 zu Ende gewesen seien, habe München das Vorschlußrundenspiel um die Deutsche Fußballmeisterschaft zugesagt bekommen, das vom 12. auf den 19. Juli verschoben worden sei. Wenn er (Redner) gesagt habe, das Spiel werde in München durchgeführt, so habe er deswegen keinen Stein des Anstosses gegen den FC. Bayern werfen wollen, sondern er habe es hauptsächlich der Bevölkerung zuliebe getan, da München nie ein Auswahlspiel gehabt hat. [...]

Da 1860 im Jahre 1949 sein 50-jähriges Jubiläum gefeiert habe, das der FC. Bayern 1950 begehe, habe er (Redner) nicht dem FC. Bayern eine auswischen wollen, als er im Juni noch zwei Spiele von 1860 habe stattfinden lassen.

Wegen des Schulsportfestes am 4. Juli sei er in einer Zwangslage gewesen. Trotz Befürwortung des Kultusministeriums und trotz der Vorsprache bei den Amerikanern sei es nicht möglich gewesen, das Dantestadion für das Sportfest freizubekommen; daher habe man das Stadion an der Grünwalder Straße nehmen müssen. Am Tag nach diesem Fest habe die Stadtdirektion mit der Besäung begonnen.

Wegen des Spiels am 21. August habe er (Redner) zunächst richtigzustellen, daß die Verbandsspiele ursprünglich am 28. August hätten beginnen sollen, jedoch erst am 4. September begonnen hätten. Er habe allen Vereinen gegenüber betont, daß vor Beginn der Verbandsspiele kein Privatspiel durchgeführt werden dürfe; dem FC. Bayern sei für den 28. August das Stadion für das erste Spiel zugesagt gewesen. Ende Juli habe er von Herrn Kessler erfahren, daß 1860 am 21. August ein Spiel gegen Austria Wien austrage. Er habe Herrn Kessler gesagt, daß das Spiel unter keinen Umständen im Stadion an der Grünwalder Straße stattfinden könne, es müsse auf dem MTV-Platz am Waldfriedhof ausgetragen werden.

[...] Acht Tage vor dem 21. August habe Herr Kessler ihn (Redner) gebeten, 1860 doch spielen zu lassen, da er einen Vertrag über 12000 DM abgeschlossen habe, über eine Summe, die beim MTV-Platz nicht hereinkomme. Er frage sehr, was er in einer solchen Situation hätte anders machen sollen. [...]

Nach seiner (Redners) Auffassung hätte das Vorspiel der Polizei St. Gallen nicht stattfinden sollen. Herr Hermann [Siegfried Herrmann] habe aber inständig gebeten, das Spiel doch durchführen zu dürfen, da zum ersten Male eine ausländische Polizeimannschaft nach München komme, die gegen die Münchner Polizei spielen wolle. Nachdem Herr Hermann auch in der Vorstandschaft des FC. Bayern sei, habe er (Redner) niemals daran gedacht, daß ihm daraus ein Vorwurf erwachsen würde. – Herr Landauer möge noch einmal zu seinen Ausführungen Stellung nehmen.

Herr Landauer wiederholt seine Feststellung, daß der FC. Bayern dadurch, daß er sich an die Anordnungen gehalten habe, einen finanziellen Nachteil erlitten habe, da er nach auswärts habe fahren müssen; der Verein hätte genauso ein Heimspiel gebraucht. Es sei aber immer so, daß 1860 das Stadtamt für Leibesübungen vor eine Alternative stelle, weil es wisse, daß es bei Dir. Rüff immer durchkomme.

StSchR. Dr. Fingerle bemerkt, er habe aus den Besprechungen den Eindruck, daß auch Herr Landauer, wenn er seine Animositäten gegen Dir. Rüff abschalte (Herr Landauer: Das kann ich nicht!), vielleicht zugeben müsse, daß Dir. Rüff aus der schwierigen Situation nicht immer ganz leicht habe herauskommen können. (Herr Landauer: Er braucht bloß hart zu bleiben wie gegen uns.)

[...]

Vors. StR. Pfeiffer ist der Ansicht, daß alles geklärt sei. Es sei nicht notwendig, in der bisherigen Art die Auseinandersetzung weiterzuführen.

StR. Schott wirft ein, Herr Landauer solle nicht den Eindruck haben, man bevorzuge 1860. An sich sei sein (Redner) Verein der

FC. Bayern; jeder habe nämlich eine Zuneigung zu einem bestimmten Verein.

StR. Böck sieht in der Behandlung von Dir. Rüff keine besondere Härte gegenüber dem FC. Bayern. Allerdings sei Dir. Rüff vielleicht nicht konsequent genug gegenüber 1860 gewesen. Man könne sagen, daß der FC. Bayern so anständig gewesen sei und Dir. Rüff nicht unter Druck gesetzt habe. Aus dem Verhalten von Herrn Dir. Rüff könne man nicht schließen, daß der FC. Bayern benachteiligt worden sei. (Herr Landauer: Wir sind aber benachteiligt!) Im Effekt gehe es darauf hinaus, aber eine Absicht hierzu habe nicht bestanden.

Herr Landauer sagt, der FC Bayern hätte am 21. August das Stadion nicht bekommen, auch wenn er darum gesucht hätte. (Zuruf: Man kann nicht von vornherein etwas behaupten, was nicht erwiesen ist.) – Er arbeite seit seiner Rückkehr aus dem Ausland mit dem Stadtamt für Leibesübungen zusammen. Er habe dies auch schon vor 1933 getan, weil er schon damals Vorsitzender des FC. Bayern gewesen sei. Mit Herrn Behr und Herrn Lenz sei die Zusammenarbeit aber eine weit angenehmere und bessere gewesen als mit Herrn Rüff und Herrn Gumposch. [...]

Er (Redner) sage es offen heraus, ob die Herren beleidigt seien oder nicht, sei ihm gleich: Einen Menschen, der eine solch personifizierte Einbildung sei wie Herr Rüff, und der eine solch personifizierte Arroganz sei wie Herr Gumposch, habe er noch nie gesehen.

Vor. StR. Pfeiffer erklärt, er könne als Vorsitzender diese Verhandlungsweise nicht dulden, da man so nicht weiterkomme.

StR. Weiß bringt zum Ausdruck, daß ihm die ganze Verhandlungsmethodik, die hier angeschnitten worden sei, nicht gefalle. Letzten Endes sei es Aufgabe des Sportausschusses, daß der Ruf Münchens auf dem Gebiet des Sports nicht durch persönliche Gehässigkeiten, wie sie hier ausgetragen worden seien, beeinträchtigt werde. [...]

StR. Lettenbauer schließt sich den Ausführungen von StR. Weiß an. Er sehe in der inkonsequenten Handlungsweise von Dir. Rüff keine absichtliche Benachteiligung des FC. Bayern gegenüber 1860. Man dürfe nicht übersehen, daß die Stadt dem FC. Bayern die Einfriedung des Säbenerplatzes zu verdanken habe. [...]

Herr Landauer führt aus, [...] [d]er Säbenerplatz bilde einen großen Faktor in der Verstimmung, die der FC. Bayern gegenüber Dir. Rüff habe. Die Behandlung des Vereins wegen dieses Platzes sei sehr schlecht gewesen. Der Verein habe keinen Trainingsplatz mehr gehabt, da ihm der Hypo-Club gekündigt habe. Daraufhin habe die Stadt den Säbenerplatz zur Verfügung gestellt, in den der FC. Bayern 28 000 DM hineingesteckt habe, um ihn wieder tadellos in Ordnung zu bringen. Der Verein habe ausdrücklich erklärt, es sei ihm vollkommen gleichgültig, wann die Stadt die Kosten zurückzahle. Wie der Platz fertig gewesen sei, hätten die Amerikaner das größte Spielfeld genommen, wogegen das Stadtamt für Leibesübungen nichts getan habe. Dir. Rüff habe erklärt, er gehe nicht mehr zu den Amerikanern, da er sich nicht jedesmal sagen lassen wolle, die Deutschen seien die besiegte Nation; das sei kein Standpunkt für einen städtischen Beamten.

StR. Lettenbauer bemerkt, Dir. Rüff sei von dem zuständigen amerikanischen Offizier nicht nur einmal, sondern dreimal hinausgeworfen worden. Es sei unter der Würde eines Deutschen, sich von einem Offizier der Siegerarmee so behandeln zu lassen. Man habe zuerst gewinselt, da es ja um die Jugend und um den Sport gegangen sei; es sei aber trotz wiederholter Vorsprachen kein Erfolg zu verzeichnen gewesen. (Herr Landauer: Wenn man etwas erreichen will, muß man oft gehen. Wir haben erreicht, daß in den Wintermonaten der Platz, der uns genommen worden ist, zur Verfügung steht.)

Das sei durch die persönliche Verbindung von Herrn Landauer zu den Leuten möglich gewesen, die Herrn Landauer als Privatmann anders einschätzen als einen Beamten oder Angestellten einer Behörde, der bei diesen Herren ein Dreck sei.

Herr Landauer erklärt, er wolle das alles zurückstellen und die Diskussion weiterführen. Seine Einstellung bleibe aber die gleiche, bis er zu einem Resultat komme.

StR. Weiß meint, der Verwaltungsrat des Stadtamtes für Leibesübungen müsse sich bei den Vertragsverhandlungen stark einschalten. Die Mißstimmung hätte sich vermeiden lassen, wenn der Verwaltungsrat mehr zugezogen worden wäre; denn er hätte ausgleichend wirken können. [...]

An Herrn Landauer habe er die Bitte, die zurückliegenden Dinge endlich einmal zu begraben. Herr Landauer habe in seinem Leben schon unter sehr viel einen Strich machen müssen, so daß er es auch hier fertigbringen müsse. Aus dem guten Willen des Sportausschusses könne ersehen werden, daß der Ausschuß bereit sei, dem FC. Bayern zu helfen. (Herr Landauer: Einverstanden!) Das sei fein. (StR. Weiß und Herr Landauer reichen sich die Hände.)

[...]

Beschluß: Der Sportausschuß ist damit einverstanden, den früheren Beschluß zu revidieren, und schlägt vor, die Stadtkämmerei zur Stellungnahme aufzufordern und sie zu bitten, mit der Revision des Beschlusses ab 1. Februar 1950 einverstanden zu sein. Das bedeute für die Stadtkämmerei an sich keine Mittelbereitstellung, sondern nur einen präsumtiven Einnahmeausfall, der im Haushaltsplan 1950 berücksichtigt werden müsse und für den Rest des Rechnungsjahres 1949 einen gewissen Mindereingang erwarten lasse.

StadtAM, Ratssitzungsprotokolle, RP-0723-20.

Kurt Landauer in *Clubzeitung des F.C. Bayern München E.V.*, Nr. 6, Juni 1950

50 Jahre F.C. Bayern

Als am 27. Februar 1900 ein kleines Häuflein Männer den MTV verließ und am selben Abend noch den F.C. Bayern gründete, da dachte wohl niemand daran, zu welch großem und angesehenen Verein dieser neu entstandene Club sich entwickeln würde. Wir sind als reiner Fußballclub ins Leben getreten und sind es geblieben während der 50 Jahre, bewußt und mit voller Überzeugung. Wir sind unseren Weg gegangen, gerade und zielstrebig, wir haben uns nicht abbringen lassen von dem, was wir als richtig und gut einmal erkannt haben.

Der Vorsitzende des Gründungsjahres, unser lieber Franz John, hat damals dem Club seine Richtung gewiesen, wir haben sie streng verfolgt in all den Jahren, wer immer auch der Leiter gewesen war. Nur ein einziges Mal glaubte einer aus der Reihe tanzen zu können, es war der letzte Vorsitzende vor dem Wiederaufbau des Sportes im Jahre 1945, er stand dem Club darum auch nur kürzere Zeit, aber leider doch schon zu lange, vor.

Wir haben uns ein Gebilde geschaffen, auf das wir wohl stolz sein dürfen. Unsere Mannschaften genießen überall, wo sie auftreten, den Ruf eines ritterlichen Gegners. Wir haben von jeher unser Hauptaugenmerk auf eine gute Jugend-Abteilung gelegt, und wir sind wieder auf dem besten Wege, an die Glanzjahre unserer Jugendmannschaften heranzukommen. Wenn erst einmal die Folgen einer Zeit überwunden sind, da der Jugendliche lieber den Dolch an seinem Uniformgurt getragen hat, als daß er Fußball spielte, wenn also der Ausfall dieser Jahrgänge überwunden ist, wenn andererseits die Nöte und Entbehrungen der Kriegsjahre ausgeglichen sind, dann wird es auch wieder steil aufwärts gehen im Jugendfußball. Und dann werden die einzelnen Vereine vermehrt wieder auf den eigenen Nachwuchs zurückgreifen können, statt sich die Auffrischung der Spieler aus anderen Vereinen holen müssen.

Alle zeitbedingten Wandlungen sind doch ziemlich spurlos an uns vorübergegangen. Wir sind uns gleich geblieben. Von eh und jeh galt das Wort des F.C. Bayern, wir hatten niemals uns dazu hergegeben, krumme Wege zu gehen, unser Handschlag war immer ein Vertrag gewesen, der bis aufs letzte eingehalten worden ist. Das ist unsere Tradition, auf die wir so unendlich stolz sind und die wir immer und immer hochhalten.

Unsere Mitgliedschaft ist treu und zuverlässig. Sie ist in altem Bayerngeiste dem Club verbunden und hält zu ihm in guten wie in schlechten Tagen.

Daran können auch einige Outsiders nichts ändern.

Wir wollen nun unsere Jubiläumstage feiern in der Art, wie es bei uns immer gewesen ist, wenn es galt, irgendein besonderes Ereignis festlich zu begehen: schlicht und vornehm. Wir freuen uns alle darauf, alte Bayern von nah und ferne bei uns zu sehen, ein frohes Wiedersehen zu feiern. Wir wollen gerade an diesen Festtagen eine einzige große Bayernfamilie sein, froh und stolz ein Bayer sein zu können.

Clubzeitung des F.C. Bayern München E.V., Nr. 6, Juni 1950, S. 2-3.

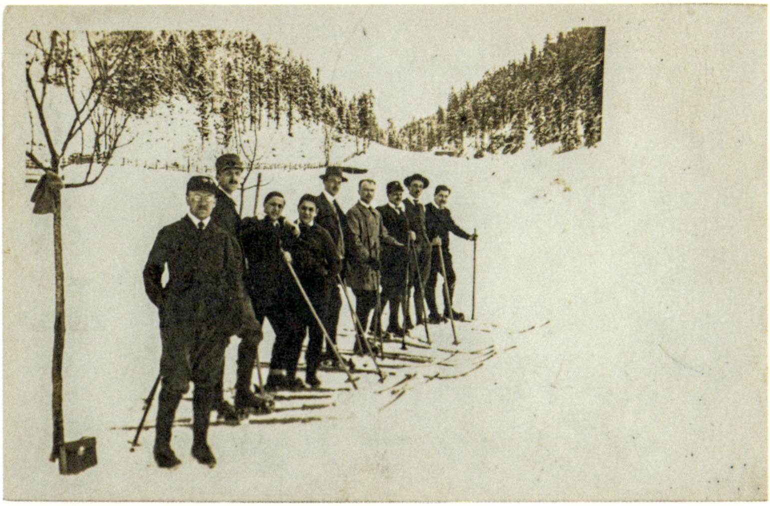

29 Kurt Landauer beim Skifahren, 1902. V. l. n. r.: Siegfried Weisenbeck; Paul Randlkofer; Gaston Pollock; Kurt Landauer; Imhagen; Karl Fischer; Martin Eppstein; Hans Schüll; Johann »Hannes« Békés.

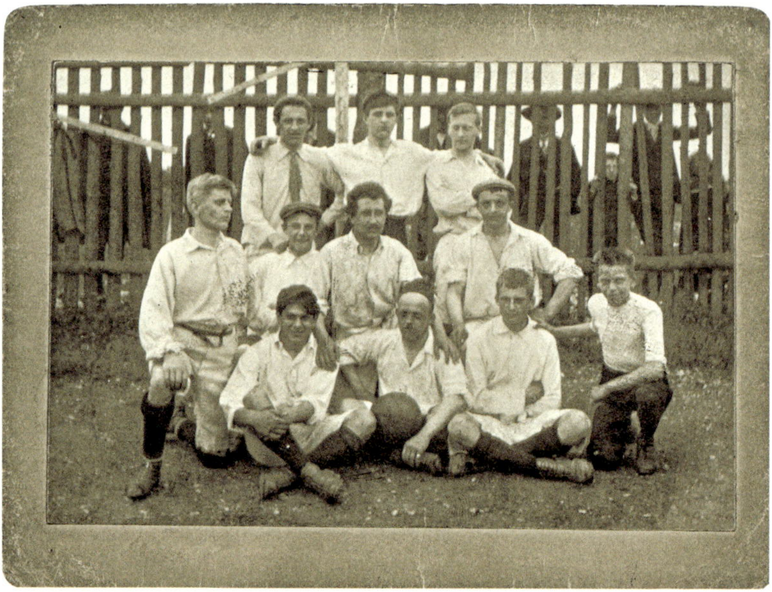

30 Kurt Landauer als Spieler beim FC Bayern, 1903. V. l. o. n. r.: Rohrmayr; Hans Albert; Sepp Mauder; Josef Geiger; Hans Luber; Schmidt; Ulrich Kähler; Kurt Landauer (vorne links); Huber; Robert Lecke; Michael Hobmaier.

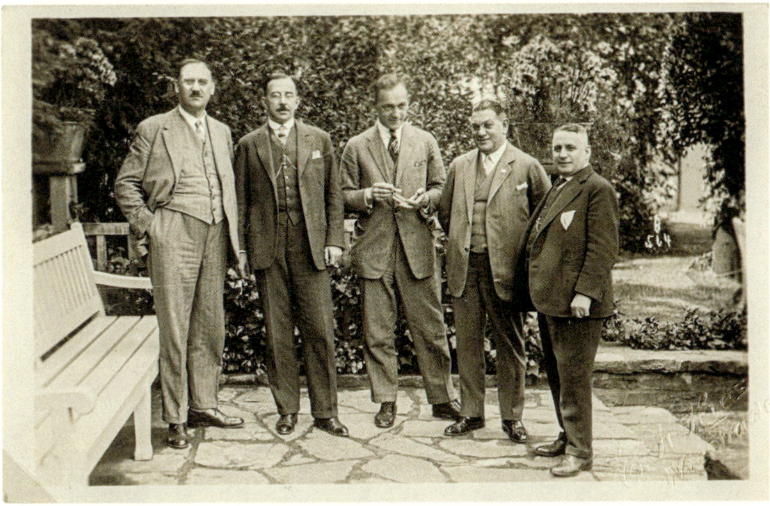

31 Kurt Landauer (2. v. r.), Siegfried Herrmann (Mitte) und Hans Tusch (2. v. l.) beim Treffen des Süddeutschen Fußballverbandes in Mainz, 1927.

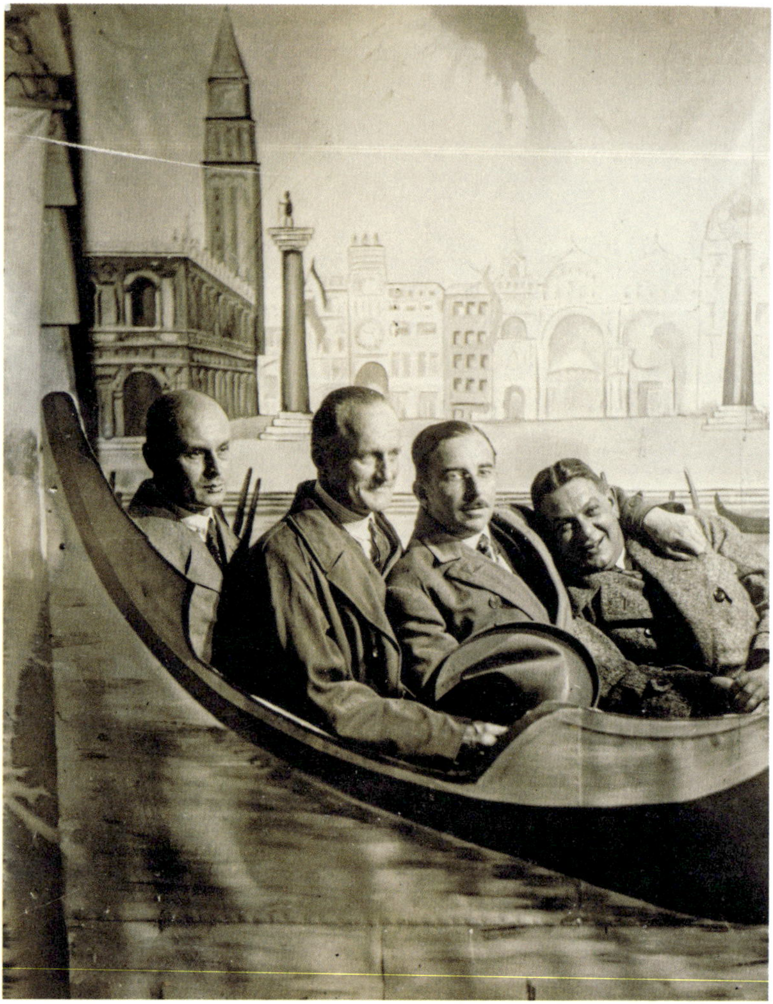

32 »Gondelfahrt«. V. l. n. r.: Eduard Kartini, Dr. Ivo Schricker, Hans Tusch und Kurt Landauer.

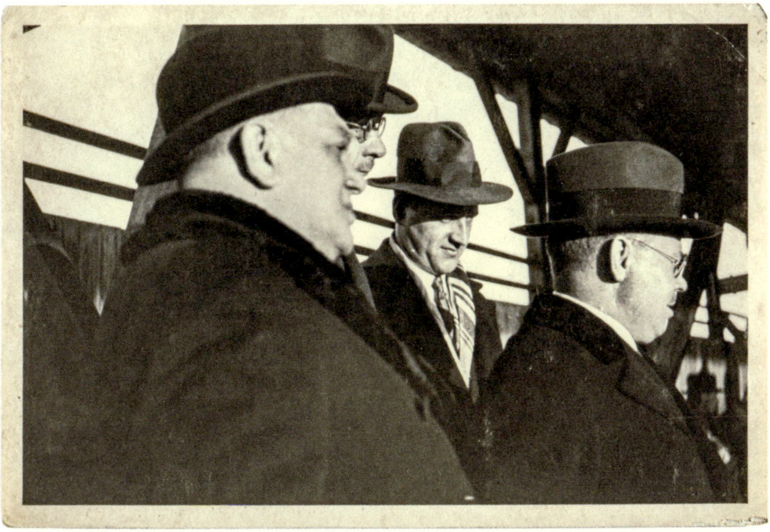

33 V.l.n.r.: Kurt Landauer, Siegfried Herrmann, Franz Herzing, 1929/1930.

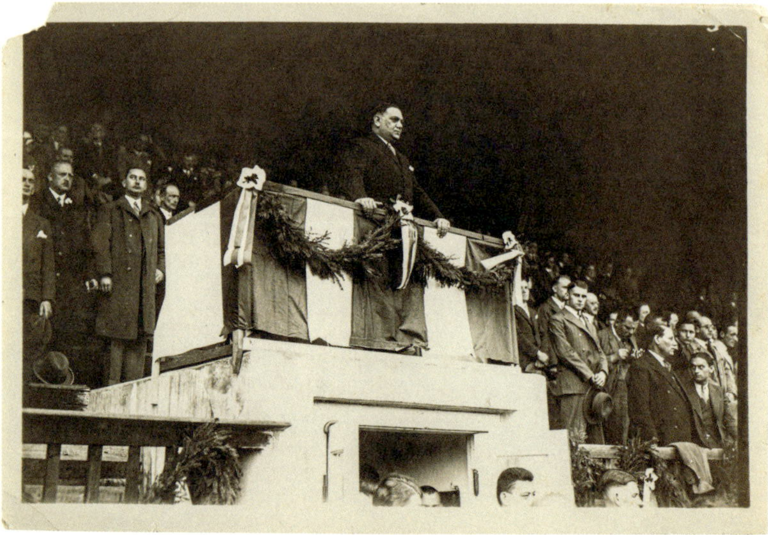

34 Kurt Landauer bei der Rede zum 30. Jubiläum des FC Bayern, 1930.

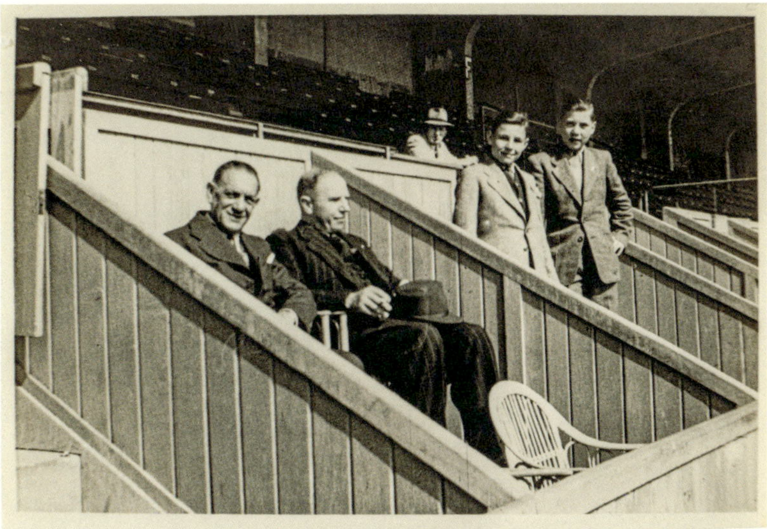

35 Kurt Landauer und August Geser bei einem gemeinsamen Stadionbesuch, Genf 1946.

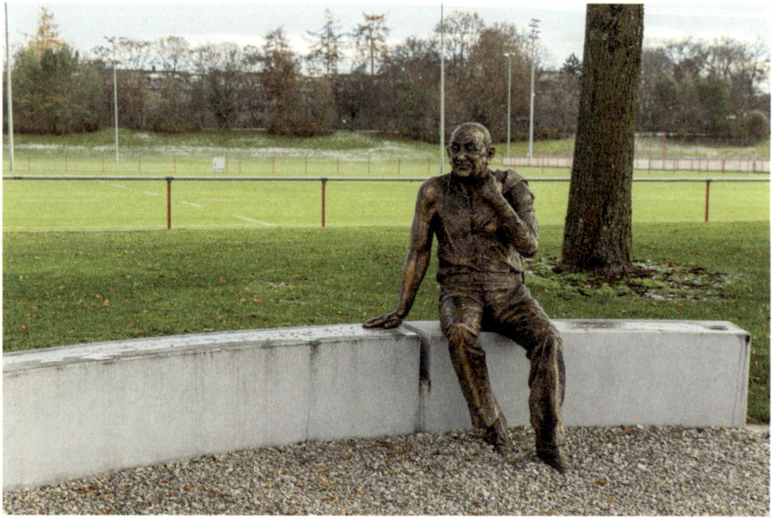

36 Statue von Kurt Landauer an der Säbener Straße, 2019.

Weitere Dokumente und Briefe

Ehrenkreuz für Frontkämpfer, 1. März 1935

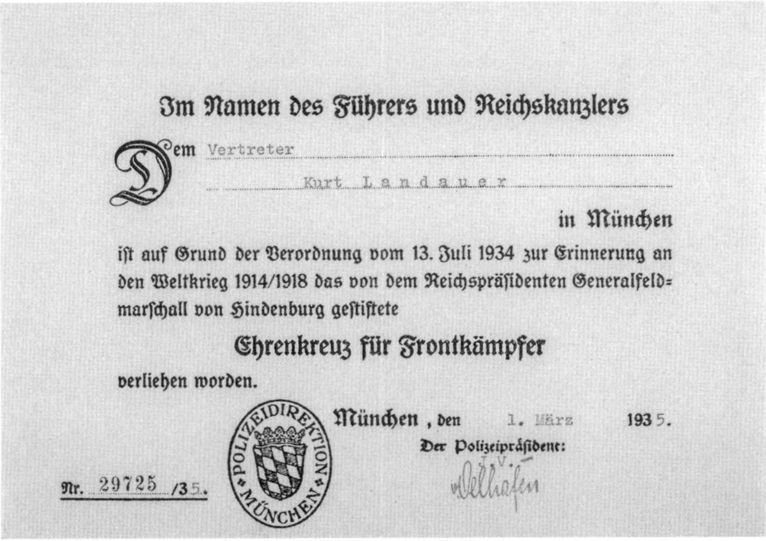

Im Namen des Führers und Reichskanzlers

Dem Vertreter

Kurt Landauer

in München

ist auf Grund der Verordnung vom 13. Juli 1934 zur Erinnerung an den Weltkrieg 1914/1918 das von dem Reichspräsidenten Generalfeldmarschall von Hindenburg gestiftete

Ehrenkreuz für Frontkämpfer

verliehen worden.

München, den 1. März 1935.

Der Polizeipräsident:
I. V.

Nr. 29725/35.

POLIZEIDIREKTION MÜNCHEN

Urkunde über die Verleihung des Ehrenkreuzes für Frontkämpfer an Kurt Landauer, 1. März 1935.

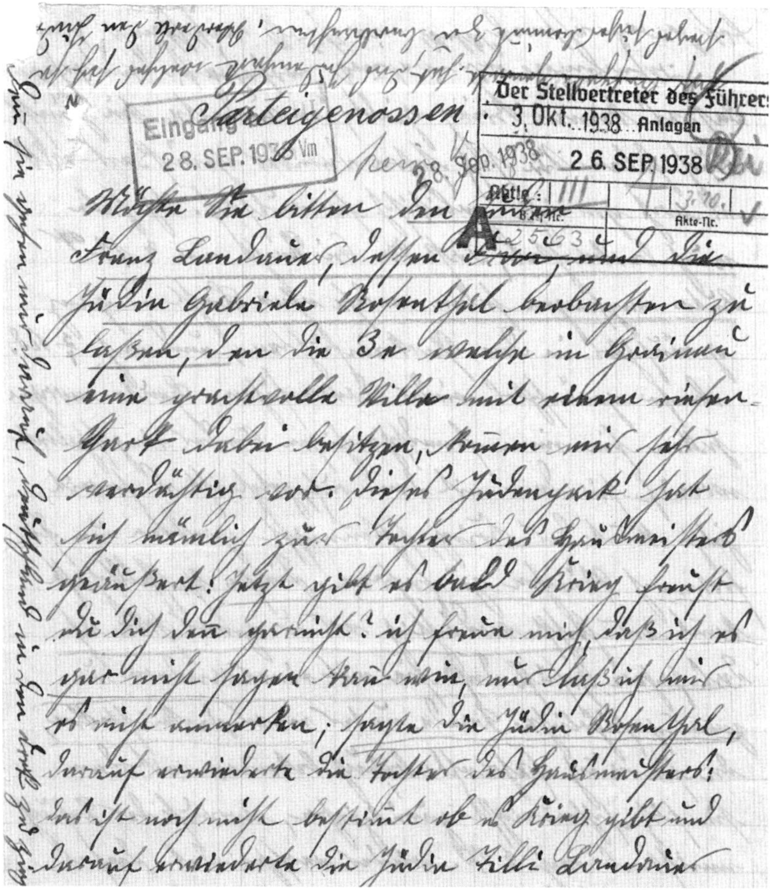
Eingang 28. SEP. 1938 Vm
Der Stellvertreter des Führers
3. Okt. 1938 Anlagen
26. SEP. 1938
Akte
Akte-Nr.

Parteigenossen.
Möchte Sie bitten den Juden Franz Landauer, dessen Frau, und die Jüdin Gabriele Rosenthal beobachten zu laßen, denn die 3e welche in Grainau eine prachtvolle Villa mit einem riesen Park dabei besitzen, kommen mir sehr verdächtig vor. Dieses Judenpack hat sich nämlich zur Tochter des Hausmeisters geäußert: Jetzt gibt es bald Krieg freust du dich denn garnicht? ich freue mich, daß ich es gar

nicht sagen kann wie, nur laß ich mir es nicht anmerken; sagte die Jüdin Rosenthal, darauf erwiderte die Tochter des Hausmeisters: das ist noch nicht bestimmt ob es Krieg gibt und darauf erwiderte die Jüdin Tilli Landauer ganz empört: woher weißt du denn, daß es keinen Krieg giebt, natürlich giebt es Krieg, es soll auch welchen geben, oder hat es dir ein Minister gesagt daß es keinen Krieg gibt? erwiderte sie [unleserlich]

auch haben die sich schon darüber geäußert als es noch garnicht politisch so aussah. Ich habe auch beobachtet, daß da bei Nacht um 1/2 12 Uhr Auto [unleserlich] haben, welche ohne Licht u. ganz geräuschlos in den Park einfuhren, und nach ¾ Std. ebenso geräuschlos wieder davonfuhren. Heute morgen hatten sie einen fremdsprachigen Sender eingeschaltet worauf sie dann mit dem Ruf, jetzt ist es soweit, jetzt kommt der Krieg, schleunigst packten um sofort nach München zu fahren. Diese Gesellschaft kommt mir höchst verdächtig vor u. zwar habe ich das sichere Gefühl daß sie mit einer anderen u. zwar gefährlichen Bande unter einer Decke stecken, da sie auch sehr oft Besuch bekommen mit dem sie sich schleunigst zurückziehen, worauf der Besuch meistens nach 1/2 Std. wieder verschwindet, dieses Judengesindel gehört, solange Deutschland sich in dieser Krise befindet interniert, daß sie keinen Schaden anrichten könnten. Also wenn es Ihnen möglich ist, behalten Sie das Pack im Auge bevor es zu spät ist. Die Jüdin Rosenthal, welche noch schwere Millionärin u. ein großer Geizhals ist, wohnt, wie ich erfahren habe in der Königinstraße.

Mit Deutschem Gruß ein Volksgenosse der es sich zur Aufgabe gemacht hat, das Judenpack welches sich so siegessicher benimmt zu beobachten, verderb den Jud denn sie gehen nur darauf Deutschland in den Dreck zu ziehen.

StAM, STAANW 9375.

Fragebogen der Eidgenössischen Fremdenpolizei, Genf, 20. Juli 1940

FRAGEBOGEN FÜR EMIGRANTEN

I. Personalien.

1. *Familienname:* Landauer
2. *Vorname:* Kurt
3. *Geburtsdatum:* 28. Juli 1884
4. *Geburtsort:* Planegg bei München
5. *Heimatstaat:* Deutschland
6. *Heimatort:* München im Gau Bayern
7. *Allfälliger früherer Heimatstaat:* Deutschland
8. *Konfession:* Jude
9. *Zivilstand:* ledig
10. *(Siehe auch unter VI)*
    a) Erlernter Beruf: Kaufmann
    b) Ausgeübter Beruf: Kaufmann
11. *Genaue Adresse:* Genf, Pension Elisabeth, Rue Thalberg 2

[…]

III. Aufenthalt.

1. *Datum der Einreise in die Schweiz:* 17. Mai 1939
2. *Grenzstelle:* St. Margrethen
3. *Haben Sie vorher eine Bewilligung eingeholt?* Ja.
   Wo? Eidgenössische Fremdenpolizei in Bern, ausgestellt durch Schweizerisches Generalkonsulat, München
4. *Sind Sie illegal eingereist?* Nein.
5. *Bisherige Aufenthalte in der Schweiz (mit Adresse und Zeitdauer nach Datum):*

Genf, Pension Elisabeth, Rue Thalberg 2, seit dem Tage meiner Ankunft in der Schweiz, dem 17. Mai 1939

6. *Wann und wo haben Sie sich polizeilich gemeldet?*
beim Permis de séjour in Genf am 19. Mai 1939 (am 18. Mai ist Feiertags wegen geschlossen gewesen)

7. *Was für eine fremdenpolizeiliche Bewilligung besitzen Sie?*
ab 1. Januar 1940 Tolérance révoquable, bis dahin Permis de séjour

8. *Üben Sie in der Schweiz eine Erwerbstätigkeit aus?* Nein.

9. *Lernen Sie Sprachen oder treiben Sie sonst etwas, das Ihnen für Ihre Auswanderung nützlich sein kann?*
Lerne, bezw. vervollständige mich in der englischen Sprache

IV. Existenzmittel und Kaution.

1. *Wie hoch beläuft sich Ihr Vermögen?*
sfrs. 3400.–. (Dreitausendvierhundert) in Schweizer Banknoten, aufbewahrt bei mir in einer eisernen Kasette. Ein Transfer in Reichsmark meines Bruders in Amsterdam ist durch den Krieg zur Zeit unmöglich gemacht worden. Ich selbst bin an diesem Transfer mit RM 100 000.–. (Einhunderttausend) beteiligt zum Kurse von 10 %.

2. *Ist in der Schweiz eine Kaution geleistet worden?* Ja
Wo? Eidgenössische Fremdenpolizei in Bern
Von wem? Frau Maria Klopfer, Genf und von mir selbst, eingezahlt durch Maitre Gustave Duckert, Genf
Wie hoch? sfrs. 2900.–. v. Frau Klopfer
sfrs. 1900.–. v. mir selbst
sfrs. 4800.–. (Viertausendachthundert)
Wofür? Sicherstellung des Lebensunterhaltes

3. *Werden Sie unterstützt?* Ja
a) von Verwandten? ----------
b) von Freunden oder Bekannten?

einem Freunde, Ludwig Klauber, New-York, 255 West 84the Street, jährlich mit sfrs. 3000.–. (Dreitausend). Die nächste Auszahlung erfolgt im November 1940

c) von einer Hilfsorganisation? ----------

4. *Wohnen Sie bei Verwandten oder Bekannten oder sonst privat?* Nein.
   In einem Hotel oder einer Pension? Pension
5. *Wieviel bezahlen Sie für Unterhalt, Wohnung, Essen und andere Auslagen?*
   Für volle Pension täglich sfrs. 6.–. (Sechs), für Wäsche monatlich ca. sfrs. 15.–. (Fünfzehn), für Steuer jährlich sfrs. 300.–. (für 1940 voll bezahlt), Nebenausgaben monatlich höchstens sfrs. 10.-. (zehn), wobei ich bemerke, dass ich Nichtraucher bin.

V. Auswanderung.

1. *Aus welchen Gründen haben Sie Ihren früheren Wohnstaat verlassen?*
   Weil mir die Auswanderung aus Deutschland nach einer Inhaftierung im Konzentrationslager zu Dachau im November/Dezember 1938 zur Auflage gemacht worden ist.
2. *Warum können Sie nicht in diesen zurückkehren?*
   Weil mir als Jude die Rückkehr nach Deutschland nicht gestattet ist, resp. ich als Auswanderer nicht mehr das Recht zur Rückkehr habe.
3. *Haben Sie verwandtschaftliche oder andere Beziehungen im Ausland?* Ja
   Wenn ja, wo und wen?
   Verwandtschaftliche und freundschaftliche. In USA Verwandte meines Vaters (Cousins und Cousinen), in Palästina eine Schwester und einen Schwager, in Holland einen Bruder und eine Schwägerin, ausserdem in vielen Ländern Freunde.

4. *Was haben Sie für Ihre Auswanderung unternommen?*
Angemeldet am 12. November 1938 beim Amerikanischen Generalkonsulat in Stuttgart zur Einreise nach USA. Umgeschrieben zum Amerikanischen Generalkonsulat in Zürich im November 1939
Nach welchen Ländern, von wo aus, durch wen?
Für Cuba war von Frau Maria Klopfer, Genf die Einreisegenehmigung vor meiner Ankunft in der Schweiz erlangt worden, die Passage belegt, als 3 Tage nach meiner Einreise in die Schweiz die Einreise für jüdische Emigranten nach Cuba gesperrt worden ist.
5. *Wie weit sind Ihre Schritte gediehen?*
Sobald meine Wartenummer an der Reihe ist, ich also vom Amerikanischen Generalkonsulat in Zürich aufgerufen werde, werde ich die Reise antreten, Passage wird von USA bezahlt.
6. *Haben sich seit Kriegsausbruch Ihre Ausreisemöglichkeiten verändert?* Ja
Inwiefern? Um den Einreisegenehmigungen der Schweiz gerecht zu werden, habe ich mich nach dem Scheitern des Reiseplanes nach Cuba sofort nach anderen Einreisemöglichkeiten umgetan. Durch meine guten Beziehungen im internationalen Sport habe ich Verhandlungen aufgenommen, um in Frankreich, Holland oder Luxemburg Aufenthalt nehmen zu können. Bevor einer dieser Pläne Wirklichkeit werden konnte, besonders für Luxemburg waren die Aussichten günstig, ist der Krieg ausgebrochen und es waren somit keine Einreisemöglichkeiten mehr.
7. *Wann glauben Sie, die Schweiz verlassen zu können?*
Voraussichtlich Ende des Jahres 1940 oder zu Beginn des Jahres 1941.

Nach dem Besuche der Volksschule und 6. Klassen Realgymnasium in München, genoss ich meine kaufmännische Lehrzeit von 3 Jahren im Bankhaus Masson & Cie in Lausanne. Hier erlernte ich auch die französische Sprache und konnte mich mit allen für das Bankfach einschlägigen Arbeiten vertraut machen. Nach absolvierter Lehrzeit war ich noch im selben Hause ½ Jahr als Buchhalter tätig. Alsdann war ich ¾ Jahr in einem Bankhaus in Florenz, weil die Bank Amerikanern gehörte und die Clientel in der Hauptsache englisch sprach. Dann trat ich in das väterliche Geschäft in München ein. Fa. Otto Landauer, Damen Moden, ein Unternehmen mit ca. 250 Angestellten. Ich arbeitete im Büro und beschäftigte mich in der Hauptsache mit Korrespondenz, Buchhaltung, Lohnbuchhaltung etc. Nach dem Tode meines Vaters im Jahre 1913 hatte ich mit meinen 3 Brüdern zusammen die Leitung des Geschäftes inne. Neben der oben erwähnten Bürotätigkeit, oblag mir insbesondere die Personal Leitung. Nach Auflösung des Geschäftes im Jahre 1923 trat ich in die Anzeigenabteilung des Verlages Knorr & Hirth (Münchner Neueste Nachrichten, Münchner Presse Illustrierte etc.) ein und arbeitete mich nach und nach zum Bürovorstand auf. Es oblag mir die Überwachung der Anzeigen Vertreter, ferner bin ich verantwortlich gewesen für Rechnungswesen und Buchhaltung der Anzeigen Abteilung der Münchner Neuesten Nachrichten, sowie für die Mahnbuchhaltung, sowie für die Provisionsbuchhaltung sämtlicher Verlagserzeugnisse. Am 1. April musste ich, da Jude, meine Stellung verlassen. Im Herbste 1933 wurde ich Vertreter einer Versicherungsgesellschaft, um im Herbste 1935 als Disponent, Materialverwalter und Bearbeiter der Auslandsaufträge in der Wäschefabrik Rosa Klauber in München Stellung zu finden. Durch die Ereignisse des 10. November 1938 in Deutschland wurde ich als Jude arbeitslos.

Auf welche ausserhalb Ihrer erlernten Berufe liegende praktische Tätigkeit könnten Sie sich am leichtesten umstellen?

Ich kann mich auf jedwede kaufmännische Tätigkeit dank meiner Kenntnisse und Erfahrungen umstellen

[…]

VII. Gesundheitszustand.

1. *Sind Sie vollständig gesund?* Ja
2. *Eignen Sie sich für körperliche Arbeit?*
   Soweit es in meinem Alter möglich ist
3. *Leiden Sie an Gebrechen oder Krankheiten dauernder Art?*
   Nein

VIII. Sprachkenntnisse.

1. *Welche Sprachen beherrschen Sie?*
   Französisch vollständig, englisch nicht perfekt
2. *In welchen Sprachen können Sie sich verständigen?*
   Italienisch

IX. Familienangehörige
(in der Schweiz und im Ausland)

Geschwister:

Name	Vorname	Geburtsdatum	Adresse
Landauer	Leo	30. Juli 1880	Berlin, Meranerstr. 44/1
Landauer, Paul	Dr. Paul	31. Juli 1881	München, Clemensstr. 41/4 1
Landauer	Franz	26. Juli 1882	Amsterdam Z, Waalstraat 47/2
Rosenthal	Gabriele	29. Okt. 1887	München, Leopoldstr. 24/1
Siegel	Henny	18. Jan. 1891	Haifa, House Siegel

Welche dieser Personen haben Ihres Wissens einen eigenen Fragebogen für Emigranten erhalten?
Keine, da keines in der Schweiz.

AEG, 1985 va 22/1-784, n° 176.730.

Maria Klopfer, Genf, Hotel Regina, 26. September 1944

Meine innigstgeliebte kleine Familie!
Es ist heute Erev-Yom-Kippur, und wenn so ernste Feiertage sich nähern, ist [man] noch mehr bei seiner geliebten Familie. Wie es in unserer Religion heißt, soll heute besiegelt werden, was das kommende Jahr bringen wird. Natürlich steht, wenn wir an uns selbst denken, der sehnlichste Gedanke eines gesunden Wiedersehens, einer Wiedervereinigung oben an, und unsere ganze Hoffnung ruht auf baldigem Frieden.

Es ist mir sehr arg, dass zurzeit auch von den Kindern weniger Post kommen kann, sie wussten ja doch auch immer, wie es Euch ergeht, und die Ereignisse bei meinen Geschwistern beschäftigen mich nach wie vor stark. Es ist mir ganz unmöglich, mit dem lieben Aenzerl [Anna Klauber] darüber zu sprechen, zurzeit isst sie ja wieder so gar nichts, es können auch die starken Herbststürme mit daran Schuld haben, und die Feiertage bringen halt so manche Erinnerung.

Ich bilde mir ein, dass Du, lieber Toby [Theodor Klopfer], auch noch immer fastest, ich tue es auch, wenn es mir auch viel schwerer fällt als meinem Mutterl. Vater wird wie immer andächtig seine Gebete sagen, aber dazwischen verlangt sein Magen sein Recht, und er wird mit gleicher Andacht seine Mahlzeiten einnehmen. Erinnerst Du Dich, lieber Toby, wie er früher bei Deiner lieben Mutter am Karlsplatz und später im Excelsior sich ein wenig ausruhte? Du, mein liebes Ile [Lotte Lowe], wirst jetzt, wenn wieder alle Männer zu Hause sein werden, viel zu tun haben, und der allerkleinste, süße Mann, so stelle ich es mir vor, wird Dir auf Schritt und Tritt nachlaufen und dabei Dir doch auch schon ein wenig helfen, denn er hat Dir sicher manches abgeschaut, und Du wirst ihn recht selbstständig erziehen. Opa und Erwin werden schon dann wieder ihr Möglichstes tun, um ihn zu verziehen, oder ist Erwin ein strengerer Vati?

Ich bekam jetzt den ersten Brief von Rudi, sie sind überglücklich, wieder in ihr altes Heim eingezogen zu sein, wenn ihnen auch manches abhandengekommen ist. Aber die Hauptsache, alle sind gerettet, Erich und Lilo haben ein kleines Maederl bekommen, aber diese sind durch die Entbindung noch weiter fort, hoffen aber auch bald zu den Geschwistern zu kommen. Ich glaube, durch die amerikanischen Flugzeuge konnten sie Euch schneller Nachricht geben als wir hier in der Schweiz, wenigstens haben sie es versucht. Ich habe gestern an Rudi die Neuigkeit von den Verheiratungen meiner Geschwister mitgeteilt, und ich bin auf seine Auffassung gespannt.

Ich habe über die Feiertage aus dem Lager den Buben von Albert und Hella [Schwarzhaupt] selig eingeladen und bin so glücklich, dass ich mich dazu entschlossen habe, denn das ist ein derart lieber, bescheidener armer Bub, der sich so sehnte, einmal jemanden von der Familie zu sprechen. Er ist noch nicht ganz 17 Jahre und ist entsetzlich im Leben herumgeworfen worden, hat sich aber wo immer es ihm möglich war selbst erzogen und ist ein tadelloser, anständiger Bub. Es ist zu schade, dass er nun schon so lange im Lager [ist] und nichts richtig erlernen konnte, aber ich glaube, wirklich etwas zu erreichen, dass er herauskommt und ein Handwerk erlernen kann. Es ist ja alles so schwer, aber es ist eigentlich unsere Pflicht, Menschen, die so viel mitmachten, und man sie herausholen kann, zu helfen. Er wohnt natürlich in einer ganz billigen Pension in seinem Urlaub, und ich konnte es erreichen, dass die Bahn von seinem Lager hierher und zurück fast nichts mich kostete. Er hat eine drei Jahre jüngere Schwester und hängt mit der gleichen Bewunderung an ihr wie unser Jost. Ich bin ganz bestimmt, dass beide Kinder eines Tages ihr Leben selbst machen, dass beide [zu]verlässige Menschen werden, ja schon in ihrem Charakter es sind. Ich bin wirklich froh, diesen Bub kennengelernt zu haben, und es kommt mir wirklich vor, als ob auf diesen zwei Kindern ein Heil ruhen würde, um all das schwere Unglück, das so viele der Schwarzhaupts getroffen hat, zu sühnen.

Ich schreibe auch noch an meine Geschwister, denn sie brauchen, um nach USA zu kommen, jetzt schon Adressen für das rote Kreuz und das Konsulat, und ich halte gerade Fritz [Siegfried/Fred Klauber] [für] am besten, da er Bürger ist und gerade unser Großvater sein Gevatter war. Bitte gebt beiliegenden Brief an meine Geschwister, ich bin sicher, dass sie alle etwas für diese Kinder einmal tun werden und dass dies gute Früchte bringen wird.

Der Herbst ist schon sehr unfreundlich, und da denkt man doppelt an all die Menschen, die kein Heim haben, und so wollen wir den jungen Kippur vor allem zu einem Gebet zur Erlösung der armen Menschheit von den Grauen des Krieges vereinen, dass auch all die Schwergeprüften endlich wieder ein Dach über sich haben, eine Scholle, auf der sie das Recht haben werden, ihr Heim aufzuschlagen.

Ich mache jetzt Schluss, denn ich möchte doch noch den Brief an die Geschwister schreiben. Bleibt, meine lieben guten allerliebsten Menschen, gesund, und auf ein baldiges Wiedersehen.

Eure

[Maria]

Maria Klopfer, Genf, Hotel Regina, 26. September 1944

Meine lieben Geschwister!

Ich hoffe, dass Ihr jede Familie meine letzten Briefe bekommen habt und Ihr alle wohl und zufrieden seid. Dann möchte ich zuerst Dir, liebe [unleserlich] mitteilen, dass Du und Steff wieder Tante geworden seid, denn Erichs Frau schenkte am 19. August einem gesunden Maederl mit Namen Lillian-Denise das Leben. Ich habe den ersten Brief von Rudi vom 20. Sept. bekommen, vermute aber, dass Ihr vielleicht schon eher direkte Nachricht von ihm hattet, da er amerikanischen Flugzeugen schon Nachricht für Euch mitgab. Sie alle sind glücklich, wenn auch nach manchem Schrecken, ihr Leben gerettet zu haben, wenn auch mehr oder weniger Sachen abhandengekommen sind. Aber was ist das schon in Zeiten wie den jetzigen, wenn man dann glücklich wieder alle beisammen sein kann. Lilo und Erich mit den Kinderlein sind noch nicht bei Rudi, da sie doch noch Wöchnerin ist, aber es wird nicht mehr lange dauern, und die ganze Familie ist wieder zu Hause. Natürlich wird es allen weh tun, den guten Vater nicht mehr in ihrer Mitte zu haben, aber sie haben doch sein Grab noch aufgesucht. Wilhelm und Hilde scheinen es am Richtigsten gemacht zu haben, denn sie haben, wie

Rudi sagt, wenigstens nichts verloren an ihren Sachen. Ich habe ihnen auch alle Neuigkeiten mitgeteilt und bin gespannt, was sie dazu sagen.

Nun möchte ich Euch aber etwas erzählen. Ihr wisst, dass Albert und Hella [Schwarzhaupt] zwei Kinder hier in der Schweiz hinterließen, und ich habe seit einigen Jahren stets mit den Kindern korrespondiert, und ich muss sagen, dass sie mir immer besser gefielen durch ihre bescheidene Art. Sie sind natürlich durch die Verhältnisse sehr herumgeworfen worden, haben aber das Glück gehabt, wenigstens Schweizer Schulen zu besuchen, aber leider, als Max sechzehn Jahre war, musste er in ein Arbeitslager. Das würde ihm nichts gemacht haben, wenn er dort wirklich etwas erlernen könnte, aber das ist gar nicht möglich. Er arbeitet momentan als Zweitjüngster im Steinbruch, Straßenbau, aber ich will versuchen, ihn für eine praktische Ausbildung doch frei zu bekommen, natürlich mit Unterstützung, wie er sie bis jetzt vom Hilfswerk bekam. Nun sollte das Lager über die zehn Tage vor unseren Feiertagen, es ist ein jüdisches, geräumt werden, und ich hörte durch Zufall, aber nicht von ihm, dass er so unglücklich wäre, da er nicht wisse, wohin. So habe ich mich entschlossen und habe den Buben eingeladen für diese Zeit, was ich genehmigt bekam, und ich kann Euch nur sagen, dass er ein ganz patenter, enorm bescheidener und intelligenter Bursche ist. Es ist nur traurig, dass er nun fast 17 Jahre ist und leider bis jetzt nichts erlernen konnte. Er bekam von den Behörden die Bahn zu mir sehr ermäßigt und wohnt in einer ganz einfachen Pension. Seine zwei besten Freunde, die zufällig Genf zugewiesen sind als einstigem Aufenthaltsort, habe ich auch kennengelernt, sie sind zwar 22 Jahre bereits, aber ich muss sagen, dass er einen wirklichen Umgang hat, und jeder, der den Buben kennt, hat ihn gern. Etwas, was mich sehr auch für ihn eingenommen hat, ist, dass er mit inniger Zärtlichkeit an seinem Schwesterlein Ruthli hängt und ebenso wie mein Jost zu ihr wie dieser zu Elli emporsieht.

Ich habe, schon weil er den Namen unseres Großvaters trägt, immer mich mit der Absicht getragen, den Jungen mal kommen zu lassen, aber wirklich, ich musste so oft dieses finanzielle Opfer scheuen, aber nun muss ich sagen, dass ich derart befriedigt bin, in dem Buben so einen netten Menschen gefunden zu haben. Er weiß sich tadellos zu benehmen, und jedermann hat ihn schon wegen seiner Bescheidenheit gern. Nun kam gestern für alle Kinder, die Flüchtlinge in der Schweiz sind, ein Fragebogen auszufüllen, ich glaube durch das amerikanische Konsulat, mit der Bitte um Adressenangabe, wer sich eventuell bei der Ankunft der Kinder in Amerika ein wenig um sie kümmern würde. Natürlich haben die Kinder doch gar keine Adressen, nicht einmal die ihrer Schwestern wissen sie genau, und so habe ich mir erlaubt, Ihnen Deine, lieber Fred, zu geben. Erstens bist Du Bürger, und ich dachte mir, da doch unser Großvater Dein Gevatter war und Max von ihm seinen Namen hat, Du ihm bestimmt gerne behilflich sein wirst. Ich bin ganz überzeugt, dass der Bub Dir einmal Ehre machen wird und er sowie das Ruthli bestimmt ihren Weg machen, da sie prachtvoll erzogen sind. Ich denke, dass wir, die Enkel von unserem Großvater, sogar die Pflicht haben, diesen armen Kindern, wenn es geht, weiterzuhelfen, denn wie viel hatten all die Schwarzhaupts in dieser entsetzlichen Zeit zu erleiden. Ich habe wirklich das Gefühl, als ob nach der Misere, die auf diesem Namen erkämpft wurde, gerade auf diesen beiden Waisenkindern eine Broche[446] liegt, die dem Namen Schwarzhaupt wieder Glück bringen möchte. Wie wenige sind uns geblieben, denen wir noch helfen können, also wollen wir es tun, gerne und zum Segen, dass sie auch eine Zukunft vor sich haben.

Ich gebe Euch wegen Nachfragen auch die Daten der Kinder:

Ruth Schwarzh. geb. 10. Mai 31 in München, Max, 29. Okt. 27 auch in München, beide seit Februar 16, 39 in der Schweiz, zuständig zuerst Kanton Luzern, beide haben jetzt Toleranzbewilligung von Basel.

---

446 Jiddisch *Segen*.

So, nun genug davon, Max hätte ja am meisten Lust zu einem kaufmännischen Beruf, und er wird jetzt alles daransetzen, auch die englische Sprache zu erlernen, was ja bis jetzt leider unmöglich war. Nun muss ich aber schließen, denn in zwei Stunden geht unser höchster Feiertag an, und ich will auch, dass Mutterl nicht zu lange über alles nachdenkt, denn leider ist sie gar nicht wohl. Ich habe ihr den Buben gar nicht gezeigt, sie kann ja so gar nichts vertragen. Vater hält wie immer seinen Gottesdienst zuhause, er fastet zwar nicht, freute sich aber schon aufs Anbeißen.

Nun, meine lieben Geschwister, nehmt mir meine lange Epistel nicht übel, aber wir wollen schon zum Dank, dass Gott uns das Härteste ersparte, an den paar übrigen armen Verwandten Gutes tun. Ich umarme Euch in herzlicher Liebe.

Wie immer mit vielen innigen Gedanken und tausend Küssen, Euer

[Mariele]

Maria Klopfer, Genf, Hotel Regina, 24. Februar 1945

Meine innigst geliebte Familie!
Der heutige Abend sei euch ganz gewidmet, sind ja meine Gedanken so ganz bei Euch, ist es ja der Vorabend des Geburtstages von Dir, mein goldiges Stevenbüberl. Wie wirst Du, mein Lotterl, Erwin und Opa [Theodor Klopfer] alles hergerichtet haben, um dem kleinen Lauser einen echten Sonntagsgeburtstag zu veranstalten.

Nun möchte ich Euch gleich etwas Freudiges mitteilen, ich bekam dieser Tage einen Brief von unserem Hans [Klopfer] aus Paris, der aber leider zwei Monate unterwegs war, er ist in der französischen Armee und sogar Leutnant und hat mich gebeten, ihm sofort zu schreiben, er wolle mir dann das nächste Mal seine ganze

Odyssee beschreiben, natürlich antwortete ich postwendend, aber ich hoffe, dass meine Zeilen ihn doch schneller erreichen als mich die seinigen.

Man ist doch froh, endlich etwas von ihm zu wissen, und gab ich mir so viel Mühe die ganze Zeit, denn er ist ja doch ein Klopferkind.

Von Palästina und von Euch direkt erhielt ich Eure Dezember-Briefe, und ich bin so froh, dass Du, mein Toberl, nun wirklich die Prüfung gut hinter Dir hast, ich hätte bestimmt auch mit nicht geschlafen. Großmutterl [Anna Klauber] ist zurzeit wirklich etwas besser beisammen, diese Injektionskuren sind wirklich immer ein Reservoir für ihre Kräfte, nur müssen sie Anfang März wiederholt werden, was ihr, nachdem sie sich nun ganz annehmbar fühlt, gar nicht einleuchten will, aber man muss unbedingt immer vorbeugen, ehe sie so elend wird. Großvater [Moritz Klauber] möchte bei jedem Sonnenstrahl, trotzdem es noch sehr kalt ist, immer seinen grauen Sommeranzug anziehen und ist enttäuscht, wenn ich sage, dass ich ihn noch nicht herunten habe. Bei uns ist es jetzt, wenn wir auch noch sehr gut im Hotel versorgt sind, doch viel knapper mit den Lebensmitteln geworden. Vieles kann man überhaupt nicht mehr haben, dieses Jahr sah man keine einzige Orange oder Mandarine, das Brot ist für viele zu wenig, und es ist oft schwer mit den Paar Coupons, die wir vom Hotel herausbekommen, für die Zwischenmahlzeit etwas zu kaufen. Schokolade gibt es 50gr. für die Person im Monat und Kakao, Tee nur ganz minimal. Käse oder Butter kann man nie kaufen, da wir ja unsere Marken ganz im Hotel abgeben, aber die Verköstigung ist im Hotel wirklich zufriedenstellend. Überhaupt, wie unglaublich gut haben wir es, wenn man an all die Menschen denkt, die der Gefahr des Krieges unmittelbar ausgesetzt sind, und erst an all die unglaublichen Judenschicksale.

Zuerst möchte ich fragen, ob Ihr von dem lieben John Nachricht habt, ich denke so viel an den Buben und begreife, wie Fred und

Liese bangen. Und nun möchte ich Euch aber erzählen, was ich alles genau über den Transport weiß, der von Theresienstadt kam, und ich bitte Euch, meinen Geschwistern und Heini davon zu erzählen. Aufgeregt habe ich mich genügend, besonders durch ein Missverständnis. Heinrich Walter, der Vetter von Busi aus der Klenzestraße, hatte das große Glück, mit Dr. Kammitzer [gemeint ist Dr. Leopold Camnitzer] und Frau heraus in die Schweiz zu kommen, und hat sofort aus der Quarantänestation seiner Schwester in Lengnau geschrieben, dass sie mir mitteilen soll, dass er immer mit Tante Linerl [Lina Eichler] beisammen war. Seine Schwester war so aufgeregt, dass sie es falsch verstanden hatte und dachte, Linerl sei mit herausgekommen, und gratulierte mir dazu. Ich habe die Liste mit meinen Bekannten bereits der Communaute[447] und an alle Stellen gegeben und immer gehört, dass niemand meiner Bekannten darunter sei, aber dass noch aus einigen Lagern die Listen nicht eingetroffen seien. Natürlich habe ich nach dem Brief von Lengnau sicher gerechnet, dass Linerl in einem Lager am Genfersee sei, denn Herr Walter ist in Montreux, und habe ich alle Lager in der Nähe angerufen, aber leider umsonst. Nun ließ ich mir auch die genaue Adresse von Walter geben und frug ihn, und leider kam der Bescheid, dass sie nicht dabei sei, sondern dass er sie täglich beim Essenfassen in Theresienstadt getroffen hatte. Ihr könnt Euch nicht denken, wie traurig ich war, ich hatte, nachdem ich hörte, wie bedürftig die Leute angekommen sind, alles hergerichtet für das gute Linerl, und ich habe mir vorgenommen, sie mit größter Liebe aufzupäppeln, denn wirklich, wir können nicht genug Liebe geben diesen Armen, was sie alle mitgemacht haben.

Erschütternd der Dankesbrief, den ich von Herrn Walter und Dr. Chamnitzer [erhielt] für das, wie ich die Münchner Juden be-

447 Gemeint ist die Communauté Israélite de Genève, die Israelitische Gemeinde in Genf, die sich ab 1942 verstärkt um die Belange der Flüchtlinge kümmerte.

willkommnete. Er schreibt wortwörtlich: Trotz Ihres großen Verständnisses für unsere Lage und unsere Verhältnisse von unsrer Einreise in die Schweiz können Sie sich doch vielleicht nicht ganz vorstellen, welche besondere Freude Sie uns allen bereitet haben. Es kommt uns vor, als wären wir in Wunderland, in ein Schlaraffenland durch eine wundertätige Fee versetzt worden, in einen Zustand, den man sonst nur im Traum erleben kann, und in gewissen Augenblicken fürchtet man zu erwachen, und all das Liebe und Gute versinke wieder in ein Meer des Nichts. So war der Anfang des Briefes eines 71-jährigen Mannes, nämlich von dem Heinrich Walter, er bat mich, Dich, lieber Toby, bestens zu grüßen, und dann gab er mir die Auskünfte, die ich von ihm verlangte und die mehr als traurig waren. Tante Klara [Westheimer, geb. Schwarzhaupt] starb kurz nach ihrer Ankunft in Theresienstadt, und Onkel Simon [Schwarzhaupt] einige Monate später, dann auch später Onkel Moritz [Schwarzhaupt], aber über den Leidgang dieser drei Menschen muss man zufrieden sein, denn sie fanden ihre Erlösung und den ewigen Frieden doch ziemlich bald. Auch die Mutter meiner Freundin Ella, Frau Landauer, ist sehr bald dort gestorben. Die guten Getreuers waren, wie ich immer wusste, nie dort gewesen.

Tilly Landauer, die Frau von Franz, geb. Höchstätter, kam, nachdem ihr Mann und ihre Mutter in Holland im Lager gestorben war[en], mit einem Transport nach Theres., und sie schrieb auch einmal eine Karte von dort an Kurt [Landauer], und nun hörten wir, dass die Arme mit Dr. Stahl und Frau fortkam und wahrscheinlich ins Reich.

Auch der arme Paul Lustig kam zum Arbeitseinsatz ins Reich, aber seine Frau und Kind sind noch in Th. Ich erhielt noch einen Brief von einer Pragerin, die auch in die Schweiz kam und die eine Freundin von Pauls Frau ist und mir dies ebenfalls mitteilte, und ich habe jetzt bei dieser Frau um Auskunft über Martha [Epstein, geb. Klauber], Ernst und Liesl Epstein gebeten, denn diese waren ja einmal auch in Th.

Lina Rosenfelder, die Mutter von Klärchen Stark, kam mit einem Transport nach dem Osten, sie ist bestimmt, wie wir wissen, schnell von allem erlöst worden, natürlich die Leute in Th. wussten nicht, was mit den Abtransportierten geschah, aber sie mussten wenigstens nicht lange mehr leiden.

Ich bitte Dich, lieber Toby, schicke an Frau Stark 50[$], ich kann ja ihrer Mutter nichts mehr schicken. Ich schreibe ihr nur, dass ihre Mutter in Frieden ruht, mehr braucht sie ja nicht zu erfahren. Vier Wochen müssen die Leute in der Schweiz in Quarantäne bleiben, ehe sie Besuche haben dürfen oder herauskönnen, aber alle Menschen brauchen noch viel, um ruhig zu werden. Die Frau von Lehrer Frei mit 85 Jahren ist auch gerettet, sie ist bei Interlaken. Walter hat auch an seine Schwester jetzt einen großen Bericht über Milbertshofen[448] geschrieben, wo er den Abtransport von Ella, Busi und so vielen miterlebte, und es stehen einem die Haare zu Berge, wenn man von all den Unterdrückungen und Entbehrungen, die unsere Mitmenschen auszuhalten hatten, die Wahrheit hört. Darum sage ich immer, wir müssen helfen und helfen, um denen, die auch für uns mitgeduldet haben, ein wenig ihre Wunden zu heilen. Auch die alten Abeles, Josephs Eltern, die Walter gut kannte, ruhen in Frieden. Letzte Woche hatte ich einen Brief aus Seattle von Gretl Block, in dem sie sich bedankt, dass ich ihrer Mutter Jenny Freund öfters was nach Th. geschickt habe, leider hörte ich, dass auch sie im Oktober 44 nach dem Altreich gekommen ist, ich will es ihr aber wirklich nicht schreiben, Rosl [Abeles, geb. Getreuer] könnt ihr es ja sagen, ich habe jeden Monat auch an Jenny geschrieben und ihr noch erzählt, wie gut es ihren Kindern und Enkeln geht.

Also nun habe ich Euch heute viel erzählt, leider außer von Hans nichts Schönes, aber ich weiß, wie Euch alles interessiert, wenn Ihr auch darüber antwortet, bitte in Englisch, damit ich Mutter den Brief nicht zeigen brauche.

---

448 Sammel- und Deportationslager München Milbertshofen.

Nun will ich ins Bett gehen, ich will an unser Geburtstagskinderl denken, damit ich all die trüben Gedanken aus dem Kopfe bringe, und den lieben Gott bitten, dass er unsere Kinder und Enkelkindchen vor derartigem Unglück bewahre. Auch Sopherl lasst den Brief lesen, denn sie kennt ja auch all diese Leute.

Euch, Ihr lieben, lieben allerliebsten Menschen, umarmt und küsst

Eure

[Maria]

Military Government an Siegfried Herrmann, 11. März 1947

Military Government
Liaison and Security Office.

München, den 11. März 1947.

Herrn Herrmann
<u>München</u>
Weinstrasse 14/2.

Diese Dienststelle erhielt Ihre Bitte für Einreiseerlaubnis nach München für Herrn Kurt L a n d a u e r, Genf, Rue Levrier 3, Schweiz. Diese Dienststelle hat gegen die Einreise nach München nichst einzuwenden, vorausgesetzt, dass der Reisende zum Verlassen der Schweiz schon vorher genau dokumentiert wurde und dass er eine Militär-Einreisegenehmigung nach Deutschland erhalten hat.
Mit dieser Genehmigung nach München zu kommen geben diese Dienststellen oder irgend welche andere Militär-oder Zivil~~stellen~~behörden keine Voraussetzung zum Bezuge von Sonderretionen, Quartier oder andere Notwendigkeiten.
Dieser Brief kann an Herrn Kurt Landauer übermittelt werden als ein Zeichen der Genehmigung seiner Einreise nach München durch diese Dienststelle.

for the director:
C. J. WARDLE,
Captain.

Military Government an Siegfried Herrmann, 11. März 1947

Jewish Committee an Siegfried Herrmann, 27. März 1947

Jewish Comitee
Munich
Möhlstr. 43.

München, den 27. März 1947.

An den Sicherheitsdirektor
Herrn Herman
M ü n c h e n
Etzstrasse 4.

Wir bestätigen hiermit, dass Herr Kurt L a n d a u e r zrzt. in Genf, Rue Levrier Nr. 3/Schweiz/, sobald er nach München kommte, von uns betreut wird. Wir werden ihm von unserem Kontingent die Zuzugsgenehmigung und Wohnraum zur Verfügung stellen. Seine Rückkehr nach München wird von uns befürwortet. Herr Landauer ist rassisch Verfolgter und aus wirtschaftlichen Gründen ist es angewiesen, dass er nach München zurückkehrt.

Jewish Comitee Munich
Vorsitzender
Unterschrift unleserlich.

(Kopiert mit den Originalfehlern!)

Jewish Committee an Siegfried Herrmann, 27. März 1947

Kurt Landauer, Genf, 23. November 1948

Eidesstattliche Erklärung

Ich, Kurt Landauer, Jude, geboren am 28. Juli 1884 zu Planegg bei München, gebe hiermit die nachfolgende Versicherung an Eides-statt ab:

Durch seine Schwägerin, Fräulein Maria Baumann, die von 1927 bis 1941 Wirtschafterin in meines und meines Bruders gemeinsamen Haushalt gewesen war, lernte ich vor langen Jahren Herrn Michael Unterweger kennen. Er kam oft zu uns ins Haus und ich schätzte ihn stets als einen aufrechten und anständig denkenden Menschen.

Während der ersten Kriegsjahre, bis 1941, hat Herr Michael Unterweger unseren Haushalt mit Dingen unterstützt, die Juden entweder überhaupt nicht mehr zugewiesen oder dann nur mangelhaft bekamen. Es handelte sich in erster Linie um Lebensmittel, sowie um Rauchwaren. Alles hat er in uneigennützigster Weise zur Verfügung gestellt und damit oft den Haushalt vor dem Schlimmsten bewahren können.

Durch unsere Wirtschafterin hat Herr Unterweger eine Anzahl von Koffern und Kisten, angefüllt mit Silberbeste[c]ken, Wäsche, Hausgerät und Büchern erhalten, die, da Juden gehörend, abgeliefert hätten werden sollen. Diese Sachen hat Herr Unterweger bei sich aufbewahrt, sie sind auch heute noch vorhanden.

Auf diese Weise wurden für mich lebenswichtige Gegenstände dem Zugriff der Gestapo entzogen. Durch diese menschenfreundliche Handlung von Herrn Unterweger, seiner Frau und seiner Schwägerin bin ich in die Lage versetzt nach meiner Rückkunft nach München im Frühjahr 1947 wieder einen eigenen Hausstand gründen zu können. Mein Bruder, Dr. Paul Landauer, mit dem ich den Haushalt zusammen hatte, wurde im Jahre 1941 deportiert und ist umgekommen.

STAAU, Spruchkammerakten Günzburg, Akten U-13 (Michael Unterweger).

Henny Siegel an Maria Landauer, Haifa, 1971

Haifa, 3.IV.1971.

Liebste Maria,
lass mich Dir sagen, wie sehr ich Deine Haltung bewundere mit der Du zu bewältigen versuchst, was Dir zustößt. Es geht mir, das brauche ich Dir nicht zu sagen, sehr nahe. Ich hoffe, Du hast ein Bett im »Schwabinger« erreicht und hast Linderung Deiner Schmerzen und Behinderungen. Dass Du noch so lange und so deutlich hast an mich schreiben können! Ich danke Dir sehr innig dafür.

Vielleicht hast Du inzwischen erfahren, dass ich doch die Absicht habe, im Mai nach München zu kommen. Es hängt davon ab, ob die Kinder das wollen und ob ich im »Marienbad« Platz bekomme, denn ich möchte nicht irgendwo wohnen, wo ich fremd bin. Ich habe immer klar gemacht, dass nächstes Jahr Olympiade ist und da bleibt man München am besten fern. Und mit 80 soll man die Gegenwart leben, da die Zukunft nicht erraten werden kann …

Wie ich bemerke, verfolgst Du die Politik bei uns sehr genau; ich muss gestehen, dass bei dem ständigen Wechsel man gleichgültiger wird. An Krieg glaubt man bei uns nicht. Die Russen wollen und brauchen ihn nicht. Sie sitzen ja schon fest. Dass es bei uns eine (tröpfelnde) russische Einwanderung gibt von übrigens hochwertigen Facharbeitern und Wissenschaftlern, kann man sich schwer erklären. Dagegen regt mich die Pessachputzerei sehr auf, weil die Hilfskräfte – bestellt und nicht gekommen – mich ausgeräumt im Stich ließen und ich sehr arbeiten musste. Selber. Das Heim ist, was die Hausarbeit betrifft, schlecht in Ordnung.

Heute Shabbat fahren H. Eli und ich im Wagen auf den hinteren Carmel und Ilan und Dorit wandern die Km zu Fuß als Training, da sie am Sonntag den 3 Tage Marsch mitmachen. Wir treffen uns dann in einem Carmel Restaurant zum (arabisch) Essen.

Von Henny M. hatte ich einen sehr l. Brief. Sie scheinen [eine] sehr glückliche Familie zu sein.

Ich kann heute nicht mit meiner Maschine schreiben, weil ich am Shabbat nicht so klappern kann. Marken gibt es in nächster Zeit wieder neue, sodass ich Dich entschädigen kann, dass ich in Zerstreutheit diesen Bogen mache.

Ich danke sehr für die Ausschnitte und die interessanten Marken. Die Besprechung wegen der Bilder verschiebe ich eventuell aufs Mündliche. Da bin ich ganz einverstanden mit Rueff Versteigerung, nicht aber den »Druck«. Den soll Uri zunächst bei sich aufhängen.

Es klingt grotesk, aber ich wünschte meine besten Ostergrüße erreichen Dich im Krankenhausbett, umsorgt und gepflegt. Denke daran, dass es im Sinn des guten Kurt [ist], dass Du Dir alles antust, was zu Deiner Erleichterung getan werden kann. Gott sei Dank bist Du materiell dazu in der Lage. Das ist auch meine Ansicht und mein wärmster Wunsch.

Sehr herzliche Grüße von den Marcks. Es umarmt Dich in Liebe
Deine Henny

Haifa, 21. IV. 1971.

Meine sehr Liebe [sic] Maria,
Ich denke sehr viel an Dich, aber meine Gedanken wissen nicht, wo sie Dich zu suchen haben. Ich hoffe Dich gut gepflegt im Krankenhaus und man tut, was man kann, um Deine argen Schmerzen zu lindern. Ich hoffe doch bald auf Post von Dir oder den Kindern,

um von Dir zu hören. Aber Du sollst nicht schreiben, wenn es Dir Mühe macht.

Ich möchte Dir auch persönlich mitteilen, was du sicher schon weißt, dass ich mich nun doch entschlossen habe zu reisen. Da nächstes Jahr der Olympiade wegen nicht in Betracht kommt, und ich doch in meinem Alter nicht wissen kann, wie es mir geht, so fasse ich mir Mut und freue mich schon sehr. Ich habe für den 18. Mai gebucht; das ist ein Gruppenflug von 6 Wochen und endet am 30. Juni. Ich freue mich sehr wieder herauszukommen, denn es ist eben ein Altersheim und die Menschen verfallen, werden krank, werden verwirrt ... Ich sehe es als ein großes Geschenk des Schicksals an, dass ich bei guter Gesundheit bin und dabei stehen geblieben bin. Es ist mir bewusst, dass sich das ändern kann.

Inliegend ein Satz der allerneuesten Marken von Dr. Levin. Mache dir nur keine Gedanken über »revanchieren«. Ich kann ihm mitbringen, was er sich wünscht. Ich werde dir den Satz außen frankieren, sodass Du ungestempelt hast und gestempelt. Leider fehlt immer der untere Anhänger, weil die Post sie nur ohne führt.

Wir hatten einen Einbruch von Winterwetter wie ich ihn um diese Jahreszeit noch nie hier erlebt hatte. Sonst ist Pessach meist von schweren Chamsinen[449] begleitet. Aber sie werden noch nachgeliefert werden.

Herzlichste Grüße von Marcksens.

Alles Liebe

Deine Henny

---

449 Pl. von *Chamsin*, heißer Wüstenwind.

Haifa, 8.5.1971.

Meine sehr liebe Maria!
Durch Uri, Judith habe ich erfahren, dass Du im Krankenhaus bist und ich hoffe, dass man Deine Schmerzen wegbringt. Ich denke oft an Dich und Hannah und ich sprechen oft miteinander von Dir. Nun aber werden wir bald miteinander sprechen können.

Dienstag den 18.V. am Abend um 7 h werde ich, wenn nix [sic] dazwischen kommt, bei Euch eintreffen. Wenn ich da nicht vor Hitze zusammengeschrumpelt bin und diese zusammengeschrumpelte Masse durch allzuviele schwere Hausarbeit überhaupt noch transportfähig ist. Denn nachdem ich ohne Hilfe Pessachstöberei gemacht habe (eine Hilfe ließ mich sitzen, nachdem ich alles ausgeräumt hatte), kam man auf die Idee desinfizieren zu lassen und für die Reise muss ich ja auch noch die Wohnung schließen, in Ordnung und sauber. Wir haben seit etwa 10 Tagen eine Hitzewelle mit Chamsin. Heute 30 °. Nachmittags ist es immer leichter. Ich hoffe, bis ich fliege ist wenigstens normales Sommerwetter.

Da ich Deine Krankenhausadresse nicht weiß, so schreibe ich diese Zeilen in die Virchowstr. und hoffe sie erreichen Dich bald. Mein Vorreiter. Ich freue mich Dich zu sehen.

Alles Liebe. Sei umarmt
von Deiner
Henny
Herzliche Grüße von Marcksens.

Henny Unterweger:
Ferien bei Onkel Kurt und Tante Marie
August 1949–1950–1951

Sommerferien – drei Kinder strecken ihre Köpfe aus dem Zugfenster am Bahnhof Jettingen, winken ihrer Mutter, die sie besorgt der Obhut des Zugschaffners übergeben hatte, da setzt sich die Dampflokomotive mit Zischen und Stampfen, eine gewaltige Rußwolke ausstoßend, langsam in Bewegung. Das Ziel ist München – Ferien bei Onkel Kurt und Tante Marie! Der großen Schwester, elf Jahre alt, wurde eingeschärft, gut auf die kleineren Geschwister aufzupassen, nichts liegen zu lassen, die Blumen aus dem Garten der Tante Marie zu überbringen mit den besten Grüßen, und dem achtjährigen Bruder und der lebhaften Jüngsten, knapp vier Jahre alt, wurde nochmals ans Herz gelegt, doch ja brav und anständig bei Onkel Kurt zu sein.

Drei Jahre hintereinander durften wir drei Geschwister – unser jüngster Bruder, damals noch nicht ganz zwei Jahre alt, blieb bei den Eltern zuhause – jeweils für vier Wochen in den Sommerferien diese Reise nach München antreten, was für uns natürlich ein großes Abenteuer war. Tante Marie holte uns am Hauptbahnhof ab und wir fuhren mit der Tram die Leopoldstraße hinaus nach Schwabing bis zur Haltestelle Virchowstraße, von wo es nicht weit bis zur Wohnung von Onkel Kurt Landauer und Tante Marie war. An den ersten Aufenthalt kann ich mich kaum erinnern, aber die folgenden Ferien 1950 und 1951 sind mir lebhaft im Gedächtnis.

Ein erster starker Eindruck waren sicher die vielen Ruinen und Schuttberge, die rechts und links der Straßen aufragten und von einer Zerstörung ungeheuren Ausmaßes zeugten, die wir Kinder gar nicht einordnen konnten. Aber in der Virchowstraße war alles heil, große Bäume beschatteten das breite Trottoir auf der Südseite des Häuserblocks Nr. 14, auf der gegenüberliegenden Straßenseite waren kleinere Häuser heil geblieben, aber nicht weit Richtung Süden ragten wieder sehr große Schuttberge auf und die offenen Fronten der zerbombten Häuser. Das war das Viertel der *Münchner Freiheit*, wo man aber auch dicht neben den Ruinen in kleinen Geschäften einkaufen konnte. Wir Kinder brachten mit dem Leiterwagen Stapel von gebündelten Zeitungen dort in einen Hinterhof zum Altpapierhändler. Hinter dem Innenhof des Gebäudekomplexes Virchowstr. 14 gab es jedoch Schuttberge in verwildertem Grasland. Es war für uns Kinder sehr verlockend, dort mit den gleichaltrigen Kindern aus dem Wohnblock, mit denen wir uns anfreundeten, zu spielen. Dieses Gelände wurde uns aber streng verboten und Tante Marie erzählte uns zur Abschreckung schlimme Geschichten, wie Kinder durch Blindgänger schwer verletzt worden waren.

Für uns Kinder vom Dorf waren das alles unglaubliche Eindrücke: z. B. Trambahn fahren – an mancher Haltestelle, wenn wir warten mussten, gab es ein *JOPA-Eis* am Stiel! Mit so einem Eis in der Hand stand ich plötzlich dem ersten Schwarzen meines Lebens gegenüber: einem sehr großen GI, den ich wohl mit offenem Mund anstarrte, bis mich meine Tante mit einer Entschuldigung wegzog. Der Soldat schaute uns lächelnd nach, als ich mich nochmals umdrehte.

Überhaupt die Ausflüge: In den Tierpark Hellabrunn an einem heißen Sommertag, diesmal war auch Onkel Kurt dabei, der sonst morgens mit der Tram schon in das Büro des FC Bayern fuhr. Wie immer war er tip-top gekleidet im hellen Anzug mit Krawatte und Strohhut. Tante Marie war ebenfalls auf gutes Äußeres bedacht, sie trug immer weiße gehäkelte Sommerhandschuhe, denn was man in der Tram anfasste, war schmutzig. Beide hatten natürlich viel Spaß an unserem Staunen und unserer Freude an den fremdländischen Tieren. Ich erinnere mich bis heute an eine Schimpansen-Fütterung, wo die Schimpansen mit Röckchen und Höschen bekleidet auf Bänken Platz nahmen, um gefüttert zu werden, oder an eine Vorführung bei den Elefanten, wo sich der Wärter auf den zusammengeschlungenen Rüsseln von zwei Elefanten schaukeln ließ und ein Elefant sogar Mundharmonika spielte. Unvergessliche Momente, wenn es dann noch zur Stärkung ein Würstchen und Limonade gab!

Ein besonderes Highlight war der Besuch bei Zirkus Krone. Es könnte sein, dass es eine der ersten Vorstellungen des großen Münchner Zirkus Krone nach dem Krieg war. Wir saßen zu fünft in einer Loge, ganz dicht an der Manege, da war es uns Kindern nicht immer ganz geheuer, wenn z. B. die Elefanten dicht vor uns ihre gewaltigen Füße auf den Manegenrand stellten und ihre Rüssel fast über unseren Köpfen schwenkten oder die Raubtiere gefährlich fauchten. Ich flüchtete mich dann schnell auf den Schoß von Onkel Kurt. Aber die unglaublich lustigen Clowns ließen das schnell wieder vergessen.

So viele erlebnisreiche Exkursionen durften wir machen: in den Botanischen Garten, ins Deutsche Museum, an den Kleinhesseloher See, oder – wenn es sehr heiß war – ging Tante Marie mit uns ins Ungererbad und am Sonntag zusammen mit Onkel Kurt in den Englischen Garten. Der Chinesische Turm war noch ganz neu und wir konnten rauf- und runtersteigen, sooft wir wollten, während Onkel Kurt und Tante Marie im Biergarten saßen und ausruhten. Der gefährliche Eisbach wurde uns gezeigt, wo Kurt Landauer seinen jüngeren Bruder Alfons einmal aus dem reißenden Wasser gerettet hatte.

Nach solch aufregenden Tagen kamen wir natürlich hungrig und müde heim. Tante Marie war eine ausgezeichnete Köchin und es gab ein richtig kleines Abendritual, bei dem wir auch helfen durften. Es war ein schöner Tagesausklang. Der Tisch wurde schön gedeckt, eine Stehlampe an den Tisch gestellt, die ein gemütliches, warmes Licht verbreitete, von der Küche kam Tante Marie mit den Speisen auf einem Teewagen und wenn es schon dunkel wurde, sagte Onkel Kurt mit tiefer Stimme zu meinem Bruder: *Walte deines Amtes*! Und mein Bruder ließ mit Begeisterung die Rollläden in dem großen Zimmer herunterrattern – das kannten wir natürlich auch nicht!

Manchmal spielten wir *Mensch ärgere Dich nicht* oder *Mikado* zusammen, meistens saß ich dabei auf Onkel Kurts Schoß und wir beide spielten zusammen gegen die anderen. Da hatten Onkel Kurt und wir alle viel Spaß, denn Onkel Kurt konnte sehr witzig sein und sich diebisch freuen, wenn wir jemanden ›rausschmeißen‹ konnten. Sein Lachen höre ich heute noch.

Ich durfte ihn auch unermüdlich frisieren, trotz seiner wenigen Haare war das meine Leidenschaft. Rechts der Scheitel, links der Scheitel, Mittelscheitel oder gar keiner – Onkel Kurt hielt geduldig seinen Kopf hin.

Ich erinnere mich auch an einen Besuch von Kurt Landauers Schwester Henny Siegel mit ihrem Mann Julius Siegel in der Virchowstraße an einem Nachmittag, an dem wir dann zusammen *Mikado* spielten. Es kann sein, dass Henny Siegel dieses Spiel als Geschenk mitgebracht hatte.

Wir drei schliefen in Tante Maries Zimmer, meine Schwester im Bett, mein Bruder auf der Couch und ich auf einem extra aufgestellten Feldbett und bevor uns die Augen zufielen, bekamen wir von Onkel Kurt noch als ›Betthupferl‹ ein Stückchen Schokolade!!! (Es hat uns *nicht* geschadet!)

In der letzten Ferienwoche wurden wir ›ausstaffiert‹! In Erinnerung blieb mir, wie mein Bruder im Herrenausstattungshaus *Hirmer* eine Lederhose und ein Jankerchen bekam und wie wir in einem Salamander-Schuhgeschäft auf einem roten Holzelefanten reiten konnten – und natürlich Schuhe anprobierten. Am besten gefielen mir meine kleinen Gummistiefel und ein Regenmäntelchen. Ich war das einzige Kind in unserem Dorf, das Gummistiefel hatte und damit in die Pfützen springen durfte! Sicher bekamen meine größeren Geschwister auch Notwendiges für die Schule, woran ich mich aber nicht erinnern kann.

So wurde in vielfältiger, umsichtiger und liebevoller Weise für uns gesorgt, was für meine Eltern eine große Hilfe war und uns Kindern wunderbare Erlebnisse schenkte. Es war spürbar, wie gerne Kurt Landauer anderen eine Freude bereitete und selber Freude daran hatte. Das war übrigens auch bei Frau Maria Klopfer der Fall. Obwohl sie uns persönlich gar nicht kannte, schickte sie jahrelang sehr schöne sinnvolle Geschenke für uns Kinder, z. B. auch ein jahrelanges Abonnement von *National Geographic,* wohl um uns auch im Englisch-Unterricht zu unterstützen. Die besonderen Landkarten aus diesen Heften besitze ich heute noch!

Als mein Bruder Konfirmation hatte und wir gerade von der Kirche heimkamen, damals lebten wir schon in Memmingen, stand Onkel Kurt mit einem nagelneuen Fahrrad für meinen Bruder im Garten und freute sich so sehr, dass ihm diese Überraschung gelungen war. Er hatte extra die Fahrt mit Bahn und Taxi auf sich genommen!

Eines aber konnte Kurt Landauer nicht ertragen und ich bedaure es heute noch, dass ich ihm diesen Schmerz zufügte. 1957, ich war noch nicht ganz zwölf Jahre alt, durfte ich noch einmal alleine für eine Woche zu Besuch nach München kommen. Onkel Kurt ging es damals schon nicht mehr sehr gut, er musste streng Diät einhalten und war oft den ganzen Morgen im Morgenmantel und las Zeitung. Einmal fragte er mich, was wir denn in der Schule über Hitler lernen würden, und ich antwortete ganz naiv und wahrheitsgemäß: Hitler hat die Autobahnen gebaut …

Onkel Kurt schaute mich ungläubig an, griff an sein Herz, schüttelte nur den Kopf und ging aus dem Zimmer. Er erwiderte mir nichts, aber er regte sich derart auf, dass er fast einen Herzanfall erlitten hätte, wie mir meine Tante erklärte. Ich fuhr in sehr bedrückter Stimmung heim, denn ich konnte das nicht ganz verstehen. Damals wusste ich so gut wie nichts von seiner Geschichte und über das Dritte Reich, leider, denn in der Schule und auch zu Hause wurde darüber nicht gesprochen. Es war das letzte Mal, dass ich meinen lieben Onkel Kurt gesehen habe.

Editorische Bemerkungen

Aufbewahrung der Originale

Der schriftliche Nachlass von Kurt und Maria Landauer befindet sich seit 2017 in der Sammlung des Jüdischen Museums München mit der Inventarnummer JM 23.01-13/2017.

Art und Erhaltungszustand der Dokumente

Der Lebensbericht von Kurt Landauer für Maria Baumann umfasst 77 handschriftliche Seiten. Hinzu kommen 33 handschriftliche und maschinengeschriebene, handschriftlich ergänzte Briefe von Kurt Landauer und Maria Baumann, darunter acht Briefe von Maria Baumann an Maria Klopfer. Kurt Landauer beschrieb aufgrund des Papiermangels meist einen Bogen engzeilig mit Schreibmaschine und füllte den Bogenrand mit handschriftlichen Anfügungen. Maria Baumann verfasste fast alle Briefe handschriftlich. Der Lebensbericht und die Briefe zwischen Kurt Landauer und Maria Baumann sind sehr gut erhalten, da Maria Baumann und ihre Familie den Nachlass sehr sorgfältig aufbewahrt haben. Die Briefe an Maria Klopfer wurden nach deren Tod an Maria Baumann zurückgeschickt. Sie weisen einige kleine Einrisse und z. T. fehlende Ecken auf.

Lücken im Briefwechsel

Neben dem Lebensbericht von Kurt Landauer ist nur die Korrespondenz zwischen Maria Baumann in München und Kurt Landauer in Genf vom 2. April 1946 bis 10. Mai 1947 überliefert, außerdem vier Briefe Kurt Landauers in München an Maria Baumann in Memmingen vom 1. Oktober 1947 bis 3. August 1948 sowie acht Briefe von Maria Baumann an Maria Klopfer in New York vom 25. August 1947 bis 12. Dezember 1948. Somit sind ein Großteil der Korrespondenz aus Kurt Landauers achtjährigem Genfer Exil und wahrscheinlich weitere Briefe aus der gemeinsamen Nachkriegszeit in München verloren.

Wiedergabe der Briefe, Angaben und Korrekturen im Text

Lebensbericht und Briefwechsel werden vollständig wiedergegeben. Die Eigenarten von Kurt Landauer und Maria Baumann in der Hervorhebung, Grammatik und Wortwahl werden beibehalten, zu bemerken sind hier Landauers bayerisches Idiom, wie bspw. *Dümmlack, bedeppelt* oder *dorten* statt *dort*, und Landauers und Baumanns spezielle, gemeinsame Sprache wie *Kapet*, *Huranscheen* oder *Herr Gran*. Offensichtliche Schreib- und Tippfehler sowie Zeichenfehler wurden korrigiert und die Rechtschreibung grundsätzlich angepasst. Eingriffe in den Text sind mit eckigen Klammern gekennzeichnet, wo dieser sonst schwer oder gar nicht verständlich ist. Handschriftliche Ergänzungen zu maschinengeschriebenen Briefen sind kursiv gesetzt. Für eine bessere Lesbarkeit des umfassenden Konvoluts sorgen eingefügte Absätze. Schriftliche Beilagen zu den Briefen wie die Abschrift des Briefes vom Jewish Committee, die sich im Nachlass erhalten haben, finden sich im Anhang.

Quellenangaben zu den Fußnoten

1. Heusler 2015; StadtAM, Biographisches Gedenkbuch.
2. Kreis 1998. Hier und im Folgenden wird mit »Flüchtling« der historisch gängige Begriff gebraucht.
3. AEG, 1985 va22/1-784, n° 176.730; BAR, E4264#1988/2#20660*.
4. Löffelmeier 2017, S. 86f.; StadtAM, Urkunde über Verleihung des Bürgerrechts, 18.03.1884; LBI, AR 10112.
5. Ebd.; StadtAM, Datenbank zum Biographischen Gedenkbuch der Münchner Juden (1933-1945); StadtAM, DE-1992-ZA-P-0283-42.
6. Selig 2004, S. 401ff.; StAM, WB Ia 3225; Ancestry.com, USA, Sterbeindex der Sozialversicherung, 1935-2014. Zum Spitzenhaus Rosa Klauber siehe Theobalt 2021.
7. Krauss 2009, S. 61ff.; Krauss 2016, S. 541; StAM, WB Ia 3225.
8. StadtAM, PMB Theodor Klopfer; StadtAM, PMB Sigmund Klopfer; StAM, WB Ia 1136; Ancestry.com, Adressbücher aus Deutschland und Umgebung, 1815-1974. Hier und im Folgenden wird bei Gebäuden auf die damalige Hausnummer verwiesen.
9. Findagrave.com, Otto Landauer (7 Dez 1842-6 Okt 1913).
10. AZ, 4.6.1904, S. 7; AZ, 18.07.1908, S. 338.
11. Löffelmeier 2017, S. 86f.; Ancestry.com, Kriegsranglisten und -stammrollen des Königreichs Bayern, 1. Weltkrieg 1914-1918. Siehe auch Heikaus/Köhne 2014.
12. Ebd.
13. Ebd.
14. Kugelmann 2005.
15. Ancestry.com, USA, Sozialversicherungsindex, 1936-2007.
16. StadtAM, PMB Gaston Pollock; Ancestry.com, US-Reisepassanträge, 1795-1925; Ancestry.com, Adressbücher aus Deutschland und Umgebung, 1815-1974.
18. Hinweis Familie Baumann.
19. Selig 2004, S. 401ff.; StadtAM, DE-1992-GEW-ARI-086; StAM, WB Ia 3225.
21. StadtAM, EWK Maria Baumann; Hinweis Familie Baumann.
22. Löffelmeier 2017, S. 86f.; StadtAM, Biographisches Gedenkbuch.

23. AZ, 19.07.1927, S. 7.
24. Süddeutscher Fußball-Verband 1997; BArch, R 9361-IX KARTEI/45330797. Bei Vereinsmitgliedern des FC Bayern, die vor 1914 eingetreten sind, wird das Eintrittsjahr aus der Rubrik »Unsere ältesten Mitglieder« in den Klubnachrichten des F.C. Bayern E.V. München (Club-Nachrichten), vom 27.02.1926, übernommen. Eintritte zwischen 1926 und 1934 konnten in den Club-Nachrichten gefunden werden, die in der Bayerischen Staatsbibliothek vorliegen. Spätere Eintrittsjahre wurden im FC Bayern Museum angefragt.
26. Ley 1979, S. 212.
28. Hinweis Familie Baumann.
29. Hinweis Peter Schwarz, Grainau und Uri Siegel sel. A.; StAM, WB Ia 1398. Club-Nachrichten, 31.05.1927.
30. Stammbaum der Familie Baumann, privat.
34. Krauss 2016, S. 679; AZ, 21.03.1928, S. 3; MNN, 30.03.1928, S. 10.
35. BayHStA, LEA 22239; BWA, K1/IX B 66a, Akt 5.
36. Hoser, Paul, »Münchner Neueste Nachrichten«, Historisches Lexikon Bayerns: ‹https://www.historisches-lexikon-bayerns.de/Lexikon/M%C3%BCnchner_Neueste_Nachrichten›
37. LBI, AR 10112; Stadtarchiv Dortmund, Heiratsregister; Findagrave.com, Richard O. Langham (15 Jan 1921-12 Juli 2007).
38. Findagrave.com, Otto Landauer (7 Dez 1842-6 Okt 1913).
39. Schleusener 2016, S. 159f.; StadtAM, PMB Martin Rosenthal; StadtAM, DE-1992-ZA-P-0422-6; StadtAM, Biographisches Gedenkbuch.
40. StadtAM, PMB Kurt Landauer; StadtAM, EWK Kurt Landauer; StadtAM, EWK Maria Baumann; StadtAM, Biographisches Gedenkbuch.
41. Ebd.
42. Club-Nachrichten, 30.09.1926; Standesamt Neuried, Ortssippenbuch des Ortsteils Altenheim (Eintrag Nr. 2141).
43. Jahn 2005, S. 224; Club-Nachrichten, 31.03.1932; Club-Nachrichten Sept./Okt. 1933.
44. StAM, WB I a 2451; StAM, WB I a 3403.
45. Weinzierl 2008; BWA, K1/IX B52a, 40. Akt; StadtAM, Biographisches Gedenkbuch.
47. Club-Nachrichten, 27.02.1927; SZ, 05.08.1963, S. 8, 12.
49. Stammbaum der Familie Baumann, privat. Hinweis Stadtarchiv Memmingen.

54. Hinweis FC Bayern Museum, FC Bayern München eV.
55. Pohlmann 2000.
56. Hoser, Paul, »Knorr & Hirth«, Historisches Lexikon Bayerns: ‹https://www.historisches-lexikon-bayerns.de/Lexikon/Knorr_%26_Hirth›
57. RGBl I, 1933, § 3, S. 175; RGBl I, 1933, § 6, S. 175; RGBl I, 1935, § 4, S. 1333; Sammlung Jüdisches Museum München.
58. RGBl I, 1939, Zehnte Verordnung, § 1, S. 1079; Zuchet, Mike, »Die Reichszentrale für jüdische Auswanderung«, Zukunft braucht Erinnerung. Online-Portal zu den historischen Themen unserer Zeit: ‹https://www.zukunft-braucht-erinnerung.de/die-reichszentrale-fuer-juedische-auswanderung/›
59. Ancestry.com, USA, Sozialversicherungsindex, 1936-2007; Ancestry.com, New York, Einbürgerungsaufzeichnungen, 1882-1944.
60. Löffelmeier 2017, S. 86f.; Kilian 1989, S. 39f.; LBI, AR 10112.
61. Folgende jüdische Mitglieder wurden in den Club-Nachrichten von Mai/Juni 1933 bis April 1934 als »Austritte« vermeldet: Friedrich Abeles, Ernst Bachmann, Heinrich Berliner, Hans Danziger, Bertold Feuchtwanger, Ludwig Flörsheim, Adolf Frohmann, Julius Gellner, Alfred Grünzeug (gestrichen), Siegfried Gutmann, Moses Moritz Hamburger, Gerhard Hirsch, Friedrich Kaufmann, Dr. Max Klar, Ernst Klauber, Ludwig Klauber, Eugen Klipstein, Max Klopfer, Richard Levy, Julius Löwenstein, Walter Loewenthal, Max Männlein, Adolf Marx, Salo (Siegfried Salomon) Marx, Dr. Benno Monheimer, Leo Moskowitz, Dr. Fritz Neuburger, Ludwig Neuburger, Emmy Offenbacher, Siegfried Offenbacher, Berthold Oppenheim, Dr. Armand Oster, Kurt Oster, Emil Pories, Karl Rawicz, Ferdinand Reiß, Heinrich Rosenfelder, Ludwig Rosenfelder, Benno Rothenberg, Fritz Schild, Dr. Heinrich Sundheimer, Max Sundheimer, Sigmund Sundheimer, Dr. Kurt Weil, Dr. Semy Weil. Club-Nachrichten, Mai/Juni 1933, S. 32f.; Club-Nachrichten, September/Oktober 1933, S. 26-28.; Club-Nachrichten, Juli 1934, 17f.; Club-Nachrichten, Oktober 1934, S. 12. Zu den Lebensdaten der Vereinsmitglieder jüdischer Herkunft siehe das Faltblatt *Erinnerungen hinaustragen: Dorthin, wo sie leben. Zum Erinnerungstag im deutschen Fußball 2019*, hg. von !Nie Wieder, FC Bayern München, Stadtarchiv München sowie Selig 2005, Stadtarchiv Personenmeldebögen und rijo-research. Im nächsten Recherche-

schritt könnten somit drei Gruppen von FC-Bayern-Mitgliedern jüdischer Herkunft im Nationalsozialismus weiter beleuchtet werden: Jene, die aktiv nach dem Rücktritt Kurt Landauers ebenfalls den Verein verließen; jene, die im März 1935 mit Einführung des »Arierparagraphen« aus dem Verein ausgeschlossen wurden (Weltkriegsteilnehmer durften zunächst im Verein bleiben); und jene, die formal von dem verschärften »Arierparagraphen« vom September 1935 erfasst wurden. Zu Rücktritten und Austritten jüdischer Vorstände und Vereinsmitglieder in anderen Vereinen: Goch 2005; Herzog 2006; Siegler 2006; Thoma 2009; Löffelmeier 2009; Herzog 2020; Aigner 2020. Zur »Stuttgarter Erklärung« am 9. April 1933: Herzog 2021(1). Zur Geschichte des FC Bayern im Nationalsozialismus: Schulze-Marmeling 2017 und Herzog 2016 und 2019. Gregor Hoffmann, Doktorand am Institut für Zeitgeschichte, arbeitet an einer Dissertation zum Thema.

63. Langer 2005; RGBl I, 1933, S. 83.
64. StadtAM, PMB Franz Herzing; Standesamt München I (Eintrag Nr. 2167); Club-Nachrichten, 27.02.1926; Hinweis FC Bayern Museum, FC Bayern München eV.
65. BayHStA, LEA 22239.
66. Przyrembel 2003.
67. Hinweis Familie Baumann.
68. Schmitz-Berning 2007; RGBl I, 1935, S. 1146-1148.
69. RGBl I 1935, § 12, Art. 3, S. 1335f.
70. Jüdische Rundschau, 4.10.1935, S. 4.
72. Zur Positionierung von Dr. Ivo Schricker in der Zeit des Nationalsozialismus: Wahlig 2008.
73. AEG, 1985 va 22/1-784, n° 176.730.
74. StadtAM, EWK Maria Baumann; StadtAM, DE-1992-GEW-ARI-176; StadtAM, Biographisches Gedenkbuch; StAM, Registergericht 13224.
77. Hachtmann 2005; Nerdinger 2015.
80. Schmitz-Berning 2007.
82. Krauss 2016, S. 494; StadtAM, Datenbank zum Biographischen Gedenkbuch der Münchner Juden (1933-1945).
83. Bundeszentrale für Politische Bildung: ‹https://www.bpb.de/politik/hintergrund-aktuell/280733/gestapo-gruendung›
84. StAM, WB Ia 3225; Ancestry.com, USA, Sozialversicherungsindex, 1936-2007.

90. Rappl 2004, S. 26f.; StadtAM, Biographisches Gedenkbuch; Jüdisches Museum München, Visitenkarte Dr. Paul Landauer.
93. Club-Nachrichten, Juni/Juli 1931; Club-Nachrichten September/Oktober 1933; StadtAM, DE-1992-GEW-ARI-086; StAM, WB Ia 3225.
95. Selig 2004, S. 401ff.; StadtAM, Hausbogen Mauerkircherstraße 12; StAM, SpkA K 1088 (Karteikarte, aber kein Akt); StAM, WB Ia 308; BWA, K1 XXI/5, 72. Akt, Fall 33; BWA, K1 XXI 16b, 13. Akt, Fall 12; BArch, R 9361-IX KARTEI/26651338; Stadtarchiv Heilbronn, Geburtenregister.
96. Nerdinger 2015; Seidel 2004, S. 31-51; Goll 2010; Kutzschenbach/Sporer 1999.
97. Heusler 2006, S. 174f.; Buddrus 1993-98; Gedenkstätte Dachau ITS 101/050 (Kurt Landauer), ITS 101/025 (Paul Landauer), ITS 101/069 (Franz Landauer).
98. Gedenkstätte Dachau, ITS 101/025; StadtAM, Biographisches Gedenkbuch; StadtAM, Koordinierungsstelle Erinnerungszeichen: ‹https://www.muenchen.de/rathaus/Stadtverwaltung/Direktorium/Stadtarchiv/Erinnerungszeichen/Biografien/Michael-Strich.html›
99. Gedenkstätte Dachau ITS 101/050 (Kurt Landauer), ITS 101/025 (Paul Landauer), ITS 101/069 (Franz Landauer).
100. AEG, 1985 va 22/1-784, n° 176.730.
101. Schleusener 2016, S. 159ff.; Weinzierl 2008; RGBl I S. 1579.
102. StadtAM, Biographisches Gedenkbuch.
104. StAM, WB Ia 1136; StAM, SpkA K497 (Carl Geisel); Rememberance of my cousin Miriam, S. 1, privat.
106. Ebd.
107. AEG, 1985 va 22/1-784, n° 176.730.
108. Kilian 2001; RGBl I 1933, § 1, S. 83.
110. Albers-Schönberg 2000, S. 47-49, 55f.; AEG, 1985 va 22/1-784.
111. StadtAM, LEI-WG-253; StAM, WB Ia 3443; STANM 2776 Nr. 1255.
112. Club-Nachrichten, 31.12.1926; StAM, SpkA K 317 (Fritz Glaser); StAM, WB I für Oberbayern JR 8796; BArch, R 9361-IX KARTEI/11080020.
114. RGBl I 1938, Art. IV, § 14, Abs. 1, S. 1711.
115. Ancestry.com, Adressbücher aus Deutschland und Umgebung, 1815-1974.
116. StadtAM, Hausbogen Clemensstraße 41. Dank an Dr. Eva Tyrell.

118. BAR, E4264#1988/2#20660*.
120. Fleury, Antoine, »Völkerbund«, Historisches Lexikon der Schweiz: ‹https://hls-dhs-dss.ch/de/articles/026468/2015-04-15›
123. Levine 1993, S. 82f.
124. Journal de Genève, 10.04.1937, S. 10; Journal de Genève, 09.07.1954, S. 4.
125. AEG, 1985 va 22/1-784, n° 176.730.
126. Ebd.
127. Ebd.; Levine 1993, S. 103f.
129. Bergier et al. 2001, S. 218.
131. Gottschalk 2015; Briefwechsel der Familie Getreuer, privat; Ancestry.com, Überseeische Auswanderungen aus der Schweiz, 1910-1953; Ancestry.com, New York, Passagier- und Besatzungslisten (einschließlich Castle Garden und Ellis Island), 1820-1957; Ancestry.com, Index zur Ankunft von Ausländern in kanadischen Häfen am Atlantik und Pazifik, 1904-1944.
132. Briefe von Jost Werner Klopfer, privat.
133. Briefe von Elli Maria Klopfer, privat; Würdigung für Yamik Levin, privat.
134. Briefe von Jost Werner Klopfer, privat.
135. Briefwechsel der Familie Getreuer, privat; Ancestry.com, Meldungen vom Tod amerikanischer Staatsbürger im Ausland, 1835-1974.
136. Hinweis von Matthias Seewer, PTT-Archiv, Köniz.
137. StAM, WB Ia 3225; BArch, Gedenkbuch.
138. Seiffert 2013; BArch, Gedenkbuch; Ancestry.com, New York City Sterbeindex, 1862-1948.
139. Gottschalk 2015.
140. Ebd.; Seiffert 2013; Briefwechsel der Familie Getreuer, privat; Interview mit Ruth Schwarzhaupt, privat.
141. Ob eine Begegnung zwischen Kurt Landauer und Spielern des FC Bayern stattgefunden haben könnte, diskutiert u.a. Kämper 2016, S. 249, Anm. 137.
143. StadtAM, Datenbank zum Biographischen Gedenkbuch der Münchner Juden (1933-1945).
144. StAM, WB I a 2451; StAM, WB I a 3403.
145. Schleusener 2016, S. 151ff.; StAM, WB I/N 7080; StAM, WB Ia 1398; StAM, WB Ia 669; StAM, WB Ia 532; StAM, FinA 18956.

146. Theobalt 2021; AEG, 1985 va 22/1-784, n° 176.730; Briefwechsel der Familie Getreuer, privat.
147. Kreis 1998.
148. Heusler/Sinn 2015, S. 104.
149. Bergier et al. 2001.
151. RGBl, 1941, S. 722.
153. Bergier et al. 2001, S. 116.
155. Nerdinger 2015; vgl. zeitgenössische Presse, bspw. Litzmannstädter Zeitung, 22.03.1943; Leicht, Johannes, »Die ›Wunderwaffen‹ V1 und V2«, DHM, Lebendiges Museum Online: ‹https://www.dhm.de/lemo/kapitel/der-zweite-weltkrieg/kriegsverlauf/die-wunderwaffen-v1-und-v2.html›
156. Schweizer Radio DRS 2008.
158. Klimmer 2016.
159. Bollinger, Ernst, »La Suisse«, Historisches Lexikon der Schweiz: ‹https://hls-dhs-dss.ch/de/articles/024806/2013-12-03›
160. Maissen, Thomas, »Neue Zürcher Zeitung (NZZ)«, Historisches Lexikon der Schweiz: ‹https://hls-dhs-dss.ch/de/articles/048585/2015-04-10›
161. Stammbaum der Familie Baumann, privat.
162. Hampe 1963; Rieger, Susanne, »Der Luftkrieg gegen München«, 01.11.2007: ‹www.rijo.homepage.t-online.de/pdf/DE_MU_WK2_luftkrieg.pdf›
163. Heusler 1998; RGBL l, Nr. 24; RGBL l, 137; StAM, STAANW 9375. Dank an Uri Siegel s. A.
164. StadtAM, EWK Maria Baumann; StadtAM, EWK Leo Landauer; StadtAM, Biographisches Gedenkbuch; StadtAM, Koordinierungsstelle Erinnerungszeichen: ‹https://www.muenchen.de/rathaus/Stadtverwaltung/Direktorium/Stadtarchiv/Erinnerungszeichen/Biografien/Michael-Strich.html›
165. StadtAM, Biographisches Gedenkbuch; BArch, Gedenkbuch; Landeshauptarchiv Koblenz, Gesundheitsamt (Bestand 512,001 Nr. 2568-2570).
166. StadtAM, Biographisches Gedenkbuch; Briefwechsel der Familie Getreuer, privat.
167. Bergier et al. 2001.
168. Baumann/Heusler 2004, S. 10.

169. Bundesministerium der Finanzen 2012.
174. Hinweis Familie Baumann.
175. StAAu, Spruchkammer Günzburg U-13 (Michael Unterweger); Hinweis Familie Baumann.
176. Initiative »Stolpersteine für Konstanz – Gegen Vergessen und Intoleranz«: ⟨https://stolpersteine-konstanz.de/eichler_lina.html⟩
179. StadtAM, LEI-WG-253.
181. Hinweis Johann Christopher Klopfer, Israel.
182. Ancestry.com, New York, bundesstaatliche und föderale Einbürgerungsregister, 1794-1943; Ancestry.com, USA, Sozialversicherungsindex, 1936-2007; Ancestry.com, Meldungen vom Tod amerikanischer Staatsbürger im Ausland, 1835-1974.
183. Graf 1979, S. 21; Foschepoth 2009; Grundgesetz der BRD, Art. 10.
184. Hinweis Familie Baumann.
185. Krauss 2001, S. 68f.; AEG, 1985 va22/1-784.
187. Hug, Peter, »Schweizer Spende an die Kriegsgeschädigten«, Historisches Lexikon der Schweiz: ⟨https://hls-dhs-dss.ch/de/articles/043513/2011-10-28/⟩
188. Ancestry.com, Baden und Hessen, Deutschland, evangelische Kirchenbücher, 1502-1985.
189. Stammbaum der Familie Baumann, privat.
190. Münzel 2006, S. 171; StadtAM, PMB Heinrich Karl Illig; StAM, SpkA K 796; StAM, Hochzeitsurkunde; BArch, R 9361-IX KARTEI 17580457; BArch, R 9361-VIII KARTEI/13130595; Ancestry.com, Deutschland, Hessen, Frankfurt, Standesbücher 1928-1978; Österreichisches Biographisches Lexikon: ⟨https://www.biographien.ac.at/oebl/oebl_K/Kertesz_Adolf_1857_1933.xml⟩
191. Ebd.
194. Hinweis Johann Christopher Klopfer, Israel.
196. ⟨http://www.rsssf.com/tabless/servette-juniors.html⟩
197. BArch, Gedenkbuch; Projektgruppe Jüdisches Leben in Ingenheim: ⟨www.juedisches-leben-in-ingenheim.de⟩; Ancestry.com, USA, Sterbeindex der Sozialversicherung, 1935-2014. Siehe auch Weil 2001.
198. Hinweis Familie Baumann.
199. StAM, WB Ia 3225; Ancestry.com, USA, Sterbeindex der Sozialversicherung, 1935-2014.
204. StadtAM, PMB Josef Kolm; StAM, Vermögenskontrolle München

Stadt 2007 und 3829; Standesamt Frankfurt a.M./Mitte, Geburtenregister.
205. Brocke/Carlebach 2009, S. 471f.; Stadtarchiv München 1999, S. 187ff.; Ancestry.com, Arolsen Archives, Digital Archive, Bad Arolsen, Germany, Lists of Persecutees 2.1.1.1.
207. Weber 2006, S. 259.
208. Hinweis Familie Baumann.
210. StAAu, Spruchkammer Günzburg U-13 (Michael Unterweger).
213. Ebd.; Hinweis Familie Baumann.
214. Club-Nachrichten, 30.06.1926; Club-Nachrichten, 30.09.1926; StAM, WB Ia 1136; StAM, SpkA K 643 (Albert Hauser); StAM, SpkA K 497 (Carl Geisel).
215. Weber 2006, S. 248; Schrafstetter 2015, S. 115ff.; HdBG, Bavariathek: ‹www.hdbg.de/parlament/content/persDetail.php?id=3598›
216. Stadtarchiv Kempten, Geburtenregister; Dank an Dr. Franz-Rasso Böck.
217. Schulze-Marmeling 2017(2), S. 265; Hinweis FC Bayern Museum, FC Bayern München eV.
218. F.C. Bayern München 1950, S. 220.
219. Süddeutscher-Fußball-Verband 2006, S. 70.
225. Hinweis Familie Baumann.
229. FC Bayern Museum, FC Bayern München, eV., Club-Nachrichten, Mai 1957, S. 16, Dank an Andreas Wittner.
230. AEG, 1985 va22/1-784, n° 176.730.
233. F.C. Bayern München 1950, S. 220.
234. StAM, SpkA K 318 (Hans Dürrmeier).
235. Hinweis FC Bayern Museum, FC Bayern München eV.
238. Bergier et al. 2001.
239. StadtAM, EWK Maria Baumann; Hinweis Familie Baumann.
241. Hinweis Johann Christopher Klopfer, Israel.
243. Jaquemet 2012.
245. F.C. Bayern München 1950, S. 220.
246. Heimerzheim 1999; Club-Nachrichten, August 1932.
247. Club-Nachrichten, 27.02.1926; StAM, SpkA K 1178 (Franz Miller); BArch, R/9361/II/714057.
250. Briefwechsel der Familie Getreuer, privat.
252. Club-Nachrichten, 27.02.1926; FC Bayern Museum, FC Bayern Mün-

chen eV, Brief von Fred Jutzi an Siegfried Herrmann, 17. Juni 1946; Brief von Siegfried Herrmann an Fred Jutzi, 16. Juli 1946; Brief Kurt Landauer an Anton Jutzi, 3.10.1947; Brief Kurt Landauer an Fred Jutzi, 16.12.1947; StAM, SpkA K 821 (Anton Jutzi); BArch, R 9361-VIII KARTEI/14331477 (Anton Jutzi), Antrag auf Aufnahme NSDAP; BArch, R 9361-IX KARTEI/18780605; BArch, R 9361-IX KARTEI/18780605 (Alfred Jutzi).

253. Strobl, Andreas, »Simplicissimus«, Historisches Lexikon Bayerns: ‹https://www.historisches-lexikon-bayerns.de/Lexikon/Simplicissimus›
254. Der Simpl. Kunst, Karikatur, Kritik, August 1946, S. 104.
255. StadtAM, Biographisches Gedenkbuch.
257. Schabow 2008; Hinweis Uri Siegel s. A.
258. RGBl I, 1939, S. 1187; BGBl I, 1951, S. 63; BGBl I, 2015, Art. 182, S. 1474.
259. StAM, STAANW 9375.
264. Meyer 2010; Hinweis Uri Siegel s. A.
265. StAM, WB Ia 1398.
266. Süddeutsche Zeitung, 11.02.1947.
267. Hinweis Familie Baumann.
271. Baumann/Heusler 2004, S. 10; Selig 2004; rijo-research.
272. Selig 2001, S. 129-131; StAM, Vermögenskontrolle München Stadt 2712; BWA, K1.1/3594-3638; BAR, E4320B#1991/243#1418*; BAR, E4264#1988/2#10326*; StadtAM, Biographisches Gedenkbuch; Ancestry.com, Europa, Registrierung von Ausländern und deutschen Verfolgten, 1939-1947. Club-Nachrichten 27.02.26 und 31.10.29.
275. Purin 2010.
276. BAR, E4264#1988/2#20660*.
277. Club-Nachrichten, 27.02.1926; FC Bayern Museum, FC Bayern München eV, Brief von Franz Herzing an Robert Lecke, 28.08.1947.
280. Neue Freie Presse, 24.09.1933.
281. Nachlass Kurt und Maria Landauer; Kaiser 2009; Maier 2018; Fleckenstein/Lewinsky 2011; Hinweis Anna Holian, Phoenix.
282. Club-Nachrichten, 27.02.1926; StAM, SpkA K 688 (Siegfried Herrmann); BayHStA, MInn 99867; BayHStA, MInn 81580; BArch, R 9361 II/380655; WStLA, Meldeunterlagen; StadtAM, PA 12033; StadtAM, Meldebogen 26.06.1946 Siegfried Herrmann; STANM, Mü 1 1971/Nr. 1636; SZ, 08.07.1950, S. B4. Zu unterschiedlichen Ein-

schätzungen kommen Herzog 2019, S. 39, und Schulze-Marmeling 2017, S. 186f. Ein nächster Rechercheschritt könnte die Auswertung der umfassenden Texte von Siegfried Herrmann in den Club-Nachrichten, der Jubiläums-Schrift von 1950 und der Vereinskorrespondenz sein.

286. StAM, WB Ia 532.
290. StadtAM, EWK 65.
291. Hinweis Familie Baumann.
294. Angermair 2004; Nerdinger 2015, S. 84, 87; Wilhelm 2006.
295. Aptroot 2010.
296. Heusler 2005; Pacholkiv 2011.
298. Picard 1994, S. 19f.
299. Ancestry.com, Adressbücher aus Deutschland und Umgebung, 1815-1974.
300. ⟨http://www.rsssf.com/tabless/servette-juniors.html⟩
302. Terhouven 2012.
303. Karlsruhe GLA, 520 Zugang 1981-51 Nr. 12120 und 521 Nr. 5867; BArch, B 563/56609, S. 170; BArch, B 563/56609, S. 518. Hinweis Gregor Hofmann.
304. Club-Nachrichten, 30.04.1927; Schulze-Marmeling 2017(1); Hinweis FC Bayern Museum, FC Bayern München eV.
305. Club-Nachrichten, 28.02.1929; Schulze-Marmeling 2017(1); BArch, R 9361-IX Kartei/2551069; BArch, R9361-VIII Kartei/2010509.
306. Staatsarchiv Basel Stadt, PD-REG 14a 12-4 56295; ⟨https://fussball-schweiz.ch/nationalspieler-ehemalige/portraets-h-q/dietrich-walter/index.html⟩
312. Bass 1990, S. 74f.; Ancestry.com, New York, Passagier- und Besatzungslisten (einschließlich Castle Garden und Ellis Island), 1820-1957.
315. Herzog 2019, S. 31; StadtAM, EWK-78-A-33; BArch, R/9361/II/12580; BArch, R/9361/III/570047; AEG, 1985 va 22/1-784, n° 176.730; RGB1 Teil1 Dezember 1935, Paragraf 19 (zur Reichsärztekammer), S. 1435. Hinweis FC Bayern Museum, FC Bayern München eV.
316. BWA, K1.1/3594-3638.
317. Briefe von Elli Maria Klopfer, privat; Briefe von Jost Werner Klopfer, privat.
318. Kaiser 2009.

322. Ancestry.com, Adressbücher aus Deutschland und Umgebung, 1815-1974.
324. StAM, SpkA K 1761 (Hans Steigenberger); BArch, R 9361-IX KARTEI/42651095; Club-Nachrichten, 31.05.1927; Hinweis FC Bayern Museum, FC Bayern München eV.
325. Hinweis FC Bayern Museum, FC Bayern München eV.
326. StadtAM, Biographisches Gedenkbuch; Hinweis Petra Utz, Stadtarchiv Rosenheim.
327. Rememberance of my cousin Miriam, S. 1, privat. Dank an Mark und Judith Klauber, NY.
328. Journal de Genève, 21.04.1947, S. 4.
340. StAM, WB IN 4084.
341. BayHStA, LEA 22239.
343. StadtAM, EWK 76 S. 212; Hinweis FC Bayern Museum, FC Bayern München eV; Ancestry.com, Adressbücher aus Deutschland und Umgebung, 1815-1974.
344. Hinweis FC Bayern Museum, FC Bayern München eV.
345. Ebd.
347. Ancestry.com, Überseeische Auswanderungen aus der Schweiz, 1910-1953, New York, Passagier- und Besatzungslisten (einschließlich Castle Garden und Ellis Island), 1820-1957; ‹https://hoboken.pastperfectonline.com/archive/2F84C5AB-2F04-49BD-A028-571736269910›
349. Ancestry.com, Adressbücher aus Deutschland und Umgebung, 1815-1974.
350. Lillteicher 2007, S. 180f.
354. Selig 2004, S. 487; StAM, Vermögenskontrolle München Stadt 1729; Ancestry.com, USA, Sterbeindex der Sozialversicherung, 1935-2014.
355. StAM, Vermögenskontrolle München Stadt 1729; StAM, SpkA K 374 (Hugo Ernst); BArch, R 9361-IX Kartei/8050583; BArch R 9361-VIII Kartei/8431089; Findagrave.com, Hugo Ernst (5 Sept 1890-9 Mrz 1958).
356. FC Bayern Museum, FC Bayern München eV, Jahresberichte 1948/1949, S. 9.
357. BayHStA, LEA 22239.
358. F.C. Bayern München 1950, S. 221.
359. Club-Nachrichten, Juni 1934; FC Bayern Museum, FC Bayern München eV, Jahresberichte 1948/49, S. 8; BArch, R/9361/V.

362. Club-Nachrichten, 27.02.1926; Ancestry.com, Adressbücher aus Deutschland und Umgebung, 1815-1974.
367. F.C. Bayern München 1950, S. 221.
368. SZ, 27.02.1926, S. 4.
369. Ancestry.com, Adressbücher aus Deutschland und Umgebung, 1815-1974.
370. Ebd.
371. Ebd.; Hinweis FC Bayern Museum, FC Bayern München eV.
372. StadtAM, STANM 3372 Nr. 454; StadtAM, Hausbogen Rottalstraße 6 (Eintrag Nr. 23). Dank an Dr. Eva Tyrell.
373. Ancestry.com, Adressbücher aus Deutschland und Umgebung, 1815-1974.
376. BayHStA, LEA 22239.
378. Hinweis FC Bayern Museum, FC Bayern München eV.
382. Ebd.
385. StAM, SpkA K 624 (August Harlacher); BArch, R 9361-IX Kartei/13551497. Hinweis FC Bayern Museum, FC Bayern München eV. Siehe auch Herzog 2019, S. 37f.
387. Schulze-Marmeling 2017(1), S. 420.
388. F.C. Bayern München 1950, S. 126; Schwab 1997, S. 103f.
391. F.C. Bayern München 1950.
392. Ebd.
394. Stammbaum der Familie Baumann, privat.
395. ‹https://gruenwalder-stadion.com/›
396. StadtAM, EWK 65 G 602; StAM, WB Ia 3403; Standesamt Au i.d. Hallertau, Nr. 62/1895; Standesamt München II, Nr. 2196/1972.
398. SZ, 16.12.47; SZ, 27.01.48.
401. Briefe von Elli Maria Klopfer, privat.
402. Fölling-Albers 1984.
405. Götschmann, Dirk, »Versorgungskrise (nach 1945)«, Historisches Lexikon Bayerns: ‹https://www.historisches-lexikon-bayerns.de/Lexikon/Versorgungskrise_(nach_1945)›
413. StAM, WB Ia 308; Ancestry.com, Großbritannien, Listen ankommender Passagiere, 1878-1960.
415. Süddeutscher-Fußball-Verband 1997, S. 70; SZ, 17.07.1948; FC Bayern Museum, FC Bayern München eV, Jahresberichte 1948/1949, S. 2.

416. Hinweis FC Bayern Museum, FC Bayern München eV.
417. FC Bayern Museum, FC Bayern München eV, Jahresberichte 1948/49, S. 2.; Hinweis FC Bayern Museum, FC Bayern München eV; ‹https://www.bundesbank.de/de/aufgaben/themen/waehrungsreform-1948-614040F.C.›
418. BayHStA, LEA 22239.
420. Persson 1981.
426. SZ, 03.08.1948, S. 6.
427. Ancestry.com, Adressbücher aus Deutschland und Umgebung, 1815-1974.
428. Selig 2004, S. 656; StAM, WB Ia 1728; BArch, R/9361/II/1118724; Club-Nachrichten, 27.02.1926; Club-Nachrichten, Mai/Juni 1933; Hinweis FC Bayern Museum, FC Bayern München eV.
429. Süddeutscher Fußball-Verband 1997, S. 15; StadtAM, EWK 76 H660.
430. SZ, 04.11.1947, S. 4; FC Bayern Museum, FC Bayern München eV, Jahresberichte 1948/49, S. 15.
431. Löffelmeier, Anton, »TSV München von 1860«, Historisches Lexikon Bayerns: ‹http://www.historisches-lexikon-bayerns.de/Lexikon/TSV_München_von_1860›
432. F.C. Bayern München 1950.
433. StAM, SpkA K 658 (Xaver Helmannseder); BArch, R 9361-IX Kartei/14261104; BArch, R 9361-VIII Kartei/9500775. Harlander 2016; Schulze-Marmeling 2017(2), S. 365.
434. Backes 2010, S. 141 ff., 160.
436. FC Bayern Museum, FC Bayern München eV, Jahresberichte, S. 15; BArch, R 9361-IX Kartei/430701. Club-Nachrichten Februar 1926.
438. StAM, SpkA K 283 (Franz Dietl); BArch, R 9361-IX Kartei/6260981; BArch, R 9361-VIII KARTEI/6180683; FC Bayern Museum, FC Bayern München eV, Club-Nachrichten, Januar 1950.
439. ‹www.kempinski.com/de/muenchen/hotel-vier-jahreszeiten/presseraum/160-jahre-meilensteine›
440. Weber 2006, S. 253; StAM, WB Ia 3403.
442. F.C. Bayern München 1950.

Quellen

Bayerisches Hauptstaatsarchiv (BayHStA)
Bayerisches Wirtschaftsarchiv München (BWA)
Bundesarchiv Berlin (BArch)
FC Bayern Museum, FC Bayern München eV
Landesarchiv Baden-Württemberg, Abteilung Generallandesarchiv Karlsruhe (Karlsruhe GLA)
Landeshauptarchiv Koblenz
Leo Baeck Institute Archives (LBI)
Schweizerisches Bundesarchiv (BAR)
Staatsarchiv Augsburg (StAAu)
Staatsarchiv Basel Stadt
Staatsarchiv des Kantons Genf/Archives d'Etat de Genève (AEG)
Staatsarchiv München (StAM)
Stadtarchiv Dortmund
Stadtarchiv Heilbronn
Stadtarchiv Kempten
Stadtarchiv Memmingen
Stadtarchiv München (StadtAM)
Stadtarchiv Rosenheim
Standesamt Au i. d. Hallertau
Standesamt Frankfurt a. M./Mitte
Standesamt München I
Standesamt München II
Standesamt Neuried
Wiener Stadt- und Landesarchiv (WStLA)

Literatur

Aigner, Maximilian, *Vereinsführer: Vier Funktionäre von Eintracht Frankfurt im Nationalsozialismus*, Studien zur Geschichte und Wirkung des Holocaust, Bd. 4, Göttingen 2020.

Albers-Schönberg, Heinz, *Die Schweiz und die jüdischen Flüchtlinge 1933-1945*, Zürich 2000.

Angermair, Elisabeth, »Karl Scharnagl (1881-1963)«, in: *Christliche Demokraten gegen Hitler. Aus Verfolgung und Widerstand zur Union*, Freiburg, Basel, Wien 2004, S. 430-437.

Aptroot, Marion; Gruschka, Roland, *Jiddisch: Geschichte und Kultur einer Weltsprache*, hg. v. Günter Buchstab; Brigitte Kaff; Hans-Otto Kleinmann, München 2010.

Backes, Gregor, *»Mit Deutschem Sportgruss, Heil Hitler!« Der FC St. Pauli im Nationalsozialismus*, Hamburg 2010.

Bannasch, Bettina; Rupp, Michael, *Rückkehrerzählungen, Über die (Un-)Möglichkeit nach 1945 als Jude in Deutschland zu leben*, Göttingen 2018.

Bass, Michael, *Das »Goldene Tor«: Die Entwicklung des Einwanderungsrechts der USA*, Berlin 1990.

Bauer, Richard u. a., *Jüdisches München: vom Mittelalter bis zur Gegenwart*, München 2006.

Baumann, Angelika; Heusler, Andreas (Hg.), *München arisiert. Entrechtung und Enteignung der Juden in der NS-Zeit*, München 2004.

Bergier, Jean-François; Spuhler, Gregor; Boillat, Valérie, *Die Schweiz und die Flüchtlinge zur Zeit des Nationalsozialismus*, Zürich 2001.

Bergmann, Werner, »›Wir haben sie nicht gerufen.‹ Reaktionen auf jüdische Remigranten in der Bevölkerung und Öffentlichkeit der frühen Bundesrepublik«, in: *»Auch in Deutschland waren wir nicht wirklich zu Hause.« Jüdische Remigration nach 1945*, hg. v. Irmela von der Lühe; Axel Schildt; Stefanie Schüler-Springorum, Göttingen 2008, S. 10-39.

Brocke, Michael; Carlebach, Julius (Hg.), *Biographisches Handbuch der Rabbiner. Teil 2: Die Rabbiner im Deutschen Reich 1871-1945*, Berlin 2009.

Buddrus, Michael, »›Wir fahren zum Juden Geld holen!‹ Hitlerjugend, Antisemitismus, Reichskristallnacht«, in: *Jahrbuch des Archivs der*

deutschen Jugendbewegung, Band 18, Schwalbach am Taunus 1993-98, S. 13-156.
Bundesministerium der Finanzen (Hg.), *Entschädigung von NS-Unrecht. Regelungen zur Wiedergutmachung*, Berlin 2012.
Claussen, Detlev, »Dribbeln und passen, Vom Gentlemanspiel zum Profifußball«, in: *Kick it like Kissinger, Ein Fußballalphabet*, hg. v. Fritz Backhaus, Daniela F. Eisenstein, Frankfurt a. M./Fürth 2006, S. 61-93.
F.C. Bayern München (Hg.), *Chronik über 50 Jahre Fußball-Club Bayern München e.V.*, München 1950.
Fischer, Stefanie; Riemer, Nathanael; Schüler-Springorum, Stefanie (Hg.), *Juden und Nicht-Juden nach der Shoah, Begegnungen in Deutschland*, Berlin 2019.
Fleckenstein, Jutta; Lewinsky, Tamar, *Juden 45/90, Von da und dort, Überlebende aus Osteuropa*, München 2011.
Fölling-Albers, Maria, »Leben, Lernen und Spielen im Kinderhaus – das erste Schuljahr im Kibbutz«, in: *Die deutsche Schule*, Band 76, 1984 Frankfurt a. M., S. 331-341.
Foschepoth, Josef, »Postzensur und Telefonüberwachung in der Bundesrepublik Deutschland (1949-1968)«, in: *Zeitschrift für Geschichtswissenschaft (ZfG)*, Heft 5, 57. Jg., 2009.
Goch, Stefan; Silberbach, Norbert, *Zwischen Grau und Weiß liegt Grau. Der FC Schalke 04 in der Zeit des Nationalsozialismus*, Essen 2005.
Goll, Thomas, *Die inszenierte Empörung. Der 9. November 1938*, Bonn 2010.
Gottschalk, Regina, *Auf Nachricht warten. Die Geschichte der jüdischen Familie Getreuer aus dem Böhmerwald 1938-1942*, Viechtach 2015.
Graf, Christoph, *Zensurakten aus der Zeit des Zweiten Weltkrieges. Eine Analyse des Bestandes E 4450, Presse- und Funkspruch 1933-1945*, Bern 1979.
Hachtmann, Rüdiger, »Chaos und Ineffizienz in der Deutschen Arbeitsfront. Ein Evaluierungsbericht aus dem Jahr 1936«, in: Vierteljahreshefte für Zeitgeschichte. 53. Jg., Heft 1 (2005), S. 43-78.
Hampe, Erich, *Der Zivile Luftschutz im Zweiten Weltkrieg*, Frankfurt a. M. 1963.
Harlander, Lilian, »›Von den Münchner Bieren kommt hauptsächlich nur Löwenbräu in Frage‹, Die Familie Schülein im Münchner Braugewerbe«, in: *Bier ist der Wein dieses Landes, Jüdische Braugeschichten*, hg. v. Lilian Harlander, Bernhard Purin, München 2016. S. 139-190.

Heikaus, Ulrike; Köhne, Julia, *Krieg! Juden zwischen den Fronten 1914-1918*, Berlin 2014.
Heimerzheim, Peter, *Karl Ritter von Halt – Leben zwischen Sport und Politik, Schriften der Deutschen Sporthochschule Köln*, Bd. 44, Sankt Augustin 1999.
Herzog, Markwart, *Der »Betze« unterm Hakenkreuz. Der 1. FC Kaiserslautern in der Zeit des Nationalsozialismus*, Göttingen 2006.
–, »Die drei ›Arierparagrafen‹ des FC Bayern München. Opportunismus und Antisemitismus in der Satzung des bayerischen Traditionsvereins«, in: *Die »Gleichschaltung« des Fußballsports im nationalsozialistischen Deutschland*, hg. v. ders., Stuttgart 2016, S. 75-113.
–, Der FC Bayern München im »Dritten Reich«. Ein Beitrag zur Geschichtspolitik des Rekordmeisters, in: Stadion, Bd. 43, 1/2019, S. 18-57.
–, »Die ›Stuttgarter Erklärung‹ vom 9. April 1933. ›Gleichschaltung‹ und ›Arisierung‹ im Alltag süddeutscher Fußballclubs«, in: *Sportler jüdischer Herkunft in Süddeutschland, 29. Tagungsband*, hg. v. ders.; Peter Fassl, Stuttgart 2021(1), S. 193-276.
–, »›Goldene Jahre‹ im ›Fußballparadies‹ am Bornheimer Hang. Die Professionalisierung des FSV Frankfurt unter der Leitung von Unternehmern jüdischer Herkunft 1925-1933«, in: *Sportler jüdischer Herkunft in Süddeutschland, 29. Tagungsband*, hg. v. ders.; Peter Fassl, Stuttgart 2021(2); S. 113-190.
Heusler, Andreas, »Doppelte Diskriminierung. Rassismus und antisemitische Gewalt gegen ›Ostjuden‹ in München zwischen 1880 und 1930«, in: *Xenopolis. Von der Faszination und Ausgrenzung des Fremden in München*, hg. v. Angela Koch, Berlin 2005, S. 225-228.
–, »Verfolgung und Vernichtung (1933-1945)«, in: *Jüdisches München. Vom Mittelalter bis zur Gegenwart*, hg. v. Richard Bauer; Michael Brenner, München 2006, S. 161-184.
Heusler, Andreas; Sinn, Andrea (Hg.), *Die Erfahrung des Exils. Vertreibung, Emigration und Neuanfang. Ein Münchner Lesebuch*, Berlin 2015.
Jahn, Bruno (Hg.), *Die deutschsprachige Presse. Ein biographisch-bibliographisches Handbuch*, Bd. 1, München 2005.
Jaquemet, Juri, *Schweizer Zivilluftfahrt 1945-2000: Flottenpolitik und Netzwerk am Beispiel der Swissair*, Biel 2012.
Kaiser, Wolfram, »Christdemokratische Netzwerke und die Genese Kerneuropas. Informelle Politik vor supranationaler Institutionalisierung«,

in: *Netzwerke im Europäischen Mehrebenensystem. Von 1945 bis zur Gegenwart*, hg. v. Michael Gehler; Wolfram Kaiser; Brigitte Leucht, Wien, Köln, Weimar 2009, S. 87-104.

Kämper, Dirk, *Kurt Landauer, Der Mann, der den FC Bayern erfand*, München 2016.

Kilian, Hendrikje: *Die Jüdische Gemeinde in München 1813-1871. Eine Großstadtgemeinde im Zeitalter der Emanzipation*, München 1989.

Kilian, Katrin Anja, *Das Medium Feldpost als Gegenstand interdisziplinärer Forschung. Archivlage, Forschungsstand und Aufbereitung der Quelle aus dem Zweiten Weltkrieg*, Berlin 2001.

Klimmer, Ursula C., »›Do you know what we are doing here?‹ Die deutschsprachigen ›balck propaganda‹-Teams des britischen Geheimdienstes (1941-1945)«, in: *Exil im Krieg 1939-1945*, hg. v. Hiltrud Häntzschel; Inge Hansen-Schaber; Claudia Glunz; Thomas F. Schneider, Göttingen 2016, S. 122-140.

Krauss, Marita, *Heimkehr in ein fremdes Land, Geschichte der Remigration nach 1945*, München 2001.

–, *Die königlich bayerischen Hoflieferanten*, München 2009.

– (Hg.), *Die bayerischen Kommerzienräte*, München 2016.

Kreis, Georg, »Zwischen humanitärer Mission und inhumaner Tradition. Zur schweizerischen Flüchtlingspolitik der Jahre 1938-1945«, in: *Flüchtlinge: zur Geschichte der Schweiz im Zweiten Weltkrieg*, hg. v. Philipp Sarasin; Peter Hug; Jacques Picard; Reduit Raubgold, Zürich 1998, S. 121-140.

Kugelmann, Cilly, *Weihnukka. Geschichten von Weihnachten und Chanukka. Begleitbuch zur gleichnamigen Ausstellung*. Berlin 2005.

Kutzschenbach, Irene von; Sporer, Marianne (Hg.), »Alltag, der nicht alltäglich war«: Passauer Schülerinnen erinnern sich an die Zeit zwischen 1928 und 1950, Passau 1999.

Langer, Peter, »Paul Reusch und die Gleichschaltung der ›Münchner Neuesten Nachrichten‹ 1933«, in: Vierteljahreshefte für Zeitgeschichte. 53. Jg., Heft 2 (2005), S. 203-240.

Levine, Robert M., *Tropical diaspora: the Jewish experience in Cuba*, Florida 1993.

Ley, Andreas, »Aufschwung erst nach Dreiunddreißig. Mode in München zwischen Erstem Weltkrieg und Drittem Reich«, in: *Die Zwanziger Jahre in München*, hg. v. Christoph Stölzl, München 1979, S. 211-223.

Lillteicher, Jürgen, *Die Rückerstattung jüdischen Eigentums in West-*

deutschland nach dem Zweiten Weltkrieg. Eine Studie über Verfolgungserfahrung, Rechtsstaatlichkeit und Vergangenheitspolitik 1945-1971, Freiburg i. Br. 2002.
–, *Raub, Recht und Restitution, Die Rückerstattung jüdischen Eigentums in der frühen Bundesrepublik*, Göttingen 2007.
Löffelmeier, Anton, *Die »Löwen« unterm Hakenkreuz. Der TSV München von 1860 im Nationalsozialismus*, Göttingen 2009.
–, »Die Familie Landauer – Aufstieg aus den ›Judenhäusern‹«, in: *Die Bayern-Chronik*, Bd. 1, hg. v. Dietrich Schulze-Marmeling, Göttingen 2017, S. 86-87.
Maier, Lilly, »Die Möhlstraße – Ein jüdisches Kapitel in der Münchner Nachkriegsgeschichte«, in: *Münchner Beiträge zur jüdischen Geschichte und Kultur*, Jg. 12, Heft 1, München 2018.
Meyer, Beate, »Mischehen«, in: *Handbuch des Antisemitismus. Judenfeindschaft in Geschichte und Gegenwart*, Bd. 3, hg. v. Wolfgang Benz, Berlin, New York, 2010, S. 206-209.
Münzel, Martin, *Die jüdischen Mitglieder der deutschen Wirtschaftselite 1927-1955: Verdrängung – Emigration – Rückkehr*, Michigan 2006.
Nerdinger, Winfried (Hg.), *München und der Nationalsozialismus. Katalog des NS-Dokumentationszentrums München*, München 2015.
Pacholkiv, Svjatoslav, »Die Ostjuden als Begriff in der Geschichte«, in: *Ostjuden: Geschichte und Mythos*, hg. v. Sabine Hödl, St. Pölten 2011, S. 2-11.
Persson, Sune O., »Von den Schwierigkeiten der Vermittlung in der Palästina-Frage. Die Mission des Folke Bernadotte vor 33 Jahren«, in: *Vereinte Nationen* 4/81, S. 116-122.
Picard, Jacques, *Die Schweiz und die Juden 1933-1945, Schweizerischer Antisemitismus, jüdische Abwehr und internationale Migrations- und Flüchtlingspolitik*, Zürich 1994.
Pohlmann, Ulrich, *Lehrjahre, Lichtjahre: die Münchner Fotoschule 1900-2000*, München 2000.
Przyrembel, Alexandra, *»Rassenschande«. Reinheitsmythos und Vernichtungslegitimation im Nationalsozialismus*, Göttingen 2003.
Purin, Bernhard, *Die Peter H. Bach Stiftung*, hg. von Jüdisches Museum München, München 2010.
Rappl, Marian, »›Unter der Flagge der Arisierung … um einen Schundpreis zu erraffen‹. Zur Präzisierung eines problematischen Begriffs«, in: *München arisiert. Entrechtung und Enteignung der Juden in der*

NS-Zeit, hg. v. Angelika Baumann und Andreas Heusler, München 2004, S. 17-30.
Schabow, Dietrich, »Die Israelitische Heil- und Pflegeanstalt für Nerven- und Gemütskranke (Jacoby'sche Anstalt, 1869-1942) und die spätere Verwendung der Gebäude«, in: *Die Heil- und Pflegeanstalten für Nerven- und Gemütskranke in Bendorf*, hg. v. Barbara Friedhofen u. a., Koblenz 2008, S. 55-95.
Schleusener, Jan, *Raub von Kulturgut. Der Zugriff des NS-Staats auf jüdischen Kulturbesitz in München und seine Nachgeschichte*, Berlin/München 2016.
Schmitz-Berning, Cornelia, *Vokabular des Nationalsozialismus*, Berlin 2007.
Schrafstetter, Susanna, *Flucht und Versteck. Untergetauchte Juden in München – Verfolgungserfahrung und Nachkriegsalltag*, Göttingen 2015.
Schulze-Marmeling, Dietrich (Hg.), *Die Bayern-Chronik*, Bd. 1, Göttingen 2017(1).
–, *Der FC Bayern, seine Juden und die Nazis*, 3. Aufl., Göttingen 2017(2).
Schwab, Ingo, »Ruinenjahre und Konsolidierung. Spiele und Geld in den Zeiten der Oberliga Süd«, in: *München und der Fußball*, hg. v. Stadtarchiv München, München 1997, S. 97-117.
Schweizer Radio DRS (Hg.), *Die Geschichte des Radios in der Schweiz von 1911-2008*, Zürich 2008.
Seiffert, Hans-Hermann, *Meine geliebten Kinder! Die Briefe der Konstanzer Jüdin Hella Schwarzhaupt aus der Internierung in Gurs und Récébédou an ihre Kinder*, Konstanz 2013.
Selig, Wolfram, *Leben unterm Rassenwahn. Vom Antisemitismus in der »Hauptstadt der Bewegung«*, Berlin 2001.
–, *»Arisierung« in München: die Vernichtung jüdischer Existenz 1937-1939*, Berlin 2004.
Siegler, Bernd, »Eine Fahrkarte nach Jerusalem. Der 1. FC wird ›judenfrei‹«, in: *Jahrbuch des Nürnberger Instituts für NS-Geschichte und jüdische Geschichte*, Bd. 3, Schwerpunktthema Fußball, hg. v. Jim G. Tobias; Peter Zinke, Nürnberg 2006, S. 13-34.
Sinn, Andrea, »Rückkehr aus dem Exil: über die Aufnahme jüdischer Remigranten in München«, in: *Auch in Deutschland waren wir nicht wirklich zu Hause, Jüdische Remigration nach 1945*, hg. v. Irmela von der Lühe; Axel Schildt; Stefanie Schüler-Springorum, Göttingen 2008, S. 101-120.

Stadtarchiv München (Hg.), *München und der Fußball: von den Anfängen 1896 bis zur Gegenwart*, München 1997.

– (Hg.), *Beth ha-Knesseth – Orte der Zusammenkunft. Zur Geschichte der Münchner Synagogen, ihrer Rabbiner und Kantoren*, München 1999.

Süddeutscher Fußball-Verband (Hg.), *100 Jahre Süddeutscher Fußball-Verband*, Gersthofen 1997.

Terhouven, Petra, »Fußballrausch im Faschismus: Die Weltmeisterschaft 1934 in Italien«, in: *Deutsche Zeiten, Geschichte und Lebenswelt*, hg. v. Dan Diner, Gideon Reuveni, Yvaat Weiss, Göttingen 2012. S. 160-191.

Theobalt, Lara: »Spitzenhaus Rosa Klauber«, hg. v. Jüdisches Museum München, München 2021.

Thomas, Matthias, *»Wir waren die Juddebube«: Eintracht Frankfurt in der NS-Zeit*, Göttingen 2009.

Wahlig, Henry, »Dr. Ivo Schricker. Ein Deutscher in Diensten des Weltfußballs«, in: *Hakenkreuz und rundes Leder. Fußball im Nationalsozialismus*, hg. v. Lorenz Peiffer, Dietrich Schulze-Marmeling, Göttingen 2008, S. 197-205.

Weber, Reinhard, *Das Schicksal der jüdischen Rechtsanwälte in Bayern nach 1933*, München 2006.

Weil, Grete, *Leb ich denn, wenn andere leben*, Frankfurt a. M. 2001.

Weinzierl, Juliane, »Familie Landauer«, in: *Ausgegrenzt – entrechtet – deportiert: Schwabing und Schwabinger Schicksale 1933 bis 1945*, hg. v. Ilse Macek, München 2008, S. 231-234.

Wilhelm, Hermann, *Karl Scharnagl. Oberbürgermeister in schwerer Zeit*, München, 2006.

Onlinequellen (zuletzt aufgerufen am 03.11.2020)

Ancestry, Online-Plattform für Ahnenforschung: ‹https://www.ancestry.de›

BArch, Gedenkbuch: Gedenkbuch des Bundesarchivs für die Opfer der Verfolgung der Juden unter der nationalsozialistischen Gewaltherrschaft in Deutschland 1933-1945: ‹https://www.bundesarchiv.de/gedenkbuch›

Bundeszentrale für politische Bildung: ⟨https://www.bpb.de⟩

DHM, Lebendiges Museum Online: ⟨https://www.dhm.de/lemo⟩

Find a grave: ⟨https://de.findagrave.com⟩

HdBG, Bavariathek, »Geschichte des Bayerischen Parlaments seit 1819«: ⟨https://www.bavariathek.bayern/medien-themen/portale/geschichte-des-bayerischen-parlaments.html⟩

Heusler, Andreas, *Ausbeutung und Disziplinierung. Zur Rolle des Münchner Sondergerichts und der Stapoleitstelle München im Kontext der nationalsozialistischen Fremdarbeiterpolitik* (15. Januar 1998), in forum historiae iuris: ⟨https://forhistiur.de/1998-01-heusler⟩

Historisches Lexikon Bayerns: ⟨https://www.historisches-lexikon-bayerns.de⟩

Historisches Lexikon der Schweiz: ⟨https://hls-dhs-dss.ch⟩

Initiative »Stolpersteine für Konstanz – Gegen Vergessen und Intoleranz«: ⟨https://www.stolpersteine-konstanz.de/index.html⟩

Österreichisches Biographisches Lexikon: ⟨https://biographien.ac.at/oebl⟩

Projektgruppe Jüdisches Leben in Ingenheim: ⟨www.juedisches-leben-in-ingenheim.de⟩

rijo-research: ⟨http://rijo-research.de⟩

StadtAM, Datenbank zum Biographischen Gedenkbuch der Münchner Juden (1933-1945): ⟨http://www.muenchen.de/rathaus/gedenkbuch/gedenkbuch.html⟩

StadtAM, Koordinierungsstelle Erinnerungszeichen, Biografien Münchner Opfer des NS-Regimes: ⟨https://www.muenchen.de/rathaus/Stadtverwaltung/Direktorium/Stadtarchiv/Erinnerungszeichen/Biografien.html⟩

Zukunft braucht Erinnerung, Online-Portal zu den historischen Themen unserer Zeit: ⟨https://www.zukunft-braucht-erinnerung.de⟩

Periodika

Mitteilungen des Fussball-Clubs Bayern München E.V./Clubnachrichten des F.C. Bayern E.V. München/Klub-Nachrichten des F.C. Bayern E.V. München/Clubzeitung des F.C. Bayern München E.V. (Club-Nachrichten)

Zeitungen

Allgemeine Zeitung (AZ)
Der Simpl. Kunst, Karikatur, Kritik.
Journal de Genève
Jüdische Rundschau
Münchner Neueste Nachrichten (MNN)
Süddeutsche Zeitung (SZ)

Gesetzestexte

Reichsgesetzblätter (RGBl)

Unveröffentlichte Quellen

Briefe von Elli Maria Klopfer an ihre Eltern Maria und Theo Klopfer, 1938-1949, zusammengefasst und ins Hebräische übersetzt von Channah Dromi, Privatbesitz (Briefe von Elli Maria Klopfer)

Briefe von Jost Werner Klopfer an seine Eltern Maria und Theo Klopfer, 1939-1949, zusammengefasst und ins Hebräische übersetzt von Chana Dromi, Privatbesitz (Briefe von Jost Werner Klopfer)

Briefwechsel der Familie Getreuer, Privatbesitz William Getreuer, New York

Fotoalbum Maria Baumann, Privatbesitz Familie Baumann

Roger Klauber, Rememberance of my cousin Miriam, Aufzeichnung, 10.04.1993, Privatbesitz Mark und Judith Klauber (Rememberance of my cousin Miriam)

Würdigung für Yamik Levin »Elli« von ihrem Ehemann Gideon Levin, Kibbuz Lehavot Habashan 1993, Privatbesitz Johann Christopher Klopfer (Würdigung für Yamik Levin »Elli«)

Interviews, Gespräche, Telefonate

Interview mit Ruth Schwarzhaupt, geführt am 19.02.2019

Mehrere Interviews mit Uri Siegel s. A.

Personenregister

Dank

Familie Baumann
Nikita Fialkov
Alexa Gattinger, FC Bayern Museum
William Getreuer
Dr. Regina Gottschalk
Dr. Markwart Herzog, Schwabenakademie Irsee
Gregor Hofmann, Institut für Zeitgeschichte, München-Berlin
Dr. Julian Holzapfl, Staatsarchiv München
Dr. Andreas Heusler, Stadtarchiv München
Mark und Judith Klauber
Piritta Kleiner
Johann Christopher Klopfer
Peter Langham
Roger und Ellen Lowe
Anton Löffelmeier, Stadtarchiv München
Prof. Erik Petry, Universität Basel
Dr. Alexandra Risse, Bayerisches Hauptstaatsarchiv, München
Simon Ruderstaller, Österreichischer Auslandsdienst
Sonja Schleif
Peter Schwarz, Grainau
Ruth Schwarzhaupt
Hans-Hermann Seiffert
Uri Siegel s. A.
Dr. Eva Tyrell, Stadtarchiv München
Dr. Richard Winkler, Bayerisches Wirtschaftsarchiv, München
Andreas Wittner, FC Bayern Museum

Bildnachweis

Familie Baumann: Abb. 1, 2, 3, 5, 6, 7, 8, 9, 10, 11, 12, 13, 14, 15, 28, 29, 30, 31, 32, 33, 34, 35
FC Bayern München AG: Abb. 36
Johann Christopher Klopfer: Abb. 16, 17, 20, 21, 22, 23, 24, 25, 26, 27
Jüdisches Museum München: S. 20, 120 (Foto: Franz Kimmel)
Stadtarchiv München: Abb. 4, 18, 19
Universitätsbibliothek Heidelberg: S. 179
Die Dokumente im Anhang werden an Ort und Stelle nachgewiesen.